KETTRIDGE'S
FRENCH FOR ENGLISH IDIOMS

FRENCH FOR ENGLISH IDIOMS

AND FIGURATIVE PHRASES

WITH MANY QUOTATIONS FROM FRENCH AUTHORS

By

J. O. KETTRIDGE

ROUTLEDGE & KEGAN PAUL
LONDON AND HENLEY

First published in 1940
by Routledge & Kegan Paul Ltd
39 Store Street
London WC1E 7DD and
Broadway House, Newtown Road
Henley-on-Thames, Oxon RG9 1EN

Reissued 1966
Reprinted 1969 and 1976

Printed Offset Litho in Great Britain by
Cox & Wyman Ltd, London, Fakenham and Reading

ISBN 0 7100 1669 7

PREFACE

Voulant doncques (je vostre humble esclave) accroistre vos passetemps d'advantaige, vous offre de present un aultre livre de mesme billon.

RABELAIS, *Pantagruel*, Prologue de l'auteur.

This book is the counterpart and converse of the author's *French Idioms and Figurative Phrases*. Whereas that contained the English equivalents of French phrases with quotations from English authors, the present book contains the French equivalents of English phrases with quotations from French authors, notably Molière, La Fontaine and Rabelais. Besides their playful wit and quaintness, the quotations from Rabelais will give the student an insight into ancient French. Particularly, the old spellings will explain the why and wherefore of many of the accents used in modern French ; for instance, the circumflex accent replacing the *s* used in former times. They will also show that many old French words and spellings approximated and often were identical with modern English words and spellings, having changed in French, but remaining unchanged in English. Furthermore, they will be of interest as showing that often ancient writers spelt the same word differently. Sometimes even the same word is spelt in two ways in the same sentence. Before dictionaries standardized spellings, people spelt more or less as the fancy took them, and often merely phonetically.

It may be of service to point out the difference between an idiom and a figurative phrase, as contrasted. An idiom is an expression the meaning of which as a whole cannot be deduced from its component parts ; as, To carry out a plan, It came to pass. In a figurative phrase, the words have their ordinary connexions and relations, but are used metaphorically ; as, To carry coals to Newcastle, Pandora's box.

Following is a quotation from Voltaire's *La Princesse de Babylone* VIII : " Après un quart d'heure de silence, il regarda un moment Amazan, et lui dit, *How d'ye do*, à la lettre, *comment faites-vous faire?* et dans la langue du traducteur, *comment vous portez-vous?* ce qui ne veut rien dire du tout en aucune langue." *How do you do?* and *Comment vous portez-vous?* are therefore idioms.

It should be stated that although certain phrases included in this book are not idiomatic in English, they may be so in French which is held to justify their appearance therein.

v

ABBREVIATIONS, CONVENTIONAL SIGNS, AND REFERENCES

Cf. Compare.

fam. familier = colloquial.

fig. figuratively.

lit. literally.

ou (= *or*) introduces a virtually synonymous alternative rendering.

pop. populaire = slang.

tous fam., *tous pop.* all [the foregoing French expressions are] colloquial, all slang.

[Brackets] enclose words, or parts of words, which can be used or omitted at will.

Following are the full names, descriptions, and years of births and deaths of the French authors quoted in this book : Pierre Augustin Caron de **Beaumarchais,** dramatist, 1732–1799, Pierre Jean de **Béranger,** lyric poet, 1780–1857, Nicolas **Boileau**-Despréaux, poet, satirist, and critic, 1636–1711, François René, Vicomte de **Chateaubriand,** author, 1768–1848, André Marie de **Chénier,** poet, 1762–1794, Pierre **Corneille,** dramatist, 1606–1684, René **Descartes,** mathematician and philosopher, 1596–1650, François de Salignac de la Mothe-**Fénelon,** prelate and author, 1651–1715, Théophile **Gautier,** poet, novelist, and critic, 1811–1872, Victor Marie, Vicomte **Hugo,** lyric poet, novelist, and dramatist, 1802–1885, Jean de **La Fontaine,** fabulist and poet, 1621–1695, Alphonse Marie Louis de Prat de **Lamartine,** lyric poet, historian, miscellaneous writer, orator, and statesman, 1790–1869, François de **Malherbe,** lyric poet, 1555–1628, **Molière,** pseudonym of Jean Baptiste Poquelin, dramatist, 1622–1673, Michel Eyquem de **Montaigne,** philosopher and essayist, 1533–1592, Louis Charles Alfred de **Musset,** poet, dramatist, and novelist, 1810–1857, François **Rabelais,** humorist and satirist, between 1483 and 1500–1553, Jean Jacques **Rousseau,** philosopher and author, 1712–1778, François **Villon,** pseudonym of François de Montcorbier *or* François des Loges, lyric poet, 1431–about 1489, François Marie Arouet de **Voltaire,** dramatist, poet, and novelist, 1694–1778, **and others.** There are also many quotations from **The French Bible.**

KETTRIDGE'S
FRENCH FOR ENGLISH IDIOMS

ENGLISH - FRENCH

A

A B C. *See* EASY.

abed. *See* LATE.

ablaze. *See* SET.

abode. To take up one's abode, S'installer, Planter sa tente. *See also* FIX.

about. I was just about to tell you, J'avais la bouche ouverte pour vous le dire.
There is not a [living] soul (*or* There is nobody) about, Il n'y a pas âme qui vive, Il n'y a absolument personne, Il n'y a pas un chat (*fam.*).
What is it all about? De quoi retourne-t-il?
See also DO, KNOW 3, 6, 7, 26, 30, 37, SIZE, TURN, UP.

above. To be still above ground, Être encore sur terre *ou* encore debout *ou* encore de ce monde. *See also* WATER.

above-board. To act above-board, Agir en honnête homme, Aller le droit chemin.

abreast. *See* TIME.

abroad. There is a report abroad that . . ., Le bruit court que . . .

absence. *See* CONSPICUOUS.

absolutely. *See* NOTHING.

absurdity. *See* HEIGHT.

abuse. A shower (*or* A torrent) (*or* A volley) of abuse, Une bordée [d'injures].
To break out into abuse, Déborder en injures.
To shower down abuse on someone, Cribler quelqu'un d'injures, Cracher des injures à quelqu'un (*fam.*). *See also* FACE.

accept. *See* PRESS.

acceptable. A formula (*serving to accommodate differences*) acceptable to all parties, Une formule accep-table à tous les intérêts en présence, Une chaussure à tous pieds.

accident. An accident of birth, Le sort de la naissance. " Par le sort de la naissance ; L'un est roi, l'autre est berger. Le hasard fit leur distance ; L'esprit seul peut tout changer. De vingt rois que l'on encense Le trépas brise l'autel ; Et Voltaire est immortel . . ."— BEAUMARCHAIS, *Le Mariage de Figaro* V, 19.

account, accounting. A man of no account, Un rien qui vaille, Un rien du tout.
By (*or* From) all accounts, Au dire de tout le monde.
On no account *or* Not on any account, Sous aucun prétexte.
On one's own account, De son chef.
There is no accounting for inspiration, for genius, L'esprit souffle où il veut. " Un mérite éclatant se déterre lui-même." MOLIÈRE, *Le Misanthrope* III, 7.
To call someone to account, Prendre quelqu'un à partie, Faire le procès à (*ou* de) quelqu'un, Tenir quelqu'un sur la sellette (*fam.*).
To give a good account of oneself (*carry out one's duties well*), Tenir bien sa partie.

account. *See also* MILK, OFFENCE, TAKE, TAKING. **accounting.** *See also* TASTE.

accuse. *See* EXCUSE.

accustom. *See* SOCIETY.

ace. *See* DEATH.

achieve. To achieve one's object *or* one's end[s], En venir à son but *ou* à ses fins, Arriver [à ses fins].

aching. *See* VOID.

acme. The acme of perfection, Le comble de la perfection.

acquaintance. *See* CLAIM, IMPROVE, NODDING, STRIKE.

1

acquire. *See* HABIT.

act. *See* ABOVE-BOARD, CATCH, COACH, GOAT, IMPULSIVELY, PART, RIOT, SPOKESMAN, STRAIGHT, STRAIGHT-FORWARDLY, UNDERHAND, UNFORGIVABLE.

action. To suit the action to the word, Unir le geste à la parole.

actor. He is a good actor (*is merely acting the part to serve his own interests*), Il est bon comédien.

A.D. A.D. (= *Anno Domini*) is the trouble, C'est la vieillesse qui vient.

Adam. I don't know him from Adam, Je ne le connais ni d'Ève, ni d'Adam. *See also* OLD.

adamant. To be adamant, Être inflexible, Ne pas transiger.

adapt. To adapt oneself to someone's ways, S'adapter (*ou* Se conformer) au façons de vivre (*ou* Se mettre au ton) de quelqu'un.

add. To add insult to injury, Doubler ses torts d'un affront. " Cruels, à mes douleurs n'ajoutez point l'outrage."—VOLTAIRE, *Poème sur le Désastre de Lisbonne*. *See also* FUEL.

adder. *See* DEAF.

admiration. It is a mutual admiration society, Ce sont deux ânes qui se grattent, L'âne frotte l'âne. " Un sot trouve toujours un plus sot qui l'admire." — BOILEAU, *L'Art poétique*, Chant 1. To be lost in admiration, Être ravi en extase.

admit. To give orders that someone is not to be admitted, Consigner la (*ou* sa) porte à quelqu'un. *See also* GUILT.

admittance. To refuse admittance to everyone, Consigner sa porte.

ado. To make much ado about nothing, Faire beaucoup de bruit pour rien. Without further ado, Sans plus de façon, Sans autre forme de procès.

" Là-dessus, au fond des forêts, Le loup l'emporte, et puis le mange, Sans autre forme de procès."— LA FONTAINE, *Fables*, I, 10.—*Le Loup et l'Agneau*.

adrift. To be all adrift, N'y être pas, Ne s'y connaître plus, Perdre la boussole (*fam.*).

advance. *See* INCOME, PROOF.

advantage. To have the advantage, Avoir l'avantage *ou* le dessus *ou*, *fam.*, le dessus du vent, Tenir la corde. To take advantage of a circumstance, Tirer avantage d'une circonstance.

adventure. *See* NOVEL.

adventurer. An adventurer (*one who lives by his wits*), Un chevalier d'industrie. " Il était rénégat, — Français de nation, — Riche aujourd'hui, jadis chevalier d'industrie, Il avait dans la mer jeté comme un haillon Son titre, sa famille et sa religion."—ALFRED DE MUSSET, *Namouna* I, 12.

adversity. *See* SMILE.

advice. If he had taken my advice, S'il avait voulu suivre mon conseil *ou* avait voulu m'en croire. To take nobody's advice, Ne prendre conseil de personne, N'en faire qu'à sa tête.

adviser. Advisers run no risks, Les conseilleurs ne sont pas les payeurs. " Ne faut-il que délibérer ? La cour en conseillers foisonne : Est-il besoin d'exécuter ? L'on ne rencontre plus personne."—LA FONTAINE, *Fables* II, 2.—*Conseil tenu par les Rats*. (*Note* that un conseiller is an adviser, a counsellor. Un conseilleur is an officious adviser.)

affectionate. *See* CUP.

affront. To pocket many affronts, Avaler (*ou*, *fam.*, Empocher) beaucoup d'affronts, Avaler des couleuvres (*fam.*).

afire. His head is afire (*fig.*), Sa tête est un brasier.

afoot. A plan is afoot to . . ., On envisage un projet pour . . .
See also SOMETHING.

afraid. A man who is afraid of nothing, Un homme qui ne craint rien, Un brave à trois poils.

afresh. *See* START.

after. To be after someone (*following him about*), Être aux trousses de quelqu'un.

To be after the same thing, Poursuivre la même affaire, Courir le même lièvre (*fam.*), Courir même fortune. They are both after the same thing, Ce sont deux chiens après un os (*fam.*).
See also COME 7, DELUGE, FASHION, MORNING, WISE.

after-wit. After-wit (*belated*), L'esprit de l'escalier (*i.e.*, *thought of on the staircase, after one has left the drawing room*).

again. *See* AT, BEGIN, DO, HAPPEN, HEAR, TRY.

against. *See* APPEARANCE, CONSCIENCE, DEAD, GRAIN, HEART, SAY, UP.

age. To live one's natural age, Atteindre la durée commune de la vie, Fournir sa carrière.

What age do you take this person to be ? Quel âge donnez-vous à cette personne ?
See also DARK, GOOD 3, LOOK 3, 4, STRESS, STRESSFUL, YOUTH.

agog. To be agog [with excitement], Être en émoi *ou* en l'air.

agony. *See* PILE, SUFFER.

agree, agreeing. To agree to differ, Différer à l'amiable.

To be far from agreeing (*e.g.*, *on the terms of a bargain*), Être loin de compte.

To entirely agree with someone, Abonder dans le sens de quelqu'un.

ahead. To go (*or* To forge) ahead, Aller de l'avant, Voguer à pleines voiles.

To go on ahead, Prendre les devants.

aim, aiming. To aim high (*be ambitious*), Porter ses vues bien haut.

To aim one's remarks at so-and-so, Parler à l'adresse d'un tel.

Whom are you aiming at ? (*attacking*), À qui en voulez-vous ?

air. That's all hot air, Tout cela n'est que [du] vent, Autant en emporte le vent.

To dissolve (*or* To melt) into thin air (*fizzle out, of an enterprise*), S'en aller en fumée *ou* en eau de boudin.

To have an air about one, Avoir du cachet *ou*, *fam.*, du chic.

To live on air (*on next to nothing*), Vivre de l'air du temps, Vivre d'amour et d'eau fraîche.

To put on (*or* To give oneself) airs, Prendre (*ou* Se donner) des airs *ou* de grands airs, Prendre un ton.
See also AMOUNT, BEAT, BEATING, CASTLE, CLEAR, CONQUERING, FOWL, LORDLY, NOSE, SWAGGERING.

airy. To make airy predictions, Faire (*ou* Composer) des almanachs.

akimbo. To set (*or* To stand with) one's arms akimbo, Faire le pot à deux anses.

alike. All men, All things, are not alike, Il y a fagots et fagots.
See also GREAT, SHARE, SUN.

alive. To be alive and kicking, Être plein de vie.

To be fully alive to something, Être profondément sensible à quelque chose.
See also GOOD 26, LOOK 13.

all. All and sundry *or* All round *or* All the world [and his wife], Tout le monde [et son père], De tous côtés, Le tiers et le quart (*fam.*), Le ban et l'arrière-ban (*fam.*). (*Cf.* Taking it all round *under* TAKING.) " Ce sont propos oisifs, chansons et fariboles ; Bien souvent le prochain en a sa bonne part, Et l'on y sait médire et du tiers et du quart."—MOLIÈRE, *Le Tartuffe* I, 1. " Parbleu ! dit le

meunier, est bien fou du cerveau
Qui prétend contenter tout le monde
et son père." LA FONTAINE, *Fables*
III, 1.—*Le Meunier, son Fils et
l'Âne.*

All is grist that comes to his mill *or*
All is fish that comes to his net, Il
sait tirer profit de tout, Il prend
de toutes mains, Il tirerait de l'huile
d'un mur.

All of us, Nous tous, toutes, Tous,
Toutes, tant que nous sommes.

And that is all there is to it, Je vous
ai montré le fond du sac (*fam*.).

For all that *or* In spite of all, Malgré
tout, Quand le diable y serait,
Quand ce serait le diable. *Quotation
under* MANNER.

He replied No, that was all, Il me
répondit un Non tout court.

I am, He is, ready to take on all
comers *or, slang*, Let 'em all come,
À tout venant beau jeu.

Is that all? (*it is of no importance*),
N'est-ce que cela?

There is all the difference in the world,
Il y a une différence du tout au tout.

To all comers *or* To all and sundry,
À tout venant.

To be all eyes *or* To be all ears [and
eyes] *or* all attention, Être tout
yeux, Être [tout yeux et] tout
oreilles, Écouter de toutes ses
oreilles, Ouvrir ses oreilles toutes
grandes.

To get so much all told, Recevoir tant
tout compté.

To lose one's all *or* all one's belongings *or* all one's worldly goods,
Perdre tout ce qu'on a *ou, pop*.,
tout son saint-crépin *ou, pop*., tout
son [saint-]frusquin.

To make oneself all things to all men
(1 *Corinthians* ix, 22), Se faire tout
à tous.

To risk all to win all, Risquer (*ou*
Jouer) le tout pour le tout.

See also ABOUT, ACCOUNT, ADRIFT, AIR,
ALIKE, ANYHOW, BEER, BEST, BEYOND,
BORN, BREATHE, BUNKUM, CAP,
CARRY, CAT, CONSIDER, COST,
CROWN, DAY, DESIRE, DEVIL, DUE,
DUTCH, EAT, END, ENTHUSIASM,
EVENT, EXCITEMENT, EYE, FAIL, FAIR,
FINE, FLESH, FOCUS, FOR, FOUR, FUN,
FUNNY, GAMMON, GO 23, 29, 30, 33,
GOLD, GOOD 5, 9, 38, GOOSE,
GRASP, GREEK, HEART, HONEY, HOT,
IMPATIENCE, INNOCENCE, INTENT,
JACK, KEEP, KNOW 2, 26, 35, LIFE,
MOONSHINE, MORE, NONSENSE, ONCE,
ONE, OVER, OWE, PLACE, PLAIN,
PLAY, PRETENCE, RAGE, REASON,
REST, RIGHT, ROAD, ROOT, ROSE,
SAME, SAY, SEA, SEE, SHAM, SHOP,
SMILE, SPEAK, STAKE, STRIKE, SUN,
TAKE, TAKING, TALK, TALKING,
THERE, THEW, TIME, TREMBLE, TRICK,
TROUBLE, TURN, UP, USE, WELL,
WORK, WORLD.

alleging. *See* ELICIT.

allot. To perform one's allotted task,
Faire (*ou* Tracer) son sillon.

all-overish. I feel all-overish, Je suis
tout je ne sais comment.

allow. *See* BARE, KINDLY.

allowance. After making every allowance, Tout [bien] compté, Tout
compté, tout rabattu, Tout bien
compté et rabattu.

Allowance must be made for exaggeration, Il faut en rabattre.

Due allowance being made, [Toute]
proportion gardée.

To make allowances [for human weak-
ness], Tenir compte de la faiblesse
humaine, Faire la part du diable
(*fam*.).

To make allowances for something,
Tenir compte (*ou* Faire la part)
de quelque chose, Mettre (*ou* Faire
entrer) quelque chose en ligne de
compte.

allude. *See* SKELETON.

alone. Let alone..., Sans compter...
See also WELL.

aloof. To hold aloof, Faire bande à
part.

aloud. *See* THINK.

alter. Circumstances alter cases, Les cas changent avec les circonstances. He'll never alter, Il ne changera jamais [sa peau] (*fam.*), Il mourra dans sa peau (*fam.*), Dans sa peau mourra le loup *ou* le renard, Qui a bu boira. " Que sert-il qu'on se contrefasse ? Prétendre ainsi changer est une illusion : L'on reprend sa première trace À la première occasion." —LA FONTAINE, *Fables* XII, 9.— *Le Loup et le Renard.* " Un more changerait-il sa peau, ou un léopard ses taches ? " (*Jérémie* xiii, 23), " Can the Ethiopian change his skin, or the leopard his spots ? " (*Jeremiah* xiii, 23). One cannot alter one's nature, On ne se refait pas.
That alters the case, C'est une autre affaire, Ce n'est plus la même chose, Cela change la thèse.
See also LAW.

alternative. I had no alternative but to obey, Force me fut d'obéir.

always. *See* TOGETHER.

amiss. There is something amiss, Il y a quelque chose qui cloche.

amount. It amounts to that, Il faut en venir là, C'est tout comme (*fam.*). What does it amount to ? mere words *or, slang,* hot air, Qu'en sort-il ? du vent. *Quotation under* BRING.
See also ANY.

amuse. It amuses him [and doesn't hurt us], Le jeu lui plaît.
To keep the company amused (*while waiting for the entertainment to commence*), Amuser le tapis.
To keep the company amused with witticisms, with jokes, Défrayer la compagnie de bons mots, de plaisanteries.
See also WINDOW.

an. *See* IF.

and. There are men and men, things and things (*named in English, e.g.,* there are workmen and workmen,

dictionaries and dictionaries), Il y a fagots et fagots.
See also DO, END, JOB, MISTAKE, OFF, REASON, REST, SAY.

angel. Talk of the angels and you will hear the flutter of their wings, Quand on parle du loup on en voit la queue.
See also RUSHING.

anger, angry. The angry waves (*poetic*), Les flots en courroux.
To rouse someone to anger *or* To make someone angry, Mettre quelqu'un en colère, Émouvoir (*ou* Échauffer) la bile à (*ou* de) quelqu'un.

anger. *See also* SWIFT.

angle. To approach (*or* To look at) a question from every angle, Retourner une question dans tous les sens, Prendre une affaire de tous les biais.

Anne. *See* QUEEN.

annoyance. To show annoyance, Prendre de l'humeur, Tordre le nez (*pop.*).

another. He belongs to another world (*is different from others*), C'est un homme de l'autre monde.
That's [quite] another matter *or* another story *or* another pair of shoes, C'est une autre affaire *ou* un autre fait *ou* un autre article *ou* une autre histoire *ou* une autre musique *ou* une autre paire de manches, Voilà bien une autre chanson.
See also ASK, GO 51, GOOD 35, ONE, SAY, TACK, TAKING, TALK, TALKING, TELL, THOUGHT, TO-MORROW.

answer. That is the answer to the riddle, Voilà (*ou* C'est) le mot de l'énigme.
To have a lot to answer for, Être responsable de bien des choses.
See also DESCRIPTION, EVASIVE, LIFE, NO, PURPOSE, SILLY.

answering. *See* BACK.

anticipate. *See* INCOME.

anxiety. To have no cause for anxiety, N'avoir aucun sujet d'inquiétude, Dormir sur les deux oreilles.

anxious. To be anxious to do something, Tenir à faire quelque chose.

any. Any amount (*enough and to spare*), À bouche que veux-tu (*fam.*). Any old thing (*slang*), N'importe quoi. *See also* ACCOUNT, BAD, DO, HAVING, LIKE, NEVER, PRICE, STAND, STICK, WAIT.

anybody. Anybody and everybody, Le tiers et le quart (*fam.*). *See also under* ASSISTANCE. *Quotation under* ALL.

anyhow. Things are all anyhow, Cela va comme il plaît à Dieu.

This work has been done [all] anyhow, Ce travail a été fait [à la] va comme je te pousse (*fam.*).

anyone. *See* DO, KNOW 37, TELL.

anything. If anything, . . . , Si l'on peut les différencier (*ou* les distinguer), . . . , Plutôt : If anything, he is worse than yesterday, Il est plûtot moins bien qu'hier. *See also* CHANGE, GAME, HAND, LIKE, PLEASE, WAIT.

anywhere. *See* FREE, GET 20.

apace. *See* NEWS, WEED.

apart. *See* TELL.

appeal. If it appeals to you, Si cela vous intéresse, Si le cœur vous en dit.

That makes no appeal to the heart, Cela ne dit rien au cœur.

To appeal to all and sundry (*or* to each and all) for help, Convoquer le ban et l'arrière-ban (*fam.*), Se recommander (*ou* Se vouer) à tous les saints [et saintes] [du paradis].

To appeal to deaf ears, Aboyer à la lune.

To be appealed to (*out of curiosity*), Être en arrêt : Any new invention appeals to him, Il est en arrêt devant toutes les nouveautés. *See also* SOBER.

appear. To appear on the scene (*of persons*), Entrer en scène.

See also COLOUR, DEVIL, NOTICE.

appearance. His appearance is against (*or* belies) him, Il ne paie pas de mine (*fam.*).

The appearance and the reality (*as opposed to each other*), L'idée et la chose.

To keep up an appearance, Faire figure.

To keep up appearances, Sauver (*ou* Ménager) les apparences.

To put in an appearance (*legally or socially*), Faire acte de présence ; also, but socially only, Se montrer. *See also* JUDGE, VENERABLE.

appetite. The appetite grows on what it feeds on, L'appétit vient en mangeant. *See also* WHET.

applaud. To applaud to the echo, Applaudir à tout rompre *ou* à tout casser.

apple. In apple-pie order, En ordre parfait.

The apple of discord, La pomme de discorde. " La déesse Discorde ayant brouillé les dieux, Et fait un grand procès là-haut pour une pomme, On la fit déloger des cieux. Chez l'animal qu'on appelle homme On la reçut à bras ouverts, Elle et Que-si-que-non son frère, Avecque Tien-et-mien son père. Elle nous fit l'honneur en ce bas univers De préférer notre hémisphère À celui des mortels qui nous sont opposés, Gens grossiers, peu civilisés, Et qui, se mariant sans prêtre et sans notaire, De la Discorde n'ont que faire."—LA FONTAINE, *Fables* VI, 20.—*La Discorde.* (*Note.*—De la, etc., = Have no use for Discord.)

To cherish something (*or* To hold something [as] dear) as the apple of one's eye, Conserver quelque chose comme la prunelle de ses yeux, Être jaloux de quelque chose comme un gueux de sa besace.

To upset someone's apple cart, Bouleverser les plans de quelqu'un.

appoint. To appoint a day, Prendre jour *ou* date.

approach. *See* ANGLE.

approve. To approve of someone doing a thing, Approuver (*ou* Trouver bon) que quelqu'un fasse une chose.

April. To make an April fool of someone, Donner un poisson d'avril à quelqu'un.

arbitrament. To resort to the arbitrament of arms *or* of war, S'en remettre au sort des (*ou* Recourir aux) armes, Faire parler la poudre.

ardour. *See* RESTRAIN.

argue, argumentative. Don't argue *or* Don't be so argumentative, Ne raisonnez pas tant, Ne faites pas le raisonneur, Pas tant de raisons.

arguing. *See* KEEP.

argument. To start an argument, Provoquer une dispute, Mettre le feu aux poudres.

See also FALL, PET, WAY.

Argus. He is an Argus, C'est un Argus. " Argus avoyt cent yeulx pour veoir."—RABELAIS I, 5, *Gargantua.*

Ariadne. Ariadne's clew *or* clue *or* thread, Le fil d'Ariane.

arise. Should the occasion arise, . . . , Le cas échéant, . . .

arm. His arm (*influence, credit*) is too short *or* is not long enough, Il n'a pas le bras assez long, Son épée est trop courte.

The long arm of the law has reached him, her, at last, Force est demeurée à la loi, À la fin il est tombé, elle est tombée, sous le coup de la loi.

To be armed to the teeth (*lit. & fig.*), Être armé jusqu'aux dents, Être armé de toutes pièces *ou* de pied en cap.

To be up in arms against a person, against something, Être en révolte (*ou* Se rebiffer) contre une personne, contre quelque chose.

To have a long arm (*wide influence*), Avoir le bras long *ou* la main longue.

To keep someone at arm's length, Tenir quelqu'un à distance.

See also AKIMBO, LOSE, OPEN, RIGHT, STRENGTH.

arm-chair. An arm-chair strategist, Un stratège en chambre.

armour. *See* JOINT.

army. *See* BELLY.

arouse. *See* CURIOSITY.

arrive. *See* DISCRETION.

arrow. *See* PARTHIAN.

artful. To be [as] artful as a wagon-load of monkeys, Être malin comme un singe.

article. *See* DEATH.

as. As it were, Pour ainsi dire.

ash. *See* RISE.

ashamed. The poor who are ashamed to beg, Les pauvres honteux. " Que ferai je, . . . ? Je ne saurais travailler à la terre, et j'aurais honte de mendier." (*Luc* xvi, 3), " What shall I do ? . . . I cannot dig ; to beg I am ashamed." (*Luke* xvi, 3).

aside. *See* LAY, SET.

ask, asking. Ask me another, Demandez-moi pourquoi.

He is asking for a hiding, Il fait tout ce qu'il faut pour qu'on en vienne à le battre, Le dos lui démange (*fam.*).

I ask you (*what a question to ask*), Belle question !, [Voilà une] belle demande !

It can be had for the asking, Cela se donne, Il y en a, en veux-tu ? en voilà (*pop.*).

That (*a thing like that, such a large sum of money*) is not to be had for the asking (*not easily found*), Cela ne se trouve pas dans (*ou* sous) le pas d'un cheval *ou* d'une mule (*fam.*).

To ask for it (*be justly punished for one's offences*), Être puni par où l'on a péché.

To ask someone something point-blank *or* straight out, Poser à quelqu'un une question à brûle-pourpoint.

ask. *See also* PLAY, TROUBLE, WANT.

asking. *See also* GOOD 69, NEED, TROUBLE, USE.

askance. To look askance at someone, Regarder quelqu'un avec méfiance.

asleep. Good things come to some while asleep (*he, she, has become rich without any effort*), Le bien (*ou* La fortune) lui vient en dormant.

aspen. *See* LEAF.

aspersion. To cast aspersions on someone, Débiter des atrocités sur quelqu'un, Dire des noirceurs de quelqu'un, Jeter des pierres (*ou* une pierre) dans le jardin de quelqu'un.

ass. He is a [perfect] ass, C'est un [vrai] âne bâté.

In plain language, he's an ass, C'est un sot en trois lettres.

To make an ass of oneself, (*fool*) Se conduire comme un sot ; (*exhibition*) Se donner en (*ou* Servir de) spectacle, Se faire moquer de soi.

See also CONCEITED, SKIN.

assent. *See* FORMAL, NOD, ONE.

assert. To assert one's authority, Parler en maître, Faire claquer son fouet (*fam.*).

To assert oneself, S'imposer, Se montrer [bien].

assertion. *See* BEAR, MAINTAIN.

asset. It is his, her, principal asset, C'est le plus beau fleuron de sa couronne.

assist. To assist fortune (*cheat at play*), Corriger le hasard *ou* la fortune.

assistance. To beg assistance from anybody and everybody, Convoquer le ban et l'arrière-ban (*fam.*), Se recommander (*ou* Se vouer) à tous les saints [et saintes] [du paradis].

assurance. To make assurance doubly sure, Pour surcroît de sûreté.

astir. *See* EARLY.

astonishment. I am lost in astonishment, Je n'en reviens pas.

astray. To be led astray (*fig.*), Se laisser tromper, Prendre le change.

To lead someone astray (*fig.*), Égarer quelqu'un, Induire quelqu'un en erreur, Donner (*ou* Faire prendre) le change à quelqu'un.

at. He's at it again, Le voilà qui recommence, Il n'en fait pas (*ou* jamais) d'autres (*fam.*).

See also DRIVING.

Atlas. He is an Atlas (*fig.*) (*man supporting alone great burdens*), C'est un Atlas. " Athlas, qui, avecques ses espaules, garda le ciel de tumber."—RABELAIS, II, 1, *Pantagruel.*

Atropos. *See* SHEARS.

attach. *See* CREDENCE, IMPORTANCE.

attack. *See* OPENLY.

attain. There is no height (*or* eminence) to which this man cannot attain, C'est un homme fait pour aller au sommet.

attempt. I shall do it or perish (*or* die) in the attempt, Je viendrai à bout de mon dessein, ou je mourrai à la peine.

attempt. *See also* FIRST, IMPOSSIBLE.

attempting. *See* IMPOSSIBILITY.

attend. To attend [to the conversation], Être à la conversation.

See also PRESSING.

attendance. *See* DANCE.

attention. To attract (*public*) attention (*to oneself*), Se faire regarder, Se donner (*ou* S'offrir) en spectacle.

To be full of attentions for someone, Avoir pour quelqu'un les attentions les plus délicates, Être aux petits soins auprès de (*ou* pour) quelqu'un (*fam.*).

To listen to someone with rapt attention, Être suspendu aux lèvres de quelqu'un.

See also ALL, DIVIDE, FOCUS, PAY, TURN.

Attic. He is a man of Attic wit (*refined amenity of language*), C'est un attique.

attic. To live in an attic, Être logé sous les tuiles.

attitude. To strike affecting attitudes, Prendre (*ou* Avoir) des airs penchés.

To strike an attitude, Étudier ses attitudes pour produire de l'effet, Poser.

To take up a certain attitude towards someone, Le prendre avec quelqu'un sur un certain ton.

attract. See ATTENTION.

Augean. See CLEAN.

augur. To augur no good, Ne présager rien de bon.

To augur well, ill, Être de bon, de mauvais, augure, S'annoncer bien, mal.

Aurora. See ROSY.

authority. To be regarded as an authority (*on some subject*), Faire autorité.

To have a piece of news on good authority, Tenir une nouvelle de bonne source *ou* de bonne main.

See also ASSERT, EXERTION, FEEL.

avail. Nothing availed, Rien n'y fit.

See also FAIL.

aversion. See PET.

avoid. See PLAGUE, SCYLLA.

awake. He awoke to find himself famous, Il se réveilla (*ou* Du jour au lendemain il devint) célèbre.

It keeps him awake (*he is anxious about it*), Il n'en dort pas.

That won't keep me awake, Je ne m'en relèverai pas la nuit.

awaken, awakening. To awaken echos, Faire retentir (*ou* Faire résonner) les échos.

To have a rude awakening, Avoir un fâcheux réveil.

aware. To become aware of something, Se rendre compte de (*ou* Ouvrir les yeux sur) quelque chose.

away. See BREAK, CAT, GIVE, LIVE, LONG, MILE.

awful. See FROST.

awkward. It is an awkward position or situation (*fig.*), C'est un pas glissant *ou* un mauvais pas.

The awkward age (*of youth*), L'âge ingrat.

To feel awkward, Être embarrassé (*ou* empêché) de sa personne, Être gêné dans les entournures.

To make it very awkward for someone, Faire passer quelqu'un par le trou d'une aiguille.

axe. To have an axe to grind, Avoir un but personnel à servir, Agir dans un but intéressé.

B

babe. See INNOCENT.

babel. It is a perfect babel, C'est la tour de Babel *ou* de Babylone. *Quotation under* VENGEANCE.

bachelor. See PARTY.

back. A house situated in the back of beyond. Une maison située en pays perdu *ou* au bout du monde *ou* dans une vraie Thébaïde. *Cf.* To live at the back of beyond *under* LIVE.

He is a back number (*of person— slang*), Il n'est pas de son temps *ou* de son époque, Il retarde [sur son temps], Il n'est pas à la page (*fam.*), C'est un laissé pour compte (*fam.*) *ou, fam.*, un racorni. " Toutes les nouveautés utiles lui semblaient des sacrilèges."—VOLTAIRE, *Histoire de Russie* ii, 10.

I was glad to see the back of him, J'étais content de le voir partir.

No answering back (*or, slang*, No back-chat), please, Point de commentaire.

Not to be able to back out of it (*fig.*), Ne pas pouvoir (*ou* Ne pouvoir plus) s'en dédire.

To back out (*of an undertaking*), Se dédire, Retirer son enjeu.

To back someone up, Appuyer (*ou* Épauler) quelqu'un.

To back the wrong horse (*fig.*), Miser sur le mauvais cheval (*fam.*).

To be back again to where one started, En être aux premiers pas.

To be back in residence, Ouvrir sa maison.

To be fighting with one's back to the wall, Être acculé dans ses derniers retranchements.

To get one's back up, Se rebiffer, Se hérisser.

To put one's back into it, N'y pas aller de main morte, Donner un coup de collier (*fam.*).

To set (*or* To put) (*or* To get) someone's back up, Faire rebiffer quelqu'un.

To take a back seat (*fig.*), Passer au second plan (*fam.*), Mettre de l'eau dans son vin (*fam.*).

See also BREAK, BROAD, COME 16, 17, 18, DUCK, EYE, GET 28, GIVE, GO 34–37, HIT, OWN, PAT, PAY, RAG, ROD, SCRATCH, STAB, TALK, VERY.

backbone. He has no backbone *or* He is backboneless, Il manque de caractère, Il est mou comme une chiffe (*fam.*), C'est une chiffe (*fam.*).

He is English to the backbone, Il est anglais jusqu'à la moelle [des os].

backdoor. A backdoor (*fig.*), Une porte de derrière *ou* de sortie.

background. To keep [oneself] in the background, Se tenir à l'ombre *ou* dans la coulisse, S'effacer.

backhander. To give someone a backhander (*fig.*) (*make an indirect attack on him*), Donner un soufflet à quelqu'un sur la joue d'un autre.

back-stair. Back-stair gossip, Des propos d'antichambre, Des propos de valet.

backward[s]. To go backward[s] (*of a person whose affairs are worsening*), Aller [à reculons] comme les écrevisses.

bacon. *See* SAVE.

bad. A bad article is dear at any price, On n'a jamais bon marché de mauvaise marchandise.

Bad habits are catching, L'air du monde est contagieux.

He does it with a very bad grace, Il fait cela comme un chien qu'on fouette.

He, She, has a bad heart (*fig.*), C'est un mauvais cœur.

He is a bad-hearted man, Il a le cœur mal placé.

It isn't half bad, Ce n'est pas trop mal en somme.

One is as bad as the other *or* They are as bad as each other, L'un vaut l'autre.

There is bad blood between them, Il y a de l'inimitié entre eux.

To be bad at doing something, S'entendre mal à faire quelque chose.

To be in a bad way, Être mal en point, Être (*ou* Se mettre) dans de beaux (*ou* dans de vilains) draps, Ne battre [plus] que d'une aile, Filer un mauvais coton. As a result of these occurrences, the country is in a very bad way, Par suite de ces événements, le pays est bien malade.

To be on bad terms with someone, Être en mauvaise intelligence (*ou* Être mal) (*ou* Être brouillé) avec quelqu'un.

To come to a bad end, Faire une mauvaise fin *ou* une fin malheureuse.

To complain of bad times, Crier famine, Crier misère.

To get (*or* To fall) into bad habits *or* ways, Former (*ou* Contracter) (*ou* Prendre) de mauvaises habitudes.

To get out of a bad habit, Quitter (*ou* Perdre) une mauvaise habitude.

To give someone a bad time of it,
Faire passer à quelqu'un un mauvais
quart d'heure.

To go from bad to worse, Aller de
mal en pis, Empirer.

To have a bad time [of it], Passer un
mauvais quart d'heure, N'être pas
à la noce (*pop.*).

To say everything that is bad of
someone, Dire pis que pendre de
quelqu'un.

To use bad grammar, Être brouillé
avec la grammaire.

See also BEST, BOOK, BREAK, CON-
STRUCTION, DOG, GET 40, GIVE,
GOOD 1, HALFPENNY, IMPRESSION,
LOOK 15, 16, LUCK, MONEY,
RIDDANCE, TOOL, TURN.

badly. To take a thing badly, Mal
prendre une chose.

See also STING, TURN.

bag. *See* BONE, CAT, CLEAR, WHOLE.

baggage. *See* CLEAR.

bait. To swallow (*or* To take) (*or*
To rise to) (*or* To nibble at) the
bait, Prendre (*ou* Gober) l'appât
ou le morceau, Mordre à l'hameçon
ou à l'appât.

balance. On balance, À tout prendre,
En considérant le pour et le contre.
" Thou art weighed in the balances,
and art found wanting." (*Daniel*
v, 27), " Tu as été pesé dans la
balance, et tu as été trouvé léger."

bald. To be as bald as a coot, Être
chauve comme un œuf (*fam.*) *ou*,
très fam., comme un genou.

bald-headed. *See* GO 33, 42.

ball. The ball is with you (*fig.*),
À vous la balle *ou* le dé.

To have the ball at one's feet, Avoir
la partie belle, Avoir le pied à
l'étrier.

To keep the ball [a-]rolling, Soutenir
la conversation, le jeu.

To open the ball (*fig.*) *or* To set the
ball [a-]rolling, Ouvrir (*ou* Commencer) (*ou* Mener) la danse *ou*
le branle, Mettre le bal en train.

ballast. He lacks (*mental*) ballast,
Il lui faudrait un peu de plomb
dans la tête.

bandbox. He, She, looks as if he,
she, had [just] come (*or* stepped)
out of a bandbox, Il semble qu'il,
qu'elle, sorte d'une boîte (*fam.*), Il
est tiré, Elle est tirée, à quatre
épingles (*fam.*).

bank. To bank on a success, Escomp-
ter un succès.

banner. *See* CROSS.

bare. To allow someone only bare
necessaries, Compter les morceaux
à quelqu'un.

To lay bare the faults of one's neighbour[s] *or* of one's fellow creatures,
Déshabiller son prochain.

barefoot. *See* SHOE.

bargain. A bargain is a bargain,
Marché conclu est marché conclu,
Marché conclu reste conclu.

I didn't bargain for that, Je ne
m'attendais pas à cela.

Into the bargain (*fig.*), Par-dessus le
marché.

It is a real bargain, C'est une affaire
d'or.

To be on the look-out for a bargain
or To go bargain hunting, Aller
à la recherche des occasions, Avoir
le nez au vent.

To get more than one bargained for
(*have a warm time of it*), Éprouver
de grandes contrariétés, En voir
de grises (*pop.*).

To make a bad bargain, Faire une
mauvaise (*ou*, *ironiquement*, une
belle) emplette.

See also BEST.

barge. To barge in, Intervenir mal
à propos.

To barge into someone, something,
[Venir] se heurter (*ou* Se cogner)
contre quelqu'un, quelque chose.

bargee. *See* SWEAR.

barge-pole. One, I, wouldn't touch it,
him, with a barge-pole, On ne le prendrait pas avec des pincettes (*fam.*).

bark, barking. His bark is worse than his bite, Il n'est pas si méchant qu'il en a l'air, Il fait plus de bruit que de mal, Chien qui aboie ne mord pas, Tous les chiens qui aboient ne mordent pas.

You are barking up the wrong tree, Vous tirez sur vos troupes *ou* sur vos gens.

barndoor. *See* NAIL.

barrel. *See* LOCK, ROUND.

barrier. *See* LAUGH.

basket. To have (*or* To put) all one's eggs in one basket, Mettre tous ses œufs dans le même panier. *See also* PICK.

bat. To have bats in the belfry, Avoir des rats dans la tête (*fam.*), Avoir une araignée dans le plafond (*fam.*). *See also* BLIND, DO.

bathe. *See* PERSPIRATION.

batten. To batten on public misfortune, S'engraisser de la misère publique.

battery. *See* SILENCE.

battle. A battle royal, Une bataille en règle, Une mêlée générale.

That's half the battle, C'est bataille à moitié gagnée. *See also under* FIRST, GOOD 4, LISTEN, YOUTH.

To battle one's way through difficulties, Se frayer un chemin à travers les difficultés.

See also FOREFRONT, JOIN, STRONG, WIT.

battledore. To play battledore and shuttlecock with someone, Ballotter quelqu'un.

be, being. As it were, Pour ainsi dire, En quelque sorte.

Be that as it may, Quoi qu'il en soit.

If I were you, [Si j'étais] à votre place, Si j'étais [que] de vous (*fam.*).

It's not for you, for him (*you are, he is, going to be unlucky this time*), Ce n'est pas pour vous, pour lui, que le four chauffe (*fam.*).

Not to be [suited] for such as he, as she, N'être pas son fait. " Le monde n'est point du tout son fait ; et je vous conseille de la mettre dans un couvent, où elle trouvera des divertissements qui seront mieux de son humeur."— MOLIÈRE, *L'Amour médecin* I, 1.

That being so, Puisqu'il en est ainsi, À ce compte-là, Sur le pied où en sont les choses, Sur ce pied-là.

The thing is this, Voici ce dont il s'agit.

To be oneself again, Se remettre.

Where have you been all this time ? D'où sortez-vous ?

See also FOR, HERE, KNOW 34, 38, LEAVE, LITTLE, OFF, OUT, UP. **being.** *See also* TIME. (*Note.*—Only particular or isolated uses of *be* are referenced here. For ordinary straight uses, see under the word of outstanding interest, or reference thereunder, *e.g.*, for To be hard to kill, It is hard to believe, see under HARD.)

be-all. The be-all and the end-all (*e.g.*, *of one's existence*), Le but suprême.

beam. *See* END, MOTE.

bean. He hasn't [got] a bean (*is penniless*) (*slang*), Il n'a pas un radis (*fam.*) *ou* un sou [vaillant] (*fam.*).

bear. I cannot bear to see it, Je ne peux pas en supporter la vue.

Not to be able to bear it any longer, N'y plus tenir.

That bears out my assertion, Cela confirme ce que j'ai avancé.

To be as churlish as a bear *or* To be like a bear with a sore head, Être d'une humeur maussade *ou* (*fam.*) massacrante, Être d'une humeur de dogue (*fam.*).

To bear someone out, Corroborer le dire de quelqu'un.

See also BELL, BRUNT, BURDEN, CHARM, EXAMINATION, FLESH, GRIN, GRUDGE, HALL-MARK, HAND, ILL, MALICE, MIND, NAKED, PALM, PRESSURE, RESEMBLANCE, SIGHT, STAMP.

beard. *See* PLUCK.

bearings. To get one's bearings, Se reconnaître.

To lose one's bearings, Ne plus s'y reconnaître, N'y être pas, Perdre le nord (*fam.*).

beast. It is a beast of a day, of a night (*very bad weather*), C'est un chien de temps.

beat, beaten, beating. Not to beat about the bush, N'y pas aller par quatre chemins.

Not to know when one is beaten (*fig.*), Ne pas se tenir pour battu.

That beats me *or* You have me beat, Cela me passe, J'y renonce, Je n'en reviens pas.

To be only beating the air (*fig.*), Ne faire que battre l'air. *See also below* To beat the air.

To beat a retreat (*fig.*), Battre en retraite (*fam.*), Retourner en arrière.

To beat about the bush, Tourner autour du pot (*fam.*), Amuser le tapis (*fam.*). " C'est parlé cela, s'escria Panurge, gualantement, sans circumbilivaginer autour du pot." —RABELAIS III, 30, *Pantagruel*. (*Note.*—C'est, etc. = Now you're talking [sense].)

To beat someone black and blue, Meurtrir quelqu'un de coups.

To beat someone hollow *or* to a frazzle, · Défaire quelqu'un complètement, Pulvériser quelqu'un, Battre quelqu'un à plate couture (*fam.*).

To beat someone to within an inch of his life, Échiner quelqu'un.

To beat someone unmercifully, Frapper quelqu'un comme un sourd (*fam.*).

To beat the air (*fig.*), Battre l'air, Tourner dans le vide, Mâcher à vide.

To beat the big drum (*fig.*), Battre la grosse caisse.

To beat up recruits, one's friends, Battre le rappel des recrues, de ses amis.

To follow the beaten track (*fig.*), Suivre le chemin battu.

To refuse to be beaten (*physically or morally*), Être dur à cuire (*fam.*).

beat. *See also* COCK, GAME.

beauty. Beauty is in the eyes of the beholder *or* Beauty lies in lovers' eyes, Il n'y a point de laides amours.

See also DAZZLING, SKIN-DEEP, UN-ADORNED, WANE.

beck. To be at someone's beck and call, Être aux ordres de quelqu'un, Marcher au doigt et à l'œil de quelqu'un (*fam.*).

To have someone at one's beck and call, Faire marcher quelqu'un au doigt et à l'œil (*fam.*).

become. *See* KNOW 14, 24.

bed. To go to bed with the birds *or* with the sun (*very early*), Se coucher comme les poules (*fam.*).

To have got out of bed on the wrong side *or* the wrong leg, S'être levé du pied gauche (*fam.*), Avoir mis son bonnet de travers (*fam.*).

See also DIE, EARLY, HIDE, LIE, ROSE.

bedlam. It is bedlam let loose[, as a household without a head *or* where everyone does as he likes, where everyone speaks at the same time], C'est la cour du roi Pétaud[, chacun y est maître]. (*Note.*—Le roi Pétau [from Latin *peto*, I ask] was the " king " of the guild of beggars, who had not much authority over his " subjects.")

bedpost. *See* BETWEEN.

bed-rock. To get down to bed-rock (*fig.*), Trouver le tuf.

bedside. It is my bedside book (*constant companion*), C'est mon livre de chevet.

bedtime. A bedtime story, (*lit.*) Une histoire pour l'heure du coucher; (*lit. & fig.*) Un conte bleu.

bee. To have a bee in one's bonnet, Avoir une araignée dans le plafond (*fam.*), Avoir des rats dans la tête (*fam.*).

beef. To have plenty of beef, Avoir de la force musculaire *ou, pop.*, du muscle.

bee-line. To make a bee-line for a place. Aller directement à (*ou* vers) un endroit.

beer. He thinks no small beer of himself, Il ne se prend pas pour de la petite bière, Il ne se mouche pas du pied, Il le porte haut, Le roi n'est pas son cousin, Il se croit le premier moutardier du pape (*tous fam.*).

It is no small beer (*matter*), Ce n'est pas de la petite bière (*fam.*).

Life is not all beer and skittles, Tout n'est pas rose dans la vie.

befall. *See* MAY.

before. Before you know where you are *or* Before you could say Jack Robinson *or* say knife, En moins d'un instant, En moins de rien, Crac ! (*fam.*).

See also BETTER, LOOK 10, MORNING, PRIDE, SHADOW, TALE, THINK, TIME, WISER.

beforehand. To be beforehand, Prendre les devants.

beg. To beg the question, Faire une pétition de principe, Tenir pour acquise la chose même qui est en question.

See also ASHAMED, DIFFER. **begging.** *See* LAST.

beget. *See* MONEY.

beggar. Beggars can't be choosers, Ne choisit pas qui emprunte, Faute de souliers, on va nu-pieds.

See also DESCRIPTION, WISH.

begin, beginning. Everything has a beginning, Il y a commencement à tout.

Since the world began *or* Since the beginning of things, Depuis que le monde est monde.

The beginning is usually the most difficult part *or* Well begun is half done, Il n'y a que le premier pas qui coûte, A moitié fait qui commence bien. " Et pource que, selon le dict de Hesiode, d'une chascune chose le commencement est la moytié du tout. "—RABELAIS IV, 3, *Pantagruel.*

To begin again at the beginning, Recommencer de nouveau, Recommencer sur nouveaux frais (*fam.*).

To begin again with renewed vigour, Recommencer de plus belle.

begin. *See also* CAKE, CHARITY, HUM, OVER. **beginning.** *See also* HUM.

beginner. *See* ENTHUSIASM.

behave. *See* FOOLISHLY, GENTLEMAN, KNOW 28, TEACH, UNRULY.

behaviour. *See* BEST.

behind. *See* SCENE, TIME.

behindhand. To be behindhand, *e.g.*, in generosity. Être en reste, *par ex.*, de générosité.

beholden. To be beholden to someone for something, Être redevable à quelqu'un de quelque chose.

beholder. *See* BEAUTY.

behove. It behoves him to . . ., Il lui appartient de . . ., Il lui incombe de . . .

It does not behove me to . . ., Il ne me sied pas de . . ., Mal me sied de . . .

belated. Belated measures, Mesures prises sur le tard.

Belated wit, L'esprit de l'escalier. (*See explanation under* AFTER-WIT.)

belfry. *See* BAT.

belie. *See* APPEARANCE.

belief, believe, believer. Believe it or not, Le croira qui voudra.

I can hardly (*or* scarcely) believe my [own] eyes, my [own] ears, J'en crois à peine mes yeux, mes oreilles.

I don't believe (*or* I am not a believer) in specialists, Je n'ai pas confiance dans les (*ou* Je ne fais pas grand cas des) spécialistes.

If we are to believe him, À (*ou* S'il faut) l'en croire.

It is beyond all belief *or* Would you believe it ? Ce n'est pas à croire, C'est à ne pas y croire, C'est plus beau que nature (*fam.*).

Just listen to him, I don't believe a word he says, Écoutez ce que nous dit cet autre ! (*pop.*), Ah ! cet autre ! (*pop.*).

No one will believe him, Il n'en sera pas cru. " Ce chien parlait très à propos : Son raisonnement pouvait être Fort bon dans la bouche d'un maître, Mais n'étant que d'un simple chien, On trouva qu'il ne valait rien."—LA FONTAINE, *Fables* XI, 3.—*Le Fermier, le Chien et le Renard.*

Not to believe one's [own] eyes, one's [own] ears, Ne pas en croire ses yeux, ses oreilles.

To believe everything one is told, Ajouter foi à tout ce qu'on entend, Croire tout comme l'Évangile (*fam.*) *ou, fam.*, comme article de foi, Prendre tout pour bon.

To make someone believe [that] . . ., Faire accroire à quelqu'un que . . .

To the best of my belief, À ce que je crois.

belief. *See also* FIRM. **believe.** *See also* CHEESE, FOND, HARD, KNOW 8, 34, READILY, REASON, RELIGIOUSLY, SHORT. **believer.** *See also* READY. **believing.** *See* SEEING.

bell. To bear away (*or* To carry away) the bell (*prize*) (*fig.*), Décrocher la timbale, Remporter le prix.

To bell the cat, Attacher le grelot. " Dès l'abord, leur doyen, personne fort prudente, Opina qu'il fallait, et plus tôt que plus tard, Attacher un grelot au cou de Rodilard ; Qu'ainsi, quand il irait en guerre, De sa marche avertis ils s'enfuiraient sous terre : Qu'il n'y savait que ce moyen : Chacun fut de l'avis de monsieur le doyen : Chose

ne leur parut à tous plus salutaire. La difficulté fut d'attacher le grelot." —LA FONTAINE, *Fables* II, 2.— *Conseil tenu par les Rats.* (*Note.*— Rodilard = The Cat, Felix, in LA FONTAINE and RABELAIS.) " Les souris firent parlement . . . Du chat fust faite la complainte : Le chat ne nous cesse rungier, Dieu le puist en enfer plungier ; Il manjue tous nos enfanssons ! . . . Bon conseil vous donrai, dit l'une. À son dit s'accordoit chascune : On liera une campanelle À son col, qui si nous revelle : Si pourrons nous nous contraitier Quant il nous voudra agaitier Car nous orrons tantost le son . . ., Et chascun d'aler étoit preste."—*Des Souris qui ffirent Concille contre le Chat.* (*Note.*— rungier [*later* ronger] = dévorer. campanelle = clochette. Si pourrons nous nous contraitier = Ainsi pourrons-nous nous soustraire. agaitier [*hence* guetter] = surprendre. orrons [*hence* oreille] = entendrons.)

See also CLEAR, SOUND.

belly. An army marches on its belly, La soupe fait le soldat.

See also EYE.

belongings. *See* ALL.

below. Here below, Ici-bas, Dans (*ou* En) ce bas monde.

belt. To hit someone below the belt (*fig.*), Donner à quelqu'un un coup en traître *ou* un (*ou* le) coup de Jarnac *ou, fam.*, le coup de lapin. (*See note under* STAB.)

bend, bending. Better bend than break, Mieux vaut plier que rompre. *Le roseau parle :* " Les vents me sont moins qu'à vous redoutables ; Je plie, et ne romps pas."—LA FONTAINE, *Fables* I, 22. —*Le Chêne et le Roseau.* " Foibles suis-je sans dout : En ce m'a fait plus grand salut Que ta force ne t'a valut." *Ancient version of the fable.*

To bend the head (*in humble submission*), Plier (*ou* Baisser) les épaules, Courber (*ou* Plier) l'échine.

To catch someone bending, Prendre quelqu'un en mauvaise posture.

bend. *See also* STEP.

beneath. It is beneath my notice, Cela est indigne de mon attention.

That is beneath contempt, Cela mérite le plus profond mépris, C'est tout ce qu'il y a de plus méprisable.

benefit. To derive benefit from something, Profiter de quelque chose.

To give someone the benefit of the doubt, Faire bénéficier quelqu'un du doute.

bent. To be bent on doing something, Tenir à (*ou* Avoir à cœur de) faire quelque chose.

See also TROUBLE.

berry. *See* BROWN.

berth. To give someone a wide berth, Éviter (*ou* Se tenir à l'écart de) (*ou* Se défier de) quelqu'un.

beside. He is beside himself with joy, Il ne se possède pas (*ou* ne se sent pas) de joie, Il ne se connaît point (*ou* plus) de joie, Il est dans la joie de son cœur.

He is beside himself with rage, Il ne se connaît plus de rage, Sa fureur ne connaît plus rien.

It would be beside my purpose to enlarge on this subject, Il n'entre pas dans mes intentions de m'étendre sur ce sujet.

That is beside the question *or* the point *or* the mark, C'est à côté [de la question], C'est étranger à la question, Cela n'a rien à voir à l'affaire, C'est hors de propos, Cela porte à faux.

To be beside oneself (*with any emotion*), Être hors de soi.

besom. *See* JUMP.

bespatter. To be bespattered all over with mud, Être crotté jusqu'aux oreilles *ou*, *fam.*, jusqu'à l'échine, Être crotté comme un barbet (*fam.*).

Bess. *See* GOOD 24.

best. All is for the best in the best of all possible worlds, Tout est pour le mieux dans le meilleur des mondes possible. " Ce n'est vraiment pas vrai que tout soit pour le mieux. Et la preuve, lecteur, la preuve irrécusable Que ce monde est mauvais, c'est que pour y rester Il a fallu s'en faire un autre, et l'inventer. Un autre !—monde étrange, absurde, inhabitable, Et qui, pour valoir mieux que le seul véritable, N'a pas même un instant eu besoin d'exister."—ALFRED DE MUSSET, *Namouna*, I, 49–50.

Do the best you can, Faites pour le mieux.

He is the best of men, C'est le meilleur (*ou*, *fam.*, la crème) des hommes.

One must make the best of things, Où la chèvre est attachée, il faut qu'elle broute.

The best cause is none the worse for support, Bon droit a besoin d'aide.

The best is cheapest in the end, On n'a jamais bon marché de mauvaise marchandise.

The best of it (*cream of the story*), Le plus beau de l'histoire.

The best thing you can do is to . . ., Ce que vous avez de mieux à faire, c'est de . . .

To be on the best of terms with someone, Être en parfaite intelligence avec quelqu'un.

To do one's best, Faire de son mieux.

To do one's level best not to . . ., Faire tout ce qu'on peut (*ou*, *fam.*, Se tenir à quatre) pour ne pas . . .

To find the best way to tackle a thing, Trouver la meilleure façon de prendre une affaire, Trouver le joint (*fam.*).

To get the best of an argument, L'emporter dans une discussion.

To give someone best, Donner gain de cause (*ou* Donner cause gagnée) à quelqu'un, Quitter la place à quelqu'un (*fam.*).

To have (*or* To get) the best of it *or* of the bargain *or* To come off best, L'emporter, Avoir l'avantage *ou*, *fam.*, le pompon. *See also below* You come, etc.

To make the best of a bad job *or* of it, Se tirer d'affaire le mieux possible, Se faire une raison, [En] prendre son parti, Faire contre [mauvaise] fortune bon cœur.

To pick out the best [of the goods], Déparer la marchandise.

To put on one's best behaviour, Se tenir bien.

To put one's best foot (*or* leg) foremost, (*lit.*) Allonger le pas ; (*fig.*) Faire de son mieux.

To take the best place, Prendre le haut bout.

To try to make the best of both worlds, Hésiter entre le vice et la vertu.

You come, He comes, off best, À vous, À lui, le pompon (*fam.*).

See also BELIEF, BIB, BREATHE, GET 15, 33, 43, HATE, HEALTH, HONESTY, HORSE, IMPRESSION, INTENTION, KEEP, LAST, LAUGH, LOVE, PART, PLAN, REASON, RECOLLECTION, THOUGHT, VERY.

bestir. This man won't bestir himself, Cet homme ne se remue non plus qu'une bûche (*fam.*).

bet. You bet ! Je vous en réponds.
See also CERTAINTY.

betimes. To call for someone betimes, Prendre quelqu'un au sortir (*ou*, *fam.*, au saut) du lit.

betray. *See* IMPRESSION.

better. For better or [for] worse, Vaille que vaille.

He could not work better, Il travaille on ne peut mieux.

He is no better off [than before], Il est Gros-Jean comme devant (*Quotation and note under* DAYDREAM), Cela lui fait une belle jambe (*fam.*).

His performance can never be bettered, Après lui il faut tirer l'échelle.

I know better, On ne m'y prendra pas (*fam.*), À d'autres ! (*fam.*).

The better the day, the better the deed, [À] bon jour, bonne œuvre.

The better the labour, the better the reward, Tant vaut l'homme, tant vaut la terre.

To get the better of someone, L'emporter sur quelqu'un, Jouer quelqu'un par-dessous [la] jambe (*fam.*), Passer sur le ventre à quelqu'un.

To go one better than someone, Surenchérir sur (*ou*, *fam.*, Damer le pion à) quelqu'un.

To meet one's better (*in almost any sense*), Trouver plus méchant que soi.

You had better not, Ne vous en avisez pas.

See also BEND, CONTENTMENT, DAWN, DAWNING, DISCRETION, DO, ENVY, GO 44, GOOD 2, HALF, HEAD, HOLD, HUNTER, LATE, LEAVE, LONGER, LUCK, PENNY, PREVENTION, SAY, SOONER, THINK, WEAR.

Betty Martin. *See* EYE.

between. [This is] between you and me [and the gatepost *or* bedpost] *or* Between ourselves, Ceci [est] de vous à moi, Entre nous, Entre nous soit dit, Soit dit entre nous, Entre vous et moi.

To be [caught] between two fires (*lit. & fig.*), Être [pris] entre deux feux.

See also CHOOSE, DEVIL, READ, STOOL, WATER.

bewitching. Bewitching eyes, Des yeux assassins. *Quotation under* KILLING.

beyond. Beyond doubt *or* Beyond all question, À n'en pas douter.

It is beyond me (*fig.*), Cela me [dé]passe, Je n'arrive pas à le comprendre.

To be beyond the pale, Être au ban de la société.

See also BACK, BELIEF, BOUNDS, CONTROL, FEAR, GOING 19, LIVE, OVER.

bib. To put on one's best bib and tucker, Se mettre sur son trente et un. (*Note.*—trente et un is a corruption of trentain = anciently, a kind of full-dress cloth.)

bid. *See* GOOD 53, SUCCEED.

big. A bigwig *or* A big pot *or*, *slang*, A big bug, Un gros bonnet (*fam.*), Une [grosse] légume (*fam.*).

He is grown too big for his boots, Il se croit le premier moutardier du pape (*fam.*).

To be the big man (*boss the show*), Tenir le haut du pavé (*fam.*).

To talk big, Le porter haut (*fam.*).

See also BEAT, GREAT.

bigger. *See* EYE, HEART.

bile. To stir up someone's bile, Émouvoir (*ou* Échauffer) la bile à (*ou* de) quelqu'un.

bill. To head (*or* To top) the bill (*of actor*), Avoir (*ou* Occuper) la vedette sur l'affiche.

bind, bound. Fast (*or* Safe) bind, fast (*or* safe) find, Méfiance est mère de sûreté.

I'll be bound, Je vous en réponds, J'en suis sûr, Je vous le promets.

bound. *See also* DUTY, HONOUR. *For* BOUNDS, *see in its alphabetical order.*

bird. A bird in the hand is worth two in the bush, Un tiens vaut mieux que deux tu l'auras, Il vaut mieux tenir que courir, Mieux vaut un moineau dans la main que la grive qui vole, Un oiseau dans la main vaut mieux que deux dans la haie. " Aujourd'hui, un œuf à la main Vaut mieux que deux poulets demain."—DES ACCORDS. " Un tiens vaut, ce dit-on, mieux que deux tu l'auras : L'un est sûr ; l'autre ne l'est pas."—LA FONTAINE, *Fables* V, 3.—*Le petit Poisson et le Pêcheur.*

A little bird told me so, Mon petit doigt me l'a dit. " Voilà mon petit doigt pourtant qui gronde quelque chose. (*Mettant son doigt à son oreille.*) Attendez. Ah ! ah ! ah ! Oui ? Oh ! oh ! voilà mon petit doigt qui me dit quelque chose que vous avez vu et que vous ne m'avez pas dit."—MOLIÈRE, *Le Malade imaginaire* II, 8.

He is a cunning old bird, C'est un fin merle (*fam.*).

The bird is flown (*fig.*), L'oiseau n'y est plus, L'oiseau [s'en] est envolé, L'oiseau est déniché.

To find the bird flown (*fig.*), Trouver le nid vide, Faire (*ou* Trouver) buisson creux.

To get the bird (*be hissed*) (*slang*), Être sifflé *ou* conspué, Recevoir des pommes cuites, Ramasser une tape (*fam.*).

To give someone the bird (*slang*), Siffler (*ou* Conspuer) quelqu'un, Jeter (*ou* Lancer) des pommes cuites à quelqu'un. " Mais ce que cette affaire amènera de suites, C'est ce que vous saurez, si vous ne sifflez pas. N'allez pas nous jeter surtout de pommes cuites Pour mettre nos rideaux et nos quinquets à bas, Nous avons pour le mieux repeint les galeries."—ALFRED DE MUSSET, *Les marrons du feu*, Prologue. (*Note.*—quinquets = [oil] lamps.)

To kill two birds with one stone, Faire d'une pierre deux coups.

You can't catch an old bird with chaff, On ne prend pas les vieux merles à la pipée.

See also BED, EARLY, FEATHER, NEST, OMEN, VIEW.

birth. *See* ACCIDENT, EXALT.

biscuit. *See* TAKE.

bit. Bit by bit (*one thing leading to another*), De fil en aiguille : He told us the whole story bit by bit, Il nous a raconté toute l'histoire de fil en aiguille.

It's not a bit of use, Cela ne sert absolument à rien.

Not a bit of it, Pas le moins du monde.

To do one's bit, Faire sa part, Payer de sa personne, Y mettre du sien.

To take the bit between one's teeth, Prendre le mors aux dents. " Et notez que, d'iceulx, la plus part prindrent bien le frain aux dentz."— RABELAIS, II, 10, *Pantagruel.* (*Note.* —iceulx = ceux-là.)
See also CRACK, HANDFUL, LIKE, MAKE, TOUCH.

bite, biter, biting. Biting words, Des mots à l'emporte-pièce.

Don't bite off more than you can chew, [À] petit mercier, petit panier.

[It is a case of] the biter bit, Tel est pris qui croyait prendre, Le trompeur est trompé.

To bite off more than one can chew, (*lit.*) Avoir les yeux plus grands que le ventre ; (*fig.*) Entreprendre une tâche au-dessus de ses forces.

To bite one's thumb at someone (*contemptuous gesture*), Faire la nique à quelqu'un (*fam.*).

To bite the hand that feeds one, Mordre le sein de sa nourrice.

To make two bites at a cherry, S'y prendre à deux fois.

bite. *See also* BARK, HAIR, MISS, ONCE.
bitter. *See* PILL, TEAR.
bitterly. *See* CRY.
bitterness. *See* CUP.

black. A black sheep (*person to be avoided on account of his vices*), Une brebis galeuse, Un membre pourri.

He is the black sheep of the family, Il est la honte de sa famille.

He's not as black as he's painted, Il n'est pas [aus]si diable qu'il est noir.

Things are looking black, Les affaires prennent une mauvaise tournure.

Things are not as black as they look, Les affaires ne vont pas aussi mal qu'elles en ont l'air.

To be [as] black as a sweep, Être noir comme un charbonnier.

To look black (*of persons*), Se re[n]frogner.

To look black at someone, Regarder quelqu'un de travers *ou* d'un mauvais œil.

See also BEAT, BOOK, EYE, POT, SET, WORK.

blackamoor. There's no washing a blackamoor white, À laver la tête d'un More (*ou* d'un âne) on perd sa lessive.

blackberry. They don't grow on blackberry bushes (*are hard to find*), On n'en trouve pas à la douzaine (*fam.*). Il n'y en a pas treize à la douzaine (*fam.*).

See also PLENTIFUL.

black-list. To black-list a person, a thing, Mettre une personne, une chose, à l'index.

blade. To draw one's trusty blade (*said jokingly*), Mettre flamberge au vent. " Courage, mon garçon, tout heur nous accompagne ! Mettons flamberge au vent, et bravoure en campagne." — MOLIÈRE, *L'Étourdi* III, 5. (*Note.*— heur = good fortune.)

blame. To shift the blame on another, S'excuser (*ou* Rejeter la faute) sur un autre.

To throw (*or* To cast) (*or* To lay) the blame on someone, Déverser le blâme (*ou* Rejeter la faute) sur quelqu'un, S'en prendre à quelqu'un.

You have only yourself to blame, Vous n'avez à vous en prendre qu'à vous-même, Vous l'avez voulu. " Ah ! que je... Vous l'avez voulu, vous l'avez voulu, George Dandin, vous l'avez voulu ; cela vous sied fort bien, et vous voilà ajusté comme il faut ; vous avez justement ce que vous méritez."— MOLIÈRE, *George Dandin* I, 9.

See also TOOL.

blameless. He is blameless [in this matter], Il n'a rien à se reprocher.

He is not blameless [in this matter], Son cas n'est pas net.

blank. To draw a blank, (*find nothing*) Faire (*ou* Trouver) buisson creux ; (*have no luck*) Ne pas avoir de veine.

To give someone a blank cheque (*fig.*), Accorder à quelqu'un carte blanche.

To look blank, Avoir l'air déconcerté, Rester bouche bée.

blaze. To blaze up (*in anger*) and cool down, Jeter [tout] son feu.

blazes. *See* RUN.

bleed. To bleed someone white, Saigner quelqu'un à blanc (*fam.*), Sucer quelqu'un jusqu'aux os (*fam.*).

To bleed the nation white, Tondre la brebis de trop près (*fam.*).

bless. He came up from the country without a penny to bless himself with, Il est arrivé tout nu de sa province (*Quotation under* RAG), Il est venu de sa province en sabots.

I'll be blest if . . ., Au diable si . . . (*fam.*), [Que] le diable m'emporte si . . . (*fam.*).

[I'm] blest if he isn't angry, if it isn't raining, Ne voilà-t-il pas qu'il se fâche, qu'il pleut (*fam.*).

I will do nothing, blest if I do, Je n'en ferai rien, de par tous les diables (*fam.*).

Not to have a penny (*or* a copper) to bless oneself with, N'avoir pas un sou [vaillant] (*fam.*) *ou* un [rouge] liard (*fam.*) *ou* un radis (*fam.*), N'avoir ni croix ni pile.

See also DAY, EVERY, MOURN.

blessedness. *See* SINGLE.

blessing. *See* DISGUISE.

blind. Among the blind the one-eyed is king (*among the dunces the mediocre shine*), Au royaume des aveugles les borgnes sont rois.

Fortune is blind, Le sort est aveugle.

" ' Cet homme, disent-ils, était planteur de choux, Et le voilà devenu pape ! Ne le valons-nous pas ? ' Vous valez cent fois mieux : Mais que vous sert votre mérite ? La Fortune a-t-elle des yeux ? " LA FONTAINE, *Fables* VII, 12.— *L'Homme qui court après la Fortune et l'Homme qui l'attend dans son lit.*

It is [a case of] the blind leading the blind, C'est un aveugle qui en conduit un autre *ou* qui mène l'autre. " Que si un aveugle conduit un autre aveugle, ils tomberont tous deux dans la fosse."— *Matthieu* xv, 14.

To be [as] blind as a bat *or* as a mole, Être aveugle comme une taupe, Ne voir pas plus clair qu'une taupe.

See also TURN.

blink. To blink the facts, Fermer les yeux à la vérité.

bliss. *See* IGNORANCE.

blissfully. *See* HAPPY.

blithe. To be [as] blithe as a lark, Être gai comme un pinson.

block. *See* CHIP.

blood. It runs in his blood, Cela est dans son sang, Il tient [cela] de race *ou* de naissance, Il chasse de race.

It would be easier to get blood out of a stone than money from him, On tirerait plutôt de l'huile d'un mur que de tirer de l'argent de lui.

To infuse new blood into an undertaking, Redonner de la vigueur à (*ou* Revivifier) une entreprise.

See also BAD, CALL, FLESH, TELL, WORK, YOUNG.

blow, blowing. Come blows, love goes, À battre, faut l'amour.

The wind is blowing a gale *or* It is blowing great guns *or* There is a wind enough to blow one's head off, Le vent souffle en tempête, Il fait un vent à [d]écorner les bœufs.

This was a staggering blow (*or* a stunning blow) (*or* a crushing blow) (*or* a knock-out blow) for him,

Ce fut un coup d'assommoir (*ou* un coup de massue) (*ou* un coup de foudre) (*ou* un coup de tonnerre) pour lui.

To blow like a grampus, Souffler comme un bœuf.

To come to blows, En venir aux coups *ou* aux mains *ou* à la violence, Se livrer à des voies de fait (with someone = sur quelqu'un), Se prendre aux cheveux (*fam.*).

To give someone a good blowing up, Tancer quelqu'un vertement (*fam.*).

To let an unpleasant affair blow over, Laisser passer une affaire fâcheuse.

blow. *See also* DEAL, FIRST, FOLLOW, HOT, ILL, STRAW, STRIKING, TRUMPET, WIND. **blowing.** *See also* WIND.

blue. To have [a fit of] the blues, Avoir des papillons noirs, Avoir le cafard (*fam.*).

See also BEAT, BOLT, CRY, FUNK, ONCE, TRUE.

bluestocking. A bluestocking, Un bas bleu. " Sans doute vous serez célèbre Par les grands calculs de l'algèbre Où votre esprit est absorbé : J'oserais m'y livrer moi-même ; Mais, hélas ! A + D — B N'est pas = à je vous aime."—VOLTAIRE, *À Madame la Marquise du Châtelet, Lorsqu'elle apprenait l'algèbre.* (*Note.—Read* pas = à *as* pas égal à.)

bluff. A bluff man (*plain-spoken*), Un homme tout d'une pièce (*fam.*).

To bluff someone, Jeter de la poudre aux yeux de quelqu'un (*fam.*).

To call someone's bluff (*fig.*), Ramasser le gant, Relever le défi.

blunder. To blunder through, S'en tirer tant bien que mal.

blunt. The blunt facts, Les faits brutaux.

blurt. To blurt out everything, Ne rien ménager dans ses propos, Casser les vitres (*fam.*).

blush. In the first blush of youth, Dans la verte jeunesse.

To blush to the roots of one's hair, Rougir jusqu'au blanc des yeux (*fam.*).

To put someone to the blush, Faire rougir quelqu'un.

board. *See* FESTIVE, SWEEP.

boast. That's nothing to boast about, Il n'y a pas de quoi se vanter, Il n'y a pas de quoi crier miracle (*fam.*).

boat. We are all, both, in the same boat (*fig.*), Nous sommes tous, tous les deux, logés à la même enseigne (*fam.*).

See also BURN, CHARON, MISS, OAR.

bodily. To go in bodily fear, Craindre pour sa sûreté personnelle.

body. To walk (*or* To go) in a body (*all together*), Marcher en caravane.

See also HEART, KEEP, THROW, WEARING.

bo[h]. He can't say bo[h] to a goose (*is so meek*), C'est bien la brebis du bon Dieu (*fam.*).

boil. It (*or* The matter) boils down to this, . . ., L'affaire se réduit à ceci, . . .

boiling. *See* KETTLE, POT, WHOLE.

bold. A bold stroke, Un coup hardi, Un coup d'audace.

To be [as] bold as a cock on his own dunghill, Être hardi comme un coq sur son fumier. " Fuyons, nous ne sommes pas pour eulx. Ilz sont dix contre un, je vous en asceure. D'adventaige ilz sont sus leurs fumiers, nous ne congnoissons le pays."—RABELAIS IV, 55, *Pantagruel.*

To be [as] bold as brass, Être hardi (*ou* effronté) comme un page.

To make bold (*or* To make so bold as) to do something, Oser (*ou* Se permettre de) (*ou* S'enhardir à) faire quelque chose.

To put a bold face on it, Payer d'audace.

To put a bold face on the wreck of one's hopes, Voir d'un œil ferme la ruine de ses espérances.

To show a bold front, Faire bonne
contenance.

bolster. To bolster someone up,
Soutenir (*ou* Relever) quelqu'un.
To bolster up a theory with many
arguments, Étayer une théorie de
nombreux arguments.

bolt. A fool's bolt is soon shot, Un
sot a bientôt vidé son sac, De fou
juge br[i]ève sentence.
He has shot his bolt (*run dry of
epigrams*), Il a vidé son carquois, Il
a jeté [tout] son feu.
It (*or* This) was a bolt from the blue
(*unexpected misfortune*) for me, for
him, Ce fut un coup de foudre
(*ou* de tonnerre) pour moi, pour lui,
Il m'est, Il lui est, tombé une tuile
sur la tête (*fam.*).
To come as a bolt from the blue,
Tomber des nues.
To [do a] bolt (*slang*), Prendre la clef
des champs (*fam.*), Mettre la clef
sous la porte (*fam.*), Prendre la
poudre d'escampette (*pop.*).
To go off after having shot one's bolt,
S'en aller après avoir tiré son coup
de pistolet (*fam.*).

bombshell. *See* BURST.

bond. *See* WORD.

bone. He is nothing but skin and
bone *or* is nothing but a bag of
bones, Il n'a que la peau et les os,
Il a la peau collée aux os, Les os lui
percent la peau, On lui voit les os,
Il n'est qu'un paquet d'os (*tous
fam.*). " Un loup n'avait que les
os et la peau, Tant les chiens
faisaient bonne garde."—LA FON-
TAINE, *Fables* I, 5.—*Le Loup et le
Chien.*
The bone of contention, La pomme de
discorde.
To have a bone to pick with someone,
Avoir maille à partir (*ou* Avoir un
compte à régler) avec quelqu'un.
To make no bones about it, Ne faire
ni une ni deux (*fam.*).
To the bone, Jusqu'à la moelle des os.

What's bred in the bone will come
out in the flesh, Les bons chiens
chassent de race, Bon chien chasse
de race, Chassez le naturel, il revient
au galop, La caque sent toujours le
hareng.
See also DRY, FLESH, HARD, OLD,
WEAR, WORK.

bonnet. *See* BEE.

booby. A booby prize, Une fiche de
consolation.
See also CONCEITED.

book. To be good at book learning
(*but lacking originality and personality*), Être fort en thème.
" Et l'école du monde, en l'air dont
il faut vivre, Instruit mieux à mon
gré que ne fait aucun livre."—
MOLIÈRE, *L'École des maris* I, 2.
To be in someone's bad (*or* black)
books, Être mal dans les papiers
de quelqu'un (*fam.*), Être mal vu
de quelqu'un, N'être pas en odeur
de sainteté auprès de quelqu'un
(*fam.*), Ne pas être porté dans le
cœur de quelqu'un. He is in his
superior's bad books, Il est cassé
aux gages.
To bring oneself to book, Faire un
retour sur soi-même.
To bring someone to book, Demander
compte à quelqu'un, Faire le procès
à (*ou* de) quelqu'un.
To speak by the book, Citer ses
autorités.
To speak (*or* To talk) like a book,
Parler comme un livre.
See also GOOD 51, LEAF, READ, SEAL, SUIT.

bookworm. A bookworm (*person*),
Un rat de bibliothèque.

boot. His heart is in his boots, Il n'en
mène pas large.
Some day the boot may be on the
other leg (*tables may be turned*),
Un de ces jours les rôles pourraient
bien être renversés.
The boot is on the other (*or* on the
wrong) leg, C'est juste (*ou* Je vous
prouverai) le contraire.

See also BIG, SEVEN, SHOE.

booty. To share in the booty, Avoir part au gâteau (*fam.*). "À ces mots, le premier, il vous happe un morceau, Et chacun de tirer, le mâtin, la canaille, À qui mieux mieux : ils firent tous ripaille ; Chacun d'eux eut part au gâteau." —LA FONTAINE, *Fables* VIII, 7.— *Le Chien qui porte à son cou le dîner de son Maître.* (*Note.*— À qui, etc. = Vying with each other.) To share [out] (*divide*) the booty, Partager le gâteau (*fam.*).

border-line. A border-line case, Un cas limite.

bore. To be bored to death *or* to tears *or*, *slang*, bored stiff, Périr (*ou* Crever) (*ou* Suer) d'ennui, S'ennuyer à la mort *ou* à périr *ou* à avaler sa langue (*tous fam.*).

To be bored to death with a thing, Avoir d'une chose [cent pieds] pardessus la tête (*fam.*).

To bore someone to death *or*, *slang*, someone stiff, Scier [le dos à] quelqu'un (*fam.*).

born. He is a born poet, a born painter, Il est né poète, né peintre, C'est un poète, un peintre, de race.

In all my born days, De toute ma vie.

Never in all my born days, Jamais de la vie.

To be born under a lucky, an unlucky, star, Être né sous une bonne, une mauvaise, étoile.

See also SPOON, TIRE.

borrow, borrowing. He that goes a-borrowing goes a-sorrowing, Argent emprunté porte tristesse.

It is a case of being dressed in borrowed plumes, C'est le geai paré des plumes du paon.

Only the rich can borrow money, On ne prête qu'aux riches.

To dress oneself in borrowed plumes, Se parer des plumes du paon.

bosom. The wife of his bosom, Sa femme bien aimée.

They are bosom friends, Ils sont amis de cœur. " La my Juillet venue, le Diable se representa au lieu, accompaigné d'un escadron de petitz Diableteaux de cœur."— RABELAIS IV, 46, *Pantagruel.* (*Note.* —my = mi-.)

See also CHERISH, WARM.

boss. To boss the show (*slang*), Tenir le haut du pavé (*fam.*), Tenir la queue de la poêle (*fam.*).

both. *See* BEST, EAR, END, FACE, KEEP, SIDE, WAY.

bother. To give someone a lot of bother, Susciter à quelqu'un bien des embarras, Donner [bien] du fil à retordre à quelqu'un (*fam.*), Tailler des croupières à quelqu'un.

See also HOT.

bottle. *See* NEEDLE.

bottom. I cannot get to the bottom of it (*the matter*), Je n'entends pas le fin mot de tout cela (*fam.*).

To get to the bottom of it, Approfondir la matière, Aller au fond des choses, Voir le fond du sac (*fam.*), En avoir le cœur net.

See also KNOCK, MYSTERY, TRUTH, VERY.

bound. *See under* BIND.

bounds. His joy, His rage, knows no bounds, Sa joie, Sa fureur, ne connaît plus de bornes, Il ne se connaît plus de joie, de rage.

To go beyond (*or* To pass) (*or* To exceed) all bounds *or* To know no bounds, Passer (*ou* Dépasser) toutes les bornes, Oublier toute mesure.

To keep someone within bounds, Retenir quelqu'un dans certaines bornes, Tenir quelqu'un en bride (*fam.*).

See also LEAP.

bouquet. To throw bouquets at someone (*fig.*), Couvrir quelqu'un de fleurs, Passer la pommade à quelqu'un (*pop.*).

bow. To bow and scrape to someone, Faire force révérences à (*ou* Faire des courbettes devant) quelqu'un.

To bow the head (*in humble submission*), Plier (*ou* Baisser) les épaules, Courber (*ou* Plier) l'échine.

To bow to facts, Se rendre à l'évidence.

To make one's bow to someone *or* To bow oneself out, Tirer sa révérence à quelqu'un (*fam.*).

See also DRAW, INEVITABLE, STRING.

bowl. To bowl someone over *or* down (*fig.*), Battre quelqu'un en brèche, Casser (*ou* Couper) bras et jambes à quelqu'un (*fam.*).

box. To find oneself in the wrong box, Tomber dans quelque méprise, S'être trompé, S'être [complètement] blousé (*fam.*).

See also WHOLE.

box-office. *See* RECORD.

boy. Boys will be boys, Les enfants sont toujours les enfants, Il faut que jeunesse se passe. *Quotation under* YOUTH.

To be no longer a boy, Être hors de page.

See also KNOWING 4, OUGHT.

brain. To puzzle (*or* To rack) (*or* To cudgel) one's brains about something, to find an expedient, Se casser (*ou* Se rompre) (*ou* Se creuser) le cerveau (*ou* la tête) à quelque chose, pour trouver un expédient (*fam.*).

To rack one's brains for something, Chercher quelque chose dans sa tête *ou* dans sa mémoire.

See also TURN, WHIRL.

brass, brassy. A sky of brass *or* A brassy sky (*drought*), Un ciel d'airain.

To get down to brass tacks (*slang*), Venir au fait, En venir au fait et au prendre.

brass. *See also* BOLD, CARE.

brave. To be [as] brave as a lion, Être hardi comme un lion.

To put a brave face on things, Faire bonne contenance devant l'ennemi.

brawn. To have plenty of brawn, Avoir de la force musculaire *ou*, *pop.*, du muscle.

brazen. To brazen it out, Payer d'effronterie.

To have a brazen impudence, Avoir un front d'airain.

breach. To be always [standing] in the breach (*fig.*), Être toujours sur la brèche.

To commit a breach of honour, Manquer (*ou*, *fam.*, Faire banqueroute) à l'honneur.

bread. One's bread and butter, Ses moyens de subsistance.

To eat the bread of idleness, Vivre dans une molle oisiveté.

To take the bread out of someone's mouth (*fig.*), Ôter le pain de la bouche à quelqu'un.

See also BUTTER, ENCROACH, HALF, QUARREL, WATER.

break, broke. It would break his heart to do it, Vous lui arracheriez plutôt la vie *ou* le cœur *ou* l'âme.

To be [dead] broke *or* broke to the world *or*, *slang*, broke to the wide *or*, *slang*, To be stony broke, Être sans le sou, N'avoir pas un sou [vaillant] (*fam.*) *ou*, *fam.*, un [rouge] liard, Être aux abois.

To break down (*stop short in a speech*), Demeurer [tout] court.

To break down someone's resistance, Venir à bout de [la résistance de] quelqu'un.

To break faith with someone, Manquer de foi à quelqu'un.

To break free *or* loose *or* To break away [from restraint] (*dissipate after being restrained*), Se dissiper après s'être contraint, Rompre sa gourmette (*fam.*).

To break new (*or* fresh) ground (*fig.*), Entamer (*ou*, *fam.*, Attaquer) une terre vierge.

To break off [all relations] with someone, Cesser tout commerce (*ou* Rompre la paille) avec quelqu'un.

To break one's word, Manquer à sa parole.

To break someone of a habit, Faire perdre à quelqu'un une habitude.

To break someone['s back] (*ruin his schemes or career*), Casser le cou (*ou, fam.*, les reins) à quelqu'un.

To break someone's heart, Fendre (*ou* Crever) le cœur à quelqu'un.

To break the back of a piece of work, Faire le plus fort d'un travail.

To break the [bad] news to someone, Faire part d'une fâcheuse nouvelle à quelqu'un.

To break the news gently to someone, Faire part doucement (*ou* sans brusquerie) d'une nouvelle à quelqu'un.

To break the peace, Violer (*ou* Troubler) l'ordre public.

To break the Sabbath, Violer (*ou* Ne pas observer) le repos dominical *ou* le dimanche.

To break the thread of a story, Interrompre (*ou* Couper) le fil d'une histoire.

To get a break (*be lucky*), Avoir de la chance, Jouer de bonheur.

Without a break (*in one's working*), Sans interruption, Sans dételer (*fam.*).

break. *See also* ABUSE, BEND, BUTTER-FLY, HARD, ICE, LANCE, LAUGH, PRISCIAN, RECORD. **breaking.** *See* OMELET. **broke.** *See also* HELL. **broken.** *See* REED, WALK.

break-neck. *See* GO 32.

breast. To make a clean breast of it, S'en décharger la (*ou* En décharger sa) conscience, Manger le morceau (*fam.*).

breath. To take someone's breath away, Couper la respiration à quelqu'un.

See also DRAW, MENTION, SAVE, WASTE, WASTING.

breathe. All that breathes, Tout ce qui respire.

One scarcely dare breathe in his presence (*everyone fears him*), Personne n'ose ciller devant lui (*fam.*).

The best man that ever breathed, Le meilleur homme qui ait jamais vécu.

To breathe new life into someone, Insuffler une vie nouvelle (*ou* Redonner de la vie) à quelqu'un.

To give someone time to breathe, Laisser à quelqu'un le temps de souffler.

See also FIRE, ROOM.

breather. Give me a breather, Laissez-moi souffler.

breeches. *See* WEAR.

breed. *See* BONE, FAMILIARITY, TELL.

breeding. That shows his good breeding, Cela sent son homme de qualité.

breeks. You can't take the breeks off a Highlander, Où il n'y a rien le roi perd ses droits. " Ils (*nos bons aïeux*) n'avaient rien. Ils étaient nus ; et c'est chose très claire Que qui n'a rien n'a nul partage à faire." — VOLTAIRE, *Satires*, *Le Mondain*.

brevity. Brevity is the soul of wit, La concision est l'essence même de l'esprit, L'esprit réside dans la concision.

brewing. *See* SOMETHING, TROUBLE.

brick. To drop a brick (*make a blunder*) (*slang*), Faire une bévue *ou*, *pop.*, une boulette.

See also CAT, RUN, STRAW, TALK.

bridge. That will enable us, will help us, to bridge over the difficulty, Cela nous permettra de franchir, nous aidera à surmonter, la difficulté.

To bridge a gap (*fig.*), Combler une lacune.

See also BURN, GOLD.

brief. I hold no brief for him, Ce n'est pas mon affaire de plaider (*ou* de défendre) sa cause.

brigade. *See* OLD.

bright. To be as bright as a button (*of person*), Avoir l'esprit vif, Avoir un esprit brillant.

To look on the bright side of things, Prendre les choses par le bon côté.

See also HONOUR, LOOK-OUT, MERRY.

brightest. *See* JEWEL.

bring. The mountain was in travail and has brought forth a mouse, La montagne a enfanté une souris, C'est la montagne qui enfante une souris. " La mocquerie est telle que de la montaigne d'Horace, laquelle crioyt et lamentoyt enormement, comme femme en travail d'enfant. A son cry et lamentation accourut tout le voisinaige, en expectation de veoir quelque admirable et monstrueux enfantement ; mais enfin ne nasquit d'elle qu'une petite souriz."—RABELAIS III, 24, *Pantagruel.* " Une montagne en mal d'enfant Jetait une clameur si haute Que chacun, au bruit accourant, Crut qu'elle accoucherait sans faute D'une cité plus grosse que Paris : Elle accoucha d'une souris. Quand je songe à cette fable, Dont le récit est menteur Et le sens est véritable, Je me figure un auteur Qui dit : ' Je chanterai la guerre Que firent les Titans au maître du tonnerre.' C'est promettre beaucoup ; mais qu'en sort-il souvent ? Du vent."—LA FONTAINE, *Fables* V, 10.—*La Montagne qui accouche.*

To bring a thing to a successful (*or* to a happy) issue *or* To bring a thing off, Mener une chose à bonne fin *ou, fam.,* à bon port, Mener une affaire à bien.

To bring a thing up (*or* forward) for discussion, for consideration, Mettre une affaire sur le tapis.

To bring grist to the mill, Faire venir l'eau au moulin (*fam.*).

To bring someone into it (*the affair*) (*implicate him*), Mettre quelqu'un en cause *ou* en jeu.

To bring someone round to one's way of thinking, Faire partager à quelqu'un sa manière de voir *ou* son avis, Amener quelqu'un à son opinion.

To bring the conversation round to some subject, Faire tomber la conversation sur quelque sujet.

To bring the house down (*fig.*), (*of actor, acting spiritedly*) Brûler les planches ; (*of audience*) Applaudir à tout rompre *ou* à tout casser.

To bring up the rear, Venir en queue, Fermer la marche.

To bring up the young in the way they should go, Donner un bon pli à la jeunesse.

Where have you been brought up ? (*how ignorant you are*), De quel pays venez-vous ?, D'où sortez-vous ?

You have brought it on yourself, Vous l'avez voulu. *Quotation under* BLAME.

See also BOOK, CHANCE, FACE, GRIPS, HEEL, KNEE, LIGHT, LUCK, MIND, MORROW, PIG, PRESSURE, REASON, STANDSTILL, TRUTH, TURN.

brink. To be on the brink of ruin, Être à deux doigts de la ruine.

bristle. This matter bristles with difficulties, Cette affaire est hérissée (*ou* est une mine) de difficultés.

To bristle up (*of person*), Se dresser sur ses ergots.

brittle. To be [as] brittle as glass, Être fragile comme le cristal.

broach. To broach the subject, Aborder la question, Entrer en matière.

broad. It's as broad as it's long, Cela revient au même, C'est tout un, L'un vaut l'autre, C'est bonnet blanc et blanc bonnet (*fam.*), C'est jus vert ou verjus (*fam.*).

The broad way (that leadeth to destruction) (*Matthew* vii, 13), La voie large (qui mène à la perdition). " Vous enfiliez tout droit, sans mon instruction, Le grand chemin d'enfer et de perdition."—MOLIÈRE, *L'École des femmes* III, 1.

To have a broad back (*fig.*), Avoir bon dos (*fam.*).

broadcast. *See* MONEY.

broad-minded. To be very broad-minded (*indulgent on questions of morality*). Avoir la conscience large *ou* élastique, Avoir la manche large (*fam.*).

broke, broken. *See under* BREAK.

broom. A new broom sweeps clean, C'est le balai neuf, Il n'est rien tel que balai neuf, Il n'est ferveur que de novice.

To be a new broom (*work well at first*), Faire balai neuf, Avoir une ferveur de novice.

broomstick. *See* JUMP.

broth. *See* COOK.

brow. *See* SWEAT.

browbeat. To browbeat someone, Rudoyer quelqu'un, Grêler sur le persil (*fam.*).

brown. To be [as] brown as a berry, Avoir le teint hâlé par la vie au grand air.

To be in a brown study, Être plongé dans des rêveries, Se perdre dans les nuages.

brunt. To bear the brunt of it, En soutenir le poids, Payer de sa personne.

brush. To brush aside an objection, Passer à l'ordre du jour sur une objection.

See also TAR.

brute. By brute force, De vive force, À coups de cravache.

buck. To buck someone up (*slang*), Remonter le courage de quelqu'un, Mettre du (*ou* le) cœur au ventre à quelqu'un (*fam.*).

See also PASS.

bucket. *See* DROP, KICK, RAINING.

bud. *See* NIP.

budding. A budding artist, minister, Un(e) artiste, Un ministre, en herbe.

A budding beauty (*girl*), Une beauté dans son aurore.

A budding genius, Un génie près d'éclore.

budge. To refuse to budge, Ne pas vouloir marcher, Avoir les pieds nickelés (*pop.*).

budge. *See also* INCH. **budging.** *See* INCH.

buff. To be (*or* To stand) in buff (*be naked*), Être tout nu, toute nue, Être à poil (*pop.*).

To strip to the buff (*naked*), Se mettre à nu, Se mettre dans le costume d'Adam (*fam.*), Se mettre à poil (*pop.*).

buffet. The buffets of fortune. Les coups du sort.

To be buffeted by fortune, Être cahoté par la fortune.

bug. *See* SCRIBBLING, SNUG.

build. *See* CASTLE, DAY, SAND.

bull. A bull *or* An Irish bull, Une prudhommerie. Following are some prudhommeries, *i.e.*, ludicrous inconsistencies and mixture of metaphors, pronounced by Monsieur Joseph Prudhomme (character invented by HENRI MONNIER) : " Le char de l'État navigue sur un volcan." " Ôtez l'homme de la société, vous l'isolez." " Napoléon 1er était un ambitieux ; s'il avait voulu rester simple officier d'artillerie, il serait peut-être encore sur le trône." The following Irish bull was perpetrated in the British Parliament : " Mr Speaker, I smell a rat, I see it in the air, but I shall yet nip it in the bud."

He is like a bull in a china shop, C'est l'éléphant dans les porcelaines (*fam.*).

See also HORN, RED.

bully. To play the bully, Faire le brutal, Se faire [tout] blanc de son épée.

bump. To bump into someone, Rencontrer quelqu'un par hasard, Se

casser le nez contre quelqu'un
(*fam.*).

bun. *See* TAKE.

bunch. *See* PICK.

bundle. *See* NEEDLE, NERVE.

bunk. To [do a] bunk (*slang*), Prendre
la clef des champs (*fam.*), Mettre
la clef sous la porte (*fam.*),
Prendre la poudre d'escampette
(*pop.*).

bunkum. That's all bunkum, Histoires
que tout cela (*fam.*), C'est de la
blague (*pop.*).

burden. Life is a burden to him, La
vie lui est à charge.
To be a burden on someone, Être à
charge à quelqu'un.
To bear the burden and heat of the
day (*Matthew* xx, 12), Supporter
la fatigue de tout le jour
et la chaleur (*Matthieu* xx, 12),
Porter le poids du jour et de la
chaleur.

burglar. To look like a burglar, Être
fait comme un voleur *ou* comme un
bandit, Avoir la mine de demander
l'aumône au coin d'un bois.

burke. To burke a subject, a question,
Étrangler un sujet, une question.
(*Note.*—To burke [formerly written
with an initial capital letter, To
Burke] is so called from William
Burke, an Irish labourer who, with
William Hare, smothered 15 persons
in Edinburgh to sell their bodies for
dissection. Executed 1829.)

burn, burning. A burnt child dreads
[the] fire, Chat échaudé craint l'eau
froide. " Les chapons ont en nous
fort peu de confiance, Soit instinct,
soit expérience."—LA FONTAINE,
Fables VIII, 21.—*Le Faucon et le
Chapon.*
He has burnt his fingers over it, Il
s'y est (*ou* Il y a été) échaudé.
He is in a burning fever, C'est un
brasier que son corps.
It (*this passion*) will soon burn itself
out, C'est un feu de paille.

Money burns a hole in his pocket,
L'argent lui brûle la poche (*fam.*),
C'est un panier percé (*fam.*).
My head is burning hot, La tête (*ou*
La cervelle) me bout.
To burn one's boats *or* one's bridges
(*fig.*), Brûler ses vaisseaux.
To burn one's fingers (*fig.*), S'échau-
der, [Venir] se brûler à la chandelle.
To burn the midnight oil, Consacrer
ses veilles au travail ; (*at study*)
Pâlir sur les livres.
To burn with impatience, Griller
d'impatience, Se ronger les ongles.
Your ears must have been burning
(*we were talking about you*), Les
oreilles ont bien dû vous corner
(*fam.*).

burn. *See also* END, FIDDLE, MATCH-
WOOD, TINDER.

burr. *See* STICK.

burst, bursting. He burst in among us
like a bombshell, Il est tombé dans
notre société comme une bombe
(*fam.*).
To be bursting one's buttons (*be so
fat*), Crever dans sa peau (*fam.*).
To be bursting with pride, with rage,
etc., Crever d'orgueil, de rage, etc.
(*fam.*).
To be ready to burst with impatience,
with annoyance, with anger, Ronger
son frein (*fam.*).
To burst in(*to a room*), Entrer (*dans
une chambre*) en coup de vent *ou* en
trombe.
To burst one's buttons with food,
Manger à ventre déboutonné (*fam.*),
Se crever de mangeaille (*très
fam.*). " Pantagruel . . . mena disner Thaumaste avecques luy ; et
croyez qu'ilz beurent à ventre
desboutonné (car en ce temps là
on fermoit les ventres à boutons,
comme les colletz de present)."—
RABELAIS, II, 20, *Pantagruel.*
To burst out laughing, Partir d'un
[grand] éclat de rire, Crever de
rire (*fam.*).

bury. To bury one's head in the sand, Pratiquer la politique de l'autruche. *See also* DEAD, HATCHET.

[']**bus.** *See* MISS.

bush. Good wine needs no bush, À bon vin point (*ou* pas) d'enseigne. *See also* BEAT, BIRD.

bushel. *See* HIDE.

busiest. To be at one's busiest, Être dans son coup de feu (*fam.*).

business. Business is business, Les affaires sont les affaires.
Everybody's business is nobody's business, L'âne du commun est toujours le plus mal bâté, Il n'y a point d'âne plus mal bâté que celui du commun.
He's in the business (*that trade*), Il est de la partie.
To make it one's business to do a thing, Prendre à tâche de faire une chose.
To mean business, Jouer bon jeu, bon argent, Jouer franc jeu.
What business was it of his? Est-ce que cela le regardait?, Qu'allait-il faire dans cette galère? (*fam.*).
You had no business to speak, Vous n'aviez que faire de parler.
See also COMBINE, DEVIL, GOOD 6, 55, 57, HEAD, LOOK 16, LOOKING 17, MIND, NOSE, PROCEED, RUN, SEND, TALK, THERE, TO-MORROW.

buskin. To put on the buskin (*write or act tragedy*), Chausser le cothurne.

busy. To keep the printing press busy (*said of a writer more noted for a voluminous output than the good quality of his writings*), Faire gémir la presse.

busybody. To play the busybody, Faire le (la) nécessaire *ou* l'empressé(e). " Ainsi certaines gens, faisant les empressés, S'introduisent dans les affaires : Ils font partout les nécessaires, Et, partout importuns, devraient être chassés."—

LA FONTAINE, *Fables* VII, 9.—*Le Coche et la Mouche.* (*Note.*—Ils font, etc. = They fuss around.)

butt. To butt in (*fig.*), S'ingérer.

butter. Fine words butter no parsnips, Bien dire et bien penser ne sont rien sans bien faire, Le bien-faire vaut mieux que le bien-dire, Promettre et tenir sont deux, Ce n'est pas tout de promettre, il faut tenir.
To know on which side one's bread is buttered, Savoir d'où vient le vent (*fam.*).
To look as if butter wouldn't melt in one's mouth, Faire la (*ou* Être une) sainte nitouche. Butter wouldn't melt in her, his, mouth. Elle, Il, fait la (*ou* C'est une) sainte nitouche, On lui donnerait le bon Dieu sans confession, *also*, *but of a woman only*, Elle fait la sucrée.
See also BREAD, ENCROACH, QUARREL, SOFT.

butterfly. To break a butterfly on the wheel, Tonner sur les choux.

button, buttonhole. To buttonhole someone *or* To take someone by the button, S'emparer de (*ou, fam.*, Cueillir) quelqu'un.

button. *See also* BRIGHT, BURST, BURSTING, CARE.

buy. To buy it (*give the riddle up*), Y renoncer, Jeter (*ou* Donner) sa langue au chat *ou* aux chiens (*fam.*).

buzz. To buzz around (*be here, there, and everywhere*), Se multiplier.

bygone. Let bygones be bygones, Ne parlons plus du (*ou* Oubliez le) passé, Sans (*ou* Point de) rancune.

C

cabbage. *See* TALK.
caboodle. *See* WHOLE.

cacoethes. He has cacoethes loquendi, Il a grande envie de parler, La langue lui démange (*fam.*). He has cacoethes scribendi, Il a grande envie (*ou, fam.*, une [grande] démangeaison) d'écrire.

Caesar. Render to Caesar the things that are Caesar's, Il faut rendre à César ce qui appartient à César (*Matthieu* xxii, 21).

Cain. To raise Cain (*slang*), Faire grand tapage, Faire le diable [à quatre] (*fam.*), Faire les cent coups (*fam.*). *See also* MARK.

cake. To begin with the cake, Manger son pain blanc le premier (*fam.*). *See also* EAT, SELL, TAKE.

calf. *See* FATTED (*under* FAT), WORSHIP.

call. Crime that calls aloud for vengeance, Crime qui crie vengeance. The call of the blood, La voix (*ou* L'appel) du sang. To call forth a smile, Faire naître un sourire. To call someone a fool, a madman, an impertinent fellow, Traiter quelqu'un de sot, de fou, d'impertinent. To call someone sir, my lord, at every turn, Traiter quelqu'un de monsieur, de monseigneur, à tout propos *ou, fam.*, gros comme le bras. To call someone Your Highness *or* my lord (*to flatter him*), Donner de l'altesse à quelqu'un.

call. *See also* ACCOUNT, BECK, BETIMES, BLUFF, COMMENT, DEEP, MIND, NAME, PIPER, POT, PROTEST, QUESTION, SPADE, WITNESS. **calling.** *See* RIGHT.

calm. After a storm comes a calm (*proverb*), Après la pluie le beau temps. The calm before, after, the storm (*fig.*), Le calme devant, après, la tempête. (*Note.*—Formerly the nautical term *la bonace* was used figuratively in either sense : " Je changeai d'un seul mot la tempête en bonace."—CORNEILLE, *Le Menteur* II, 5.) To keep calm [and collected], Conserver son sang-froid, Avoir le pied marin (*fam.*).

camel. To strain at a gnat and swallow a camel (*Matthew* xxiii, 24), Rejeter le moucheron et avaler le chameau, Couler un moucheron et avaler un chameau (*Matthieu* xxiii, 24). To swallow a camel, Gober n'importe quelle histoire. *See also* STRAW.

camouflage. To camouflage the truth, Farder la vérité.

can. *See* BEST, LIKE, NICE, PENNY, PLAIN, PLEASE, TELL, TRUE.

candle. He can't (*or* He is not fit) to hold a candle to him, Il ne lui va pas à la ceinture *ou* à la cheville, Il est à cent piques au-dessous de lui, Il n'est pas digne de délier (*ou* de dénouer) les cordons de ses souliers (*tous fam.*). Not to be able (*or* fit) to hold a candle to something, Être à cent piques au-dessous de quelque chose (*fam.*). The game is not worth the candle, Le jeu ne vaut pas (*ou* n'en vaut pas) la chandelle. To hold the candle (*look on*), Tenir la chandelle. *See also* END, HIDE.

canny. He is a canny fellow, C'est un fin Normand.

canoe. *See* PADDLE.

canopy. *See* HEAVEN.

canter. To win in a canter (*fig.*), Arriver bon premier.

cap. Cap in hand (*servile, servilely*), Chapeau bas. If the cap fits, wear it, Qui se sent galeux se gratte, Qui se sent morveux se mouche. That caps all, C'est le comble, Il ne manquait plus que cela.

To cap all, Pour comble, Brochant sur le tout.

To set one's cap at a man, Chercher à attirer un homme dans ses filets.

See also FEATHER, WINDMILL.

capable. To give someone time to show what he is capable of doing, Faire crédit à quelqu'un.

To make a pretence of being (*or* To pretend to be) (*or* To think oneself) very capable, Prendre (*ou* Avoir) l'air capable, Faire le capable.

carcass. *See* SAVE.

card. A house of cards (*lit. and fig.*), Un château de cartes.

It is his strongest card (*fig.*), C'est la meilleure pièce de son sac (*fam.*).

It is quite on the cards [that] . . ., Il se pourrait fort bien que . . .

To hold all the winning cards (*fig.*), Avoir tous les atouts dans son jeu.

To play one's cards well (*fig.*), Jouer bien son jeu (*fam.*), Mener (*ou* Conduire) (*ou* Gouverner) bien sa barque.

To put (*or* To lay) one's cards on the table (*fig.*), Jouer cartes sur table (*fam.*), Montrer le fond du sac (*fam.*).

See also FORTUNE, KNOWING 5, QUEER, THROW.

care. Care killed the cat[, for all its nine lives] (*therefore be cheerful*), Vous vivrez peu, vous prenez trop de souci, Cent ans (*ou* Cent heures) (*ou* Cent livres) de chagrin ne paient pas un sou de dettes. *Cf.* To have nine lives, *under* LIFE.

I don't care in the least *or* I don't care a brass farthing *or* a rap *or* a snap *or* a button *or* a fig *or* a pin *or* a straw *or* a tinker's dam[n] *or* a damn *or* two hoots, Je m'en soucie comme d'une guigne *ou* comme d'une épingle *ou* comme de l'an quarante, Je m'en moque comme de quatre sous *ou* Je me moque du tiers comme du quart (*tous fam.*), Je m'en fiche [pas mal] (*pop.*), Je m'en bats l'œil (*pop.*). " Je, dist frere Jan, ne m'en soucie d'un bouton."—RABELAIS III, 22, *Pantagruel.*

To take [great] care of oneself, Se ménager, Avoir soin de (*ou* Conserver) (*ou* Soigner) son individu.

Who cares ? Qu'est-ce que cela fait ?

See also PENCE, SAY.

career. *See* CARVE.

careful. He'll get a thrashing if he isn't careful, Il fait tout ce qu'il faut pour qu'on en vienne le battre, Le dos lui démange (*fam.*).

One can be too careful, Trop de précaution nuit, Jamais chat emmitouflé ne prit souris.

carefully. *See* SELECT.

carelessness. What gross carelessness (*when something valuable has been broken*), C'est un massacre (*fam.*).

carpet. A carpet knight, Un héros de salon.

This matter is on the carpet (*under consideration*), Cette affaire est sur le tapis *ou* sur le bureau.

To be up on the carpet (*summoned for a reprimand*), Être sur la sellette (*fam.*).

To have someone on the carpet (*call him to account*), Tenir quelqu'un sur la sellette (*fam.*).

carriage. To keep a carriage (*live in style*), Rouler carrosse (*fam.*).

carry. One must not carry things too far, Il ne faut pas trop tendre la corde *ou* trop tirer sur la corde.

To carry a thing through, Mener une chose à bonne fin.

To carry all before one, Vaincre toutes les résistances, Triompher de tout.

To carry it off (*show a bold front*), Faire bonne contenance.

To carry off the prize, Remporter le prix, Décrocher la timbale.

To carry one's head high (*be proud*), Porter haut la tête.

To carry one's life in one's hands,

Risquer sa vie, Être en danger de mort.

To carry oneself well, Porter beau.

To carry the day *or* one's point, Avoir gain de cause, Avoir cause gagnée.

See also BELL, COALS, EXTREME, FLYING, GO 31, LIQUOR, SHOULDER, STORM, THREAT, WEIGHT.

cart. To be in the cart (*difficulties*) (*slang*), Être dans le lac (*pop.*).

To put the cart before the horse, Mettre la charrue devant les bœufs.

See also APPLE.

carve. To carve out a career for oneself, Se faire une carrière.

case. *See* ALTER, DESPERATE, HOPELESS, POINT, PROOF, SUCH, WOMAN.

cast. *See* ASPERSION, BLAME, DIE, DOUBT, EYE, GLANCE, INNUENDO, MAY, OLD, SHADOW, SIDELONG, STONE, TEETH (*under* TOOTH), WATER, WITHERING. **casting.** *See* PEARL.

cast-iron. To have a cast-iron throat (*be able to eat very hot food*), Avoir le gosier pavé *ou* ferré *ou* blindé, Avoir la gueule ferrée (*tous pop.*).

See also DIGESTION.

castle. To build castles in the air *or* in Spain, Bâtir (*ou* Faire) des châteaux en Espagne. *Quotation under* DAY-DREAM.

See also HOUSE, KING.

cat. A cat may look at a king, Un chien regarde bien un évêque.

All cats are grey in the dark, La nuit tous les chats sont gris. " Veux-tu ma Rosinette, Faire emplette Du roi des maris ? Je ne suis point Tircis ; Mais la nuit dans l'ombre, Je vaux encore mon prix ; Et quand il fait sombre, Les plus beaux chats sont gris."—BEAUMARCHAIS, *Le Barbier de Séville* III, 5.

He watches him like a cat does a mouse, Il le guette comme le chat fait la souris (*fam.*).

The cat did it (*the naughty thing you deny having done*), C'est le chat.

The cat is out of the bag, Le grand mot est lâché (*fam.*), Le secret est éventé.

To be like a cat on hot bricks (*very agitated*), Se démener comme le diable au fond d'un bénitier *ou* comme un diable dans un bénitier (*fam.*).

To go like a cat on hot bricks (*gingerly*), Marcher sur des charbons ardents *ou* sur des épines *ou*, *fam.*, sur des œufs.

To lead a cat and dog life, Vivre comme chien et chat *ou* comme chiens et chats (*fam.*).

To let the cat out of the bag, Trahir le secret, Éventer la mine, Découvrir la mèche (*fam.*).

To put the cat among the pigeons, Enfermer le loup dans la bergerie, Donner la brebis à garder au loup, Donner la bourse à garder au larron.

When the cat's away the mice will play, Quand les chats n'y sont pas (*ou* Le chat parti) (*ou* Absent le chat), les souris dansent. " Je suis souris ; vivent les rats ! Jupiter confonde les chats ! "—LA FONTAINE, *Fables* II, 5.—*La Chauve-Souris et les deux Belettes.*

See also BELL, CARE, DOG, JUMP, KILKENNY, LIFE, RAINING, ROOM.

cataract. *See* HEAVEN.

catch. There's a catch in it, C'est une attrape.

To catch flies (*stand gaping*), Gober des mouches (*fam.*), Bayer aux corneilles.

To catch on (*of a play, a fashion, a word*), Prendre, Faire fortune.

To catch someone in the very act *or* someone red-handed, (*of any offence*) Prendre quelqu'un en flagrant délit *ou* quelqu'un sur le fait ; *also, but of stealing only*, Prendre quelqu'un la main dans le sac.

To catch up (*with arrears of work*), Se mettre au pair.

To have caught up (*with arrears of work*), Être au pair.

You'll catch it, Vous la danserez, Vous en aurez, Votre compte est bon (*fam.*).

You won't catch me at it again, On ne m'y reprendra plus.

catch. *See also* BENDING, BETWEEN, BIRD, DRIFT, EARLY, ESCAPE, GLIMPSE, GREAT, LONG, MEANING, NAPPING, SHADOW, SPRAT, STRAW, TARTAR, THIEF, TOILS, TRAP, UNPREPARED.

catching. *See* BAD.

cat's-paw. To be someone's cat's-paw, Tirer les marrons du feu pour quelqu'un, Être l'âme damnée de quelqu'un (*fam.*).

To use someone as a cat's-paw, Se servir de la patte du chat pour tirer les marrons du feu.

cause. A cause for scandal, Une cause (*ou* Une occasion) (*ou* Une pierre) de scandale.

To cause a stir *or* a commotion *or* a sensation, Faire [de l']éclat, Faire sensation.

See also ANXIETY, BEST, CHAMPION, COMMON, EXCITEMENT, UNDOING.

caustic. *See* TONGUE.

caution. *See* ERR.

cautious. To play a cautious game *or* To proceed cautiously (*fig.*), Jouer serré, Avoir le jeu serré.

cease. *See* WAGGING.

Cerberus. He is a Cerberus (*vigilant and surly guard or official*), C'est un cerbère.

To throw a sop to Cerberus, Jeter un gâteau [de miel] à Cerbère.

ceremony. To stand on ceremony, Faire des cérémonies *ou* des façons.

certain. Nothing is certain except death and taxes, Il ne faut jurer de rien.

certainty. For a certainty, À coup sûr.

To bet on a certainty, Parier (*ou* Jouer) à coup sûr.

cesspool. *See* INIQUITY.

chaff. *See* BIRD.

chain. *See* HUG, OAR.

chalk. I, We, must chalk it up (*note it as extraordinary*) *or* Give me a piece of chalk, Il faut faire une croix [à la cheminée] (*fam.*), C'est à mettre sous globe (*fam.*).

They are as like (*or* as different) as chalk and cheese, Ils, Elles, ne se ressemblent pas plus que (*ou* Ils, Elles, diffèrent autant que) le jour et la nuit, C'est la nuit et le jour, C'est le feu et l'eau, Ce sont les antipodes (*tous fam.*).

See also LONG.

chamber. A chamber of horrors, Un musée des horreurs.

champion. The champions of the faith (*The martyrs*), Les athlètes de la foi, Les athlètes de Jésus-Christ.

To champion someone's cause, Prendre fait et cause pour quelqu'un, Se faire le chevalier de quelqu'un.

chance. A mere chance, Un coup de hasard. " Ce sont coups du hasard, dont on n'est point garant ; Et bien sot, ce me semble, est le soin qu'on en prend. "—MOLIÈRE, *L'École des femmes* I, 1.

I chanced to notice that, Cela m'est tombé sous les yeux.

It is a matter of chance, C'est un coup de hasard.

Let's chance it, Risquons le coup, Vogue la galère (*fam.*).

Not to have the ghost of a chance *or* Not to have an earthly [chance] (*slang*), Ne pas avoir l'ombre d'une chance (*fam.*) *ou* la moindre chance [de succès].

Now's your chance *or* You have a good chance, Vous avez beau jeu.

One chance in a thousand (*or* in a million*) has come off, C'est un terne à la loterie (*fam.*).

To chance it, Risquer (*ou* Hasarder) le coup *ou*, *fam.*, le paquet, Tenter (*ou* Brusquer) l'aventure *ou* [la] fortune.

To leave everything to chance, S'en remettre entièrement au hasard.

To leave nothing to chance, Agir en prévision des diverses éventualités, Parer à toute éventualité, Jouer serré, Avoir le jeu serré.

To look (*or* To have an eye) to the main chance, S'attacher à ses intérêts, Être à la recherche de son intérêt, S'attacher (*ou* Songer) (*ou* Viser) au (*ou* Chercher le) solide.

What lucky chance brings you here ? Quel bon vent vous amène ? (*fam.*).

See also FIGHTING, NEVER, STAND, SUCCEEDING.

change. Anything for a change, Tout nouveau, tout beau.

I'll take the change out of him (*avenge myself on him*), Je le lui ferai payer (*ou* Il le paiera) plus cher qu'au marché.

Manners change with the times, Autres temps, autres mœurs.

The more it changes, the less it alters, Plus ça change, plus c'est la même chose.

To change colour *or* countenance (*turn pale or red from some emotional cause*), Changer de visage.

To change one's mind, Changer d'avis.

To change one's tone *or* one's tune, Changer de ton *ou* de note *ou* de gamme, Chanter sur un autre ton *ou* sur une autre note (*tous fam.*).

To change sides (*fig.*), Changer de parti, Tourner casaque (*fam.*).

To change something (*as domestic servants*) continually, Changer de quelque chose comme de chemise (*fam.*). " Ah ! que j'ai de dépit que la loi n'autorise À changer de mari comme on fait de chemise ! " —MOLIÈRE, *Sganarelle* 5.

To change the name of a person, a street, etc., Débaptiser une personne, une rue, etc. " Qui diable vous a fait aussi vous aviser, À quarante-deux ans de vous débaptiser ? " — MOLIÈRE, *L'École des femmes* I, 1.

To change the subject, Changer de propos, Passer à autre chose, Rompre les chiens.

To make someone change his mind, Retourner quelqu'un.

See also CHOP, CRADLE, RING, SKIN, TACK, TACTICS, UNCONSTITUTIONAL.

chapter. It is the finest chapter in his life, C'est la plus belle page de son histoire.

To give chapter and verse for something, Alléguer (*ou* Citer) des (*ou* ses) autorités à l'appui de quelque chose.

See also END.

charge. To be in charge of an affair, Avoir la direction d'une affaire, Être en chef dans une affaire, Tenir la queue de la poêle (*fam.*).

See also RETURN.

charity. Charity begins at home, Charité bien ordonnée commence par soi-même.

See also COLD.

charm. He seems to bear a charmed life, On dirait qu'un charme protège sa vie, Il semble être à l'abri du mal, Il semble que sur lui le malheur n'ait pas prise, Il est verni (*pop.*).

Charon. Charon's boat *or* ferry, La barque à (*ou* de) Caron, La barque fatale. " Tous deux au Styx allèrent boire ; Tous deux, à nager malheureux, Allèrent traverser, au séjour ténébreux, Bien d'autres fleuves que les nôtres."—LA FONTAINE, *Fables* VIII, 23.—*Le Torrent et la Rivière.*

Charybdis. *See* SCYLLA.

chase. *See* WILD.

chastise. To be quick to chastise, Avoir la main leste, Être haut à la main.

chatterbox. A chatterbox, Un moulin à paroles.

cheap, cheapen. It's dirt cheap, C'est [marché] donné.

This object is cheap and nasty, Cet objet est bon marché et de mauvaise qualité *ou, fam.*, est de la camelote *ou, fam.*, est du toc *ou* est en toc.

To hold a thing cheap, Faire bon marché d'une chose.

To hold one's life cheap, Faire bon marché de sa vie *ou, fam.*, de sa peau.

To cheapen oneself *or* To make oneself cheap, Déroger [à son caractère], Se déprécier [soi-même].

cheap. *See also* PLACE.

cheapest. *See* BEST.

cheaply. To get off cheaply (*without much damage*), En être quitte (*ou* S'en tirer) à bon marché *ou* à bon compte.

check. To hold someone in check, Tenir quelqu'un en bride (*fam.*).

See also MEET.

checkmate. To checkmate someone, Faire échec à quelqu'un, Tenir quelqu'un en échec.

cheek. Cheek by jowl, Côte à côte, Tout contre.

To have plenty of *or, slang*, some, cheek, Avoir du toupet (*fam.*).

To turn (*or* To offer) the other cheek (*in humility*) (*Luke* vi, 29), Tendre (*ou* Présenter) l'autre joue.

See also TONGUE.

cheeky. To be [as] cheeky as a cock sparrow, Être hardi (*ou* effronté) comme un page *ou* comme un pierrot.

cheer. To make good cheer, Faire bonne chère, Faire chère lie. " Ce feut un renouvellement du temps de Saturne, tant y fut faicte lors grand chere."—RABELAIS II, 31, *Pantagruel.* " Elle a, dist il, nom Aspharge et sont Christians gens de bien, et vous feront grande chère."—RABELAIS II, 32, *Pantagruel.* " Je vous convie à mes nopces. Corpe de galline, nous ferons chere lie."—RABELAIS III, 30, *Pantagruel.* (*Note.*—nopces = noces = wedding Corpe, etc. = corps de poulet, an oath.)

What cheer ? Comment ça va ?

cheerful. A cheerful giver, Celui qui donne de bon cœur. " Dieu aime celui qui donne gaiement." (2 *Corinthiens* ix, 7), " God loveth a cheerful giver."

cheese. He would have us believe the moon is made of green cheese, Il veut faire prendre des vessies pour des lanternes, Il veut faire croire que les vessies sont des lanternes.

See also CHALK.

cheese-paring. It is a cheese-paring policy, C'est une économie de bouts de chandelle.

cheque. *See* BLANK.

cherish. To cherish a serpent (*or* a snake) in one's bosom, Réchauffer un serpent dans son sein. *Quotations under* WARM.

See also APPLE.

cherry. *See* BITE.

chestnut. That joke is (*or* That's) a chestnut, Cette plaisanterie est usée [jusqu'à la corde] (*fam.*) *ou, fam.*, n'est que du réchauffé, Connu ! (*pop.*).

chew. To chew the rag (*slang*), Chanter toujours la même antienne.

See also BITE, CUD.

chicken. Don't count your chickens before they are hatched, Il ne faut pas vendre la peau de l'ours avant de l'avoir tué *ou* avant de l'avoir mis pas terre. " Deux compagnons, pressés d'argent, À leur voisin fourreur vendirent La peau d'un ours encore vivant, Mais qu'ils tueraient bientôt, du moins à ce qu'ils dirent."—LA FONTAINE, *Fables* V, 20.—*L'Ours et les deux Compagnons.*

See also ROOST, TENDER.

chicken-hearted. To be chicken-hearted, Avoir un cœur de poule, Avoir du sang de poulet *ou* du sang de navet (*tous pop.*).

child. It's child's-play, Ce n'est qu'un jeu.

It's no child's-play, Ce n'est pas [un] jeu d'enfant.

To treat someone like a child, Traiter quelqu'un en petit garçon, en petite fille.

See also BURN, LOVE, PODGE, SPARE.

childhood. To be in, To fall into, one's second childhood (*dotage*), Être, [Re]tomber, en enfance. *Note.*— I was then in my childhood (*infancy*), J'étais alors dans mon enfance.

childishly. To behave childishly, Faire l'enfant.

chime. To chime in, Placer son mot, Intervenir.

china. *See* BULL.

Chinese. *See* PUZZLE.

chip. He is a chip of the old block, Il chasse de race, C'est bien le fils de son père.

choice. A choice morsel, Un morceau friand.

To finish off the meal (*given to someone*) with a choice morsel, Laisser quelqu'un sur la bonne bouche.

To fix one's choice on something, Jeter son dévolu sur quelque chose.

See also HOBSON.

choicest. *See* VERY.

choose. There is nothing to choose between them, L'un vaut l'autre, Ils se valent.

choose. *See also* EVIL, GROUND, PICK, PIN, SHORT. **chooser.** *See* BEGGAR.

choosing. *See* DIFFICULTY.

chop. To chop and change, Tergiverser.

Christmas. Christmas comes but once a year, Ce n'est pas tous les jours fête.

See also MERRY, WISH.

chum. They are good chums, Ils sont une paire d'amis.

church. *See* POOR.

churchyard. A churchyard cough, Un toux qui sent le sapin (*fam.*).

To smell of the churchyard (*of feared fatal illness*), Sentir le sapin (*fam.*).

churl. Treat a churl kindly and you will suffer for it ; treat him roughly and he will be ready to serve you, Oignez vilain, il vous poindra ; poignez vilain, il vous oindra. (*Note.*—Oindre = To [rub with] oil. poindre = to sting.)

churlish. *See* BEAR.

cinema. *See* RAIN.

cipher. He is a [mere] cipher, Il est nul, C'est un [vrai] zéro (*fam.*), C'est un zéro en chiffre (*fam.*).

circle. *See* NARROW, SOCIETY, SQUARE.

circumstance. To speak according to circumstances, Parler suivant le[s] temps.

See also ALTER, CONTROL, DEPEND, FAVOUR, POMP, STRAITEN.

circumstantial. Circumstantial evidence, Un témoin muet, Une preuve par présomption.

civil. To keep a civil tongue in one's head, Être poli.

claim. To claim acquaintance with someone, Prétendre connaître quelqu'un.

See also DUE.

clash. A clash of interests, Un conflit d'intérêts.

class. Class consciousness, L'esprit de classe.

Class war[fare], La lutte des classes, La guerre sociale.

See also HUMBLER.

claw. Claw me [and I'll] claw thee, (*of mutual support*) Un barbier rase l'autre, Passez-moi la rhubarbe, je vous passerai le séné ; (*of mutual gratification*) Flattez mes caprices et je flatterai les vôtres ; (*of mutual admiration or flattery*) L'âne gratte l'âne.

To cut (*or* To pare) someone's claws [closely], Rogner les ongles à quelqu'un [de bien près].

See also SHOW.

clay. A golden image with feet of clay, Une statue d'or aux pieds d'argile (*Daniel* ii, 33, 34, 42).

He thinks he is made of a different clay from the rest of mankind (*is superior to them*), Il se croit pétri d'un autre limon que le reste des hommes.

We are all made of the same clay, Nous sommes tous pétris du même limon.

clean. To be [as] clean as a new pin, Être propre (*ou* net) comme un sou [neuf].

To be cleaned out (*have no more money*), Avoir le gousset vide (*fam.*).

To clean out the Augean stables, Nettoyer les écuries (*ou* les étables) d'Augias.

To clean the slate, Faire table rase du (*ou* Passer l'éponge sur le) passé.

To go clean through something *or* To go through something [as] clean as a whistle (*of an object, as a missile*), Percer quelque chose de part en part *ou* d'outre en outre.

To have clean hands (*fig.*), Avoir les mains nettes.

To lick the platter clean, Faire les plats nets (*fam.*), Torcher le plat (*fam.*).

See also BREAST, BROOM, HEEL, SWEEP.

clear. It is [as] clear as mud, C'est la bouteille à l'encre (*fam.*), Cela doit être beau, car je n'y comprends rien.

To be [as] clear as a bell, Être parfaitement clair, Être net et pur, Résonner bien à l'oreille.

To be [as] clear as crystal, Être clair comme eau de roche.

To be [as] clear as the day *or* as daylight *or* as noonday, Être clair comme le jour *ou* comme deux et deux font quatre, Sauter aux yeux.

To clear out, bag and baggage, Prendre ses cliques et ses claques (*fam.*).

To clear the air (*fig.*), Éclaircir l'atmosphère.

To clear the ground (*fig.*), Déblayer le terrain.

To clear the matter up, Mettre au clair l'affaire, En avoir le cœur net.

To face the world with a clear conscience, Aller partout [la] tête levée *ou* [la] tête haute.

To get clear, Gagner le large *ou* le taillis *ou* le haut *ou* les champs (*tous fam.*).

To have a clear conscience, Avoir la conscience nette.

See also COAST, FIELD, STEER, STRAIGHT-FORWARD.

clearly. To understand a matter clearly, Voir clair dans une affaire.

cleave. To be in a cleft stick, Être (*ou* Se trouver) dans une impasse, Tenir le loup par les oreilles (*fam.*).

See also HOOF.

clever. It takes a clever man, woman, to do that, Bien habile qui le fera.

One doesn't have to be very clever to do that, to guess that, Il ne faut pas être grand sorcier (*ou* grand clerc) pour faire cela, pour deviner cela (*fam.*).

There's nothing very clever in that, La belle malice ! (*fam.*).

To be clever enough to do it, Être de force à le faire.

To think oneself very clever, Prendre l'air capable (*fam.*), Faire le capable (*fam.*).

See also FINGER.

cleverest. The cleverest are taken in by it, Les plus huppés y sont pris.

clew. *See* ARIADNE.

climax. *See* RESERVE.

climb. To climb down before someone, En rabattre (*fam.*) (*ou, fam.,* Baisser pavillon) devant quelqu'un.

To climb to power, S'élever au pouvoir.

clincher. A clincher, Une réponse qui clôt la discussion, La réponse du berger à la bergère.

To give someone a clincher, Répondre à quelqu'un de sorte qu'il n'ait rien à répliquer, River à quelqu'un son clou (*fam.*).

clip. To clip one's words, Manger [la moitié de] ses mots (*fam.*).

To clip someone's wings, Rogner les ailes à quelqu'un (*fam.*).

clock. To sleep the clock round, Faire le tour du cadran.

clockwork. Things are going like clockwork, Cela va comme sur des roulettes (*fam.*).

See also REGULAR, REGULARLY.

close. I was close by, J'étais tout contre.

In close confidence, Entre quatre yeux (*generally pronounced* Entre quatre-z-yeux) (*fam.*).

To sail close to the wind (*fig.*), Friser l'illégalité, l'insolence, l'indécence, etc. (*fam.*).

See also DRAW, FIGHT, SHAVE.

close-fisted. To be close-fisted, Être près de ses pièces (*fam.*), Être serré (*fam.*), Être dur à la détente (*pop.*).

closely. They are closely related (*in parentage*), Ils se touchent de près.

See also CLAW.

closer. On closer examination, En y regardant de plus près.

cloth. *See* CUT.

clothing. To put on summer, winter, clothing, Se mettre en été, en hiver.

See also WOLF.

cloud, clouding. Every cloud has a silver lining, Après la pluie, le beau temps.

The horizon is clouding over (*fig.*), L'horizon se couvre.

To drop (*or* To fall) from the clouds (*fig.*), Tomber du ciel *ou, fam.,* des nues.

To lose oneself in the clouds (*be mystical, unreal, imaginary*), Se perdre dans les nues.

cloud. *See also* KISS.

clout. *See* MAY.

cloven. *See* HOOF.

clover. To be, To live, in clover, Être, Vivre, dans l'abondance *ou, très fam.,* à gogo, Être comme un porc à l'auge (*très fam.*), Nager en grande eau (*fam.*).

clue. *See* ARIADNE.

clumsy. To be [as] clumsy as an elephant, Avoir la légèreté d'un ours (*fam.*).

See also FINGER.

clutch. *See* ESCAPE, SHADOW.

clutches. To be in someone's clutches, Être entre les pattes (*fam.*) (*ou, fam.,* sous les griffes) de quelqu'un.

To escape from someone's clutches, Se tirer des pattes (*fam.*) (*ou, fam.,* des griffes) de quelqu'un.

To fall into someone's clutches, Tomber sous la patte de quelqu'un (*fam.*).

To have someone in one's clutches, Tenir quelqu'un sous sa patte (*fam.*).

coach. To drive a coach and four (*or* and six) through an Act of Parliament, Passer outre à la loi.

See also FIFTH.

coals. To carry coals to Newcastle, Porter [de] l'eau à la mer *ou* à la rivière.

To get hauled over the coals, Subir des remontrances, Prendre quelque chose pour son rhume (*pop.*).

To haul someone over the coals, Réprimander (*ou, fam.,* Laver la tête à) quelqu'un.

To heap coals of fire on someone's head, Amasser des charbons de feu sur la tête à quelqu'un (*Romains* xii, 20), Rendre le bien pour le mal.

coast. The coast is clear (*fig.*), Le champ est libre.

coat. To turn one's coat (*change sides*), Changer de parti, Tourner casaque (*fam.*).

See also CUT.

coat-tails. To be always hanging on someone's coat-tails (*following him about*), Être toujours pendu aux basques de quelqu'un (*fam.*).

cobbler. *See* LAST, SHOE.

cock. The cock of the walk, Le coq du village *ou* de la paroisse (*fam.*).

This beats cock fighting, C'est tout à fait ravissant, C'est épatant (*très fam.*).

To cock up one's ears, Dresser l'oreille *ou* les oreilles.

To live like a fighting cock, Être (*ou* Vivre) comme un coq en pâte (*fam.*).

See also CHEEKY, FIGHT, SNOOK.

cock-and-bull. *See* TELL.

cocked. *See* KNOCK.

cockle. *See* WARM.

coconut. *See* MILK.

coercion. Under coercion, À son corps défendant, Le couteau sur la gorge.

cog. He is only a cog in the machine, Il n'est qu'un rouage de la machine, Il ne compte guère dans cette administration.

coin. *See* PAY.

coining. To be [simply] coining money (*getting money fast*), Faire des affaires d'or.

cold. Not to suffer from cold feet (*be very plucky*) (*slang*), Être brave, résolu, N'avoir pas froid aux yeux (*pop.*).

To be [as] cold as marble *or* as charity (*of persons*), Être froid comme [un] marbre. " Le cœur qui déteste est plus près de l'affection que celui qui s'est refroidi."—LA ROCHEFOUCAULD-DOUDEAUVILLE.

To give someone the cold shoulder *or* To cold-shoulder someone, Battre froid à quelqu'un (*fam.*).

See also COMFORT, HOT, PRINT, WATER, WELCOME.

collapse. He simply collapsed (*was in mortal terror*), On l'aurait fait rentrer dans un trou de souris.

collar. Collar work, Travail ardu *ou* rebutant.

collect. To collect one's thoughts, Rassembler ses idées, Se reprendre, Se reconnaître.

See also CALM.

colour. I have never seen the colour of his money, Je ne connais pas la couleur de son argent.

To be off colour (*of person*), N'être pas dans son assiette.

To nail one's colours to the mast, Clouer son pavillon.

To see a matter in its true colours, Voir une chose sous son vrai jour.

To see things in false colours, Voir les choses dans un prisme, Regarder les choses à travers un prisme.

To show oneself (*or* To come out) (*or* To appear) in one's true colours, Se montrer sous son vrai jour *ou* sous son vrai visage *ou* tel qu'on est, Se montrer (*ou* Paraître) dans son (*ou* en) déshabillé.

Under colour of friendship, Sous couleur (*ou* Sous prétexte) (*ou* Avec l'apparence) de l'amitié.

See also CHANGE, FLYING, GLOWING, PENNY, ROSY.

combine. To combine business with pleasure, Joindre l'utile à l'agréable.

come, coming. 1. Easy come, easy go *or* Light[ly] come, light[ly] go, Ce qui vient de la flûte s'en retourne au tambour, Ce qui vient avec le flot s'en retourne avec la marée. " Fin de compte, il avoit, comme ay dict dessus, soixante et trois manieres de recouvrer argent ; mais il en avoit deux cens quatorze de le despendre, hors mis la reparation de dessouz le nez."—RABELAIS II, 17, *Pantagruel*. (*Note*.—hors mis, etc. = excepting under-nose repairs = eating and drinking.)

2. Evil will come of it, Cela tournera mal.

3. Have things come to such a pass ? *or* What are things coming to ? Les choses en sont-elles venues là ?

4. I hope it won't come to that, Ce serait un pis aller.

5. In days to come, Dans le temps à venir, Dans un temps futur.

6. It comes to that, Il faut en venir là, C'est tout comme (*fam.*).

7. It comes too late [to be of any use] *or* It comes after the event *or* a day after the fair, Cela vient après coup, C'est de la moutarde après dîner (*fam.*). " Enfin on leur presentoit à chascun d'eux une platelee de moustarde apres disner. " —Rabelais V, 27, *Pantagruel*.

8. It has come off (*the ruse has succeeded*), Le tour est joué (*fam.*).

9. It is coming down (*raining*) in torrents, Il pleut à torrents.

10. It very nearly came to pass *or* came off, Il n'a tenu qu'à un cheveu, Il ne s'en est fallu que de l'épaisseur d'un cheveu.

11. Not to come to pass *or* Not to come off, Échouer, N'avoir pas de suite, Tomber à l'eau (*fam.*).

12. She will be fifteen [years old], come next summer, Elle aura quinze ans, viennent les prunes.

13. Should illness, a reverse, etc., come, Vienne une maladie, un revers, etc.

14. The life to come, La vie future.

15. To come at the truth, Parvenir à la vérité.

16. To come back to earth, Retomber des nues.

17. To come back to the point, Revenir à son texte *ou*, *fam.*, à ses moutons.

18. To come back to where one started, Revenir à son point de départ, Faire le tour du cadran.

19. To come into existence, Naître.

20. To come in[to fashion], Entrer en vogue.

21. To come into play (*of forces*), Entrer en jeu.

22. To come in[to the matter, the discussion], Entrer en jeu.

23. To come out on top, Avoir le dessus.

24. To come round to someone's opinion, Se ranger à l'avis (*ou* à l'opinion) de quelqu'un.

25. To come to an end, Tirer à sa fin.

26. To come to an untimely end, Mourir avant l'âge. " Mais elle était du monde où les plus belles choses Ont le pire destin ; Et rose, elle a vécu ce que vivent les roses, L'espace d'un matin. " — Malherbe, *Consolation à M. du Périer*. " ' Mon beau voyage encore est si loin de sa fin ! Je pars, et des ormeaux qui bordent le chemin J'ai passé les premiers à peine ; Au banquet de la vie à peine commencé, Un instant seulement mes lèvres ont pressé La coupe en mes mains encor pleine. ' Je ne suis qu'au printemps, je veux voir la moisson ; Et comme le soleil, de saison en saison, Je veux achever mon année. Brillante sur ma tige et l'honneur du jardin, Je n'ai vu luire encor que les feux du matin, Je veux achever ma journée. ' O mort ! tu peux attendre ; éloigne, éloigne-toi ; Va consoler les cœurs que la honte, l'effroi, Le pâle désespoir dévore. Pour moi Palès encore a des asiles verts, Les Amours des Baisers, les Muses des concerts : Je ne veux point mourir encore.' "—André Chénier, *La Jeune Captive*. (*Note* 1. —Pales, the goddess of shepherds and pasturage.) (*Note* 2.—La jeune captive who inspired these verses was Anne Françoise Aimée, duchesse de Fleury. More fortunate than Chénier, who died on the scaffold during the Revolution of 1794, she escaped execution.)

27. To come to life, S'animer.

28. To come to life again *or* To come round, Se ranimer.

29. To come to the front (*as an author*), Se faire connaître.

30. To come to the point *or* the push *or* the scratch, Venir au fait, En venir au fait et au prendre : When it came to the point, [Quand on en vint *ou* Quand ce fut] au fait et au prendre.

31. To come to the surface (*or* the front) again, Revenir sur l'eau (*fam.*).
32. To come up against someone, Se frotter à quelqu'un (*fam.*).
33. To-morrow come never *or* When two Sundays come in a week *or* Till the cows come home, La semaine des quatre jeudis, [Jusqu']à la Saint-Glinglin.
34. To-morrow never comes, Il ne faut pas remettre la partie au lendemain.
35. When my ship comes home, Quand mes galions seront arrivés, Quand il m'arrivera de l'argent.
36. Where do I come in? Qu'est-ce que l'on fait de moi là-dedans?
37. Where do you come from? (*how ignorant you are*), D'où sortez-vous?, De quel pays venez-vous?

come. *See also* ALL, ASLEEP, BAD, BANDBOX, BEST, BLOW, BOLT, CHANCE, CHRISTMAS, COLOUR, CUT, DUTY, EASY, EXPECTATION, FIGHT, FIRST, FOOL, FUNNY, GODSEND, GOOD 8, 54, GOOSEY, GREEK, GRIEF, GRIPS, HAND, HEAVEN, HOT, KINGDOM, KNEE, LAP, MAY, MISFORTUNE, NOTHING, PEG, PERCH, PICTURE, PLAN, POVERTY, PROVINCE, PSYCHOLOGICAL, REGULARLY, SADDER, SAME, SCRATCH, SHELL, SHOP, SKIN, STAIRS, STRAIGHT, TAKE, THINK, TIME, UNDERSTANDING, UP, WAIT, WAY, WORST. **coming.** *See also* SHADOW, STRONG, TRUE.

comedian. To have the face of a comedian, Avoir le masque comique.

comer. *See* ALL.

comfort. That is cold comfort, C'est là une piètre consolation.

To like creature comforts, Aimer ses aises.

See also CRUMB, ONE.

comical. To have (*or* To be of) a comical turn of mind, Avoir un tour d'esprit comique.

command. *See* RESOURCE.

comment. Comment is needless *or* That calls for no comment, Cela (*ou* Voilà qui) se passe de commentaire.

To call for comment, Provoquer des commentaires.

commission. *See* SECRET.

commit. *See* BREACH.

committing. Without committing oneself, Sans se compromettre, Sous toutes réserves.

common. Common or garden, Ordinaire.

It is, They are, [as] common as dirt, Les rues en sont pavées (*fam.*).

To be of the common run of men, Être du commun, Être du commun des martyrs (*fam.*). " Il n'avait ni parents, ni guenon, ni maîtresse. Rien d'ordinaire en lui, — rien qui le rattachât Au commun des martyrs, — pas un chien, pas un chat."—ALFRED DE MUSSET, *Namouna* I, 27.

To be out of the common, Être hors du commun, Être hors ligne, Sortir de l'ordinaire.

To have something on common report, Apprendre quelque chose par la voix de la renommée.

To live at the common expense (*not bearing one's share*), Vivre sur le commun.

To make common cause with someone, Faire cause commune avec quelqu'un.

We have nothing in common, Nous n'avons rien de commun, Nous ne nous chauffons pas du même bois (*fam.*).

See also CONSENT, WEAL.

commotion. *See* CAUSE.

company. A man is known by the company he keeps, Dis-moi qui tu hantes, et je te dirai qui tu es.

See also AMUSE, ENTERTAIN, EXCEPT, KEEP, TWO.

compare. They are not to be compared, On ne saurait les comparer.

To compare favourably with someone, with something, in some quality, Ne le céder [en rien] à quelqu'un, à quelque chose, en quelque qualité.

To compare notes, Échanger ses impressions, Avoir ensemble un échange de vues.

complain. That's nothing much to complain about, Le beau (*ou* Le grand) malheur ! (*fam.*).

See also BAD.

complexion. To put a different complexion on the matter, Présenter l'affaire sous un autre aspect, Donner une autre tournure à la chose, Changer la thèse.

compliment. No compliments (*please*), Sans compliment. " Leur compliment fut court, ainsi qu'on peut penser : Le sage est ménager du temps et des paroles."—LA FONTAINE, *Fables* VIII, 26.—*Démocrite et les Abdéritains.*

See also PROFUSE.

comprehension. *See* PASS, PAST.

compromise. To compromise with one's conscience, Capituler avec sa conscience.

conceit. *See* EAT.

conceited. He is a conceited ass, C'est un maître aliboron.

He is a conceited booby, Il est bête et vaniteux comme un dindon.

He is a conceited puppy, C'est un jeune vaniteux *ou* un jeune prétentieux.

conceive. *See* UNACCOUNTABLE.

concentrate. To concentrate one's mind, Concentrer son attention, Bander son esprit.

conception. *See* REMOTEST.

concern. To be concerned in the case *or* matter (*fig.*), Être en cause.

concert. To be up to concert pitch (*fig.*), Être en pleine forme.

conclusion. *See* FOREGONE, JUMP, TRY.

condemn. *See* UNHEARD.

confess. *See* REDRESS.

confidence. *See* CLOSE, TELL.

confound. Confound a fool in his own folly, Il ne faut jamais défier un fou (*ironiquement*).

confuse. To have a confused idea of things, Avoir une vue trouble des choses.

confusion. *See* STATE.

congratulate. I congratulate you, Je vous en félicite, Je vous en fais mes compliments.

conjure. His is a name to conjure with, Son nom jouit d'une immense réputation.

conquer. *See* STOOP.

conquering. To put on (*or* To give oneself) the airs and graces of a conquering hero, Prendre des airs vainqueurs.

conscience. It goes against one's conscience to do such a thing, C'est conscience de faire telle chose. " C'est conscience à ceux qui s'assurent en nous ; Mais c'est pain bénit, certe, à des gens comme vous."—MOLIÈRE, *L'École des maris* I, 3. (*Translation.*—It goes against our conscience with those that put their trust in us ; but as for people like you, it serves you right.)

To do something for conscience (*or* conscience') sake, Faire quelque chose par acquit de conscience *ou* pour l'acquit de sa conscience.

To search (*or* To examine) one's [own] conscience, Mettre la main sur la (*ou* Descendre dans sa) conscience, Descendre en soi-même.

See also CLEAR, COMPROMISE, DICTATE, PEACE, PILLOW, WORM.

consent. By common consent, D'un commun accord, Du consentement de tous, Au dire de tout le monde.

Silence gives consent, Qui ne dit mot consent.

consider, consideration. All things (*or* Everything) considered *or* After due consideration, Tout bien considéré *ou* réfléchi, À tout prendre, Tout [bien] compté, Tout compté, tout rabattu. Tout bien compté et rabattu, De compte fait, Tout compte fait, Après mûre réflexion. Without due consideration, À la légère.

consider. *See also* UNLUCKY. **consideration.** *See also* BRING, TAKE, TAKING.

consign. OBLIVION.

consolation. *See* ONE, SLIGHT.

conspicuous. A conspicuous deed, Un coup d'éclat.

To be conspicuous by one's absence, Briller par son absence.

To make oneself conspicuous, Se faire regarder, Se faire remarquer, Se singulariser.

constitute. *See* LAW.

constitution. *See* IRON.

construction. To put a favourable construction on something, Prendre (*ou* Interpréter) quelque chose en bien.

To put a good, a bad, construction on everything, Tourner tout en bien, en mal.

To put a wrong construction on something, Entendre malice à quelque chose, Entendre (*ou* Prendre) quelque chose de travers.

consumer. Time, consumer of things, Le temps dévore tout.

contain. He cannot contain himself for joy, Il ne se possède pas de joie.

contempt. *See* BENEATH, FAMILIARITY.

content. To one's heart's content (*enough and to spare*), À bouche que veux-tu (*fam.*).

See also WORD.

contention. *See* BONE.

contentment. Contentment is better than riches, Contentement passe richesse. " On est toujours riche des choses dont on sait se passer."

—BONNIN. (*Note.*—se passer = to do without.)

continually. *See* HAPPENING.

contract. *See* HABIT.

contrary. Dreams go by contraries, Songe, mensonge.

contrive. To contrive to do something, Venir à bout de [faire] quelque chose.

control. Circumstances beyond one's control, Des circonstances indépendantes de sa volonté.

To know how to control oneself, Savoir se connaître.

To lose control of oneself, Perdre tout empire sur soi-même, Ne point (*ou* Ne plus) se connaître, Ne connaître plus rien, Sortir [hors] des gonds (*fam.*).

To try to control oneself, Faire un effort sur soi-même.

convert. *See* PREACH.

convey. That conveys nothing to me, Cela ne me dit rien.

conviction. To be open to conviction, Être accessible à la persuasion.

To have the courage of one's [own] convictions, Avoir le courage de ses opinions.

See also DEEP-SEATED.

convulse. *See* LAUGHTER.

cook. I'll cook his goose [for him] (*slang*), Je lui ferai son affaire (*fam.*), Je lui réglerai son compte (*fam.*), Je l'écraserai comme un ver.

Too many cooks spoil the broth, Trop de cuisiniers gâtent la sauce.

See also SHRED.

cool. To keep (*or* To be) [as] cool as a cucumber, Garder un sang-froid imperturbable, Être tranquille comme Baptiste. (*Note.*—Baptiste = Baptiste Debureau, 1796–1846, a celebrated clown who, on the stage, showed complete indifference to repeated cuffs and blows.)

To keep cool, Conserver son sang-froid, Avoir le pied marin (*fam.*).

See also BLAZE, HEEL.

cool-headed. He is cool-headed, C'est une tête froide *ou* un cerveau froid.

coot. *See* BALD.

copper. *See* BLESS.

copy. That would make good copy, Voilà de la bonne matière à traiter, Voilà un bon sujet d'article.

cordiality. *See* IMPAIR.

core. To the core, Au fond du cœur, Jusqu'à la moelle des os.

See also FALSE, ROTTEN.

corn. [There is] corn in Egypt (*Genesis* xlii, 2. *Acts* vii, 12), Tout y est à profusion, En veux-tu? en voilà (*pop.*).

See also TREAD.

corner. To be cornered (*fig.*), Être mis à quia, Être coincé (*fam.*).

To corner someone *or* To drive someone into a corner (*fig.*), Mettre quelqu'un au pied du mur, Pousser quelqu'un à bout.

To turn the corner (*fig.*), Passer le point critique.

See also RUB, TIGHT.

corpse. He looks like a corpse, C'est un cadavre ambulant (*fam.*).

correct. It's the correct thing to do, C'est ce qui se fait, C'est l'usage, L'usage le veut ainsi.

coruscate. He coruscates with wit, Il pétille (*ou* Il brille) d'esprit, Il a plus d'esprit qu'il n'est gros (*fam.*).

cost. Cost what it may *or* At all costs, Coûte que coûte.

I know him, it, to my cost, Je le connais pour mon malheur.

I know what it costs (*how unpleasant it is*), Je suis payé pour le savoir.

It cost him his life *or* his head, Il lui en coûta la vie *ou* la tête, Il le paya de sa tête.

To know what it costs (*in trouble, expense—from bitter experience*), Savoir ce que vaut l'aune.

To learn a thing to one's cost, Apprendre une chose à ses dépens.

See also COURTESY, GET 21, LIVE, MINT.

coterie. A coterie of wits (*said disparagingly*), Un bureau d'esprit.

cottage. Love in a cottage, Un cœur et une chaumière. " Si le roi m'avait donné Paris, sa grand'ville, Et qu'il me fallût quitter L'amour de ma mie, Je dirois au roi Henri : Reprenez votre Paris ; J'aime mieux ma mie, ô gué ! J'aime mieux ma mie."—MOLIÈRE, *Le Misanthrope*, I, 2. (*Note.*—ma mie = mon amie = my love, my sweetheart. ô gué ! = O joy !)

To be born, To live, in a cottage (*in humble surroundings*), Être né, Habiter (*ou* Vivre), sous le chaume. *Quotation under* HUMBLE.

cotton wool. To bring up a child [wrapped] in cotton wool, Élever un enfant dans du coton (*fam.*), Élever un enfant sous cloche.

counsel. A counsel of perfection (*Matthew* xix, 21), Une perfection difficile à atteindre.

See also PILLOW.

counsellor. Old men are the wisest counsellors, Il n'est chasse que de vieux chiens.

count. To count for nothing (*be of no consideration*), Ne pas compter.

To lose count of time, Oublier les heures.

You can count his, her, its (*animal's*), ribs, On lui compterait les côtes (*fam.*).

You can count on it, Fiez-vous-y.

See also CHICKEN, GOOD 22, INTENTION, THROUGH.

countenance. To be out of countenance, Être décontenancé *ou* déconcerté *ou* désarçonné, Perdre ses arçons (*fam.*).

To put someone out of countenance, Décontenancer (*ou* Déconcerter) quelqu'un, Faire perdre les étriers à quelqu'un, Déferrer quelqu'un [des quatre pieds] (*fam.*).

To stare someone out of countenance, Dévisager quelqu'un.

See also CHANGE, KNIGHT.

counter. *See* NAIL.

country. To take a holiday, a rest, in the country, Se mettre au vert.

courage. Take courage ! *or* Be of good courage ! *or* Keep up your courage ! [Allons,] courage !, Bon courage !, Haut les cœurs !

See also CONVICTION, DUTCH, SCREW.

course. That (*or* It) is a matter of course, Cela (*ou* Il) va de soi *ou* va de suite *ou* va sans dire.

To be taking its course, Aller son train (*fam.*).

To finish one's course (*live normal span*), Fournir sa carrière.

To let justice (*or* the law) take its course, Laisser libre cours à la justice.

To let things take their course, Laisser faire, Laisser couler l'eau (*fam.*). *Quotation under* GET.

To stay the course, Fournir la carrière.

To take (*or* To follow) a (*certain*) course (*line of conduct*), Courir une carrière.

See also MIDDLE, OPPOSITION, STRAIGHT, TIME, WATCH, YOUNG.

court. To court disaster, failure, Aller au-devant du mal, d'une défaite.

To court one's misfortune, Chercher son malheur.

See also FRIEND, HEAVEN, INTENTION.

courtesy. Courtesy costs nothing, Jamais beau parler n'écorcha la langue.

See also TREAT.

Coventry. To send someone to Coventry*, Mettre quelqu'un en quarantaine. (*Note.—The origin of this expression is unknown or uncertain.)

cover. To be covered with ridicule, Être bardé de ridicules (*fam.*).

To cover the ground, Battre le pays (*fam.*) : During this conversation, we covered a lot of ground in a short time, Dans cette conversation, nous avons battu bien du pays en peu de temps.

Under cover of darkness, À l'ombre de la nuit.

Under cover of law, Sous (*ou* Avec) l'apparence de la légalité.

covert. *See* HINT.

cow. *See* COME 33, MILCH.

cowl. It is not the cowl that makes the monk, L'habit ne fait pas le moine.

To throw off the cowl (*renounce priesthood*), Jeter le froc aux orties (*fam.*).

crabbed. To be of a crabbed disposition, Avoir un caractère aigre comme verjus (*fam.*).

crack. He, She, is a bit cracked, C'est une tête fêlée (*fam.*), Il, Elle, a un coup de marteau (*fam.*).

See also JAW, JOKE, NUT, SKY.

cradle. He must have been changed in the cradle (*is unlike his parents*), Il faut qu'il ait été changé en nourrice.

cramp. To cramp someone's style (*disconcert him*), Enlever à quelqu'un ses moyens.

See also ROOM.

crazy. He is a man who has crazy ideas, C'est un homme à visions.

It is enough to drive one crazy, Il y a de quoi vous rendre fou, C'est à devenir fou.

To drive someone crazy, Rompre la cervelle à (*ou* Faire damner) quelqu'un, Tourner quelqu'un en bourrique.

To drive someone crazy about (*or* over), with, something, Rompre la cervelle (*ou* Casser la tête) à quelqu'un de, avec, quelque chose.

creaking. A creaking gate hangs long, Tout ce qui branle ne tombe pas, Un pot fêlé dure longtemps, Les pots fêlés sont ceux qui durent le plus.

cream. The cream of the story, Le plus beau de l'histoire.

create. *See* EXCITEMENT.

creature. *See* COMFORT, HABIT, STEEP.

credence. To attach credence to a report, Ajouter foi à un bruit.

credit. To be gaining credit (*as a rumour*), Prendre (*ou* Acquérir) de la consistance.

See also REDOUND.

creep, creepy. It makes one's flesh creep, Cela fait venir la chair de poule (*fam.*).

To have one's flesh creep *or* To come over all creepy, Avoir la chair de poule (*fam.*).

cricket. That's not cricket (*not fair*), Cela n'est pas du (*ou* de) jeu.

See also LIVELY, MERRY.

crime. *See* FIT.

criticize. To criticize the wording, Faire la guerre aux mots (*fam.*).

crocodile. A crocodile (*girls' school walking two and two*), Une théorie de jeunes filles.

Crocodile tears, Des larmes de crocodile.

Croesus. *See* RICH.

crook. *See* HOOK.

crop. To crop someone's feathers, Faire baisser le ton (*ou* le nez) à quelqu'un.

See also THROW.

cross. A cross word has never passed between us, Nous n'avons jamais eu ensemble une parole plus haute que l'autre.

The standard (*or* The ensign) (*or* The banner) of the Cross, L'étendard de la Croix. " L'oriflambe feut des Cieulx transmise aux nobles et treschrestians Roys de France, pour combattre les Infideles."—RABELAIS IV, 49, *Pantagruel*.

To be [as] cross as two sticks, Être comme un crin (*pop.*).

To be cross, Être de mauvaise (*ou* méchante) humeur, Être en rogne (*pop.*).

To be cross with someone, En avoir à (*ou* contre) quelqu'un.

To be under cross-examination, Être sur la sellette (*fam.*).

To cross-examine someone, Tenir quelqu'un sur la sellette (*fam.*).

We are at cross-purposes, (*misunderstand each other*) Il y a malentendu entre nous ; (*have conflicting plans*), Nous nous contrecarrons.

cross. *See also* DIVIDE, DOT, RUBICON.

crossing. *See* SWOP.

crow. To crow over someone, Chanter victoire sur quelqu'un (*fam.*).

See also FLY.

crowd. To be there only to help to make a crowd, N'être là que pour faire nombre.

See also MADDING, PITCH.

crown, crowning. As a crowning misfortune, Pour comble [de malheur], Pour surcroît de maux, Pour renfort de potage (*fam.*).

That crowns all, Il ne manquait plus que cela.

The end crowns all, La fin couronne l'œuvre.

To crown all, Pour comble, Brochant sur le tout.

To crown someone with honour and glory, Tresser des couronnes à quelqu'un.

crown. *See also* JEWEL, UNEASY.

cruelly. *See* SUFFER.

crumb. A crumb of comfort, Une fiche de consolation.

crush. *See* DREADFUL. **crushing.** *See* BLOW.

crust. To eat one's last crust, Manger jusqu'à sa dernière chemise (*fam.*).

cry, crying. He is always crying poverty, C'est un pleure-pain (*pop.*) *ou*, *pop.*, un pleure-misère.

It's a far cry from here to . . ., Il y a loin d'ici à . . .

Much cry and little wool, Grand bruit et petite besogne, Vous faites (Il fait) plus de bruit que de besogne *ou* plus de remous que de sillage, La montagne qui accouche. (*Quotations under* BRING.)

To cry bitterly *or* To cry one's eyes (*or* one's heart) out, Pleurer à chaudes larmes, *or, in speaking of a woman*, Pleurer comme une Madeleine.

To cry blue murder (*fig.*), Crier au meurtre (*fam.*).

To cry famine in the midst of plenty, Crier famine sur un tas de blé.

To cry for help *or* To cry Help ! Crier à l'aide *ou* au secours.

To cry for the moon, Demander la lune.

To cry injustice, shame, Crier à l'injustice, au scandale.

To cry off (*back out of an undertaking*), Retirer son enjeu, Rompre la paille.

To cry oneself to sleep, S'endormir en pleurant.

To cry [out] for food, Crier la faim.

To cry out (*in pain*) unceasingly, Ne faire qu'un cri.

To cry stinking fish, Décrier sa marchandise.

To cry up a success, Faire mousser un succès (*fam.*).

To have a good cry, Donner libre cours à ses larmes.

cry. *See also* HUE, HURT, LAUGH, PECCAVI, SKY, WOLF. **crying.** *See also* MILK, RIGHT.

crystal. *See* CLEAR.

cub. *See* UNLICKED.

cucumber. *See* COOL.

cud. To chew the cud (*fig.*), Tourner et retourner une (la) chose dans son esprit, Ruminer (*fam.*).

cudgel. To take up the cudgels for someone, Prendre fait et cause (*ou, fam.*, Rompre une lance) pour quelqu'un.

See also BRAIN.

cue. To take one's cue from someone, Recevoir son mot d'ordre (*ou* Régler sa conduite sur celle) de quelqu'un.

culprit. *See* DAMAGE.

cunning. *See* BIRD.

cup. A cup of bitterness (*fig.*), Un

calice d'amertume. " Que cette coupe passe loin de moi." — *Matthieu* xxvi, 39.

Over one's cups, En buvant.

To be in one's cups, Être dans les vignes [du Seigneur].

To be merry, quarrelsome, affectionate, melancholy (*or* maudlin), in one's cups, Avoir le vin gai, mauvais, tendre, triste.

To drain the cup to the dregs (*fig.*), Boire le calice (*ou* la coupe) jusqu'à la lie.

To drink the cup (*submit to as inevitable*), Boire le calice.

See also SLIP.

cupboard. *See* SKELETON.

Cupid. Doctor Cupid, L'Amour médecin.

curate. *See* GOOD 25.

cure. The cure is worse than the evil, Le remède est pire que le mal.

There is a cure for everything except death, Il y a remède à tout hors à la mort *ou* fors la mort.

What cannot be cured must be endured, Il faut souffrir ce qu'on ne peut empêcher, Il faut laisser couler l'eau (*fam.*).

See also MONEY, PREVENTION.

curiosity. As a matter of (*or* Out of) curiosity, Pour la curiosité (*ou* la rareté) du fait.

Out of idle curiosity, Par vaine curiosité.

To have one's curiosity (*desire to know*) aroused, Être en arrêt : Any new invention arouses his curiosity, Il est en arrêt devant toutes les nouveautés.

curl. He simply curled up (*was in a mortal terror*) (*slang*), On l'aurait fait rentrer dans un trou de souris.

To curl up in [one's] bed, Se coucher en chien de fusil (*fam.*).

current. *See* DRIFT.

curry. To curry favour at someone else's expense, Faire sa cour aux dépens de quelqu'un.

To curry favour with someone, Se faufiler (*ou* S'insinuer) dans les bonnes grâces de quelqu'un.

To curry favour with the rising power, Adorer le soleil levant. " . . . Les gens d'excellent conseil Disent qu'un sage ne se place Trop près ni trop loin du soleil."—ARNAULT.

curse. *See* ROOST.

cursing. To be always cursing and swearing, Ne parler que par B et par F (*fam.*).

curt. To be curt of speech, Avoir le parler bref *ou* la parole brève.

curtain. The curtain of night (*poetic*), Les voiles de la nuit.

cushy. *See* JOB.

custom. *See* ESTABLISH.

customer. *See* DEEP, QUEER, TOUGH.

cut, cutting. Cut and dried *or* Cut and dry, Tout taillé (*fam.*), Tout fait (*fam.*).

Cut your coat according to your cloth, Selon ta bourse gouverne ta bouche. *See also below*, To cut one's coat, etc.

Cutting words, Des mots à l'emporte-pièce.

He is cut out for a leader, Il a en lui l'étoffe d'un chef.

To be cut off in one's prime, Être emporté (*ou* fauché) à la fleur de l'âge, Mourir avant l'âge. *Quotations under* COME 26.

To be cut out for something (*profession*), Être né pour quelque chose.

To be very cut up about something, Mener grand deuil de quelque chose.

To be very cutting (*in mockery, in slander*), Emporter la pièce.

To cut and come again, Y revenir.

To cut and run, Se sauver à toutes jambes, Tirer au large, Tirer ses chausses (*pop.*) *ou, pop.*, ses grègues.

To cut off one's nose to spite one's face, Se couper le nez pour faire dépit à son visage (*fam.*), Bouder contre son ventre (*fam.*).

To cut one's coat according to one's cloth, Tailler la robe selon le corps.

To cut one's loss, Sacrifier quelque chose pour ne pas tout perdre, Faire la part du feu, Se couper un bras (*fam.*).

To cut oneself off from the world, Se retirer du monde.

To cut out his work for someone, (*prepare it for him*) Mâcher à quelqu'un sa besogne, Mâcher les morceaux à quelqu'un ; (*give him a lot of bother*) Donner (*ou* Tailler) bien de la besogne à quelqu'un.

To cut someone off with a shilling, Déshériter quelqu'un.

To cut someone out, Éclipser (*ou*, *fam.*, Souffler la place à) quelqu'un.

To give someone the most unkindest cut of all, Garder quelque chose pour la bonne bouche.

To have one's work cut out (*much labour to do it*), Avoir fort à faire, Avoir [bien] du fil à retordre (*fam.*).

You can cut that out, N'en parlez plus, Rayez (*ou* Ôtez) cela de vos papiers (*fam.*) *ou, fam.*, de vos tablettes.

cut. *See also* CLAW, DASH, DIAMOND, FIGURE, GROUND, ICE, QUICK, ROUGH, SHORT, SNOOK, SORRY, WAY.

D

dab. To be a dab at doing something, S'entendre à (*ou* Être passé maître en l'art de) faire quelque chose.

dagger. He is looking daggers at him, Si ses yeux étaient des pistolets, il le tuerait (*fam.*).

To be at daggers drawn with someone, Être à couteaux tirés avec quelqu'un.

daily. *See* OCCURRENCE, ROUND.

dainty. *See* WIT.

daisy. To be pushing up the daisies (*be in one's grave*), Être mort et enterré, Manger les pissenlits par la racine (*fam.*).

See also FRESH.

dale. *See* HILL.

dally. To dally with an idea, an illusion, Caresser une idée, une illusion, " Le cœur préfère souvent l'illusion qu'il caresse à la vérité qu'il entrevoit."—LA ROCHE-FOUCAULD-DOUDEAUVILLE. (*Note.* —entrevoit = has an inkling of.)

damage. The culprit must pay for the damage, Qui casse les verres les paie.

damn. *See* SEE, WORTH.

damning. Damning evidence, Une preuve écrasante.

Damocles. *See* SWORD.

damp. To damp someone's spirits, Décourager (*ou* Déprimer) quelqu'un.

damper. This news put a damper on the assembly, Cette nouvelle jeta un froid dans l'assemblée.

dance. To dance attendance on someone, S'empresser auprès de quelqu'un.

To dance to someone's pipe[s] *or* piping *or* tune, Se laisser mener par quelqu'un.

To lead someone a [fine] dance, Faire danser quelqu'un, Faire voir du pays (*fam.*) (*ou*, *fam.*), [bien] du chemin (*ou*, *pop.*, En faire voir de grises) à quelqu'un.

To make someone dance attendance, Faire pivoter quelqu'un (*fam.*).

To make someone dance to one's tune *or* to one's pipe, Tenir la dragée haute à quelqu'un (*fam.*).

danger. *See* DELAY.

dangerous. To be treading on dangerous ground (*fig.*), Marcher entre des précipices, Danser sur la corde [raide].

See also DELAY.

dangling. To keep someone dangling [on a string], Ballotter quelqu'un (*fam.*), Tenir la dragée haute à quelqu'un.

Darby. They are like Darby and Joan (*devoted old married couple*, *from* (?) HENRY WOODFALL'S *The Happy Old Couple*), Ils sont comme Philémon et Baucis (OVID'S *Metamorphoses*, Book viii). " Philémon et Baucis nous en offrent l'exemple : Tous deux virent changer leur cabane en un temple. Hyménée et l'Amour, par des désirs constants, Avaient uni leurs cœurs dès leur plus doux printemps : Ni le temps ni l'hymen n'éteignirent leur flamme. Clothon prenait plaisir à filer cette trame. . . . Ils s'aiment jusqu'au bout, malgré l'effort des ans."— LA FONTAINE, *Philémon et Baucis.* (*Note.*—The three Fates, or Parcae, were Clotho, who held the distaff, Lachesis, who drew out the thread [of life], and Atropos, who cut it off.) (*Cf. quotations under* SHEARS.)

dare. How dare you ! Quelle audace !, Vous avez cette audace !

I dare say, Peut-être bien, Je [le] crois bien.

See also LOOK 14.

daring. A piece of daring, Un coup d'audace.

dark. He is a dark horse, Il cache (*ou* Il couvre) son jeu, Il n'est pas aisé à démêler, Il n'a pas l'air d'y toucher (*tous fam.*). " Hassan était un être impossible à décrire, C'est en vain qu'avec lui je voudrais vous lier, Son cœur est un logis qui n'a plus d'escalier."—ALFRED DE MUSSET, *Namouna* I, 26.

It is pitch dark there, Il y fait noir comme dans un four (*fam.*), Il y fait nuit noire (*fam.*).

The dark ages, L'âge des ténèbres, Le haut moyen âge.

The dark side of the picture (*fig.*), Le revers de la médaille (*fam.*).

To be [kept] in the dark about what is going on, Être [laissé] dans l'ignorance de (*ou* Ignorer) ce qui se passe.

To keep something dark, Tenir quelque chose secret, Keep it dark, Tenez la chose secrète, Gardez le secret. (Note that, although *chose* is feminine, *quelque chose* is masculine.)

To look on the dark side of things, Voir tout en noir.

See also CAT, KEEP, LEAP.

darkness. The darkness of death, Les affres de la mort.

The prince of darkness, Le prince des ténèbres.

See also COVER, IGNORANCE.

dash. Mr dash (*who shall be nameless*), Monsieur trois étoiles (*fam.*). (*Written or printed : in English*, Mr — ; *in French*, Monsieur *** *or* M. ***.)

To cut a dash, Mener la vie à grandes guides (*fam.*).

See also FULL.

date. It has gone out of date, C'est un almanach de l'an passé.

To be up to date (*slang*), Être de son temps *ou*, *fam.*, à la page *ou* à la hauteur des idées actuelles, Être dans le mouvement (*fam.*).

To make a date (*appointment*), Prendre jour.

David. They are like David and Jonathan (*always together*), C'est saint Roch et son chien. (*Note.*— Legend has it that, while Saint Roch lived in the desert, a dog, his faithful companion, brought him every day bread sent by an unknown person.)

Davy Jones. To be gone (*or* To be sent) to Davy Jones' locker, Boire à la grande tasse (*pop.*).

dawn, dawning. At length the truth dawned on him, Enfin il entrevit la vérité.

At the first streak of dawn, À la première lueur (*ou* À la petite pointe) du jour.

It is the dawn[ing] of a better day (*fig.*), C'est l'aurore d'un beau jour.

day. All (*or* The whole of) the blessed day *or* The whole day long *or* The livelong day, Toute la sainte journée (*fam.*).

Day in day out, Du matin au soir, Sans relâche.

Everything has its day, Tant va la cruche à l'eau qu'à la fin elle se casse *ou* qu'enfin elle se brise.

I have had my day, Mes beaux jours sont passés.

In these enlightened days, En ce siècle de lumières.

Rome was not built in a day, Paris ne s'est pas fait en un jour, L'arbre ne tombe pas du premier coup.

To turn day into night and night into day, Faire du jour la nuit et de la nuit le jour.

See also BETTER, BORN, CARRY, CLEAR, COME 5, 7, DOG, DYING (*under* DIE), EVERY, EVIL, FINE, GOOD 22, 24, 53, HAPPY, LIGHT, LONG, MERRY, NUMBER, OTHER, RAINY, RECKONING, SOME, SURVIVOR, TO-MORROW, WORK, YORE.

day-dream, To have (*or* To indulge in) day-dreams *or* To day-dream, Rêver tout éveillé, Rêver les yeux ouverts, Rêver (*ou* Songer) creux, Songer en veillant, Battre la campagne. " Quel esprit ne bat la campagne ? Qui ne fait châteaux en Espagne ? Picrochole, Pyrrhus, la laitière, enfin tous, Autant les sages que les fous. Chacun songe en veillant ; il n'est rien de plus doux ; Une flatteuse erreur emporte alors nos âmes ; Tout le bien du monde est à nous, Tous les honneurs, toutes les femmes. Quand je suis seul, je fais au plus brave un défi ; Je m'écarte, je vais détrôner le sophi ; On m'élit roi, mon peuple m'aime ; Les diadèmes vont sur ma tête pleuvant : Quelque accident fait-il que je rentre en moi-même ? Je suis gros Jean comme devant." —LA FONTAINE, *Fables* VII, 10.— *La Laitière et le Pot au lait*. (*Note.*— Je suis, etc., = I am no better off than before, I am still in the same old rut, I have not risen above the commonplace, I find I am not endowed with wit or fortune.) " Ah ! si la rêverie était toujours possible ! Et si le somnambule, en étendant la main, Ne trouvait pas toujours la nature inflexible Qui lui heurte le front contre un pilier d'airain ! Si l'on pouvait se faire une armure insensible ! Si l'on rassasiait l'amour comme la faim ! "— ALFRED DE MUSSET, *Namouna* I, 56.

daylight. To [begin to] see daylight [in a matter], Voir jour [dans une affaire]. *See also* CLEAR.

dazzle. To be completely dazzled, Ne voir que du feu (*fam.*).

dazzling. A dazzling beauty, (*the quality*) Une beauté éblouissante ; (*a very beautiful woman*) Une beauté qui éblouit.

dead. Dead men tell no tales *or* Stone dead hath no fellow, Chien mort ne mord pas, Morte la bête, mort le venin.

I wish that man was dead and buried, Je voudrais que cet homme fût à cent pieds sous terre.

In the (*or* At) dead of night, Au plus profond de la nuit.

Of the dead say nothing but good *or* Nothing but good should be spoken of the dead *or* Concerning the dead let nothing but good be spoken, Il ne faut pas (*ou* point) remuer (*ou* troubler) les cendres des morts, Il faut laisser les morts en paix. " Analyseurs damnés, abominable race, Hyènes qui suivez le cortège à la trace Pour déterrer le corps ; Aurez-vous bientôt fait de déclouer les bières, Pour mesurer nos os

et peser nos poussières ? Laissez dormir les morts. " — THÉOPHILE GAUTIER, *La Vie dans la Mort* III.

To be [as] dead as a door nail *or* as mutton *or* To be stone dead, Être mort et bien mort, Être raide mort.

To be dead against something, Être absolument opposé à quelque chose.

To be dead and buried *or* dead and gone, Être mort et enterré.

To be dead on time, Être à la minute.

To be dead to the world, Être mort au monde.

See also BROKE (*under* BREAK), EARNEST, FAILURE, FLOG, GROUND, LIVE, NOISE, PLUCK, QUEEN, SET, SHAME, SHOE.

dead-and-alive. A dead-and-alive little hole, Un petit trou mort.

deaf. He turns a deaf ear, Il fait la sourde oreille, Il fait le sourd, Il n'entend pas de cette oreille-là.

There are none so deaf as those who won't hear, Il n'est pire sourd que celui qui ne veut pas entendre.

To be [as] deaf as a [door] post *or* as an adder, Être sourd comme un pot (*fam.*).

To be deaf (*or* To turn a deaf ear) to slander, Fermer l'oreille à la médisance.

See also APPEAL, TALK.

deafening. *See* NOISE.

deal. More wealth than one knows how to deal with, Un embarras de richesses.

That is saying a good deal, Ce n'est pas peu dire.

To deal someone a nasty blow (*fig.*), Porter à quelqu'un un mauvais coup, Porter (*ou* Pousser) à quelqu'un une vilaine (*ou* une rude) botte (*fam.*).

To deal someone a treacherous blow, Donner à quelqu'un un (*ou* le) coup de Jarnac *ou*, *fam.*, le coup de lapin. (*See note under* STAB.)

To give someone a fair (*or* a square) deal, Agir loyalement envers quelqu'un.

To know whom one has to deal with, Connaître bien son monde.

See also EASY, GO 28, GREAT, PLEASANT, TOUGH.

dealing. To have dealings with someone, Commercer avec quelqu'un.

dear. *See* APPLE, BAD, RUN.

dearly. I will make him pay dearly for it, Il me le paiera cher, Cela lui coûtera cher.

To have to pay dearly for a thing, Avoir à payer cher une chose, N'avoir une chose que par le bon bout : If he wants it, he will have to pay dearly for it, S'il en a envie, il ne l'aura que par le bon bout.

To pay dearly for one's experience, Devenir sage à ses dépens.

To pay dearly for something (*e.g.,* one's rashness, one's folly*), Payer cher (*ou, fam.,* Payer la folle enchère de) quelque chose.

To sell one's life dearly, Vendre bien cher (*ou* Vendre chèrement) sa vie *ou, fam.,* sa peau.

death. To be at the point (*or* in the article) of death, Être à l'article de la mort, Être près de mourir, Avoir l'âme sur les lèvres (*fam.*).

To be frightened (*or* scared) to death, Mourir de peur, Avoir une peur bleue (*fam.*), Suer la peur (*fam.*). " Les Diables bien toust en place sortiront. O les laydes bestes. Fuyons. Serpe Dieu, je meurs de paour. Je n'ayme poinct les Diables. Ilz me faschent, et sont mal plaisans. Fuyons." RABELAIS III, 17, *Pantagruel.* (*Note.*—bien toust = bientôt. Serpe Dieu = an oath. paour = peur.)

To be the death of one (*of a cause, as an illness*), Mettre (*ou* Conduire) (*ou* Mener) quelqu'un au tombeau.

To be within an ace (*or* an inch) of death *or* To be at death's door, Être à deux doigts de la mort, Être aux portes du tombeau. " De

quante espesseur sont les ais de ceste nauf ? — Elles sont, respondit le pilot, de deux bons doigts espesses, n'ayez paour. — Vertus Dieu, dist Panurge, nous sommes doncques continuellement à deux doigtz pres de la mort."—RABELAIS IV, 23, *Pantagruel.* (*Note.*—quante espesseur = quelle épaisseur. Ais [now masculine in gender] = planks. nauf = ship [hence *naufrage,* from Latin *naufragium* for *navifragium*]. espesses = épaisses. paour = peur.)

To work oneself to death, Se tuer à force de travailler, Se crever de travail (*fam.*).

To work someone to death, Tuer quelqu'un de travail, Mettre quelqu'un sur les dents.

We were almost squashed to death (*the crowd was so dense*), On s'y tuait.

See also BORE, CERTAIN, CURE, DARKNESS, DIE, FAITHFUL, GRIM, JAW, LIFE, LOOK 23, NARROWLY, SICK, STARE, TICKLE.

death's-head. To look like a death's-head, Porter la mort sur son visage, Avoir l'air d'un déterré (*fam.*).

debt. To be over head and ears in debt *or* To be up to the ears (*or* eyes) in debt, Être endetté jusqu'au cou (*fam.*) *ou, fam.,* jusqu'aux oreilles, Être criblé de dettes.

To have someone in one's debt (*for some service rendered to him*), Avoir créance sur quelqu'un.

See also DUE, PAY.

debtor. *See* REMAIN.

deceive. To deceive oneself (*to one's own advantage*), Se faire illusion à soi-même.

See also MEMORY.

decent. A decent (*reasonably good*) fellow, Une bonne pièce.

decide. To decide straight off *or* out of hand, Se décider sur le

champ, Ne pas s'y prendre à deux
fois (*fam.*).
See also FAVOUR.

decision. *See* FAVOUR.

decisive. To strike a decisive blow
(*fig.*), Faire un grand coup.

declare. *See* WELL.

deed. He is a man of deeds, Il est
homme d'exécution, C'est un hardi
compagnon (*fam.*).
See also BETTER, DERRING-DO, KIND,
WILL.

deep. Deep calls (*or* calleth) to deep
(*fig.*) (*one excess, one exaggeration,
one sin, leads to another*), L'abîme
appelle l'abîme.
He's a deep one *or* 'un *or* customer
(*slang*), C'est un [fin] matois *ou*,
fam., un rusé compère *ou*, *fam.*,
un [homme] retors.
To be deep in thought, Être plongé
dans la méditation, Avoir l'esprit
bandé.
To go [in] off the deep end, (*flare up in
anger*) S'emporter comme une
soupe au lait ; (*take things too
seriously*) Prendre les choses au
tragique.
See also DEVIL, STILL.

deeply. *See* WOUND.

deep-seated. To have a deep-seated
conviction of a thing, Avoir
l'intime (*ou* une profonde) conviction d'une chose.

defeat. To defeat the ends of justice,
one's own ends, Contrarier la
justice, ses propres intentions.

defence. *See* SELF.

deference. *See* DUE.

defiance. *See* SET.

defile. *See* PITCH.

deft. *See* FINGER.

defy. *See* DESCRIPTION, DO, GUESS,
IMPUNITY.

delay. There is danger in delay *or*
Delay is dangerous, Il y a péril
en la demeure.

delight. *See* HEAVEN, KICK, MISCHIEF,
RED.

deliver. Sellers must deliver the goods
(*fig.*), Ce n'est pas tout que de
vendre, il faut livrer.
See also PARTHIAN.

deluge. After me, us, the deluge (*let
come what may*), Après moi, nous,
le déluge (*fam.*).

delusion. *See* LABOUR, SNARE.

de mortuis . . . De mortuis nil nisi
bonum, Il ne faut pas remuer les
cendres des morts.

demure. She is demure, Elle fait la
sucrée.

den. *See* THIEF.

denizen. The denizens of the woods,
Les hôtes des bois. " Sans mentir,
si votre ramage Se rapporte à
votre plumage, Vous êtes le phénix
des hôtes de ces bois."—LA FON-
TAINE, *Fables* I, 2.—*Le Corbeau et
le Renard.* (*Note.*—ramage =
song. phénix = paragon.)

Denmark. *See* ROTTEN.

deny, denying. There's no denying it,
Il n'y a pas à dire.
To deny an allegation, S'inscrire en
faux contre une allégation.

depart. To depart this life (*die*),
Quitter la vie, Sortir du monde,
Faire son paquet [pour l'autre
monde] (*fam.*).

depend. He is not to be depended on,
On ne peut pas compter sur lui,
Il est sujet à caution. " *Angélique.
Mais, ma pauvre Toinette, crois-tu
qu'il m'aime autant qu'il me le dit ?
Toinette.* Eh, eh ! ces choses-là par-
fois sont un peu sujettes à caution.
Les grimaces d'amour ressemblent
fort à la vérité ; et j'ai vu de grands
comédiens là-dessus."—MOLIÈRE,
Le Malade imaginaire I, 4.
That depends on circumstances, C'est
selon l'occurrence, C'est selon
(*fam.*).
To depend on someone for [one's]
support (*means of livelihood*), Se
rendre à charge à quelqu'un.
[You may] depend upon it, Comptez

là-dessus, Croyez-le bien, Vous pouvez m'en croire.

dependent. To be dependent on someone, Être à la charge de quelqu'un.

To be entirely dependent [up]on someone, Être à la discrétion de quelqu'un.

depict. *See* OUTLINE.

depth. To be out of one's depth (*fig.*), N'être pas (*ou* plus) sur son terrain.

To get out of one's depth (*lit. & fig.*), Perdre pied.

Derby. *See* WELCOME.

derision. *See* HOLD.

derive. *See* BENEFIT.

derring-do. Deeds of derring-do, De hauts faits.

describe. *See* WORD.

description. To answer [to] the description, (*of persons*) Répondre au signalement ; (*of things*) Répondre à la désignation.

To surpass (*or* To beggar) (*or* To defy) description, Ne savoir se décrire.

deserve. He richly deserves it, Il ne l'a pas volé (*fam.*).

See also GOOD 35.

design. To have designs on someone, Avoir des desseins (*ou* des vues) sur (*ou* En vouloir à) quelqu'un.

To have designs on something (*set one's heart on it*), Avoir des desseins (*ou* des vues) sur (*ou* En vouloir à) (*ou* Jeter son dévolu sur) quelque chose.

desire. He has all his heart's desires, C'est un homme comblé.

Desmond. *See* DISMAL.

despair. To despair of a sick person *or* of a patient['s life], Condamner (*ou* Abandonner) un, une, malade.

To drive someone to despair, Pousser quelqu'un au désespoir, Désespérer quelqu'un.

To give up in despair, Y renoncer en désespoir de cause.

See also SLOUGH.

desperate. Desperate ills call for (*or* Desperate cases require) desperate remedies, Aux grands maux, les grands remèdes, Aux maux extrêmes, les extrêmes remèdes.

To do something desperate, Faire quelque chose sous l'influence du désespoir, Se livrer à quelque violence funeste, Faire un malheur (*fam.*).

See also STRAITS.

desperation. To be in desperation, Agir en désespoir de cause, Être aux cent coups (*fam.*).

To do something in [sheer] desperation, Faire quelque chose en désespoir de cause.

To drive someone to desperation, Pousser quelqu'un à bout.

despond. *See* SLOUGH.

destruction. *See* BROAD.

detail. It's a mere detail, C'est un détail.

deuce. Here is the deuce of a mess, Voici un joli gâchis.

I, We, had the deuce of a job to persuade him, Il a fallu pour le décider la croix et la bannière (*fam.*).

The deuce take him, it, [Que] diable l'emporte (*fam.*).

There is the deuce to pay, C'est le diable à confesser (*fam.*).

To play the deuce with something, Faire des ravages dans (*ou* Perdre) quelque chose.

device. To leave someone to his own devices, Abandonner quelqu'un à lui-même.

devil. He is a very devil *or* a devil incarnate, C'est un [vrai] diable *ou* un diable incarné. " Et Rodilard passait, chez la gent misérable, Non pour un chat, mais pour un diable."
—LA FONTAINE, *Fables* II, 2.—*Conseil tenu par les Rats.* (*Note.*—Rodilard = The Cat, Felix, in LA FONTAINE and RABELAIS.)

It is a devil of a business, C'est le diable à confesser (*fam.*).

It is the devil (*the rub, the difficult question*), C'est [là] le diable (*fam.*), Voilà le diable (*fam.*).

It is the devil and all (*everything bad*), C'est le diable et son train (*fam.*).

She is a very devil *or* a devil incarnate, C'est un [vrai] diable *ou* un diable incarné, C'est une [vraie] diablesse.

Talk of the devil and he will appear, Quand on parle du loup on en voit la queue. " Ils invoquent les diables par leurs noms et surnoms. . . . Vray est que ces diables ne viennent tousjours à souhait sus l'instant : mais en ce sont ils excusables."— RABELAIS V, 10, *Pantagruel*.

The devil of a row *or* noise *or* The devil's own row, Un bruit de tous les diables (*fam.*), Un bruit de chien (*fam.*).

The devil of a row (*dispute*) *or* The devil among the tailors, Une querelle de chien (*fam.*).

The devil take him, it, [Que] le diable l'emporte (*fam.*). " Frere Jean, veulx tu que presentement trente mille charretées de Diables t'emportent ? "—RABELAIS III, 23, *Pantagruel*.

"The Devil was sick, the Devil a monk would be ; The Devil was well, the devil a monk was he." (URQUHART, *translation of Rabelais*), Quand le diable est vieux, il se fait ermite, La fête passée, adieu le saint. " Oh ! combien le péril enrichirait les dieux, Si nous nous souvenions des vœux qu'il nous fait faire ! Mais, le péril passé, l'on ne se souvient guère De ce qu'on a promis aux cieux ; On compte seulement ce qu'on doit à la terre. ' Jupiter, dit l'impie, est un bon créancier ; Il ne se sert jamais d'huissier.' Et qu'est-ce donc que le tonnerre ? Comment appelez-vous ces avertissements ?" —LA FONTAINE, *Fables* IX, 13.— *Jupiter et le Passager*.

There will be the devil to pay, Gare la danse ! (*fam.*).

To have the devil in one, Avoir le diable au corps.

To let everything go to the devil, Laisser tout aller à la débandade.

We are between the devil and the deep sea, Nous sommes (*ou* Nous nous trouvons) entre l'enclume et le marteau, D'un côté le loup nous menace, de l'autre, le chien.

See also DUE, HIMSELF, KICK, LUCK, NEEDS, PULL, RAGE, SIN, SPOON, TRUTH, WIT.

devilment. *See* FULL.

devour. To devour the way (*go very fast*) (*poetic*), Dévorer l'espace.

diamond. Diamond cut diamond, À malin, malin et demi.

He is a rough diamond, Il a des dehors grossiers, mais au fond il est bon enfant.

dice. *See* LOAD.

Dick. *See* TOM.

dickens. It is the dickens of a job, C'est le diable à confesser (*fam.*).

The dickens of a noise, Un bruit de tous les diables (*fam.*), Un bruit de chien (*fam.*).

To be a dickens of a way off (*to live far away—of person*), Être au diable [au vert].

dictate. I am not going to be dictated to by you, Je n'ai pas d'ordres à recevoir de vous, Je ne me laisse pas ainsi régenter par vous.

To follow the dictates of one's conscience, Obéir à la voix de sa conscience.

die, dying. He doesn't look like dying yet (*his health gives no cause for anxiety—of an old man*), Il a fait un bail avec la vie (*fam.*).

He'll die there, Il y laissera ses os (*fam.*).

His secret will die with him, Il emportera son secret dans le tombeau.

Never say die ! Tenez bon !, Tenez ferme !, Il ne faut pas jeter le manche après la cognée.

Old habits die hard, Toujours souvient à Robin de ses flûtes.

The die is cast, Le dé (*ou* Le sort) est jeté. " Puis, respondit Pantagruel, qu'une foys en avez jecté le dez, et ainsi l'avez decreté et prins en ferme deliberation, plus parler n'en fault ; reste seulement la mettre à execution."—RABELAIS III, 9, *Pantagruel.* (*Note.*—prins = pris.)

The dying day (*poetic*), L'agonie du jour.

To be dying of hunger, of thirst, of heat, Mourir (*ou*, *fam.*, Crever) de faim, de soif, de chaleur.

To die a natural death *or* To die in one's bed, Mourir de sa belle mort.

To die hard (*of a theory*), Avoir la vie dure.

To die in harness, Mourir à la tâche *ou* à la besogne *ou* à la peine, Mourir debout.

To die in neglect, Mourir au coin d'un bois (*fam.*) *ou*, *fam.*, d'une haie.

To die in the faith, Bien mourir. " Je dis que le tombeau qui sur les morts se ferme Ouvre le firmament, Et que ce qu'ici-bas nous prenons pour le terme Est le commencement."—VICTOR HUGO, *À Villequier.*

To die unhonoured and unsung, Mourir tout entier. " Depuis n'en fut parlé. La memoire en expira avecques le son des cloches les quelles quarillonnerent à son enterrement."—RABELAIS IV, 12, *Pantagruel.* " Qui pourrait se vanter d'avoir surpris son âme ? L'étude de sa vie est d'en cacher le fond. . . . On en parle, — on en pleure, — on en rit, — qu'en voit-on? Quelques duels oubliés, quelques soupirs de femme, Quelque joyau

de prix sur une épaule infâme, Quelque croix de bois noir sur un tombeau sans nom."—ALFRED DE MUSSET, *Namouna* II, 18. " Tandis que des humains le troupeau méprisable, Sous l'empire des sens indignement vaincu, De ses jours indolents traînant le fil coupable, Meurt sans avoir vécu. Donnez un digne essor à votre âme immortelle, Eclairez des esprits nés pour la vérité. Dieu vous a confié la plus vive étincelle De la Divinité. De la raison qu'il donne il aime à voir l'usage ; Et le plus digne objet des regards éternels, Le plus brillant spectacle est l'âme du vrai sage Instruisant les mortels."—VOLTAIRE, *Odes*, *À Messieurs de l'Académie des sciences.* " On ne vit dans la mémoire du monde que par des travaux pour le monde."—CHATEAUBRIAND. " Travaillez pour avoir, non la nourriture qui périt, mais celle qui demeure jusqu'à la vie éternelle."—*Jean* vi, 27.

To my dying day, Jusqu'à mon dernier jour *ou* à mon (*ou* au) dernier soupir.

die. *See also* ATTEMPT, GAME, GOOD 41, GUTTER, KIND, LAST, LOAD, STRAIGHT, TRUE. **dying.** *See also* DUCK, EMBER.

die-hard. A die-hard, Un intransigeant.

differ. I beg to differ, J'appelle de votre décision, J'en appelle [de votre sentence].

See also AGREE, TASTE.

difference. It makes no difference, C'est tout un.

Settle your differences [between yourselves], Mettez-vous d'accord, Ajustez (*ou* Accordez) vos flûtes (*fam.*).

See also ALL, DISTINCTION, SPLIT.

different. That is a different matter, C'est une affaire à part, C'est une autre affaire.

See also CHALK, CLAY, COMPLEXION, LIGHT, PULLING, SAYING.

difficult. That is not difficult [to guess, to do], Cela n'est pas sorcier (*fam.*).

That is not such a difficult matter, Cela ne présente pas des difficultés extrêmes, Ce n'est pas la mer à boire (*fam.*).

To be difficult to get on with, Être difficile à vivre.

difficulty. To be in difficulties, Être dans l'embarras *ou, fam.*, dans le lac *ou, fam.*, dans la marmelade.

To be in financial difficulties, Être mal dans ses finances, Être dans l'embarras [d'argent], Être incommodé dans ses affaires, Être près de ses pièces (*fam.*).

To have difficulty in choosing, Avoir l'embarras du choix.

To look for difficulties where none exist, Chercher des difficultés où il n'y en a pas, Chercher midi à quatorze heures (*fam.*).

To put difficulties in someone's way, Créer des difficultés à quelqu'un.

See also GET 36.

dig. To dig one's own grave (*fig.*), Creuser sa fosse *ou* son tombeau.

To give someone a dig in the ribs (*in offensive familiarity*), Taper sur le ventre à quelqu'un (*fam.*).

To have a dig at someone, Donner un coup de bec (*ou* un coup de dent) (*ou* un coup de langue) (*ou* un coup de patte) (*ou* un coup de griffe) à quelqu'un (*tous fam.*), Jeter une pierre dans le jardin de quelqu'un. " Pour vous, vous représentez un de ces personnes . . . qui donnent toujours le petit coup de langue en passant."—MOLIÈRE, *L'Impromptu de Versailles* 1.

See also PIT.

digestion. He has the digestion of an ostrich *or* He has a cast-iron digestion, Il a (*ou* C'est) un estomac d'autruche, il digérerait du fer (*fam.*).

dignity. To stand on one's dignity, Tenir (*ou* Se tenir sur) (*ou* Rester sur) son quant-à-moi *ou* son quant-à-soi.

dimming. His star is dimming, Son étoile pâlit.

din. To din something (*as a lesson, a tune*) into someone, Seriner [quelque chose à] quelqu'un.

To din something into someone's ears, Corner quelque chose aux oreilles de quelqu'un (*fam.*), Rabattre les oreilles à quelqu'un de quelque chose (*fam.*).

See also KICK.

dine. To dine with Duke Humphrey (*go without [one's] dinner*), Dîner par cœur (*fam.*).

dip. *See* LUCKY.

dirt. To look upon a thing as dirt, Ne pas faire plus de cas d'une chose que de la boue de ses souliers (*fam.*).

See also CHEAP, COMMON.

dirty. He does his dirty work for him, Il exécute aveuglément toutes ses volontés, quelque injustes ou odieuses qu'elles soient, C'est son âme damnée (*fam.*).

He does the dirty work, Il fait la grosse besogne que les autres refusent, C'est le cheval de bât (*fam.*).

See also FILTHY, LINEN, TRICK.

disaster. *See* COURT, HEADING.

discord. *See* APPLE, SEED.

discount. That must be discounted (*fig.*), Il faut en rabattre (*fam.*).

discover. *See* MARE, TRICK.

discretion. Discretion is the better part of valour, Une bonne fuite vaut mieux qu'une mauvaise attente. " Demosthenes dist que l'home fuyant combattra de rechief."— RABELAIS IV, 50, *Pantagruel.* (*Note.* —de rechief = derechef = once again. " He who fights and runs away, Lives to fight another day.")

To have arrived at years of discretion, Être à l'âge de raison *ou* de connaissance. " Dans l'heureux printemps de tes jours, Des dieux du Pinde et des amours Saisis la faveur passagère ; C'est le temps de l'illusion. Je n'ai plus que de la raison : Encore, hélas ! n'en ai-je guère."—VOLTAIRE, *À Monsieur Saint-Lambert*. (*Note.*—le Pinde (= Pindus), a mountain range in Greece dedicated to Apollo and the Muses.)

To think discretion the better part of valour, Tenir à (*ou* Sauver) sa peau (*fam.*).

To use discretion, Agir avec discrétion.

Use your own discretion, Faites comme bon vous semble[ra] *ou* comme vous jugez à propos *ou* comme vous l'entendez.

discuss. To discuss someone, Mettre quelqu'un sur le tapis (*fam.*).

See also IDLE.

discussion. *See* BRING.

disease. *See* REMEDY.

disguise. A blessing in disguise, Un bienfait insoupçonné.

disgust. Disgust with life, L'ennui de vivre.

dish. *See* FIT, PRINCIPAL.

dislike. *See* UNACCOUNTABLE, WORK.

dismal. He is a most dismal man *or*, *slang*, is a Dismal Desmond *or*, *slang*, a dismal Jimmy, C'est le chevalier de la triste figure (*fam.*), C'est un médecin Tant pis (*Quotation under* PAY). " Il pleure les troys pars du jour. Jamais ne se trouve aux nopces."—RABELAIS, IV, 29, *Pantagruel*. (*Note.*—nopces = noces.)

dismiss. *See* MIND.

disorder. You never saw such disorder, Voilà un désordre extraordinaire, Une vache n'y retrouverait pas son veau.

display. *See* FIREWORK, MAGNANIMITY.

dispose. *See* FAVOURABLY, PROPOSE.

dispute. To dispute every inch of the ground, Chicaner le terrain.

dissipate. *See* FORTUNE.

dissolve. *See* AIR.

distance. To keep one's distance (*avoid familiarity*), Conserver (*ou* Garder) ses distances.

To last out the distance, Fournir la carrière.

See also ENCHANTMENT.

distant. *See* RESEMBLANCE.

distinction. It is [making] a distinction without a difference, C'est [faire] (*ou* Il y a ici) une distinction plus subtile que solide.

distinguish. He is a distinguished-looking man, C'est un homme du bel air.

To look distinguished (*of persons*), Avoir grand air.

distort. To distort a passage, the truth, the law, Donner une entorse à un passage, à la vérité, à la loi.

distraction. It is enough to drive one to distraction, Il y a de quoi vous rendre fou, C'est à devenir fou.

distressing. *See* WORD.

ditch. *See* LAST.

ditch-water. *See* DULL.

ditto. To say ditto to everything, Opiner du bonnet (*fam.*).

Dives. Dives (*reference to Luke* xvi, 19, *where Vulgate has* dives), Le mauvais riche.

divide. " And if a kingdom be divided against itself, that kingdom cannot stand." (*Mark* iii, 24), " Car si un royaume est divisé contre lui-même, ce royaume-là ne saurait subsister." (*Marc* iii, 24.)

To cross the great divide (*die*), Partir pour (*ou* Faire) le grand voyage, Faire le voyage de l'autre monde. *Quotation under* JOURNEY.

To divide one's attention, Éparpiller son esprit.

See also SPOIL, UNITE.

do, doing. And done with [it], Je ne connais que cela (*fam.*) : He refuses to obey, punish him, and done with [it], Il résiste, châtiez-le, je ne connais que cela.

Anyone (*or* Any fool) can do that, Tout le monde peut y réussir, C'est le pont aux ânes.

Have nothing to do with it, Ne vous y mêlez (*ou*, *fam.*, frottez) pas.

He'll do it again (*is incorrigible*), Qui a bu boira.

He's always doing that (*stupid*) kind of thing, Il n'en fait pas (*ou* jamais) d'autres (*fam.*).

He's done for, (*enfeebled and broken down*) C'est un homme fini, Son affaire est faite (*fam.*) ; (*ruined financially*) C'est un homme brûlé (*fam.*) *ou*, *pop.*, frit.

I can do without his help, Je l'en dispense, Je l'en tiens quitte (*ironiquement*).

If I had to do it again, Si c'était à refaire.

I['ll] give you ten, twenty, a hundred strokes, tries, goes, etc., to do it *or* You'll never do it, Je vous le donne [à faire] en dix, en vingt, en cent [coups]. " C'est un chef-d'œuvre que d'avoir inventé un habit sérieux qui ne fût pas noir ; et je le donne en six coups aux tailleurs les plus éclairés.—MOLIÈRE, *Le Bourgeois gentilhomme* II, 8.

It can't be done, Il n'y a pas moyen [de faire cela], Pas moyen (*fam.*), Il n'y a pas moyen de moyenner, C'est la mer à boire (*fam.*). " ' Si j'arrondissais mes États ! Si je pouvais emplir mes coffres de ducats ! Si j'apprenais l'hébreu, les sciences, l'histoire ! ' Tout cela, c'est la mer à boire."—LA FON-TAINE, *Fables* VIII, 25.—*Les deux Chiens et l'Âne mort.*

It isn't done, Cela ne se fait pas, Ces choses-là ne se font pas, Ce n'est pas canonique (*fam.*).

It's a do (*catch*), C'est une attrape.

That has nothing to do with it *or* with the matter, Cela n'a rien à voir à l'affaire, Cela n'entre pas en ligne de compte.

That will do (*is good enough*) for me, Cela fera mon affaire.

That will never do, Cela n'ira jamais.

This (*or* That) is my doing, is your doing, is so-and-so's doing, Cela est de mon fait, est de votre fait, est du fait d'un tel.

That won't do, Cela ne passe pas (*fam.*) *ou*, *fam.*, ne prend pas.

To be about to do it, En venir au fait : He would have done it, if he had not been held back *or* prevented, Il allait en venir au fait, si on ne l'eût retenu.

To be done up (*with fatigue*), Être abattu de lassitude, Être sur les dents *ou*, *fam.*, sur le flanc.

To defy anyone to do it better, Le donner au plus habile à mieux faire.

To do for someone *or* To do someone in (*ruin, or even kill him*), Faire son affaire à quelqu'un (*fam. & ironiquement*), Écraser quelqu'un comme un ver, Avoir la peau de quelqu'un (*très fam.*). " Notre chat est réchappé depuis peu d'un saut qu'il fit du haut de la maison dans la rue, et il fut trois jours sans manger, et sans pouvoir remuer ni pied ni patte ; mais il est bien heureux de ce qu'il n'y a point de chats médecins, car ses affaires étaient faites, et ils n'auraient pas manqué de le purger et de le saigner." — MOLIÈRE, *L'Amour médecin* II, 1.

To do someone (*diddle him*), Rouler quelqu'un (*fam.*).

To do someone out of a thing, Souffler à quelqu'un une chose (*fam.*).

To do something on one's own responsibility *or* off one's own bat, Faire quelque chose sous sa propre responsabilité *ou* par ses propres moyens *ou* de son chef, Prendre quelque chose sous son bonnet (*fam.*).

To do unto others as we would be done by (*Matthew* vii, 12), Faire à autrui ce que nous voudrions qu'on nous fît. " Les injustices des pervers Servent souvent d'excuse aux nôtres. Telle est la loi de l'univers : Si tu veux qu'on t'épargne, épargne aussi les autres. "—LA FONTAINE, *Fables* VI, 15.—*L'Oiseleur, l'Autour et l'Alouette.* " Ce qu'à aultruy tu auras faict, soys certain qu'aultruy te fera. "—RABELAIS III, 9, *Pantagruel.*

To do without something, Se passer de (*ou* N'avoir que faire de) quelque chose. " *Harpagon.* Et je te donne ma malédiction. *Cléante.* Je n'ai que faire de vos dons. "—MOLIÈRE, *L'Avare* IV, 5.

To have done with (*have no further use or need for*) something, someone, N'avoir plus que faire de quelque chose, de quelqu'un.

To have to do without something, Se voir obligé de se passer de quelque chose, Se brosser [le ventre] (*très fam.*).

What has that [got] to do with it ? Qu'est-ce que cela y fait ?

What is done cannot be undone, Ce qui est fait est fait, À chose faite point de remède.

do. *See also* BEST, BIT, BOLT, BUNK. DESPERATE, DIRTY, DOUBT, DUTY, FREE, GOOD 14, 28, 30, 32, 55, 56, 57, HALF, HEAVY, IMPOSSIBILITY, INNOCENCE, JUSTICE, KEEP, KNOW 17, LIKE, MAKE, MUCH, PLEASE, PROUD, PURPOSE, RAG, RIGHT, ROME, SAY, SHARE, SOONER, SWEEP, TALKING, TIME, TRICK, TWO, UTMOST, VIOLENCE, WELL, YES, YOUTH. **doing.** *See also* GOOD 47, IMPATIENCE, KNOW 15, LOOK 28, MISS, NOTHING, POINT, RIGHT, SAYING, SUCCEED, TALKING, THERE, UP, WANT, WAY.

doctor. *See* CUPID.

doer. *See* TALKER.

dog. Dog doesn't eat dog, Les loups ne se mangent pas entre eux.

Dog Latin, Latin de cuisine. " Comment doncques eussent pu entendre ces vieulx resveurs le texte des loix, qui jamais ne virent bon livre de langue Latine, comme manifestement appert à leur stile, qui est stile de ramonneur de cheminée, ou de cuysinier et marmiteux, non de jurisconsulte ? "—RABELAIS II, 10, *Pantagruel.*

Every dog has his day, [À] chacun son tour, Tout vient à point à qui sait attendre.

Give a dog a bad (*or* an ill) name and hang him, Quand on veut noyer son chien, on dit qu'il a la rage, Qui veut noyer son chien, l'accuse de la rage, Le bruit pend l'homme.

He is a dog in the manger, Il est comme le chien du jardinier [qui ne mange point de choux et n'en laisse point manger aux autres].

Let sleeping dogs lie, N'éveillez pas (*ou* Ne réveillez pas) (*ou* Il ne faut pas [r]éveiller) le chat qui dort.

Misfortune dogs him, Le malheur le poursuit.

The weather is not fit for a dog to be out in, Il fait un temps à ne pas mettre un chien dehors.

To be going to the dogs (*be on the road to ruin*), (*of person*) Aller le grand galop à l'hôpital ; (*of an affair*) S'en aller au diable, Tourner mal.

To fight like dog and cat, S'accorder comme chien et chat *ou* comme chiens et chats (*fam.*). " Autrefois un logis plein de chiens et de chats, Par cent arrêts rendus en forme solennelle, Vit terminer tous leurs débats. Le maître ayant réglé leurs emplois, leurs repas, Et menacé du fouet quiconque aurait querelle, Ces animaux vivaient entre eux

comme cousins. Cette union si
douce, et presque fraternelle,
Édifiait tous les voisins. Enfin elle
cessa." LA FONTAINE, *Fables* XII, 8.
—*La Querelle des Chiens et des Chats
et celle des Chats et des Souris.*

To lead a dog's life, Mener une vie de
chien.

See also CAT, FOLLOW, HAIR, LIVE,
LOVE, RAINING, SLY, TIRE, TOP, WAG,
WELCOME, WORD.

doggo. To lie doggo (*slang*), Faire le
mort.

doldrums. To be in the doldrums
(*fig.*), Broyer du noir.

doll. She has a face like a doll *or*
She is a doll, C'est un visage de
poupée (*fam.*).

She, He, is all dolled up, C'est une
vraie poupée (*fam.*).

donkey. Donkey work, Travail de
routine.

See also STUFF, TALK, YEAR.

doom. He is a doomed man *or* His
doom is sealed, C'en est fait de
lui, Il est perdu.

See also FAILURE, OBLIVION.

doomsday. To put something off till
doomsday, Renvoyer (*ou* Remettre)
quelque chose aux calendes
grecques. " La Court n'a encores
bien grabelé toutes les pieces ;
l'arrest sera donné es prochaines
calendes Grecques, c'est à dire
jamais.—RABELAIS I, 20, *Gargantua*.
(*Note.*—bien grabelé = thoroughly
examined. l'arrest = l'arrêt =
judgment. es = aux.)

You may wait for me till doomsday,
Attendez-moi sous l'orme (*ironiquement*, par allusion à une comédie
de REGNARD qui porte ce titre
[1694]).

door. *See* DEAD, DEAF, DEATH, OPEN,
POVERTY, SHOW, SHUT, SLEEP, WOLF.

doorstep. To live on someone's door-
step, Être toujours pendu à la
sonnette de quelqu'un (*fam.*).

See also HEEL.

dot. To dot the i's and cross the t's
(*fig.*), Mettre les points sur les i.

double. To play a double game (*fig.*),
Jouer double jeu.

To play double or quits, Jouer [à]
quitte ou double.

See also DUTCH, LAUGHTER.

double-quick. To do something in
double-quick time, Faire quelque
chose en cinq sec (*fam.*). (An
allusion to card games, as écarté,
in which 5 points constitute a game.
Jouer une partie en cinq sec *ou*
Jouer une partie sèche, To play
just one game [without revenge].)

double-tongued. To be double-
tongued, Avoir deux paroles.

doubly. *See* ASSURANCE.

doubt. To cast doubts on something,
Révoquer (*ou* Mettre) quelque chose
en doute.

To entertain no doubt about a thing,
Ne faire aucun doute d'une chose.

To throw doubt upon someone's
motives, Faire un procès de tendance à quelqu'un.

When in doubt, forbear *or* do nothing,
Dans le doute, abstiens-toi.

See also BENEFIT, BEYOND, ROOM.

dovecot[e]. There is a fluttering in the
dovecotes, L'alarme est au camp.

To flutter the dovecotes, Mettre
l'alarme au quartier *ou* au camp,
Faire [du] scandale.

down, down-. Down under, Aux
antipodes.

Hands down, Haut la main, *e.g.*, I
shall win, I shall succeed [in doing
it], hands down, Je gagnerai, J'en
viendrai à bout, haut la main.

The down-and-outs, Les vaincus du
sort.

To be down and out, Être (*ou*
Coucher) sur la paille, N'avoir pas
où reposer la tête.

To be down-hearted *or* To be down
in the mouth, Avoir le cœur serré,
Être battu de l'oiseau, Avoir l'oreille
basse (*fam.*), Baisser l'oreille (*fam.*).

To be down on someone, User de
rigueur à l'égard de (*ou* envers)
quelqu'un.

To strike (*or* To hit) a man when he is
down (*fig.*), Battre un homme à
terre.

See also DUMPS, EYE, LOOK 24, 30,
LUCK, STRAIGHT, SUIT, ·UP, UPSIDE.

downfall. Downfall sometimes follows
closely on the heels of triumph, La
roche Tarpéienne est près du
Capitole.

downright. *See* FOOL.

dozen. *See* HALF, SIX, TALK.

drag. To drag [on], Tirer [en
longueur].

Wild horses wouldn't drag it from
him, her, C'est le tombeau des
secrets.

See also HEEL, MIRE.

drain. *See* CUP, POURING.

drake. *See* DUCK.

drastic. *See* REMEDY.

draw. To be a draw (*attraction*),
Faire recette.

To be a great draw (*immense success,
as a play*), Aller (*ou* Monter) aux
nues.

To be drawn into something (*fig.*),
Être entraîner dans quelque chose.

To draw a bow at a venture, Lancer
une flèche (*ou* Jeter des propos) au
hasard.

To draw one's last breath, Rendre
le dernier soupir.

To draw someone (*elicit information,
confession, from him*), Cuisiner
quelqu'un.

To draw the long bow, En [ra]conter
[de belles] (*fam.*), Dire des choses
de l'autre monde (*fam.*).

To draw to a (*or* its) close, Tirer à
sa fin.

With drawn sword (*of one person*),
With drawn swords (*of several or
many persons*), Sabre au clair.

See also BLADE, BLANK, DAGGER, HORN,
STRAW, VEIL. **drawing.** *See* IM-
AGINATION.

dread. *See* BURN.

dreadful. The crush (*crowd of people*)
is dreadful, C'est une vraie tuerie
(*fam.*).

To say dreadful things about someone,
Débiter des atrocités sur quelqu'un, Dire des noirceurs de
quelqu'un.

See also PENNY.

dream, dreaming. I must be dreaming,
Je crois rêver, Il me semble que je
rêve.

I should never have dreamt [that] . . .,
J'étais à mille lieues de supposer
(*ou* de penser) que . . . (*fam.*).

Little did he dream [that] they had
evidence against him, Il ne se
doutait guère qu'on eût des preuves
contre lui.

To live in a dream world, Être (*ou*
Nager) dans le bleu.

To live love's dream with someone,
Filer le parfait amour avec quelqu'un. " Il faut aimer, c'est ce
qui nous soutient ; Sans rien aimer,
il est triste d'être homme."—
VOLTAIRE, *Stances, Impromptu.*

You must have been dreaming *or*
must have dreamt it, Vous avez
rêvé cela (*fam.*).

dream. *See also* CONTRARY, OTHER.

dreg. *See* CUP.

drench. *See* SKIN.

dress. *See* BORROW, MUTTON, NINE,
SCARECROW, TALK.

dressing [down]. To give someone a
good dressing [down] (*thrashing or
scolding*), Accommoder (*ou* Ac-
coutrer) quelqu'un de toutes pièces.

drift, drifting. Do you catch the drift
of his words ? *or* Do you see his
drift ? Voyez-vous où il veut en
·venir [dans son discours] ?, Voyez-
vous où tend son discours ?

To catch the drift of a plot, of an
argument, Tenir le fil d'une intrigue, d'un raisonnement.

To drift [with the current] (*fig.*) *or*
To be drifting, Se laisser aller au

fil de l'eau, Être en dérive, Aller selon le vent (*fam.*).

drink, drinking. To drink in someone's words, Recueillir avidement (*ou, fam.*, Boire) les paroles de quelqu'un.

To drink like a fish, Boire à tire-larigot *ou* comme un trou *ou* comme un templier *ou* comme un sonneur *ou* comme une éponge, Boire la mer et les poissons (*tous pop.*). " Nos pères beurent bien et vuiderent les potz. — ... — Je ne boy en plus qu'une esponge. — Je boy comme un templier."—RABELAIS I, 5, *Gargantua.*

To drink supernaculum *or* to the last drop, Faire rubis sur l'ongle.

To eat without drinking, Manger sans boire, Faire un repas de brebis (*fam.*).

drink. See also CUP, HARD, HORSE, LETHE, MEAT, WORSE.

dripping. To be dripping with stars and crosses (*plastered with decorations*), Être bardé de cordons (*fam.*). *See also* PERSPIRATION.

drive, driving. I see what you are [driving] at, Je vous vois venir, Je vois (*ou* Je comprends) où vous voulez en venir.

I was driven to do it, Force me fut de le faire.

One drives away the other (*one succeeds the other*), Un clou chasse l'autre (*fam.*).

To be driven by hunger, thirst, to do something, Être sollicité par la faim, la soif, à (*ou* de) faire quelque chose.

To drive something into someone's head, Enfoncer à quelqu'un quelque chose dans la tête.

What are you [driving] at ? Où (*ou* À quoi) voulez-vous en venir ?

drive. *See also* COACH, CORNER, CRAZY, DESPAIR, DESPERATION, DISTRACTION, EXTREMITY, HARD, LEAD, MAD, NEEDS, PILLAR, QUILL, WILD.

drop. His jaw dropped, Son visage (*ou* Sa mine) s'allongea.

It is (*or* It is only) a drop in the bucket *or* in the ocean, C'est une (*ou* Ce n'est qu'une) goutte d'eau dans la mer.

Let that (*subject, matter*) drop, Il faut laisser tomber cela.

To be ready to drop (*tired out*), Tomber de fatigue, Avoir les jambes rompues (*fam.*), N'avoir plus de jambes (*fam.*).

To drop a remark, Laisser échapper (*ou* Glisser) une remarque.

To drop off [to sleep], S'endormir.

To drop some money (*in gaming, in a venture*), Faire quelque perte d'argent, Laisser des plumes (*fam.*).

To have had a drop too much, Avoir une pointe de vin (*fam.*).

See also BRICK, CLOUD, DRINK, FORTUNE, HEAR, SHADOW.

drown. To look like a drowned rat (*be wet through*), Être mouillé comme un canard (*fam.*).

drudge, drudgery. To go back to drudgery (*uncongenial work*), Reprendre le collier [de misère] (*fam.*). *Quotations under* HARNESS.

To slave in drudgery *or* To drudge, Trimer (*fam.*), Traîner le boulet (*fam.*).

drum. To drum something into someone, Seriner [quelque chose à] quelqu'un. *See also* BEAT, EMPTY.

drunk. To be [as] drunk as a fiddler *or* as a lord, Être soûl comme une grive (*fam.*). *See also* SOBER.

dry. A man of dry humour, Un pince-sans-rire.

He has run dry (*of epigrams*), Il a vidé son carquois.

The dry facts, Les faits tout purs.

To be [as] dry as a bone, Être sec comme une allumette.

To run dry (*have no more money, no more to say*), Être à sec.

See also CUT, SUCK.

dub. To dub someone a scatter-brain, a quack, etc., Qualifier (*ou* Traiter) (*ou, fam.*, Donner à quelqu'un [son] brevet) d'étourdi, de charlatan, etc.

duck. Fine weather for ducks, Beau temps pour les canards (*fam.*) *ou, fam.*, pour les grenouilles.

It is like water off a duck's back, Cela ne fait aucune impression, Cela glisse (*ou* coule) comme sur toile cirée (*fam.*).

To be a lame duck, Ne battre [plus] que d'une aile.

To play ducks and drakes with one's health, Creuser sa fosse *ou* son tombeau.

To play ducks and drakes with (*or* To make ducks and drakes of) one's money, Jeter son argent par la fenêtre, Être un bourreau d'argent (*fam.*).

To take to a study [like a duck to water], Prendre du goût pour une étude [et y faire des progrès], Mordre à une étude (*fam.*).

To take to the water like a duck, Nager comme un poisson.

To turn up one's eyes (*or* To look) like a dying duck in a thunder-storm, Faire des yeux de carpe pâmée (*fam.*).

See also SHAKE, SWIM.

duckling. *See* UGLY.

due. A debt cannot be claimed before it is due, Qui a terme ne doit rien.

Give the devil his due, Il faut rendre justice au diable même, [À] chacun son dû.

To give someone his due, Rendre justice à quelqu'un.

With all due deference (*or* respect) to you, Avec le respect que je vous dois, Sauf votre honneur, Ne vous [en] déplaise. " Pour moi, par un malheur, je m'aperçois, madame, Que j'ai, ne vous déplaise, un corps

tout comme un âme.*"*—MOLIERE, *Les Femmes savantes* IV, 2.

See also ALLOWANCE, CONSIDERATION, HONOUR, THANKS, WARNING.

duke. *See* DINE.

dull. He is [as] dull as ditch-water, C'est un robinet d'eau tiède (*fam.*), Il est ennuyeux comme la pluie (*fam.*).

See also WORK.

dull-witted. He is [as] dull-witted as an ox, Il est lourd comme un bœuf (*fam.*).

To be dull-witted, Avoir l'esprit bouché (*fam.*), Être bouché (*fam.*).

dumb. To be struck dumb (*with astonishment, etc.*), Perdre [l'usage de] la parole, Être interdit *ou* abasourdi.

dumps. To be [down] in the dumps, Broyer du noir (*fam.*).

dunghill. *See* BOLD.

duress. Under duress, À son corps défendant, Le couteau sur la gorge.

dust. To dust someone's jacket (*thrash him*), Brosser quelqu'un, Frotter l'échine à (*ou* Donner sur le casaquin) à quelqu'un (*tous fam.*).

To throw dust in someone's eyes (*fig.*), Jeter de la poudre aux yeux de quelqu'un (*fam.*).

See also KICK, LAY, RAISE, RUN.

dusty. It's (*or* That's) not so dusty (*slang*), Ce n'est pas trop mal en somme, Voilà qui n'est pas piqué des vers (*fam.*).

Dutch. Dutch courage, Du courage arrosé (*fam.*).

That is (*or* It's) [all] double Dutch to me, Tout cela, c'est de l'hébreu (*ou* du latin) pour moi, C'est du haut allemand pour moi (*tous fam.*). " Je n'y ay entendu que le hault allemand, et ne sçay quelle sorte de bestes comprenez en ces denominations." — RABELAIS IV, Ancien prologue, *Pantagruel*.

To talk double Dutch (*unintelligibly*), Parler hébreu (*fam.*).

To talk to someone like a Dutch uncle, Faire la morale à quelqu'un, Faire à quelqu'un une remontrance [toute] paternelle.

duty. As in duty bound, Comme de juste.

Do your duty, come what may *or* and leave the rest to fate, Fais ce que dois, advienne (*ou ,*arrive) que pourra.

It is no part of my duty to tell you, Il n'entre pas dans le cadre de mes devoirs de vous le dire.

This is not part of my duty, Ceci n'est pas à ma charge, Ceci n'est pas sur mon rôlet.

To do something as a matter of duty, Faire quelque chose par acquit de conscience *ou* pour l'acquit de sa conscience.

To recall someone to the paths of duty, Rappeler quelqu'un à son devoir, Remettre quelqu'un au pas (*fam.*).

To swerve from the path of duty, Quitter le droit chemin.

dwell. Not to dwell (*linger*) on something (*some matter one does not want to go into too deeply*), Glisser sur quelque chose, Passer sur quelque chose comme chat sur braise (*fam.*).

dying. *See under* DIE.

E

ear. It goes in at one ear and out at the other, Cela lui entre par une oreille et lui sort par l'autre (*fam.*).

This is for your private ear, Je vous dis cela en confidence *ou* sous le sceau du secret.

To keep one's ears open, Être (*ou* Se tenir) aux écoutes.

To lend an ear to someone, Prêter l'oreille à quelqu'un.

To listen with both ears, Écouter de toutes ses oreilles.

To set people by the ears, Mettre les gens aux prises.

To whisper something into someone's ear *or* To say something to someone in his private ear, Dire quelque chose (*ou* Parler) à quelqu'un dans le tuyau de l'oreille.

Walls have ears, Les murs (*ou* Les murailles) ont des oreilles, Les murailles parlent. " Lors dist Pantagruel : ' Compere, je ne sçay si les murailles vous entendront, mais de nous nul n'y entend note.' " — RABELAIS, II, 9, *Pantagruel.* (*Note.*—entendront = will understand. entend note = understands a word.)

See also ALL, APPEAL, BELIEVE, BURNING, DEAF, DEBT, DIN, FLEA, GRATE, HEAR, LOVE, NOISE, PITCHER, SHUT, SPLIT, STOP, TALK, TINGLE, TRUST, WARM, WOLF.

earliest. From the earliest times, De toute antiquité. Depuis la plus haute antiquité. Depuis l'antiquité la plus reculée.

early. Early to bed and early to rise, Makes a man healthy, wealthy, and wise, Travail d'aurore amène l'or.

The early bird catches (*or* gets) the worm, Heure du matin, heure du gain, À qui se lève matin Dieu aide et prête la main.

To be early astir, Être en mouvement de bonne heure.

See also IMBIBE.

earn. *See* PENNY.

earnest. In earnest, Pour de bon, Tout de bon.

To be in [dead] earnest, Être [tout à fait] sérieux, Prendre la chose au sérieux.

See also SET.

earth. To be of the earth, earthy (1 *Corinthians* xv, 47), Être [très] terre à terre, Être enfoncé dans la matière. " Je vous supply, levez un peu vos espritz de terriene pensée en contemplation haultaine des merveilles de Nature."—RABELAIS III, 18, *Pantagruel*.

Where on earth have you been ? Où diable (*ou* diantre) êtes-vous allé ?

See also COME 16, END, HELL, LIKE, MOVE, SINK.

earthly. *See* CHANCE, REASON, USE.

earthy. *See* EARTH.

ease. To do something with the utmost ease, Faire quelque chose en se jouant.

To ease one's mind of it, S'en décharger la (*ou* En décharger sa) conscience.

See also ILL, SET.

easeful. To live an easeful life, Vivre les pieds sur les chenets.

easy, easier, easily. He is a man who is not easy to get on with, C'est un homme qui n'est pas commode *ou* qui est de difficile composition.

He is not easy to understand, Il n'est pas aisé à démêler (*fam.*).

It is [as] easy (*to understand*) as A B C, C'est simple comme bonjour (*fam.*).

It is [as] easy (*to do*) as kissing your hand *or* as winking *or* as shelling peas *or* as falling off a log *or* as pat *or* as lying, C'est simple comme bonjour (*fam.*).

It is easy enough [for you] to talk (*but doing is more difficult*), Cela vous est bien aisé (*ou* bien facile) à dire, Vous en parlez bien à votre aise, C'est un bel instrument que la langue (*fam.*). " Ha, dist elle, tant vous parlez à vostre aise, vous aultres hommes !"—RABELAIS I, 6, *Gargantua*. (*Note.*—tant, etc. = it is easy enough for you men to talk.) "Combien de gens font-ils des récits de bataille Dont ils se sont tenus loin ! "—MOLIÈRE, *Amphytryon* I. 1.

It is not so (*or* as) easy as it looks, Cela ne s'enfile pas comme des perles (*fam.*).

It seems as easy as kissing one's hand *or* It looks so easy (*but it isn't*), Il semble qu'il n'y ait qu'à se baisser et à prendre (*ironiquement*).

That is easier (*or* more easily) said than done, Cela est plus aisé (*ou* plus facile) à dire qu'à faire, C'est bientôt dit, Cela ne se jette pas en moule (*fam.*).

That is (*or* comes) easy to him, Cela ne lui coûte guère (*fam.*).

To be easy to get on (*or* to deal) with, Être d'un commerce agréable *ou* d'un bon commerce, Être aisé (*ou* commode) à vivre, Être de bonne (*ou* de facile) composition, Être sans façon.

To take it (*or* life) easy, En prendre à son aise, Se laisser vivre.

To take things easy (*not over-exert oneself*), Ne pas se fouler la rate (*fam.*).

easy. *See also* COME 1, FIRST, FLOW, FREE, LET.

eat, eater, eating. He is a prodigious eater *or* He would eat hat and feathers and all, Il mangerait le diable et ses cornes (*fam.*).

He, She, They, can't eat you, Avez-vous peur qu'on vous mange ? (*fam.*).

If you [can] do that, I'll eat my hat, Si vous faites cela, je vous donnerai le (*ou* un) merle blanc (*fam.*) *ou, fam.*, j'irai le dire à Rome.

It is eating its head off (*said of things costing money to maintain, but not being put to use*), C'est un cheval à l'écurie (*fam.*).

That was all there was to eat, Il n'y avait que cela à manger *ou* que cela pour tout festin *ou* pour tout potage.

To be eaten up with pride, with conceit, Être pétri (*ou, fam.*, pourri) d'orgueil, d'amour-propre.

To eat like a horse *or* like a wolf, Manger comme un ogre *ou* comme un loup *ou* comme quatre (*tous fam.*).

To eat one's heart out, Se ronger [le cœur] (from vexation, from impatience, de chagrin, d'impatience), Sécher sur pied.

You can't eat your cake and have it, On ne peut pas avoir le drap et l'argent (*fam.*).

eat. *See also* BREAD, CRUST, DOG, DRINKING, GOOD 62, HOUSE, HUMBLE, SALT, WORD. **eating.** *See also* PROOF.

eavesdropper. To play the eavesdropper, Être aux écoutes.

ebb. *See* LOW.

echo. His, Her, words found an echo in my heart, Ses paroles ont retenti en moi.

See also APPLAUD, AWAKEN.

ecstatic. *See* SMILE.

edge. *See* THIN.

edgeways. I couldn't get a word in edgeways, Je n'ai pu placer (*ou* Impossible de glisser) un mot.

eel. *See* SLIPPERY.

effect. To speak with effect, Faire valoir ce qu'on dit, Débiter bien sa marchandise (*fam.*).

To take effect, Porter [coup].

See also FEEL, GENERAL.

effort. He spares no effort, Il n'épargne rien, Rien ne lui coûte.

To make a special effort, N'y pas aller de main morte, Donner un coup de collier.

To make an effort, *e.g.*, not to burst out laughing, Faire des efforts sur soi-même (*ou* Se faire violence), *p. ex.*, pour ne pas éclater de rire.

See also FOCUS, WASTE.

egg. Don't teach your grandmother to suck eggs, Il ne faut pas apprendre aux poissons à nager, On n'apprend pas à un vieux singe à faire des grimaces.

It is teaching your grandmother to suck eggs, C'est Gros-Jean qui en remonte à son curé.

See also BASKET, FULL, GOOD 25, GOOSE, OMELET, SURE, TREAD.

Egypt. *See* CORN, SIGH.

eke. To eke it out, Allonger la courroie (*fam.*).

elbow. *See* LIFT, UP.

elbow-grease. Elbow-grease (*fig.*), De l'huile de coude (*fam.*).

elbow-room. To give oneself elbow-room, Se donner du champ.

elder. *See* SURVIVOR.

element. *See* FEEL.

elephant. *See* CLUMSY.

elevate. To be slightly elevated (*tipsy*), Avoir son plumet (*fam.*).

elicit. To elicit a fact, Tirer au clair un fait.

To elicit the truth, Découvrir la vérité, Tirer la Vérité du puits. *Quotation under* TRUTH.

To elicit the truth by alleging a falsehood, Plaider le faux pour [savoir] le vrai.

ell. *See* INCH.

else. *See* KNOW 37.

elsewhere. His thoughts are elsewhere, Il a l'esprit ailleurs, Il a l'esprit aux talons (*fam.*).

ember. They are the embers of a dying passion, C'est un feu caché sous la cendre.

embroil. To embroil matters, Brouiller les affaires *ou* les cartes.

eminence. *See* ATTAIN.

empty. To have an empty feeling *or* To be [as] empty as a drum (*very hungry*), Avoir le ventre creux *ou* plat, Avoir l'estomac dans les talons (*tous fam.*).

To have an empty purse, Loger le diable dans sa bourse (*fam.*). " Un homme n'ayant plus ni crédit ni ressource, Et logeant le diable en sa bourse, C'est-à-dire n'y logeant rien, S'imagina qu'il ferait bien De se pendre, et finir lui-même sa misère, Puisque aussi bien sans lui la faim le viendrait faire : Genre de mort qui ne duit pas À gens peu curieux de goûter le trépas." LA FONTAINE, *Fables* IX, 16.—

Le Trésor et les deux Hommes.
(*Note.*—qui ne duit pas = not very pleasing.)
To play to empty benches *or* to an empty house (*Theatre*), Jouer devant (*ou* pour) les banquettes.
See also FAIR.

empty-headed. He, She, is empty-headed, C'est une cervelle (*ou* une tête) creuse *ou*, *fam.*, une tête de linotte. " C'était un buste creux, et plus grand que nature, Le renard, en louant l'effort de la sculpture : ' Belle tête, dit-il ; mais de cervelle point.' Combien de grands seigneurs sont bustes en ce point ! "—LA FONTAINE, *Fables* IV, 14.—*Le Renard et le Buste.*

emulation. In emulation of each other, À qui mieux mieux. *Quotation under* BOOTY.

enchantment. " 'Tis distance lends enchantment to the view " (THOMAS CAMPBELL, *Pleasures of Hope*, pt. i, st. 1), Tout paraît beau [vu] de loin. " De loin, c'est quelque chose, et de près, ce n'est rien."— LA FONTAINE, *Fables* IV, 10, *Le Chameau et les Bâtons flottants.*

encounter. *See* WIT.

encroach. To encroach on one's [own] livelihood (*or* on one's [own] bread and butter) [to pay] for the assistance one gives to others, Prendre sur sa bouche les charités qu'on fait.
See also PRESERVE.

encyclopaedia. He is a walking encyclopaedia, C'est une encyclopédie (*ou* une bibliothèque) vivante *ou* ambulante *ou* un dictionnaire vivant *ou* ambulant, Il est universel (*tous fam.*).

end. All things have an end, Au bout de l'aune faut le drap.
And there's an end of it, Et voilà tout, Je ne connais que cela (*fam.*) : You will have to obey, and there's an end of it, Il faut que vous obéissiez, je ne connais que cela.

The end justifies the means, La fin justifie les moyens.
The end of the world (*the back of beyond*), Le bout du monde.
The means to an end, Les moyens en vue d'une fin.
There's no end to it, C'est toujours à recommencer.
To be at the end of one's resources, Être à bout de ses ressources, Être à bout [de champ] (*fam.*) *ou*, *fam.*, à bout de voie, N'avoir plus de quoi frire (*pop.*). (*Note.*—*These phrases, both English and French, and those contained in the next two entries, run each other very close in meaning, and are often interchangeable.*)
To be at the end of one's tether *or* on one's beam ends, Être à bout de ressources, Être au bout de son rouleau (*fam.*), Être à la côte (*fam.*), Être aux abois.
To be at one's wit's end, Être au bout de son latin (*fam.*), Ne savoir à quel saint se vouer (*fam.*).
To be soon at the end of one's tether (*soon short of ideas*), Avoir l'haleine courte.
To burn the candle at both ends, Brûler la chandelle par les deux bouts (*fam.*).
To have difficulty in making both ends meet, Avoir de la peine à joindre les deux bouts [de l'année].
To keep one's end up, Résister, Se défendre, Tenir bon.
To the ends of the earth, Aux deux bouts de la terre.
To the [very] end *or* To the end of the chapter, Jusqu'au bout.
See also ACHIEVE, BAD, BEST, COME 25, 26, CROWN, DEEP, DEFEAT, GAIN, HAIR, HEAR, NEARING, NOSE, PRIVATE, RIGHT, SMOKE, WELL, WRONG.

end-all. *See* BE-ALL.
endurance. *See* PAST.
endure. *See* CURE.

enemy. To be one's own enemy (*torment oneself needlessly*), Être le bourreau de soi-même.

To be one's own enemy (*neglect one's health*), Être le bourreau de soi-même *ou* de son corps.

See also HANDLE.

engage. To engage in a war of words *or* in a wordy warfare, Disputer des mots. " Il ne faut jamais disputer des mots, mais tâcher de les entendre."—BOSSUET, *Instruction sur les états d'oraison* ii, 2.

See also WIT.

English. *See* BACKBONE.

Englishman. *See* HOUSE.

engross. To engross the conversation, S'emparer de (*ou, fam.,* Tenir le dé dans) la conversation.

enjoy. To enjoy oneself to the full, S'en donner à cœur joie.

enlighten. *See* DAY.

enough. Enough and to spare, Tant et tant, Tant et plus. *See also below* To have enough, etc.

Enough said *or* Enough of that, Glissez[, glissez].

I have had enough of it (*am fed up with it*), J'en ai assez, J'en ai marre (*pop.*).

To have enough and to spare of something, Avoir plus qu'il n'en faut de quelque chose, Avoir de quelque chose à revendre (*fam.*) *ou, fam.,* à bouche que veux-tu.

To have enough money and to spare, Être au-dessus de ses affaires (*fam.*).

To have had enough of a thing, Avoir son content d'une chose.

To have had enough of it (*not to wait for any more bad treatment*), Ne pas demander son reste (*fam.*).

See also CRAZY, DISTRACTION, GO 21, GOOD 7, 39, MAD, ODDLY, REASON, ROPE, STRONG, SWEAR, TIME, TO-MORROW, TOOTH, WORD.

enquire, enquiry. *Same as* INQUIRE, INQUIRY.

ensign. *See* CROSS.

enter. *See* IRON, LISTS.

entertain. To entertain the company with witticisms, with jokes, Défrayer la compagnie de bons mots, de plaisanteries.

See also DOUBT.

enthusiasm. To be all enthusiasm for something, for someone, S'enthousiasmer (*ou, fam.,* Être tout feu, tout flamme) pour quelque chose, pour quelqu'un.

To have a beginner's enthusiasm, Avoir une ferveur de novice.

entirely. *See* AGREE, DEPENDENT.

envious. To make someone envious, Faire envie à quelqu'un.

envy. It is better to be envied than pitied, Il vaux mieux (*ou* Mieux vaut) faire envie que pitié.

To envy someone something, Porter envie à quelqu'un de quelque chose.

episodic. An episodic play, novel, Une pièce, Un roman, épisodique *ou* à tiroirs.

epoch. An epoch-making event, Un événement qui fait époque.

To mark an epoch (*of an event*), Faire époque.

equal. To be equal to the task, Être à la hauteur.

To be treated (*or* To live) on equal terms with someone, Vivre de pair à compagnon avec quelqu'un. " Comment ! disait-il en son âme, Ce chien, parce qu'il est mignon, Vivra de pair à compagnon Avec monsieur, avec madame ; Et j'aurai des coups de bâton ! "— LA FONTAINE, *Fables* IV, 5.—*L'Âne et le petit Chien.*

To treat someone on equal terms, Traiter quelqu'un de pair à compagnon.

err. Not to err on the side of modesty, Ne pas pécher par la modestie.

To err on the side of caution, Pécher par trop de précaution.

errand. *See* FOOL.

error. *See* EXCEPT.

escape. To clutch at (or To catch at) (or To try) every [and any] means of escape (*from a danger, a predicament*), S'accrocher à toutes les branches, Se recommander (*ou* Se vouer) à tous les saints [et saintes] [du paradis] (*tous fam.*).

To escape notice, Tromper les regards.

To have a narrow escape *or* To escape by (or with) the skin of one's teeth, L'échapper belle, S'en tirer tout juste.

See also CLUTCHES, LUNATIC, NARROWLY.

establish. That is an established custom, Cela est de fondation.

esteem. *See* HIGH.

estimation. *See* GO 7.

estimate. *See* ROUGH.

eternal. *See* SPRING, TRIANGLE.

evade. To evade a difficulty, Esquiver une (*ou* Passer à côté d'une) difficulté.

To evade the issue, Éluder la question, S'échapper par (*ou* Prendre) la tangente (*fam.*).

evasive. To give an evasive answer, Faire une réponse évasive, Répondre en normand (*fam.*). " Ceci vous sert d'enseignement : Ne soyez à la cour, si vous voulez y plaire, Ni fade adulateur, ni parleur trop sincère, Et tâchez quelquefois de répondre en Normand."—LA FONTAINE, *Fables* VII, 8.—*La cour du Lion.*

even. [Let him wait] I'll be even with him [yet], S'il me manque, je ne le manquerai pas, Il ne le portera pas loin (*fam.*), Il ne le portera pas (*ou* ne l'emportera pas) en paradis (*fam.*), Je l'attraperai au tournant (*fam.*), Je le retiens (*fam.*), Je lui réglerai son compte (*pop.*).

See also WORM.

evening. *See* GOOD 53, RED.

event. At all events, En tout cas, En tout état de cause.

See also COME 7, SHADOW, WATCH, WISE.

even-tempered. He is an even-tempered man, C'est un homme sans humeur.

ever. It was ever thus, De tout temps il en a été ainsi.

Than ever, Que jamais, De plus belle : She is dearer to me than ever, Elle m'est plus chère que jamais. The rain is coming on again worse than ever *or* It is raining faster than ever, La pluie redonne de plus belle. The sun is shining hotter (*or* is blazing with more vigour) than ever, Le soleil redonne de plus belle.

See also BREATHE, LITTLE, MANY, MUCH, NICE, SEE, YOUNG.

evergreen. *See* TOPIC.

every. Every blessed thing, Tout le fourbi, Tout le tremblement, Tout le bazar (*tous pop.*).

Every man Jack of them, Tous sans exception, Tous jusqu'au dernier.

Every other day, Tous les deux jours, Un jour sur deux, De deux jours l'un.

Every other minute, À tout bout de champ.

They are not to be met with (or picked up) every day (*are scarce*), On n'en trouve pas à la douzaine (*fam.*), Il n'y en a pas treize à la douzaine (*fam.*).

They are to be found every day (*are plentiful*), Les rues en sont pavées (*fam.*), Ils, Elles, courent les rues (*fam.*).

See also ALLOWANCE, ANGLE, CLOUD, DOG, HIMSELF, LITTLE, MEANS, PENNY, STRAIN, TURN, WIN.

everybody. To be known to everybody, Être connu de tout le monde *ou*, *fam.*, connu comme le loup blanc.

See also ANYBODY, BUSINESS, KNOWLEDGE, MOUTH.

everyone. *See* HIMSELF, KNOW 1, TASTE, TRADE.

everything. He, She, is everything to her, Elle en fait son tout.

He, She, is everything to him, Il en fait son tout.

Time is everything, Qui gagne du temps gagne tout.

See also BAD, BEGINNING, CHANCE, CONSIDER, CURE, DAY, FAVOUR, GO 54, GOOD 8, HANG, NEW, REMIND, THINK, TURN, UNLUCKY, WAIT.

everywhere. This man is everywhere at once, Cet homme est présent à tout *ou* est présent partout.

See also HERE.

evidence. *See* CIRCUMSTANTIAL, DAMNING.

evil. Evil be to him who evil thinks, Honni soit qui mal y pense. (*Note.* —*honni* is a modern spelling. As the motto of the Order of the Garter, it is spelt *honi*.)

Of two evils choose the less, De deux maux il faut choisir le moindre. " Il est sens, de deux maux eslire Le moins nuisant et non le pire." — *Ancienne fable.*—Des Coulons (= *Colombes*) et de l'Escouffle (= *l'Épervier*).

"Sufficient unto the day is the evil thereof." (*Matthew* vi, 34), À chaque jour suffit sa peine." (*Matthieu* vi, 34).

The evil eye, Le mauvais œil.

To fall on evil days, Tomber (*ou* Être) dans la peine *ou* dans le malheur.

To have an evil face, Avoir un visage de réprouvé.

To put off the evil day, Reculer pour mieux sauter.

See also COME 2, CURE, GOOD 43, 68, OMEN, ROOT.

exact. To be more exact, Pour mieux dire, Que dis-je ?

exacting. A long and exacting labour, Un travail de longue haleine.

exaggeration. *See* ALLOWANCE.

exalt. He imagines himself to be of exalted birth, Il se croit de très haute naissance, Il se croit sorti de la cuisse de Jupiter.

examination. Not to bear examination (*as an argument*), Ne pas supporter l'examen, Ne pas [se] tenir debout (*fam.*).

See also CLOSER.

examine. *See* CONSCIENCE.

example. *See* FOLLOW.

exceed. *See* BOUNDS.

excellence. *See* VAUNT.

except. Errors are always excepted (*can be corrected*), Erreur n'est pas (*ou* ne fait pas) compte.

Present company [always] excepted, Les personnes présentes sont [toujours] exceptées.

exception. It is the exception rather than the rule, C'est exceptionnel plutôt que de règle.

The exception proves the rule, L'exception confirme la règle.

To take exception to something, Trouver à [re]dire à quelque chose.

See also FEW.

exchange. Exchange is no robbery, Échange n'est pas vol.

excite. To get excited, Se monter [la tête] : Don't get excited, Ne vous montez pas la tête.

excitement. To cause (*or* To create) [great] excitement (*of news, etc.*), Faire [grande] sensation.

What's all the excitement about ? Qu'est-ce qu'il y a donc ?, Qu'y a-t-il d'extraordinaire ?

excuse. [No thank you,] I would rather be excused (*ironically*), [Je suis votre, son] serviteur (*also, archaically*, Je suis votre, son, valet) ; (*of woman*) [Je suis votre, sa] servante, Je vous baise les mains (*tous fam.*). " Je louerai, si l'on veut, son train et sa dépense, Son adresse à cheval, aux armes, à la danse ; Mais, pour louer ses vers, je suis son serviteur."— MOLIÈRE, *Le Misanthrope* IV, 1. " *Valère.* Si je ne vous croyais l'âme trop occupée, J'irais parfois chez vous passer l'après-soupée. *Sganarelle.* Serviteur. *Valère.*

Que dis-tu de ce bizarre fou ? *Ergaste.* Il a le repart brusque et l'accueil loup-garou."—Molière, *L'École des maris* I, 5 and 6. " *Alcidas.* Je viens vous dire civilement qu'il faut, si vous le trouvez bon, que nous nous coupions la gorge ensemble. . . . *Sganarelle.* Je suis votre valet, je n'ai point de gorge à me couper. . . . *Alcidas.* Monsieur, il faut que cela soit, s'il vous plaît. *Sganarelle.* Eh ! monsieur, rengainez ce compliment, je vous prie."—Molière, *Le Mariage forcé* 16. (*Note.*—rengainez, etc. = say no more about it.) Who excuses himself accuses himself, Qui s'excuse s'accuse.

exercise. *See* PATIENCE, SELF-CONTROL.

exertion. An exertion of authority, Un exercice (*ou* Un coup) d'autorité.

exhaust, exhaustion. To dispute, To cry out, to the point of exhaustion *or* until one is utterly exhausted, Disputer, Crier, jusqu'à extinction [de chaleur naturelle].

exhaust. *See also* PATIENCE.

exhibition. To make an exhibition of oneself, Se donner en (*ou* Servir de) spectacle, Monter sur l'estrade.

existence. *See* COME 19, MANNER.

exit. To make one's exit (*die*), Quitter ce monde, Plier bagage (*fam.*).

ex-monk. To become an ex-monk (*renounce priesthood*), Jeter le froc aux orties (*fam.*).

expect. As one might expect, Comme de raison.
That is what you may expect, Voilà ce qui vous attend *ou, fam.,* ce qui vous pend au [bout du] nez.
See also FORTUNE, WIN.

expectation. To come up to expectations, Répondre à (*ou* Remplir) l'attente.

expediency. On grounds of expediency, Pour des raisons de convenance.

expense. At the Government's, the firm's, the company's, expense,

Aux frais du Gouvernement, de la maison de commerce, de la société, Aux frais de la princesse (*pop.*).
To be at someone's expense (*dependent on him*), Être à la charge de quelqu'un.
To go to great (*or* unusual) expense, Faire de la dépense, Se mettre en dépense *ou* en frais.
See also SHARE.

explain. To explain away the difficulties [to be overcome], Emmieller les bords du vase.

explosive. He is of an explosive nature, Il est vif comme la poudre (*fam.*).

expressive. Expressive looks, Des regards parlants.
To have expressive features, Avoir un masque mobile.

extempore. *See* SPEAK.

extravagant. To nurse [an] extravagant hope, Venir la bouche enfarinée (*pop.*).

extreme. Extremes meet, Les extrêmes se touchent.
The extreme penalty (*capital punishment*), Le dernier supplice.
To carry everything to extremes, Porter tout à l'extrême, Caver au plus fort.
To go from one extreme to the other, Passer d'une extrémité à l'autre, Aller (*ou* Passer) (*ou* Changer) du blanc au noir.
To resort to extremes *or* to extreme measures, Se jeter dans les extrêmes, Recourir aux grands moyens, En venir à un éclat.

extremely. *See* WITTY.

extremity. To drive someone to extremities, Pousser quelqu'un à l'extrémité *ou* à bout.
To reduce someone to the last extremity, Réduire (*ou* Mettre) quelqu'un aux abois.

eye. An eye for an eye, and a tooth for a tooth, Œil pour œil, [et] dent pour dent. (*Exode* xxi, 24. *Lévitique* xxiv, 20. *Matthieu* v, 38.) (*Note.*— *This is known as* la loi du talion, the law of talion *or* lex talionis = the law of retaliation, *from Latin talio, -onis ; talis,* such.)

He has eyes at the back of his head, C'est un Argus. *Quotation under* ARGUS.

His eyes are bigger than his belly (*he has helped himself to more than he can eat*), Il a les yeux plus grands que le ventre (*pop.*).

No eye like the eye of the master, L'œil du maître engraisse le cheval. " Phèdre sur ce sujet dit fort élégamment : ' Il n'est pour voir que l'œil du maître.' "—LA FONTAINE, *Fables* IV, 21.—*L'Œil du Maître.*

Not to be able to keep one's eyes open, Dormir debout.

Not to be able to take one's eyes off a thing, off one's work, Ne pouvoir pas détacher ses yeux d'une chose, de son ouvrage, Ne pouvoir pas lever le nez de dessus une chose, son ouvrage (*fam.*).

Not to take one's eyes off someone, Ne pas quitter quelqu'un des yeux.

One can see it with half an eye, Cela se voit comme le nez au milieu du visage, Cela saute aux yeux, C'est clair comme le jour.

That's all my eye [and Betty Martin], Chansons [que tout cela] (*fam.*), Histoires que tout cela (*fam.*).

The eyes are the mirror of the soul, Les yeux sont les interprètes de l'âme *ou* sont les truchements du cœur.

To cast sheep's eyes, Jeter (*ou* Lancer) des œillades *ou, fam.,* Faire les yeux doux *ou, fam.,* Faire les yeux en coulisse (at someone, à quelqu'un], Jouer de la prunelle.

To eye someone up and down *or* all over, Toiser quelqu'un [de la tête au pied] (*fam.*), Mesurer quelqu'un des yeux *ou* du regard (*fam.*).

To have a pair of black eyes, Avoir les yeux pochés [au beurre noir] (*pop.*).

To judge a distance by eye, Mesurer une distance à vue d'œil.

To keep a watchful eye on someone, Surveiller quelqu'un de près.

To keep an eye on someone, Avoir l'œil sur quelqu'un, Avoir (*ou* Tenir) quelqu'un à l'œil.

To keep an eye on something, Avoir l'œil à (*ou* sur) (*ou* Tenir la main à) quelque chose.

To keep one's eyes open *or* To keep (*or* To have) one's eyes skinned, Avoir l'œil [ouvert], Ouvrir l'œil [et le bon], N'avoir pas ses yeux dans sa poche, Avoir l'œil américain (*tous fam.*).

To make eyes at someone *or, slang,* To give someone the glad eye, Faire de l'œil à quelqu'un (*fam.*).

To run one's eye (*or* To cast an eye) over something, Jeter un coup d'œil sur quelque chose.

To see eye to eye with someone, Voir du (*ou* d'un) même œil que quelqu'un.

To see something in one's mind's eye, Évoquer l'image de quelque chose.

To see with an artist's eye, a sculptor's eye (*discern with his appreciation or discrimination*), Avoir le coup d'œil du peintre, du sculpteur.

Where were your eyes ? (*couldn't you see it ?*), Où aviez-vous les yeux ? (*fam.*), Aviez-vous les yeux aux talons ? (*fam.*).

With an eye to the future, En vue de l'avenir.

See also ALL, APPLE, BEAUTY, BELIEVE, CHANCE, CRY, DEBT, DUCK, FAR, FEAST, FOCUS, FRIENDLY, GREEN, HAWK, INTEREST, LOOK 29, MORE, MOTE, OFFEND, ONION, PUBLIC, SHUT, SLEEP, SMACK, STARE, STARTING, TRUST, TURN, UNFRIENDLY, UP, WEEP, WHITE, WIDE.

eyesight. To ruin one's eyesight, Altérer la vue, Se crever les yeux.

eye-wash. It's nothing but eye-wash (all sham), C'est de la frime (fam.).

F

face. He had the face to come back, Il a eu l'audace de revenir.

I told him so to his face, Je le lui ai dit parlant à sa personne, ou, fam., au nez ou, fam., à sa barbe.

On the face of things, Au premier aspect.

To abuse someone to his face, Dire en face à quelqu'un les choses les plus dures, Tirer sur quelqu'un à bout portant.

To bring two persons (or people) face to face, Mettre deux personnes en présence l'une de l'autre, Confronter deux personnes ensemble.

To face both ways, Se conduire de manière à ménager les deux parties, Nager entre deux. eaux, Ménager la chèvre et le chou. (See note under HARE.)

To face it out, Payer d'audace.

To face up to someone, To face [up to] a danger, Affronter quelqu'un, un danger.

To have an irritating (or impudent) face[, that one would like to smack], Avoir une tête à gifles (fam.) ou, fam., à claques (fam.).

To laugh in someone's face, Rire au nez de quelqu'un (fam.).

To make (or To pull) faces at someone, Faire des grimaces à quelqu'un.

To show one's face somewhere, Montrer le [bout de son] nez quelque part (fam.).

To shut the door in someone's face, Fermer la porte au nez de quelqu'un (fam.).

See also BOLD, BRAVE, CLEAR, CUT, FAMILIAR, FLY, FORTUNE, GOOD 66, 67, LONG, LOOK 6, 23, 25, 29, MUSIC, PRETTY, SET, SLAP, SMILE, STARE, STARING, STRAIGHT, STUDY, TURN, WRY.

facings. To put someone through his facings, Éprouver le savoir de quelqu'un.

fact. I know that for a fact, Je sais cela de science certaine.

In [point of] fact, Dans le fait, Par le fait, En fait.

See also BLINK, BOW, LAY, LOOK 25, REMAIN, RUN, STICK.

faculties. To be in possession of all one's faculties, Jouir de toutes ses facultés.

To retain [the use of] (or To be still in possession of) [all] one's faculties (in old age), Retenir [l'usage de] [toutes] ses facultés, Conserver [toute] sa tête.

fade. To fade from the memory, S'effacer de la mémoire.

fail. Not to fail to avail oneself of something, Ne pas se faire faute de quelque chose (fam.).

To fail [in one's object or purpose], Échouer, Manquer son coup (fam.).

To fail someone (in a promise, an appointment), Manquer à ses engagements envers quelqu'un, Faire banqueroute à quelqu'un (fam.).

To fail when success seemed assured or To fail within sight of one's goal, Perdre à beau jeu (fam.), Faire naufrage au port.

When all else fails, En désespoir de cause.

failing. That is not his failing, Ce n'est pas là son défaut ou, fam., pas par là qu'il pèche.

failure. He seems doomed to failure, Il y a un sort sur tout ce qu'il fait.

The play is a dead failure, La pièce est un four complet (fam.), ou, fam., un four noir.

See also COURT.

faint. Faint heart never won fair lady, Jamais honteux n'eut belle amie. " Pour moi, j'ai un furieux tendre pour les hommes d'épée."— MOLIÈRE, *Les Précieuses ridicules* 12. " *Silvio.* J'ai de la passion, et n'ai point d'éloquence. Mes rivaux, sous mes yeux, sauront plaire et charmer. Je resterai muet ; — moi, je ne sais qu'aimer. *Laerte.* Les femmes cependant demandent autre chose. Bien plus, sans les aimer, du moment que l'on ose, On leur plaît. La faiblesse est si chère à leur cœur Qu'il leur faut un combat pour avoir un vainqueur."—ALFRED DE MUSSET, *À quoi rêvent les jeunes filles*, I, 4.

fair. A fair-weather friend, Un ami des beaux jours, Un ami jusqu'à la bourse.

All's fair in love and war, En amour la ruse est de bonne guerre.

By fair means, Par des moyens licites, Par des voies honnêtes.

By fair means or foul, Par tous les moyens[, bons ou mauvais], D'une manière ou d'une autre, De gré ou de force.

Empty (*or* Insincere) fair words (*as of flattery*), De l'eau bénite de cour (*fam.*).

Fair or foul (*justly or unjustly*), À tort ou à droit.

Fair's fair, Donnant donnant, On ne donne rien pour rien.

It's quite fair *or* It's all fair and square, C'est (*ou* Il est) de bonne guerre.

That's not fair, Cela n'est pas du (*ou* de) jeu.

See also COME 7, DEAL, FAINT, FUN, GAME, NEW, PLAY, SUCCEED, WARNING.

fairly. A fairly long time, Un bon moment.

See also SQUIRM.

fairy. A fairy tale, (*tale about fairies*) Un conte de fées ; (*absurd or incredible tale*), Un conte bleu. " On a banni les démons et les fées ; Sous la raison les grâces étouffées Livrent nos cœurs à l'insipidité ; Le raisonneur tristement s'accrédite ; On court, hélas ! après la vérité : Ah ! croyez-moi, l'erreur a son mérite."—VOLTAIRE, *Contes, Ce qui plaît aux dames.* " Et je préférerais le plus simple entretien À tous les contes bleus de ces diseurs de rien."—MOLIÈRE, *L'École des maris* III, 9.

faith. Simple (*or* Unquestioning) faith (*in what the Church teaches*), Une foi simple et sans examen, La foi du charbonnier.

To pin one's faith on something, Mettre ses espérances en (*ou* S'en rapporter à) (*ou* Se fier [aveuglément] à *ou* en *ou* sur) quelque chose.

To put one's faith in someone, Mettre son espérance en (*ou* S'en rapporter à) (*ou* Se fier [aveuglément] à *ou* en *ou* sur) quelqu'un.

See also BREAK, CHAMPION, DIE.

faithful. Faithful unto death, Je meurs où je m'attache.

fall. He always falls back on that argument, Il en revient toujours à cet argument[-là], Cet argument est son épée de chevet *ou, fam.,* son [grand] cheval de bataille.

He fell for it, Il s'y laissa prendre.

He is, You are, riding for a fall, Au bout du fossé la culbute.

" How are the mighty fallen, and the weapons of war perished ! " (2 *Samuel* i, 27), " Comment sont tombés les vaillants ? Comment se sont perdues les armes de la guerre ? "

The fallen angels, Les anges déchus.

To fall at the last fence (*fig.*), Perdre à beau jeu (*fam.*), Faire naufrage au port.

To fall back upon one's own thoughts, Se replier sur soi-même.

To fall back [up]on someone (*fig.*),
Se raccrocher à quelqu'un.

To fall headlong *or* head foremost *or*
head first, Tomber la tête la
première.

To fall like a log, Tomber comme
une masse (*fam.*).

To fall on one's feet (*fig.*),
[Re]tomber sur ses pieds, Tomber
debout, Retomber [comme un
chat] sur ses pattes (*fam.*).

To fall to (*eating*), Se mettre à
manger, Jouer des mâchoires
(*fam.*).

To fall upon (*attack*) someone,
Courir sus à quelqu'un.

To try a fall with someone (*fig.*),
Rompre une lance avec (*ou* contre)
quelqu'un.

fall. *See also* BAD, CLOUD, CLUTCHES,
EVIL, FLAT, FOUL, FRYING-PAN,
PRIDE, SCYLLA, STAND, STOOL,
THIEF, TRAP, UNITE, VIEW. **falling.**
See EASY, FRYING-PAN.

false. To be false to the core, Être
faux comme un jeton.

To take a false view of things,
Manquer de jugement, Avoir
l'esprit à l'envers (*fam.*).

See also COLOUR, PLAY, RING, SCENT.

falsehood. *See* ELICIT.

Fame. Lady Fame (*poetic*), La
déesse aux cent bouches *ou* aux
cent voix.

familiar. A familiar face, Une figure
de connaissance.

A familiar phrase, Un cliché.

His voice sounded familiar to me,
Je croyais (*ou* Il me semblait)
reconnaître sa voix.

To be on familiar ground, Être (*ou*
Se trouver) en pays de connaissance.

To be on familiar terms with someone,
with everybody, En user familière-
ment (*ou* librement) (*ou* Traiter
d'égal [à égal]) (*ou* Traiter de puissance à puissance) (*ou*, *fam.*, Être
à tu et à toi) avec quelqu'un, avec
tout le monde.

familiarity. Familiarity breeds contempt, La familiarité engendre le
mépris.

family. A family man, Un homme
de foyer.

See also FOUND, LIKENESS, RUN.

famine. *See* CRY.

famous. *See* AWAKE.

fancy. Fancy meeting you! Quel
hasard de vous rencontrer!

I fancy so, Il me semble que oui,
C'est ce qu'il me semble.

It was only a passing fancy (*fugitive
love affair*), Ce n'était qu'un
caprice *ou* qu'une inclination de
peu de durée.

The world of fancy, Le pays des idées.

To be subject to strange fancies,
Être sujet à des fantaisies, Avoir
des lunes (*pop.*).

To fancy oneself, S'en faire accroire,
S'en croire, Faire sa poire (*pop.*).

To indulge in fancy, S'abandonner à
des fantaisies, Battre la campagne.
Quotation under DAY-DREAM.

To take a fancy to someone,
S'engouer (*ou*, *fam.*, Se coiffer)
de quelqu'un, Avoir un béguin
pour quelqu'un (*pop.*), *e.g.*, This
woman has taken a fancy to him,
Cette femme s'est engouée de lui.

To take someone's fancy, Taper (*ou*
Donner) dans l'œil de (*ou* à)
quelqu'un (*fam.*), *e.g.*, This woman
has taken his fancy, Cette femme
lui a tapé dans l'œil.

far, far-. As far as that goes, . . .,
Pour ce qui est de cela, . . .

As far as the eye can reach, *or* see
(*said, e.g., of the stretch of a plain*),
Aussi loin qu'on peut voir, À perte
de vue.

By far (*by a long way*), À beaucoup
près.

Far from it (*on the contrary*), Tant
s'en faut, Loin de là, Il s'en manque de beaucoup.

So far so good, Jusqu'ici cela va
[bien].

That comparison is far-fetched, Cette comparaison est recherchée *ou*, *fam.*, est tirée par les cheveux.

To be far-seeing *or* far-sighted (*fig.*), Voir de loin, Voir bien loin, Porter sa vue bien loin, Avoir bon (*ou* du) nez (*fam.*), Avoir le nez fin (*fam.*).

To be far superior to someone, something, Être fort supérieur à (*ou*, *fam.*, Être à cent piques au-dessus de) quelqu'un, quelque chose.

You are not far out *or* far wrong, Vous ne vous trompez pas de beaucoup dans votre calcul.

See also AGREEING, CARRY, CRY, GET 12, GOING 19, LIE, MADDING, SOUND.

fare. *See* GO 17, 40, SUMPTUOUSLY.

farewell. *See* PARTY.

farther. *See* GO 17, 40, NOSE.

farthing. *See* CARE, PAY, RUSHLIGHT, STAKE, TAKE.

fashion. After a fashion (*somehow or other*), Tant bien que mal.

In proper fashion, De la bonne (*ou* belle) manière. " Il faut un roi qui soit gros et gras comme quatre ; ... un roi d'une vaste circonférence, et qui puisse remplir un trône de la belle manière."—MOLIÈRE, *L'Impromptu de Versailles* I. (*Note.—* qui soit, etc. = who is a great big fat man.)

See also COME 20, GO 46, SET.

fast. To lead a fast life, Mener une vie agitée et déréglée *ou*, *fam.*, une vie de bâton de chaise.

See also BIND, GO 31, PLAY, RUN, SINKING, STAND.

fastidious. To be fastidious, Faire le délicat.

fat. [Now] the fat is in the fire, Le feu est (*ou* prend) aux poudres, Ça y est, la bombe va éclater (*fam.*).

To be [as] fat as a porpoise, Être gras à lard, Être gras comme un moine *ou* comme un chanoine (*tous fam.*).

" Ceste, dist Epistemon, meschante ferraille de moines sont pour tout le monde ainsi aspres sus les vivres, et puis nous disent qu'ils n'ont que leur vie en ce monde."—RABELAIS V, 28, *Pantagruel*. (*Note.—*meschante, etc. = rascally monks. aspres, etc. = keen on food, greedy.)

To kill the fatted calf, Tuer le veau gras (*Luc* xv, 23–27).

To live on the fat of the land, Vivre grassement.

See also GOOD 32, GREAT.

fatal, fate. It is fated [that] I shall not win, Il est écrit que je ne gagnerai pas.

The Fates *or* The Fatal Sisters, Les Parques, Les déesses fatales, Les sœurs filandières. *See note under* DARBY.

fatal. *See also* JOINT, MISTAKE, SHEARS, THREAD. **fate.** *See also* SURE.

father. *See* LIKE, SON, SPIT, TAKE, TRADE, WISH.

fathom. *See* MYSTERY.

fault. It's your own fault, Vous l'avez voulu. *Quotation under* BLAME.

To be thrifty, liberal, etc., to a fault, Être ménager, libéral, etc., [jusqu']à l'excès.

See also REDRESS, TOOL.

favour. I favour the idea, L'idée me plaît *ou* me sourit.

That fashion is out of favour, Cette mode[-là] est passée.

That speaks in his favour, Cela fait son éloge.

To be out of favour with someone, Être en disgrâce auprès de quelqu'un.

To decide in someone's favour, Donner gain de cause (*ou* Donner cause gagnée) à quelqu'un.

To get a decision in one's favour, Avoir gain de cause, Avoir cause gagnée.

To have everything in one's favour *or* To be favoured by circumstances,

Avoir toutes choses favorables pour réussir dans ses projets, Avoir les circonstances en sa faveur, Avoir vent et marée (*fam.*).

To speak in someone's favour, in favour of something, Prévenir en faveur de quelqu'un, de quelque chose.

See also CURRY, HANG, KISSING.

favourable. *See* CONSTRUCTION.

favourably. To be favourably disposed towards someone, Vouloir du bien à quelqu'un. *Quotation under* WELL.

To look favourably on a thing, Regarder (*ou* Voir) une chose d'un bon œil.

See also COMPARE, PROGRESSING.

favourite. He is a general (*or* a universal) favourite, Il est préféré de tous, Il est fort en vogue partout, Il est la coqueluche de tous (*fam.*).

He is a great favourite among the ladies, Toutes les femmes sont coiffées de lui, Il est la coqueluche de toutes les femmes (*fam.*).

See also FIRST.

fawn. To fawn on the rich, Faire servilement la cour aux riches, Plier les genoux devant le veau d'or.

fear. A man who does not know what fear is, Un homme qui ne craint rien, Un brave à trois poils.

Fear lends wings, La peur donne des ailes.

Fear magnifies objects, La peur grossit les objets. *See quotation under* TIMID.

Fear of the beyond (*death*), Le souci de l'au-delà.

He put the fear of God into him, Il l'aurait fait mettre dans un trou de souris.

I [very much] fear so, J'en ai [bien] peur, Je le crains [bien].

There is no fear of his coming, of his returning *or* that he will come, that he will come back, Il n'y a pas de danger qu'il vienne, qu'il retourne.

There is no fear of that *or* No fear ! Pas de danger !, *ou, ironiquement,* [Je suis votre, son,] serviteur (*fam.*), (*of woman*) Je suis votre, sa, servante (*fam.*).

To be in fear and trembling, Être transi de peur.

To go in fear of one's life, Craindre pour sa vie.

See also BODILY, RUSHING.

fearful. It is a fearful and wonderful sight (*e.g., a great storm, a big fire*), C'est une belle horreur.

feast. No feast is so good as a miser's feast, Il n'est chère que de vilain.

To feast one's eyes on something, Repaître ses yeux de (*ou, pop.,* Se rincer l'œil avec) quelque chose.

See also GOOD 7.

feather. A feather in one's cap, Une perle à sa couronne.

Birds of a feather flock together, Qui se ressemble s'assemble.

Fine feathers make fine birds, La belle plume fait le bel oiseau, C'est la plume qui fait l'oiseau.

He, She, is a featherhead *or* a feather-brained person, C'est une tête éventée *ou, fam.,* une tête de linotte.

They are birds of a feather, Ce sont gens de même farine.

To be in full feather, Être en grand tralala (*fam.*) *or, but of woman only,* en grande toilette, Être sur son trente et un (*fam.*) (*See note under* BIB.).

To be in high feather, Être plein d'entrain.

To be left with hardly a feather to fly with (*fig.*), Ne battre [plus] que d'une aile.

To feather one's nest, (*by fair means*) Faire une bonne maison, Mettre du foin dans ses bottes (*fam.*), Faire ses choux gras (*fam.*), Faire sa pelote (*fam.*) ; (*by unfair means*) Faire sa main (*fam.*). " Les voleurs ne sont pas Gens honteux, ni fort délicats : Celui-ci fit sa

main."—LA FONTAINE, *Fables* IX,
15.—*Le Mari, la Femme et le Voleur.*
To have feathered one's nest, Avoir
du foin dans ses bottes (*fam.*).
To pluck a feather from someone's
wing (*fig.*), Arracher à quelqu'un
une [belle] plume de l'aile (*fam.*).
To show the white feather, Caner,
Faire la cane, Saigner du nez
(*tous fam.*).
When I heard that, you could have
knocked me down with a feather,
J'étais dans une profonde surprise
(*ou* Je suis tombé de mon haut)
(*ou* Une chiquenaude m'aurait fait
tomber), quand on m'a dit cela.
See also CROP, EAT, JACKDAW, SINGE.

feature. *See* EXPRESSIVE, PRINCIPAL,
REDEEMING.

feed. I'm fed up [to the teeth] with
it (*slang*), J'en ai assez, J'en ai
marre (*pop.*).
To be fed up [to the teeth] with something, with someone (*slang*), Avoir
plein le dos (*très fam.*) (*ou, pop.*,
Avoir soupé) de quelque chose, de
quelqu'un, *also, but of a thing only*,
Avoir d'une chose [cent pieds]
par-dessus la tête (*fam.*).
To feed oneself on fancies (*or* on
vain imaginings), on vain hopes,
Se repaître de chimères, d'espérances vaines.
See also APPETITE, BITE, VAIN.

feel, feeler. Do you feel like going for
a walk, like doing something? Être
vous en humeur d'aller vous promener, en humeur de faire quelque
chose?
I feel for you in your sorrow, in your
grief, Je prends part à votre
douleur, à votre chagrin.
If you feel like it *or* feel so inclined,
Si le cœur vous en dit. Do you
feel like it? Le cœur vous en dit-il?
That is what I feel about it, Tel est
mon sentiment là-dessus.
To feel at home, Être (*ou* Se trouver)
en pays de connaissance.

To feel one's way (*fig.*) *or* To put out
a feeler, Sonder (*ou* Tâter) le
terrain, Donner un coup de sonde
(*fam.*), Lancer un ballon d'essai
(*fam.*), Jeter des propos (on something, de quelque chose).
To feel out of it *or* out of the running,
Se sentir en dehors du mouvement.
To feel out of one's element *or* out
of it *or* uprooted *or* like a fish out
of water *or* Not to feel at home,
Se sentir hors de son élément, Se
sentir déraciné *ou* dépaysé, Être
comme un poisson sur la paille
(*fam.*).
To feel someone's pulse (*sound his
intentions*), Tâter le pouls à quelqu'un (*fam.*).
To feel the effects of something,
Ressentir les effets (*ou* Se ressentir)
de quelque chose.
To make one's authority felt, Faire
sentir son autorité.

feel. *See also* AWKWARD, GIVING, ILL,
MARK, QUEER, SHEEP, SMALL, TUG,
UNCOMFORTABLE, **feeling.** *See*
EMPTY. **feelings.** *See* POCKET, SET,
VIOLENCE, WORK, WOUND.

feet. *See under* FOOT.

feign. To feign death, [Contre]faire
la mort.
To feign illness, Faire semblant d'être
malade, Faire la carpe pâmée (*fam.*).
See also IGNORANCE, SMILE.

fell. *See* LITTLE, SWOOP.

fellow. *See* CANNY, DEAD, DECENT,
FINE, GOOD 15, 19, 20, HAPPY-GO-
LUCKY, HARE-BRAINED, JOLLY, KNOW-
ING 5, POOR, QUEER, SHREWD, STRAP-
PING, STURDY.

fence. *See* FALL, SIT.

fend. To fend for oneself, Voler de
ses propres ailes.

ferry. *See* CHARON.

festive. The festive board, La table
du festin.

fetch. *See* PEDESTAL, PERCH.

fettle. To be in good fettle, Être en
forme *ou* en haleine.

few. He lives a few yards away from here, Il demeure à quatre pas d'ici.

I am writing these few lines to tell you . . . , J'écris ces quatre lignes pour vous dire . . .

The fortunate few, La minorité des gens fortunés.

To be a man of few words, Avoir le parler bref *ou* la parole brève, Être avare de paroles.

With few exceptions, À de rares exceptions près, Sauf de rares exceptions.

fibbing. You're fibbing, Votre nez remue (*fam.*).

fiction. *See* STRANGER, STUFF.

fiddle. There's many a good tune played on an old fiddle, Dans les vieux pots (*ou* Dans les vieilles marmites) on fait de la bonne soupe.

To fiddle while Rome burns (*fig.*), S'amuser à des bagatelles au lieu de se défendre. (*Lit., as an act of Nero* : Entonner un hymne, la lyre à la main, sur l'incendie de Rome.)

To play second fiddle to someone, Jouer un rôle secondaire auprès de quelqu'un.

See also FIT, LONG.

fiddler. *See* DRUNK.

fiddlesticks. Fiddlesticks !, Bah !, Chansons [que tout cela] ! (*fam.*), Quelle blague ! (*pop.*).

field. He was left in possession of the field (*after the debate*), Le champ de bataille lui est demeuré (*fam.*), Il est resté maître du champ de bataille (*fam.*).

To be in the field (*be a candidate, be candidates*), Être sur les rangs.

To leave one's rival in possession of the field (*after debate*), Abandonner le champ de bataille (*fam.*).

To leave someone a clear field, Laisser à quelqu'un le champ libre.

See also FIRST.

fiery. A fiery furnace, Une fournaise ardente, Un feu d'enfer (*fam.*).

A fiery red nose, Un nez enluminé.
" C'estoit un petit bon homme vieux, chauve, à museau bien enluminé et face cramoisie."—RABELAIS V, 2, *Pantagruel*.

fifth. It, He, is the fifth wheel of a coach (*entirely unnecessary*), C'est une cinquième roue à un carrosse (*fam.*).

fifty-fifty. To go fifty-fifty (*or* 50-50) with someone, Se mettre de moitié avec quelqu'un.

fig. *See* CARE.

fight, fighting. He has a fighting chance, Il a une chance de s'en tirer à condition qu'il résiste.

It looks like a fight, Cela sent la poudre.

That cock won't fight (*that won't do, won't wash*), Cela ne prend pas (*fam.*).

To come forward and fight someone, Se présenter pour lutter contre (*ou, fam.*, Prêter le collet à) quelqu'un.

To fight hand to hand *or* at close quarters, Combattre corps à corps.

To fight it out, Vider la querelle.

To fight the good fight (*fight for a good cause*), Soutenir le bon combat.

fight. *See also* DOG, ITCHING, KILKENNY, ODDS, PREPARE, SHOW, SHY, SPOILING, STOMACH, THICK, WINDMILL. **fighting.** *See also* BACK, COCK.

figure. To cut a figure (*keep up an appearance*), Faire figure. " J'ai le bien, la naissance, et quelque emploi passable, Et fais figure en France assez considérable."—MOLIÈRE, *Les Fàcheux* I, 5.

See also FINE, SORRY.

figurehead. A figurehead, Un personnage de carton.

file. *See* INDIAN.

fill. To fill in time, Peloter en attendant partie.

See also IMPORTANCE.

filthy. To be filthy [dirty], Être sale comme un peigne (*fam.*).

finale. *See* RESERVE.

financial. *See* DIFFICULTY.

find. " Be sure your sin will find you out." (*Numbers* xxxii, 23), " Sachez que votre péché vous trouvera." (*Nombres* xxxii, 23).

He was so embarrassed [that] he could find nothing to say *or* [that] he couldn't find his tongue, Il était si embarrassé qu'il n'a rien trouvé à dire.

Not to be able to find time to do something, N'avoir pas le temps de faire quelque chose.

To find one's feet (*fig.*), Voler de ses propres ailes.

To find one's feet again (*fig.*), Revenir sur l'eau.

What a find ! (*ironically*), Cela, c'est trouvé !

See also AWAKE, BALANCE, BEST, BIND, BIRD, BOX, ECHO, EVERY, HARD, HOLE, HOME, IDLE, JUST, LAND, LEAVE, LION, MARE, MATCH, NECESSITY, SEA, SEEK, SHUT, TOOL, WATERY, WAY, WIND.

findings. Findings [are] keepings, Ce qui tombe dans le fossé est pour le soldat, Ce qui est bon à prendre est bon à garder *ou* est bon à rendre. (*Note.*—est bon à rendre *means* can be given back, if called upon to do so.)

fine. He is a fine figure of a man, Il est bien [fait] de sa personne.

He is a fine upstanding young man, C'est un beau brin d'homme (*fam.*).

[It is] a fine thing to see . . ., Il fait beau voir . . ., *e.g.*, A fine thing to see you, at your age, amuse yourself with such trifles, Il fait beau vous voir, à votre âge, vous amuser à ces bagatelles.

[It is] a fine thing to wish to . . . ! La belle chose de vouloir . . . !

My fine fellow, Beau merle (*fam.*),

e.g., Hold ! my fine fellow, Halte-là ! beau merle.

Not to put too fine a point upon it, . . . , Pour parler sans détour, . . .

One of these [fine] days *or* One fine morning, Un de ces beaux jours, Un de ces [quatre] jours, Un de ces quatre matins, Un beau matin (*tous fam.*).

That is all very fine, but . . ., Tout cela est bel et bon, mais . . . (*fam.*).

To be getting on fine in a business, Aller de bon pied dans une affaire (*fam.*).

See also BUTTER, DUCK, FEATHER, FIX, GENTLEMAN, GOOD 32, HOW-D'YE-DO, MESS, PIG, RAIN, TELL, TRAVELLER, TRICK, UP, WORD.

finest. *See* CHAPTER.

finger. He has clumsy fingers *or* His fingers are all thumbs, Il a la main maladroite.

To have a finger in the pie, Y être pour quelque chose.

To have a thing at one's finger-tips *or* finger-ends, Savoir une chose sur le bout du doigt (*fam.*).

To have sensitive (*or* deft) (*or* clever) fingers, Avoir de l'esprit (*ou* des yeux) au bout des doigts (*fam.*).

To lay (*or* To put) one's finger on it (*fig.*), Mettre le doigt dessus.

To point the finger of scorn at some-one, Montrer quelqu'un au doigt. " Vous n'oseriez après paraître en nul endroit ; Et chacun, vous voyant, vous montrerait au doigt." —MOLIÈRE, *L'École des femmes* IV, 4.

To twist (*or* To turn) someone round one's [little] finger, Faire tourner et virer quelqu'un, Faire de quel-qu'un [tout] ce qu'on veut.

See also BURN, ITCHING, MOVE, RUN, SNAP, STICK, TWIDDLE, WEAR, WORK.

finish. *See* COURSE.

finishing. To give someone the finishing stroke, Donner (*ou* Porter) à quelqu'un le coup de grâce *ou* le dernier coup.

To give the finishing touch[es] to a work, Donner (*ou* Mettre) la dernière main (*ou* le dernier coup de lime) (*ou* le [dernier] coup de pinceau) à un ouvrage.

fire, firing. A fire fit to roast an ox, Un feu à rôtir un bœuf.

Fire away ! Allez-y !, Dites toujours !

His eyes flash fire, Le feu lui sort des yeux.

To breathe fire and slaughter (*fig.*), Jeter feu et flamme.

To fire a question at someone, Poser à quelqu'un une question à brûle-pourpoint.

To fire off an epigram, Lancer (*ou* Décocher) une épigramme.

To fire (*many*) questions at someone, Bombarder quelqu'un de questions.

To fire up (*fig.*), Prendre feu, S'emporter comme une soupe au lait (*fam.*).

To put a country to fire and sword, Mettre un pays à feu et à sang.

Without firing a shot, Sans brûler une cartouche *ou* une amorce, Sans coup férir.

fire. *See also* BETWEEN, BURN, COALS, FAT, FRYING-PAN, GO 10, HANG, IRON, PLAY, RUNNING, SHOUT, SMOKE, THAMES.

fire-brand. A fire-brand (*mischief-maker*), Un brandon de discorde.

firework. It is a fine display of fireworks (*wit*) (*fig.*), C'est un vrai feu d'artifice.

firm. It is my firm belief [that] . . . , Je crois fermement que . . .

To be as firm as a rock, Être inébranlable.

See also EXPENSE, PIN.

first. A first attempt, Un coup d'essai.

At the first attempt *or* go [off] *or* The very first time, Du premier coup, Du premier jet.

First come, first served, Premier arrivé, premier servi, Premier venu, premier moulu.

He is a person of the first importance, C'est un personnage de premier plan.

The first blow is half the battle, Le premier coup en vaut deux.

To be first favourite, Tenir la corde.

To be [the] first in the field, Être le(s) premier(s) à faire la chose, Marcher le(s) premier(s) dans la carrière. " Quand la Grèce parlait, l'univers en silence Respectait le mensonge ennobli par sa voix ; Et l'admiration, fille de l'ignorance, Chanta de vains exploits. Heureux qui les premiers marchent dans la carrière ! N'y fassent-ils qu'un pas, leurs noms sont publiés ; Ceux qui trop tard venus la franchissent entière Demeurent oubliés."— VOLTAIRE, *Odes, À Messieurs de l'Académie des sciences.*

To be the first to suffer, Être le premier à souffrir, Commencer la danse (*fam.*) *ou*, *fam.*, le branle.

To come in an easy first, Arriver bon premier.

See also BLUSH, DAWN, GLANCE, IMPRESSION, LOVE, MOVE, PENNY, SAFETY, SAY, SEE.

fish. There's as good fish in the sea as ever came out of it, Pour un perdu, deux (*ou* dix) de retrouvés.

To be (*or* To feel) like a fish out of water (*out of one's element*), Se sentir hors de son élément, Se sentir déraciné *ou* dépaysé, Être comme un poisson sur la paille (*fam.*).

To be neither, fish, flesh, nor good red herring *or* To be neither fish nor flesh nor fowl, N'être ni chair ni poisson (*fam.*).

To fish in troubled waters, Pêcher en eau trouble.

See also ALL, CRY, DRINK, FRY, GOD, MUTE, PRETTY, QUEER, SWIM.

fishy. There is something fishy in this business, about it (*slang*), Il y a dans cette affaire un dessous [de cartes] (*fam.*), Il y a [bien] du micmac là-dedans (*très fam.*).

fist. *See* MAILED.

fisticuffs. To resort to fisticuffs, Faire le coup de poing.

fit. By fits and starts, Par sauts et par bonds, Par à-coups, De façon décousue, À bâtons rompus (*fam.*), Par bouffées (*fam.*).

Do as you see fit, Faites comme bon vous semble[ra] *ou* comme vous jugez à propos *ou* comme vous l'entendez.

He will have a fit if you tell him that, Si vous lui dites cela, vous le ferez sauter aux nues.

It is a dish, a pleasure, fit for a king, C'est un morceau, un plaisir, de roi.

To be [as] fit as a fiddle, Se porter à merveille *ou, fam.,* comme le Pont-Neuf *ou, fam.,* comme un charme.

To fit oneself into one's surroundings, S'adapter à son entourage.

To make the punishment fit the crime, Proportionner les peines aux délits *ou* les peines et les délits.

To think fit to do something, Trouver bon de faire quelque chose.

See also BLUE, CANDLE, CAP, FIRE, GLOVE, LAUGHTER, WASTE-PAPER.

fix. He has no fixed abode, Il campe (*fam.*).

Now we are, you are, in a fine fix (*ironically*), Nous, Vous, voilà bien lotis (*fam.*).

To fix something in one's memory, Se fixer (*ou* Se graver) quelque chose dans la mémoire.

To fix things up with someone, S'arranger avec quelqu'un.

To get fixed up (*settle down, get married*), Faire une fin.

See also CHOICE.

fizzle. To fizzle out (*of an enterprise*), N'aboutir à rien, S'en aller en eau de boudin *ou* en fumée (*tous fam.*).

flag. To let the conversation flag, Laisser tomber la conversation.

To lower one's flag (*fig.*), Baisser pavillon.

See also FLYING.

flame. *See* FUEL, OIL, SMOULDER.

flare. To flare up (*fig.*), Prendre feu, S'emporter comme une soupe au lait (*fam.*).

flash. It is, It is only, a flash in the pan, C'est un, Ce n'est qu'un, éclair, C'est un, Ce n'est qu'un, feu de paille (*fam.*).

To be gone in a flash *or* To flash by, Passer comme un éclair. " Et n'eust esté sa merveilleuse hastivité, il estoit fricassé comme un cochon, mais il departit si roidement qu'un quarreau d'arbaleste ne vole pas plustost."—RABELAIS II, 28, *Pantagruel.* (*Note.*—quarreau d'arbaleste = cross-bow arrow square in form.)

See also FIRE.

flat. That's flat, Voilà qui est clair et net *ou* qui est haut et clair.

To be as flat as a pancake, Être plat comme une galette.

To fall flat (*be a failure, as a play*), Tomber [à plat], Tomber dans l'eau (*fam.*), Faire four (*fam.*).

An author whose play has fallen flat, Un auteur tombé.

flatten. To flatten someone out in a discussion, in a debate, Écraser quelqu'un dans une discussion, dans un débat.

flatter. To flatter someone grossly *or* fulsomely, Encenser quelqu'un, Casser le nez à quelqu'un à coups d'encensoir (*fam.*).

flea. If you go and tell him that, you will be sent away with a flea in your ear, Vous ne seriez pas bienvenu (*ou* bien venu) à lui aller dire cela (*fam.*).

To give someone a flea in his ear, Frotter (*fam.*) (*ou, fam.,* Tirer) les oreilles à quelqu'un.

To send someone away with a flea in his ear, Faire rentrer quelqu'un sous terre (*fam.*).

fledg[e]ling. To be only a fledg[e]ling (*of very young and inexperienced person*), Ne faire que sortir de la coque (*fam.*) *ou, fam.,* de la coquille.

fleece. Mugs are always fleeced, Qui se fait brebis, le loup le mange, Faites-vous brebis, le loup vous mangera.

To allow oneself to be fleeced (*by exactions*), Se laisser tondre (*fam.*) (*ou, fam.,* Se laisser manger) la laine sur le dos.

To fleece someone, Tondre (*fam.*) (*ou, fam.,* Plumer) quelqu'un.

flesh. It is he in flesh and blood, C'est lui (*ou* Le voilà) en chair et en os (*fam.*).

It is more than flesh and blood can bear *or* can stand, C'est plus que la nature humaine n'en saurait supporter.

One's own flesh and blood *or* bone and flesh, La chair de sa chair, Ses os et sa chair.

To go the way of all flesh (*die*), Payer le tribut à la nature.

To lose flesh every day, Maigrir rapidement, Fondre à vue d'œil (*fam.*).

To put on flesh, Prendre de l'embonpoint *ou* du corps.

To see someone in the flesh, Voir quelqu'un en chair et en os (*fam.*).

To take one's pound of flesh (SHAKESPEARE, *Merchant of Venice* IV, 1) (*fig.*), Réclamer la stricte exécution de la convention. (*Literal translation :* Couper sa livre de chair.)

See also BONE, CREEP, FISH, THORN, WILLING.

flesh-pots. *See* SIGH.

flickering. His life is flickering out, Il n'y a plus d'huile dans la lampe (*fam.*).

flight. A flight of the imagination *or*

of fancy, (*superlative effort*) Un essor de l'imagination ; (*freakish effort*) Un écart de l'imagination.

fling. To have a fling at someone (*fig.*), Donner un coup de patte à quelqu'un (*fam.*).

To have one's fling, Faire la noce (*fam.*), Jeter sa gourme (*fam.*), Faire ses farces (*pop.*).

See also GAUNTLET, TEETH (*under* TOOTH), YOUTH.

flint. *See* HEART, SKIN.

flit. *See* MOONLIGHT.

flock. *See* FEATHER, SCABBY.

flog. To flog a dead horse, Faire des pas inutiles, Perdre son latin (*fam.*).

flood. *See* LOOSE.

flood-gates. To open the flood-gates of one's eloquence (*ironically*), Lâcher les écluses de son éloquence.

See also HEAVEN.

floor. To floor one's opponent (*stump him*), Coller (*fam.*) (*ou, fam.,* Désarçonner) son adversaire.

See also HEAVEN, WIPE.

flop. The play is a flop (*failure*), La pièce est tombée [à plat] *ou, fam.,* est un four.

flourish. *See* TRUMPET.

flow, flowing. To have an easy flow of speech *or* a ready flow of language, Parler avec abondance.

A long flowing beard, Une barbe de fleuve.

flow. *See also* WATER.

flower. Flowers of speech, Fleurs de rhétorique.

See also WELCOME.

flowery. To speak in (*or* To use) flowery language, Faire des phrases.

flush. In the flush of youth, Dans la fraîcheur de la jeunesse *ou* du jeune âge.

fluster, flurry. He, She, is all in a fluster *or* a flurry, C'est un ahuri, une ahurie.

How flustered she becomes ! Quelle ahurie !

flutter. To be in a flutter (*as a populace, a town*), Être en émoi *ou* en l'air. *See also* ANGEL, DOVECOT[E]. **fluttering.** *See* DOVECOT[E].

fly, flying. As the crow flies, À vol d'oiseau.

It is a fly in the ointment, C'est une ombre au tableau.

Pigs might fly, Si le ciel tombait, il y aurait bien des alouettes prises, Quand les poules auront des dents. " Toutes foys on dict que les alouettes grandement redoubtent la ruine des cieulx tombans, car les cieulx tombans, toutes seroient prinses."—RABELAIS IV, 17, *Pantagruel.* (*Note.*—redoubtent = redoutent. prinses = prises, *retained the* n *of* prendre.)

There are no flies on him (*slang*), Plus fin que lui n'est pas bête (*fam.*), Bien fin qui l'attrapera (*fam.*).

Time is flying *or* Time flies, Le temps s'envole.

To be on a flying visit, Être en camp volant.

To carry it off with flying colours, L'emporter enseignes déployées *ou*, *fam.*, haut la main *ou*, *fam.*, de haute lutte.

To fly at each other (*in quarrel*), Se sauter aux yeux, Se manger les yeux *ou* le blanc des yeux *ou* le nez (*tous fam.*).

To fly at higher game (*fig.*), Viser plus haut.

To fly in the face of common sense, Donner un soufflet au sens commun.

To fly in the face of Providence, Aller contre la Providence.

To fly too high (*be too ambitious*), Prendre son (*ou* un) vol trop haut.

To keep the flag flying (*fig.*), Tenir bon, Résister, Se défendre.

To make the fur fly, Se battre avec acharnement.

To make the money fly, Prodiguer son argent, Faire sauter (*fam.*) (*ou*, *fam.*, Faire danser) les écus, Faire valser son argent (*fam.*).

To play the fly on the wheel (*overestimate one's own influence*), Faire la mouche du coche.

With flags flying, Enseignes déployées.

fly. *See also* BIRD, CATCH, FEATHER, NEWS, PASSION, POVERTY, SPARK.

flying. *See also* TANGENT.

focus. All eyes were focused on him, Il attira (*ou* Il était le point de mire de) tous les regards.

To focus one's attention on something, Concentrer son attention sur quelque chose.

To focus one's efforts on doing something, Canaliser ses efforts en vue de faire quelque chose.

fogey. *See* OLD.

foggiest. *See* NOTION.

fold. *See* WANDERER.

follow, following. Blow followed blow, Un coup n'attendait pas l'autre. " Coups de poing commencerent trotter." — RABELAIS IV, 14, *Pantagruel.*

To be always following someone about, Être toujours pendu aux basques de quelqu'un (*fam.*).

To follow in someone's [foot]steps *or* To follow someone's lead *or* example, Suivre les pas (*ou* les traces) de quelqu'un, Aller sur les erres de quelqu'un. Emboîter le pas à quelqu'un. " Les bons et vrais dévots, qu'on doit suivre à la trace, Ne sont pas ceux aussi qui font tant de grimace."—MOLIÈRE, *Le Tartuffe* I, 6.

To follow one's nose, Aller tout droit devant soi.

To follow someone [about] like a [little] dog, Suivre quelqu'un comme fait un barbet (*fam.*), Faire le chien après quelqu'un (*fam.*).

follow. *See also* COURSE, DICTATE, LAND, SHEEP, TRADE, WAKE.

folly. *See* CONFOUND, IGNORANCE.

fond. I left him in his fond (*foolishly credulous*) belief, Je le laissai dans sa pieuse croyance (*fam. & par ironie*).

See also GOOD 62.

fondly. To look fondly at someone, Caresser (*ou, fam.,* Couver) quelqu'un des yeux *ou* du regard.

food. *See* CRY, LAUGHTER, PICK, THOUGHT, UNSUBSTANTIAL.

fool. Am I come on a fool's errand? Suis-je venu pour rien *ou, pop.,* pour des prunes !

He is a perfect (*or* an out-and-out) (*or* a downright) fool, Il est d'une bêtise amère, C'est un sot à vingt-quatre (ou à trente-six) carats, C'est un sot en trois lettres (*tous fam.*). " Fol à xxiiii caratz."—RABELAIS, *Pantagruel* III, 38.

He is not such a fool as he makes himself out to be, Il fait l'âne pour avoir du son (*fam.*).

He's no fool, Plus fin que lui n'est pas bête (*fam.*), Bien fin qui l'attrapera (*fam.*).

To be living in a fool's paradise, Ne douter de rien.

To look like a fool, Avoir l'encolure d'un sot.

To make a fool of oneself, Donner (*ou* Tomber) dans le ridicule, Se rendre ridicule.

To make a fool of someone, Jouer quelqu'un.

To play the fool, Faire le bouffon, Faire des bêtises (*fam.*).

To send someone on a fool's errand, Charger quelqu'un d'une sotte commission.

See also APRIL, BOLT, CONFOUND, DO, FULL, GOOD 17, GREY, LEARN, RUSHING, TO-MORROW.

foolish. I am not so foolish as all that, Pas si bête (*fam.*).

foolishly. To behave foolishly (*against one's own interests*), Faire la bête.

foot. To come on foot, Venir à pied, Venir de son pied [léger] (*fam.*).

To get one's foot in somewhere (*fig.*), Commencer à s'établir (*ou* Se faire admettre) (*ou* S'insinuer) quelque part.

To put one's foot down (*fig.*), Faire acte d'autorité.

To put one's foot in it (*blunder badly*), Mettre les pieds dans le plat (*fam.*), Faire un pas de clerc *ou, fam.,* une école, Chopper lourdement.

foot. *See also* BEST, GRAVE, HAND.

feet. *See* BALL, CLAY, COLD, FALL, FIND, FOREMOST, GRASS.

foothold. To get a foothold, Prendre pied.

footstep. *See* FOLLOW, TREAD.

for. He's for it (*destined for punishment, misfortune*) (*slang*), Son affaire est bonne (*fam.*).

To be all for someone, for an opinion (*stand up for him, for it*), Tenir pour quelqu'un, pour une opinion.

See also SAY.

forbear. *See* DOUBT.

forbid. God forbid, À Dieu ne plaise.

forbidden. Forbidden fruit (*Genesis* iii), Du fruit défendu. " Certes, dist Hippothadée, aulcuns de nos docteurs disent que la première femme du monde, que les Hebrieux nomment Eve, à peine eust jamais entré en tentation de manger le fruict de tout sçavoir s'il ne luy eust esté defendu. Qu'ainsi soit, consyderez comment le tentateur cauteleux luy remembra on premier mot la defense sus ce faicte, comme voulant inferer : Il t'est defendu, tu en doibs donc manger ou tu ne serois pas femme.—RABELAIS III, 33, *Pantagruel*. (*Note.*—aulcuns = some, certain. on = au. doibs = dois.)

It is forbidden ground (*fig.*), C'est l'arche du Seigneur (*fam.*) *ou, fam.,* l'arche sainte.

force. *See* BRUTE, JOIN, LAUGH, OPEN, SMILE.

forcefulness. Gentle forcefulness, Douce violence. " Pour moi, la beauté me ravit partout où je la trouve, et je cède facilement à cette douce violence dont elle nous entraîne."—MOLIÈRE, *Don Juan* I, 2. " Répands, charmante nuit, répands sur tous les yeux De tes pavots la douce violence."— MOLIÈRE, *Monsieur de Pourceaugnac* I, 2. *Cf. translation of* To PRESS someone to accept.

fore. This question is very much to the fore at the present time, Cette question est au premier plan de l'actualité.

forearm. *See* FOREWARN.

forefront. The one set in the forefront of the battle (*fig.*), L'enfant perdu. " Placez Urie à l'endroit où sera le plus fort de la bataille." — 2 *Samuel* xi, 15.

foregone. It is a foregone conclusion, C'est un parti pris.

forelock. To take time (*or* the occasion) by the forelock, Prendre (*ou* Saisir) l'occasion aux cheveux. " Iceulx je suis d'advis que nous poursuyvions, ce pendent que l'heur est pour nous, car l'occasion a tous ses cheveulx au front : quand elle est oultre passée, vous ne la pouvez revocquer ; elle est chauve par le darriere de la teste, et jamais plus ne retourne."—RABELAIS I, 37, *Gargantua.* (*Note.*—Iceulx = Ceux-ci. ce pendent = [this] while. heur = luck, chance (*hence* bonheur *and* malheur). teste = tête.)

foremost. To go out of one's house feet foremost (*be carried to burial*), Partir (*ou* Sortir) de sa maison les pieds devant (*fam.*).
To hold the foremost place, Tenir le haut bout.
See also BEST, FALL.

forestall. To forestall someone, Prendre le[s] devant[s] sur quelqu'un.

foretaste. *See* HEAVEN.

forewarn. Forewarned is forearmed, Un homme (*ou* Un bon) averti en vaut deux, Qui dit averti dit muni.

forge. To forge a lie, Forger un mensonge.
See also AHEAD.

forget. Forget [about] it, N'y pensez plus.
He can't forget it, Cette idée lui trotte dans la tête.
I shall not forget your kindness to me in this matter, Je vous tiendrai compte de cela.
See also SLEEP.

forgetfulness. *See* LIMBO.

fork. To fork out *or* over (*pay up*) (*slang*), S'exécuter, Les lâcher (*pop.*).
See also KNIFE.

form. To be at the top of one's form (*in fine fettle*), Être en pleine forme.
To do something for form's sake *or* as a matter of form, Faire quelque chose par manière d'acquit.

formal. To give formal assent, Prononcer les mots sacramentels.

formidable. *See* OPPONENT.

formula. *See* ACCEPTABLE.

fortunate. *See* FEW.

fortune. A fortune hunter, Un coureur de dots (*fam.*).
He expects a fortune to drop from heaven, Il attend que les alouettes lui tombent toutes rôties [dans le bec].
Her face is her fortune, Elle n'a pour tout bien que sa beauté, Jolie fille porte sur son front sa dot.
To have one's fortune told, Se faire dire la bonne aventure.
To make one's fortune, Faire fortune.
To run through (*or* To squander) (*or* To dissipate) one's fortune, Mener sa fortune grand train, Dilapider (*ou* Dissiper) sa fortune, Croquer son patrimoine. " Et se gouverna si bien et prudemment monsieur le nouveau chastelain qu'en moins

de quatorze jours il dilapida le revenu certain et incertain de sa Chastellenie pour troys ans."— RABELAIS III, 2, *Pantagruel*. (*Note.* —Chastellenie = castellany = castle lands.)

To tell fortunes, Dire la bonne aventure.

To tell someone's fortune, Dire la bonne aventure à quelqu'un.

To tell someone's fortune by the cards, Tirer les cartes à quelqu'un.

See also ASSIST, BLIND, HOLE, RESTORE, TEMPT, UNCERTAIN, WHEEL.

forty. *See* WINK.

forward. *See* LOOK 27, PRESS, PUSH, STEP, THRUST.

fossil. *See* OLD.

foul. To fall foul of the law, Se brouiller avec la justice. " *Silvestre.* Je te conjure, au moins, de ne m'aller pas brouiller avec la justice. *Scapin.* Va, va, nous partagerons les périls en frères ; et trois ans de galères de plus ou de moins ne sont pas pour arrêter un noble cœur."—MOLIÈRE, *Les Fourberies de Scapin* I, 7.

See also FAIR, NEST.

found. To found a family, Fonder une famille, Faire souche.

fount. He is a fount of learning, C'est un abîme de science.

fountain. The fountain of Youth, La fontaine de Jouvence. *Quotation under* SPORT.

fountain-head. To go to the fountain-head, Puiser à la source.

four. To go on all fours, Marcher à quatre pattes (*fam.*).

See also COACH, STAIRS.

fowl. The fowls of the air (*poetic*), Les oiseaux des cieux.

See also FISH.

fox. To set the fox to mind the geese, Enfermer le loup dans la bergerie, Donner la brebis à garder au loup, Donner la bourse à garder au larron.

See also SLY.

fray. *See* RETURN.

frazzle. *See* BEAT.

free. As a free gift, En pur don.

Free (*without paying*), Gratis, À l'œil (*fam.*), *e.g.*, To dine free, Dîner à l'œil.

He is a free and easy man, C'est un homme sans façon.

He is very free with his money, L'argent ne lui coûte guère.

In a free and easy way, En se mettant à son aise, En pantoufles.

To be free (*rid*) of someone, Être débarrassé de quelqu'un.

To be free to do it, Avoir le champ libre.

To be free to go anywhere, Avoir la liberté d'aller où l'on veut, Avoir la clef des champs.

To be free with one's hands (*quick to chastise*), Avoir la main leste, Être haut à la main.

To give free play (*or* free scope) (*or* free vent) (*or* free rein) to one's imagination, Donner [libre] carrière (*ou* [un] libre cours) (*ou* un champ libre) (*ou* de l'essor) à son imagination.

To give someone a free hand, Donner (*ou* Laisser) carte blanche à quelqu'un.

To give someone free scope, Laisser à quelqu'un le champ libre.

To have a free hand, Avoir carte blanche.

To live at free quarters (*be entertained gratuitously*), Vivre à discrétion, Vivre comme dans un pays de conquête. " Demoiselle belette, au corps long et fluet, Entra dans un grenier par un trou fort étroit : Elle sortait de maladie. Là, vivant à discrétion, La galante fit chère lie, Mangea, rongea : Dieu sait la vie, Et le lard qui périt en cette occasion ! La voilà, pour conclusion, Grâce, maflue, et rebondie."—LA FONTAINE, *Fables*

III, 17.—*La Belette entrée dans un grenier.* (*Note.*—fit, etc. = made good cheer.)

To make free of a thing, Se servir d'une chose sans se gêner, Faire d'une chose comme des choux de son jardin (*fam.*).

See also BREAK, TROUBLE.

freely. *See* MIND.

freer. To give someone freer rein, Donner à quelqu'un plus de liberté qu'il n'en avait auparavant, Lâcher la bride (*fam.*) (*ou, fam.*, la gourmette) à quelqu'un.

freeze. To freeze on to (*keep hold of*) what one has (*slang*), Tenir bien à ce qu'on tient.

See also LIMIT.

French. To take French leave, S'en aller (*ou* Partir) (*ou, fam.*, Filer) à l'anglaise, Brûler la politesse (*pop.*) (of someone, à quelqu'un).

See also MURDER, TALK.

fresh. A youth fresh from school *or* from college, Un jeune homme frais [émoulu] du collège.

It is fresh in my mind, J'en ai la mémoire récente.

To be [as] fresh as a daisy *or* as paint, Être frais comme une rose *ou, fam.*, comme l'œil.

See also BREAK, HEART, START.

freshen. To freshen one up (*said of a drink*), Rafraîchir le sang.

freshwater. A freshwater sailor, Un marin d'eau douce.

fret. To fret and fume, Se ronger d'impatience.

Friday. *See* LAUGH.

friend. A friend in need is a friend indeed, C'est dans le besoin qu'on connaît ses vrais amis, On connaît le véritable ami dans le besoin.

A friend through thick and thin *or* A staunch friend, Un ami à pendre et à dépendre.

To have friends at court, Avoir un parti à la cour, Être bien en cour.

To have friends in the army, among the public, Avoir un parti dans l'armée, dans le public.

See also BOSOM, GOOD 49, GUIDE, KISS, PART, SAVE, SHORT.

friendly. To view a person with a friendly eye, Regarder (*ou* Voir) une personne d'un bon œil.

friendship. To strike up a friendship with someone, Nouer (*ou* Lier) amitié avec quelqu'un.

fright. He, She, is a fright (*grotesquely dressed*), C'est un épouvantail [à moineaux] (*fam.*).

frighten. He was more frightened than hurt, Il a eu plus de peur que de mal. " Or, il arrivera Que les deux cavaliers, grand teneurs de rancune, Vont ferrailler d'abord. —N'en ayez peur aucune ; Nous savons nous tuer, personne n'en mourra."—ALFRED DE MUSSET, *Les marrons du feu*, Prologue. (*Note.*— grand, etc. = who bear each other great malice. ferrailler = slash about.)

It takes a lot (*or* more than that) to frighten him, Il est bon cheval de trompette, il ne s'étonne pas du bruit (*pop.*).

To frighten someone out of his wits, Rendre quelqu'un fou de terreur.

See also DEATH.

frog. To have a frog in the throat, Avoir un chat dans la gorge (*fam.*).

frog-march. To frog-march someone, Tenir quelqu'un à quatre.

front. To have a front seat, Être aux premières loges.

See also BOLD, COME 29, 31, UNITE.

frost. The play is an awful frost (*dead failure*) (*slang*), La pièce est un four complet *ou* un four noir, La pièce fait four (*tous fam.*).

See also JACK.

frozen. *See* LIMIT.

fruit. " By their fruits ye shall know them " (*Matthew* vii, 20), " Vous les connaîtrez donc à leurs fruits " (*Matthieu* vii, 20), Tel arbre, tel fruit (*proverbe*).

Stolen fruits are sweet, Pain dérobé réveille l'appétit.

See also FORBIDDEN.

frustrate. To frustrate someone's plans, Déconcerter les plans (*ou, fam.*, Démonter la batterie *ou* les batteries) de quelqu'un.

fry. To have other fish to fry, Avoir d'autres chiens à fouetter, Avoir d'autres affaires en tête.

See also SMALL.

frying-pan. That is falling (*or* jumping) out of the frying-pan into the fire, Fin comme Gribouille, qui se jette dans l'eau crainte de la pluie. (*Note.*—Gribouille, a popular type of stupidity and imbecility.)

To fall (*or* To jump) out of the frying-pan into the fire, Tomber de la poêle dans la braise (*fam.*), Tomber de fièvre en chaud mal, Se jeter dans l'eau de peur de la pluie.

fuddle. To get fuddled, Se piquer le nez (*fam.*), Laisser sa raison au fond de la bouteille (*fam.*). " Un jour que celui-ci, plein du jus de la treille, Avait laissé ses sens au fond d'une bouteille." LA FONTAINE, *Fables* III, 7.—*L'Ivrogne et sa Femme.* (*Note.*—jus, etc. = juice of the grape, wine.)

fuel. To add fuel to the flames (*fig.*), Jeter de l'huile sur le feu.

full. A full-grown man, Un homme fait.

The measure is full (*punishment for his, your, many crimes awaits him, you*), La mesure est comble.

The world is full of fools, On marche sur les sots (*fam.*). " Salomon dict que infiny est des folz le nombre."— RABELAIS III, 46, *Pantagruel.*

To be [as] full as an egg, Être plein comme un œuf.

To be full of devilment (*wild spirits*) *or* of dash *or* of vim, Avoir le diable au corps.

To be full of years and honours, Fournir une belle carrière.

To have one's hands full (*a great deal to do*), Avoir fort à faire.

See also ATTENTION, ENJOY, FEATHER, FUN, GALLOP, JAW, KNOWLEDGE, LOOK 29, QUIVER, SELF-CONFIDENCE, SWING, VIEW.

ful[l]ness. In the ful[l]ness of time, Quand le temps sera révolu.

fully. *See* ALIVE.

fulsomely. *See* FLATTER.

fume. *See* FRET, RAGE.

fun. All the fun of the fair, Toutes les curiosités de la foire.

I did it, just for fun *or* for the fun of the thing, Je l'ai fait, histoire de rire.

It was great fun, C'était fort amusant.

To be full of fun (*of a person*), Avoir le mot pour rire.

To poke fun at someone, at people, Se rire (*ou* Se moquer) de quelqu'un, des gens.

To spoil the fun, Troubler la joie *ou* la fête.

funeral. That's your funeral (*slang*), Cela, c'est votre affaire, C'est affaire à vous.

funk. To be in a blue funk (*slang*), Avoir une peur bleue (*fam.*), Suer la peur (*fam.*), Avoir la colique (*très fam.*).

funny. He is a funny (*queer*) chap, C'est un drôle de garçon (*fam.*).

He is the funny man of the company *or* party (*persons assembled socially*), C'est le comique de la troupe (*fam.*).

I have come over all funny, Je suis tout je ne sais comment.

The funny part [about it] is [that] . . ., Le comique de l'histoire, c'est que . . .

To be a funny-looking individual *or* To have a funny[-looking] face, Avoir une drôle de tête *ou, pop.*, de touche.

To have a funny (*laughing*) face, Avoir du comique dans la figure.

See also TRY, WORD.

fur. *See* FLY.

furiously. This gives one furiously to think. Cela donne furieusement à penser, Cela me, vous, fait faire de sérieuses réflexions, C'est un avertissement du ciel.

furnace. *See* FIERY.

furnish. To furnish a house, a flat, of one's own, Se mettre dans ses meubles.

furniture. To have one's own furniture, Être dans ses meubles.

furrow. To plough a lone[ly] furrow (*fig.*), Faire (*ou* Tracer) son sillon dans l'isolement.

further. *See* ADO, GO 17, 40, SEE.

fuss. To fuss around, Faire le (la) nécessaire *ou* l'empressé(e). *Quotation under* BUSYBODY.

To make a fuss, Faire des façons *ou* des cérémonies.

To make a fuss of someone, Avoir pour quelqu'un les attentions les plus délicates, Être aux petits soins auprès de (*ou* pour) quelqu'un (*fam.*).

What a fuss ! Que d'histoires !

See also NOTHING.

future. Who can see into the future ? Qui peut pénétrer l'avenir ? " Il cria tout joyeux avec un air sublime : L'avenir, l'avenir, l'avenir est à moi ! Non, l'avenir n'est à personne, Sire ! L'avenir est à Dieu ! À chaque fois que l'heure sonne, Tout ici-bas nous dit adieu. L'avenir ! l'avenir ! mystère ! Toutes les choses de la terre, Gloire, fortune militaire, Couronne éclatante des rois, Victoire aux ailes embrasées, Ambitions réalisées, Ne sont jamais sur nous posées Que comme l'oiseau sur nos toits ! Non, si puissant qu'on soit, non, qu'on rie ou qu'on pleure, Nul ne te fait parler, nul ne peut avant l'heure Ouvrir ta froide main, Ô fantôme muet, ô notre ombre, ô notre hôte, Spectre toujours masqué qui nous suit côte à côte Et qu'on

nomme demain ! Oh ! demain, c'est la grande chose ! De quoi demain sera-t-il fait ? L'homme aujourd'hui sème la cause, Demain Dieu fait mûrir l'effet."—VICTOR HUGO, *1811*. (*Note.*—1811 was the year in which Napoleon II was born.)

See also EYE, STORE.

G

gab. To have the gift of the gab, Avoir du bagou (*fam.*), Avoir la langue bien pendue (*fam.*) *ou, fam.*, bien affilée, Avoir la langue déliée (*fam.*), Avoir une [fameuse] platine (*pop.*).

gad. To gad about, Être toujours par voies et par chemins, Courir la pretentaine.

gain. No gains without pains, Nul bien sans peine.

To gain ground, (*e.g.*, *of a fire*) Gagner du terrain ; (*of an idea*) Faire son chemin.

To gain one's end, En venir à son but *ou* à ses fins, Arriver [à ses fins].

To gain strength, [Re]prendre des forces.

gaining. *See* CREDIT.

gale. *See* BLOWING.

gallery. *See* PLAY.

galley-slave. *See* WORK.

gallop. At full gallop (*fig*), Ventre à terre.

gallows. A gallows-bird, Un homme de sac et de corde, Un gibier de potence (*fam.*).

To have a gallows look, Avoir un visage de réprouvé (*fam.*).

game. He is up to his [old] games again, Il refait des siennes.

Robbers are fair game to the police, Les voleurs sont le gibier de la police (*fam.*).

The game is up, C'est une partie perdue, La partie est jouée.

To be [always] game *or* To be game for anything, Avoir de la hardiesse *ou*, *fam.*, de l'estomac *ou*, *fam.*, du cran, Être prêt à tout, N'avoir pas froid aux yeux (*pop.*).

To be game for doing something, Se sentir de force (*ou* Être prêt) à faire quelque chose.

To beat someone at his own game, Battre quelqu'un avec ses propres armes.

To die game, Mourir en héros *ou*, *fam.*, crânement.

To make game of someone, Se jouer (*ou* S'amuser) (*ou* Se moquer) de quelqu'un.

To make game of something, Se faire un jeu de quelque chose.

To spoil someone's game, Déjouer les plans de quelqu'un.

What a game ! Quelle farce !

What's your little game ? Où (*ou* À quoi) voulez-vous en venir ?, Qu'est-ce que vous manigancez ? (*fam.*).

See also CANDLE, CAUTIOUS, DOUBLE-QUICK, FLY, GIVE, LOSING, PLAY.

gammon. That's all gammon, Histoires que tout cela (*fam.*), C'est de la blague (*pop.*).

gander. *See* SAUCE.

gap. *See* BRIDGE.

gape, gaping. To gape at the moon *or* To stand gaping, Bayer aux corneilles, Gober des mouches (*fam.*).

garden. *See* COMMON, LEAD.

gas meter. *See* LIE.

gasp. This news made me gasp, Cette nouvelle m'a donné un coup *ou*, *fam.*, un [violent] soubresaut.

gate. *See* CREAKING.

gatepost. *See* BETWEEN.

gather. *See* STONE.

gathering. There is a storm gathering (*lit. & fig.*), Voilà un orage qui se prépare.

gauntlet. To run the gauntlet of criticism, Être mis sur la sellette aux pieds de la critique (BOILEAU, *Satire* 10), Soutenir un feu roulant de critiques.

To take (*or* To pick) up the gauntlet, Ramasser (*ou* Relever) le gant.

To throw (*or* To fling) (*or* To hurl) down the gauntlet, Jeter le gant.

gay. To live a gay life *or* To go gay, Mener une vie joyeuse, Mener joyeuse vie, Faire la fête (*pop.*), Faire la noce (*pop.*).

geese. *See under* GOOSE.

gem. It's a gem (*utter twaddle*), C'est une perle.

general. The general effect, Le tout ensemble.

The general public, Le grand public.

See also FAVOURITE, KNOWLEDGE, VIEW.

genius. *See* ACCOUNTING, STAMP.

genteel. Genteel manners, Des manières talon rouge (*fam.*).

He, She, is very genteel, Il, Elle, est très talon rouge (*fam.*).

gentle. To be [as] gentle as a lamb, Être doux comme un agneau *ou* comme un mouton.

See also FORCEFULNESS.

gentleman. At present he is a gentleman at large, À présent il est sans occupation.

To behave like a true gentleman, Se conduire en vrai chevalier *ou* en galant homme.

To play the fine gentleman (*live extravagantly—of a young man*), Faire le beau fils (*fam.*).

See also OLD.

gently. *See* BREAK, LET, TRICK.

gentry. *See* LIGHT-FINGERED.

get, getting. 1. Do you get me ? (*slang*), Y êtes-vous ?

2. Don't you wish you may get it ! Je vous en souhaite, Tu peux te brosser (*pop.*).

3. Get along [with you] ! (*be off*), Allez-vous en !, Allez vous promener !, Haut le pied ! (*tous fam.*).

4. Get along *or* away [with you] ! (*what you say is nonsense*), Allez-y voir ! (*fam.*), Vous plaisantez !

5. Get on with it (*your job*), Poussez votre bidet (*fam.*). " Moquez-vous des sermons d'un vieux barbon de père : Poussez votre bidet, vous dis-je, et laissez faire."—MOLIÈRE, *L'Étourdi*, I, 2. (*Note.*—barbon, etc., fog[e]y of a father. laissez faire = let things take their course.)

6. Get on with your story *or* with it, Continuez !, Passons au déluge !, Arrivons au fait.

7. Get out of my light (said by Diogenes to Alexander the Great when he offered him favours and riches), Ôte-toi de mon soleil.

8. He can't get that idea out of his head, Cette idée lui trotte dans la tête.

9. He has got over it, Il en est revenu, *also*, *but only of recovery from an illness*, Il en a appelé (*fam.*).

10. He is getting on for ten [years old], Il va sur [ses] dix ans.

11. He won't get away with it (*he'll have to pay for it*), Il ne le portera pas loin (*fam.*), Il ne le portera pas en paradis (*fam.*).

12. How far have we got ? (*in the matter, the reading, etc.*), Où en sommes-nous ?

13. I can't get over it, Je n'en reviens pas, Les bras m'en tombent.

14. It gets one down (*is unbearable, as a boring conversation*), On n'y peut plus résister.

15. It is best to get it over, Il ne faut pas prendre la médecine en plusieurs verres (*fam.*).

16. It is getting about that . . ., Le bruit court que . . .

17. I've got (*cornered*) him, Je le tiens.

18. May you get it (*ironically*), Attendez-vous-y.

19. Not to be able to get out of it (*fig.*), Ne pas pouvoir (*ou* Ne pouvoir plus) s'en dédire.

20. Not to get anywhere (*fig.*), N'aboutir à rien.

21. She is got up to kill *or* is got up regardless [of cost], Elle est en grande toilette *ou, fam.*, en grand tralala, Elle est sous les armes (*fam.*).

22. There's no getting away from it *or* that *or* There's no getting over it, Il n'y a pas à sortir de là, Il n'y a pas à dire, On ne voit que cela.

23. This dialogue, This play, fails to get across *or* to get over (*i.e., the footlights*) (*slang*), Ce dialogue, Cette pièce, ne passe pas la rampe.

24. To be getting on [in years], Prendre de l'âge, Être sur le (*ou* sur son) retour.

25. To be unable to get on with some-one, Ne pouvoir vivre (*ou* durer) avec quelqu'un.

26. To get an idea (*a wrong idea*) into one's head, S'entêter (*ou, fam.*, Se chausser) d'une idée, Se chausser une idée dans la tête (*fam.*). " Chose étrange de voir comme avec passion Un chacun est chaussé de son opinion."—MOLIÈRE, *L'École des femmes* I, 1.

27. To get at the truth of something, Découvrir la vérité de quelque chose.

28. To get back to the point, Revenir à son texte *ou, fam.*, à ses moutons.

29. To get in with someone, S'insinuer dans les bonnes grâces de quelqu'un.

30. To get on (*make one's way in the world*), Faire son chemin, Arriver [à ses fins].

31. To get on well together, S'entendre bien ensemble.

32. To get on well with someone, S'entendre avec quelqu'un.

33. To get out of it (*a scrape*) as best one can, Se tirer d'embarras comme on peut, Se sauver (*ou* S'échapper) par les broussailles (*fam.*).

34. To get out of it (*the difficulty*) nicely, Se tirer d'affaire adroitement, S'échapper par (*ou* Prendre) la tangente (*fam.*).
35. To get over a thing (*think of it without strong feeling*), Passer son envie d'une chose.
36. To get over the difficulty, Tourner la difficulté, Se tirer d'affaire.
37. To get round a difficulty, Passer à côté d'une difficulté.
38. To get something (*e.g., some money*) out of someone, Attraper quelque chose (*ou, fam.*, Tirer une plume de l'aile) à quelqu'un.
39. To get through a lot of work, Abattre de la besogne (*fam.*).
40. To get well out of it *or* out of a bad job, Se dégager adroitement d'une mauvaise affaire, Tirer son épingle du jeu (*fam.*).
41. To get what one wants, En venir à son but *ou* à ses fins.
42. To get wind (*or* scent) of something, that something is happening, Avoir vent de quelque chose, que quelque chose se passe.
43. To let someone get out of it as best he can, Laisser quelqu'un se débarbouiller (*fam.*).
44. Where did you get that from? Où avez-vous trouvé (*ou* pris) cela?

get. *See also* BACK, BAD, BARGAIN, BEARINGS, BED, BED-ROCK, BEST, BETTER, BIRD, BLOOD, BOTTOM, BRASS, BREAK, CAREFUL, CHEAPLY, CLEAR, COALS, DEPTH, DIFFICULT, DO, EARLY, EASY, EDGEWAYS, EXCITE, FOOT, FOOT-HOLD, GOING 25, GOOD 58, HAND, HANG, HARNESS, HOLD, HOT, ILL, IRISHMAN, KICK, LEG, LEVEL, LISTEN, MARCHING, MESS, MIND, MISCHIEF, MONEY, MONKEY, MORE, MOVE, MYSTERY, NECK, NERVE, OWN, RISE, RUCK, RUT, SATISFACTION, SCOT-FREE, SCRAPE, SMACK, SNUB, SOFT, START, STING, STRUGGLE, TALK, TAPE, TIGHT, TOP, UPPER, WIND, WORST, YOUNG. **getting.** *See also* FINE, LIVELY, THANK.

getaway. To make a getaway, S'éclipser, Faire un plongeon (*fam.*).

ghost. He looks like a ghost (*haggard and emaciated*), C'est un spectre (*fam.*).
To give up the ghost (*die*), Rendre l'esprit.
See also CHANCE.

giant. *See* WALK.

giddy. *See* LIMIT.

gift. I wouldn't have (*or* take) it as a gift, Je n'en voudrais pas même si l'on me le donnait.
It's a gift (*dirt cheap*), C'est [marché] donné.
To have the [genuine] gift of the gods (*as in play acting*), Avoir le fluide (*fam.*).
See also FREE, GAB, HORSE.

gild. The sun gilds the mountain-tops, the tree-tops (*poetic*), Le soleil dore la cime des montagnes, la cime des arbres.
See also PILL.

gill. To look white about the gills, Avoir mauvaise mine, Avoir une triste figure.

gingerly. To go gingerly, Marcher sur des œufs (*fam.*).

gird. To gird at someone (*poke fun at him*), Se railler (*ou* Se moquer de) quelqu'un.
To gird up one's loins (*prepare for effort*), Ceindre ses reins.

give, giving. He gives twice who gives quickly, Qui donne tôt donne deux fois.
[It is a case of] give and take, [C'est] donnant donnant.
Not to give oneself away (*by one's looks*), Sauver le premier coup d'œil (*fam.*).
That is giving it away (*it is dirt cheap*), C'est [marché] donné.
To feel one's legs giving way under one (*be tired out*), Avoir les jambes rompues.

To give a thing up for lost, Regarder une chose comme perdue, Faire son deuil d'une chose (*fam.*).

To give it (*the riddle*) up, Y renoncer, Jeter (*ou* Donner) sa langue au chat *ou* aux chiens (*fam.*).

To give it up [as a bad job], Y renoncer.

To give one's back to the smiters (*Isaiah* l, 6), Tendre le dos aux coups.

To give oneself away, Se trahir [soi-même].

To give oneself away in (*or* by) one's replies, Se couper dans ses réponses (*fam.*).

To give oneself out to be rich, Se donner (*ou* Se faire passer) pour riche.

To give oneself up, Se constituer prisonnier.

To give oneself up for lost, Se croire perdu.

To give oneself up to pleasure, Se donner au plaisir.

To give over (*desist*), Lâcher prise.

To give the game (*or* the show) away, Éventer la mine, Découvrir la mèche (*fam.*).

To give up a sick person *or* a patient (*despair of his, her, life*), Condamner (*ou* Abandonner) un, une, malade.

To give up one's work, music, etc., Quitter (*ou, fam.*, Planter là) son travail, la musique, etc.

give. *See also* ACCOUNT, AIR, BACK-HANDER, BAD, BENEFIT, BERTH, BEST, BIRD, BLANK, BLOWING, BOTHER, BREATHE, BREATHER, CAPABLE, CHAPTER, CLINCHER, COLD, CUT, DEAL, DESPAIR, DIG, DO, DOG, DRESSING [DOWN], DUE, FLEA, FREE, FREER, FURIOUSLY, GHOST, GO 27, GOOD 58, 59, GROUND, HAND, HANDLE, HAVE, HEAD, HIDING, HOT, HOUSEWARMING, IMPRESSION, INCH, LAUGH, LICK, LOOK 4, LORDLY, MARCHING, MIND, MONEY, NUTSHELL, POINT, PROVING, QUARTER, QUIETUS, REIN, ROLAND, ROOM, ROPE, SHAK-ING, SHOCK, SIGN, SLIP, SMILE, STINGER, STRENGTH, STUFF, TALKING, THINK, THOUGHT, THRASHING, TIT, TROUBLE, TROUNCING, TURN, VENT, WARM, WARNING, WEAKNESS, WEL-COME, WORD. **giving.** *See also* PULL.

giver. *See* CHEERFUL.

glad. A man, A friend, one is always glad to see, Un homme, Un ami, qu'on est toujours heureux de voir, Un homme, Un ami, de toutes les heures (*fam.*).

To be only too glad to do something, Ne pas demander mieux que de faire quelque chose.

See also BACK, EYE, SOME.

gladden. Hope gladdens the heart, L'espérance dilate le cœur.

glance. At [a] first glance, À première vue, Au premier coup d'œil, À vue de nez.

At a glance, D'un coup d'œil.

To cast a glance over (*or* To glance at *or* through) something, Jeter un coup d'œil (*ou* Jeter les yeux) sur quelque chose. I have only just glanced at it, Je n'ai fait que jeter les yeux dessus.

To judge at a glance, Juger à la suite d'un examen rapide *ou, fam.*, à vue de pays.

See also SIDELONG, STEAL, TAKE, WITHERING.

glaring. *See* RAGE.

glass. People (*or* Those) who live in glass houses shouldn't throw stones, " Que celui de vous qui est sans péché lui jette la première pierre." (*Jean* viii, 7.)

That (*thing*) ought to be kept in a glass case (*is so precious*), Cela est à mettre sous verre.

This person should be kept in a glass case (*he, she, is so delicate*), Il faudrait que cette personne fût toujours dans une boîte, Cette personne est à mettre sous verre.

See also BRITTLE, LOOK 20, WALK.

glib. *See* TONGUE.

glimpse. To catch a glimpse of (*or* To glimpse) someone, something, Entrevoir quelqu'un, quelque chose

glister, glitter. *See* GOLD.

gloaming. In the gloaming, Sur (*ou* À) la brune, Entre chien et loup.

gloat. To gloat over a thing, Couver une chose des yeux (*fam.*).

gloomy. To take a gloomy view of things, Voir tout en noir.

glory. To glory in a thing, Tirer vanité d'une chose.

See also CROWN.

gloss. To gloss [over] the difficulties [to be overcome], Emmieller les bords du vase.

glove. An iron hand in a velvet glove (*fig.*), Une main de fer gantée de velours.

They are hand in (*or* hand and) glove together, Ils sont comme les deux doigts de la main, Ce sont deux, trois, etc., têtes dans [un] même bonnet *ou* sous le même bonnet (*fam.*), Ils ne font qu'un.

To fit like a glove (*of a garment*), Aller comme un gant.

To handle someone with kid gloves, Ménager (*ou* User de ménagements envers) quelqu'un.

To handle someone without gloves (*ferociously, mercilessly*) (*fig.*), Traiter quelqu'un sans ménagements, Rompre en visière à quelqu'un. " Je n'y puis plus tenir, j'enrage ; et mon dessein Est de rompre en visière à tout le genre humain."—MOLIÈRE, *Le Misanthrope* I, 1. (*Note.*—Je n'y puis, etc. = I can bear it no longer.) " Je trouve que ces mots qui sont désobligeants Ne se doivent point dire en présence des gens ; Qu'un cœur de son penchant donne assez de lumière, Sans qu'on nous fasse aller jusqu'à rompre en visière."—MOLIÈRE, *Le Misanthrope* V, 2.

To show the velvet glove (*outward gentleness cloaking inflexibility*), Faire patte de velours.

To take off the gloves to someone, S'attaquer à quelqu'un à poings nus.

glowing. To paint something in glowing colours, Présenter quelque chose dans tout son jour.

To speak of someone in glowing terms, Parler de quelqu'un en termes chaleureux.

glutton. He is a glutton for work, C'est un cheval pour le travail *ou* un cheval à la besogne, C'est un bœuf [pour le travail] (*tous fam.*).

gnat. *See* CAMEL.

go, going. 1. As I, we, went along, Chemin faisant, En chemin.

2. As the story goes, À ce que l'on raconte, À ce que dit l'histoire.

3. As the years go by, À mesure que les années passent.

4. At one go, Tout d'un coup, D'un seul jet, Tout d'une haleine, Tout d'une trotte.

5. Go it ! (*slang*), Mets-y-en ! (*pop.*), Mets-y du nerf ! (*pop.*).

6. Go on (*say it*) ! Dites toujours !

7. He has gone down a good deal in my estimation, Je l'estime moins que je ne faisais auparavant, J'en rabats beaucoup (*fam.*).

8. He is going on for ten, Il va sur [ses] dix ans.

9. He must go (*be got rid of*), Il faut le débarquer (*fam.*).

10. He would go through fire and water (*or* through thick and thin) for him, Il se jetterait dans le feu (*fam.*) (*ou, fam.*, se mettrait en [quatre] quartiers) pour lui.

11. Here goes ! Vogue la galère ! (*fam.*).

12. His, Her, head is going round (*he, she, feels giddy*), La tête lui tourne.

13. I don't know how to go to work, Je ne sais pas comment m'y prendre.

14. I have heard about your goings-on, J'ai de vos nouvelles.
15. It's no go, Cela ne prend pas (*fam.*).
16. Let it go at that, Tenons-nous-en là, Passons !
17. One may go farther (*or* further) and fare worse, Il vaut mieux laisser son enfant morveux que de lui arracher le nez. *Cf.* GO 40.
18. . . ., so goes the story, . . ., [à ce que] dit l'histoire. " Une chèvre, un mouton, avec un cochon gras, Montés sur même char, s'en allaient à la foire. Leur divertissement ne les y portait pas ; On s'en allait les vendre, à ce que dit l'histoire."—LA FONTAINE, *Fables* VIII, 12.—*Le Cochon, la Chèvre et le Mouton.* (*Note.*—Leur, etc. = They were not going there for their amusement.)
19. That (*or* It) is [going] beyond a joke *or* is going too far, Cela passe la plaisanterie *ou* la raillerie *ou* le jeu, Cela passe les bornes *ou* la mesure, Cela est [trop] violent (*fam.*).
20. That's the way the money goes, Voilà comme l'argent coule *ou* file.
21. There is not enough to go round, Cela ne suffit pas (*ou* Il n'y en a pas) pour tout le monde.
22. There (*or* That's where) he will go down (*fail*), C'est où (*ou* C'est là que) je l'attends.
23. To be all the go, Faire rage, Faire florès.
24. To be always on the go, Être toujours en mouvement, Avoir toujours le (*ou* un) pied en l'air (*fam.*), Être un écureuil (*fam.*).
25. To be (*or* To get) going (*in action, working*), Être (*ou* Se mettre) en branle (*fam.*) *ou*, *fam.*, en campagne : When once he is (*or* gets) going, Quand il est (*ou* Quand il se met) une fois en branle.
26. To be gone on a man, gone on

a woman (*slang*), Être amoureuse (*ou* éprise) (*ou*, *fam.*, pincée) d'un homme, amoureux (*ou* épris) (*ou*, *fam.*, pincé) d'une femme.
27. To give someone something to go on with, Donner à quelqu'un de quoi marcher (*fam.*), Donner un os à ronger à quelqu'un (*fam.*).
28. To go about a good deal (*move in society circles*), Être fort répandu dans le monde.
29. To go all out for something, Se donner à quelque chose de toutes ses forces *ou* de corps et d'âme *ou* corps et âme.
30. To go all out to do something, Déployer toute son énergie (*ou* Faire tous ses efforts) (*ou* Mettre tout en œuvre) pour faire quelque chose.
31. To go as fast as one's legs can carry one *or* To go at top speed, Aller à toutes jambes *ou* à toute bride.
32. To go at a break-neck pace *or* To go hell for leather, Aller un train d'enfer *ou* un train de chien, Aller ventre à terre (*tous fam.*).
33. To go at it with might and main *or* at it hammer and tongs *or* at it tooth and nail *or* at it for all one is worth *or*, *slang*, at it bald-headed *or* To go all out (*slang*), Y aller de toutes ses forces, Faire feu des quatre pieds (*fam.*), Faire rage des pieds de derrière (*fam.*), Y aller (*ou* Y donner) tête baissée (*fam.*).
34. To go back a long time *or* To go a long way back (*in time— said of an event*), Dater de loin.
35. To go back on it, Y revenir.
36. To go back on one's word, Retirer sa parole.
37. To go back to general principles, to primary causes, Reprendre les choses de plus haut.
38. To go down in weight rapidly (*of person*), Maigrir rapidement, Fondre à vue d'œil (*fam.*).

39. To go down to the grave (*poetic*), Descendre au cercueil *ou* au tombeau.

40. To go farther (*or* further) and fare worse, Tomber d'un mal dans un pire. *Cf.* GO 17.

41. To go for someone (*attack him*) (*slang*), S'en prendre à quelqu'un, Courir sus à quelqu'un.

42. To go for someone bald-headed (*attack mercilessly with reproaches, abuse, or epigrams*) (*slang*), Tirer à boulets rouges sur quelqu'un.

43. To go for someone tooth and nail, Attaquer quelqu'un du bec et des ongles, Tomber sur quelqu'un à bras raccourcis.

44. To go hence *or* to a better world (*die*), Faire le voyage de (*ou, fam.*, Aller dans) l'autre monde, Sortir (*ou* Disparaître) du monde *ou* de la terre, Perdre le jour. " Et voluntiers me delecte à lire les Moraulx de Plutarche, les beaux Dialogues de Platon, les Monumens de Pausanias, et Antiquitez de Atheneus, attendant l'heure qu'il plaira à Dieu mon createur me appeler, et commander yssir de ceste terre."—RABELAIS II, 8, *Pantagruel*.

45. To go off without paying one's bill, Disparaître sans payer ce qu'on doit, Faire un pouf (*pop.*).

46. To go out of fashion, Passer de mode, Se démoder.

47. To go round the world, Faire le tour du monde.

48. To go through hell (*suffer agonies*), Souffrir mort et passion, Souffrir le martyre.

49. To go to the head (*of fumes*), Monter (*ou* Porter) à la tête.

50. To have a go at [doing] something, at it, Essayer de faire (*ou* S'attaquer à) quelque chose, Tenter le coup.

51. To have another go at a piece of work, Reprendre un ouvrage, Remettre un ouvrage sur l'enclume (*fam.*).

52. To have something to go on with (*work in hand*), Avoir de quoi s'occuper, Avoir du pain sur la planche (*fam.*).

53. To keep someone on the go, Faire travailler quelqu'un d'arrache-pied, Faire trimer quelqu'un (*fam.*).

54. To let everything go (*let things slide*), Laisser tout aller.

55. To let go, Lâcher prise.

56. To let oneself go, Se donner carrière.

57. To let the world go by, Laisser passer l'eau sous le pont.

58. To set a thing going, Mettre en branle une affaire.

go. *See also* AHEAD, BACKWARD[S], BAD, BARGAIN, BED, BETTER, BODILY, BODY, BORROWING, BOUNDS, BRING, CAT, COME 1, CONSCIENCE, CONTRARY, DATE, DEAD, DEEP, DEVIL, DO, DRUDGERY, EAR, EXTREME, FAR, FEAR, FIFTY-FIFTY, FIRST, FLASH, FLESH, FOUNTAIN-HEAD, FOUR, FREE, GAY, GINGERLY, GOOD-BYE, GRAIN, HALF, HALF-HEARTED, HAND, HEART, HERE, HOG, HOME, HOUSEWARMING, HUNGRY, ILL, INCREASING, INDIRECT, JOURNEY, KISSING, LAMB, LENGTH, LITTLE, LONG, LOOSE, MAD, MAJORITY, MILL, NAP, OFF, OPENLY, PACE, PENNY, PITCHER, PLODDING, POSTERITY, POST-HASTE, PRETTY, PRIDE, PUB, RACK, RIGHT, SAYING, SERVICE, SLEEP, SPRAWLING, SPREE, STATE, STRAIGHT, TAIL, TIME, TOGETHER, TROUBLE, WALL, WAY, WEAKEST, WEST, WILD, WRONG.

going. *See also* CLOCKWORK, DARK, DOG, KNOW 27, LOOK 21, NUMBER, SCENE, SHOE, SMOOTHLY, STOCK, STRONG, TANGENT, USUAL, WELL.

goad. To goad oneself into doing something, S'aiguillonner (*ou, fam.*, Se battre les flancs) pour faire quelque chose.

goal. See FAIL, REACH, STOP.

goat. To act the goat, Faire l'imbécile, Faire des bêtises.

See also SEPARATE.

God, god. The god of day (*the sun*) (*poetic*), Le flambeau du jour.

To promise, To swear, by all the gods, Promettre, Jurer, ses grands dieux.

To take the name of God in vain, Jurer Dieu en vain, "Tu ne prendras point le nom de l'Éternel ton Dieu en vain." (*Deutéronome* v, 11), "Thou shalt not take the name of the Lord thy God in vain." (*Deuteronomy* v, 11.)

Ye gods [and little fishes]! Grands dieux!

God. See also FEAR, GOOD 23, HELP, PLEASE, PROPOSE, TEMPER, VOICE, WOMAN. **god.** See also GIFT, KNEE, LAP, TIN, TWILIGHT.

godsend. To come as a godsend (*of things*), Tomber du ciel.

gold, golden. All that glisters is not gold *or* All is not gold that glitters, Tout ce qui brille (*ou* qui reluit) n'est pas or.

He, She, has a heart of gold, C'est un cœur d'or.

It is a golden opportunity, C'est une affaire d'or (*fam.*).

To be worth one's, its, weight in gold, Valoir son pesant d'or (*fam.*).

To make a bridge of gold (*or* a golden bridge) for someone (*easy retreat*), Faire un pont d'or à quelqu'un. "Ouvrez tousjours à vos ennemys toutes les portes et chemins, et plustost leur faictes un pont d'argent affin de les renvoyer."—RABELAIS I, 43, *Gargantua.*

gold. See also GOOD 46, SILVER. **golden.** See also CLAY, GOOSE, SPEECH, WORSHIP.

good. 1. A good lawyer makes a bad neighbour, Bon avocat, mauvais voisin.

2. A good name is better than riches, Bonne renommée vaut mieux que ceinture dorée.

3. A good old age, Un grand âge, Un âge avancé, Un bel âge.

4. A good start is half the battle, Qui bien engrène, bien finit.

5. All in good time, Il y a temps pour tout.

6. Business (*i.e., sales*) is good, is not good, La vente va, ne va pas.

7. Enough is as good as a feast, Trop est trop, Rien de trop. "De tous les animaux, l'homme a le plus de pente À se porter dedans l'excès. Il faudrait faire le procès Aux petits comme aux grands. Il n'est âme vivante Qui ne pèche en ceci. *Rien de trop* est un point Dont on parle sans cesse, et qu'on n'observe point."—LA FONTAINE, *Fables* IX, 11.—*Rien de trop.* (*Note.*—faire le procès Aux = call to account The *or* bring to book The.)

8. Everything good comes his way, Tout sourit à ses désirs.

9. For good [and all], (*to do something*) Une bonne fois pour toutes; (*never to return*) Sans esprit de retour; (*for ever*) Sans retour.

10. Good men and true, Des hommes bons et braves.

11. Good morning and a happy new year to you, Bon jour et bon an.

12. He always has a good time, Les plaisirs le cherchent. *Cf.* GOOD 21 & 61.

13. He as good as told me so, Il ne me l'a pas dit, mais c'est la même chose *ou, fam.*, mais c'est tout comme.

14. He does nothing with a good grace, Tout lui coûte.

15. He is a good-hearted (*or* good-natured) man *or* a good fellow *or* a good sort [of fellow], C'est un bon cœur [d'homme], C'est une bonne pâte [d'homme], Il est bon prince (*fam.*).

16. He is a good, kind-hearted man, C'est un homme d'un bon naturel, Il est bon comme le (*ou* comme du) bon pain (*fam.*).

17. He is a good-natured fool, C'est une bonne bête (*fam.*).

18. He is a man of the good old stock *or* of the good old school, C'est un homme de la vieille roche (*fam.*). *Cf.* A man of the old school *under* OLD.

19. He is a real good fellow, C'est un chic bonhomme (*fam.*).

20. He is rather a good sort [of fellow], Il est assez bon diable (*fam.*).

21. He never had such a good time, Il ne s'est jamais vu à pareille fête (*fam.*). *Cf.* GOOD 12 & 61.

22. I wish you good day (*I'm through*), do not count on me, Je vous tire ma révérence, ne comptez pas sur moi (*fam.*).

23. In God's good time, À la grâce de Dieu, Comme il plaira à la Providence.

24. In the days of Good Queen Bess *or* In the good old days, Du temps que la reine Berthe filait, Du temps où Berthe filait, Dans le (*ou* Au) bon vieux temps. (*Note.*—Good Queen Bess, Queen Elizabeth of England. La bonne reine Berthe, daughter of Burckard of Swabia. She married, in the year 928, Rodolphe II, king of Swabia. She did not disdain working with her hands.)

25. It is good in parts[, like the curate's egg], Il y a du bon et du mauvais là-dedans, Il y a à boire et à manger (*fam.*).

26. It is good to be alive, Il fait bon vivre.

27. It is too good to be true, C'est trop beau pour y croire.

28. It is very good of you to do it (*I not wanting to do it myself*), Vous avez bien de la vertu (*fam.*).

29. It was a good thing (*lucky*) for him that he went out, Bien lui a pris de sortir.

30. It, Your matter, is as good as done *or* settled, C'est une affaire faite, ou autant vaut, L'affaire, Votre affaire, est dans le sac (*fam.*).

31. Just [you] taste this wine[, how good it is], Goûtez ce vin ; vous m'en direz des nouvelles.

32. Much good may it do him *or* A [fine *or* fat] lot of good that will do him, (*ironically*), Grand bien lui fasse, Cela lui fait une belle jambe (*fam.*), En aura-t-il la jambe mieux faite ? (*fam.*).

33. One can have too much of a good thing, Jeu qui trop dure ne vaut rien.

34. One can't have too much of a good thing, Quand on prend du galon, on n'en saurait trop prendre.

35. One good turn deserves another, À beau jeu, beau retour.

36. One is as good as the other *or* They are as good as each other, L'un vaut l'autre.

37. That is a good one *or* a good 'un *or* a good joke, Celle-là est bonne, En voilà une bonne (*fam.*).

38. That is all to the good, Cela ne gâte rien.

39. That is good enough for me, Cela fera mon affaire.

40. That is so much to the good, C'est autant de gagné, C'est toujours autant de pris, C'est autant de pris sur l'ennemi (*fam.*).

41. The good die young, Quand ils ont tant d'esprit, les enfants vivent peu.

42. The good old times, Le bon vieux temps. " Regrettera qui veut le bon vieux temps, Et l'âge d'or et le règne d'Astrée, Et les beaux jours de Saturne et de Rhée, Et le jardin de nos premiers parents ; Moi je rends grâce à la nature sage Qui, pour mon bien, m'a fait naître en cet âge Tant décrié par nos tristes frondeurs : Ce temps

profane est tout fait pour mes
mœurs."—VOLTAIRE, *Satires, Le
Mondain*. (*Note*.—According to
the myth, Saturn, the god of seed-
time and harvest, had been king
during an ancient golden age, and
founder of Italian civilization. His
special festival was the Saturnalia,
a form of harvest home, symbolical
of the return of the golden age.
During this festival social distinctions
disappeared and slaves were on an
equal footing with their masters.
Astrée (= Astraea) was the goddess
of justice. During the golden age
she lived on earth, but reascended
to Olympus when crime appeared
among men. She was translated
into the zodiacal sign Virgo. Rhée
(= Rhea) was the mother of the
gods.)

43. The knowledge of good and evil
(*Genesis* ii, 9), La connaissance (*ou*
La science) du bien et du mal
(*Genèse* ii, 9).

44. There's good stuff in him, Il y
a en lui de l'étoffe.

45. To be a good sort, Être bonne
personne.

46. To be [as] good as gold (*of a
child*), Être sage comme une
image (*fam.*).

47. To be good at doing something,
S'entendre à faire quelque chose.

48. To be good for nothing, N'être
bon (*ou* propre) à rien, N'être
bon ni à rôtir, ni à bouillir (*fam.*).

49. To be good friends, Être bons
amis, Être bien ensemble (*fam.*).

50. To be good-looking, Porter beau.

51. To be in someone's good books
or good graces, Être bien dans les
papiers (*fam.*) (*ou* dans l'esprit) de
quelqu'un, Être dans les petits
papiers (*fam.*) (*ou* dans les bonnes
grâces) de quelqu'un, Être bien vu
de quelqu'un, Être bien avec
quelqu'un, Se faire bien venir de
quelqu'un.

52. To be on good terms with someone, Être en bons termes (*ou* en
bonne intelligence) (*ou* Être bien)
(*ou* Avoir de bons rapports) avec
quelqu'un.

53. To bid (*or* To wish) someone good
day, good evening, Donner (*ou*
Souhaiter) le bonjour, le bonsoir, à
quelqu'un.

54. To come of good stock, Avoir
de qui tenir : He is brave, he comes
of good stock, Il est brave, il a de
qui tenir.

55. To do a good stroke of business,
Faire une bonne affaire.

56. To do (*one*) good (*profit by it*),
Y trouver son compte (*fam.*) :
Do not offend that man, it would do
you no good, N'offensez pas cet
homme-là, vous n'y trouveriez pas
votre compte.

57. To do good business with something (*as a particular commodity or
line of goods*), Faire de bonnes
affaires avec (*ou*, *fam.*, Faire ses
choux gras de) quelque chose.
" Ho, mon amy, disoit il, si tu sçavois
comment je fis mes chous gras de
la croysade, tu serois tout esbahy."
—RABELAIS II, 17, *Pantagruel*.

58. To give as good as one gets,
Rendre coup pour coup, Rendre
aussitôt la pareille, Répondre (*ou*
Riposter) du tac au tac (*fam.*).

59. To give (*or* To show) proof of good
will, Faire acte de bonne volonté.

60. To have a good opinion of someone, Avoir bonne opinion (*ou*
Faire cas) de quelqu'un.

61. To have a good time, Se donner
du bon temps, S'en donner à cœur
joie, Bien s'amuser, Se faire une
pinte de bon sang (*fam.*). *Cf.*
GOOD 12 & 21.

62. To like good things to eat *or*
To be fond of good living, Aimer
les bons morceaux *ou* la bonne chère
ou la table, Être porté sur la
bouche (*fam.*).

63. To make a good start, Bien commencer, Partir du pied gauche.
64. To make good (*recover esteem, of person*), Se réhabiliter.
65. To owe someone a good turn, Avoir des obligations envers quelqu'un.
66. To put a good face on it, Faire bonne contenance.
67. To put a good face on the wreck of one's hopes, Voir d'un œil ferme la ruine de ses espérances.
68. To return good for evil, Rendre le bien pour le mal.
69. What's the good? À quoi bon? : What's the good of worrying, of asking him? À quoi bon se tourmenter, l'interroger?

See also ACCOUNT, ACTOR, ASLEEP, AUGUR, AUTHORITY, BLOWING, BOOK, BREEDING, BUSH, CHANCE, CHEER, CHUM, CONSTRUCTION, COPY, COURAGE, CRY, DEAD, DEAL, DRESSING [DOWN], FAR, FETTLE, FIDDLE, FISH, GO 28, HAND, HEAD, HELL, HIDING, HOLD, HORSE, ILL, INTENT, INTENTION, JOB, JOLLY, JUDGMENT, LAUGH, LITTLE, LOOK 18, 19, LUCK, MIND, MISS, MONEY, NEWS, ODOUR, OMEN, OPPORTUNITY, PACE, REASON, REPARTEE, RIDDANCE, SAILOR, SET, SHAKING, SIGN, SLEEP, STOP, SUCCEEDING, SUPERFLUITY, TALKER, TALKING, THRASHING, TROUNCING, TUCK, TURN, TWO, WELL, WORD.

good-bye. To go off without saying good-bye, Partir sans dire adieu, S'en aller (*ou* Partir) (*ou, fam.,* Filer) à l'anglaise, Brûler la politesse (to someone, à quelqu'un) (*pop.*). " Dont partit de Paris sans dire à dieu à nully, car l'affaire requeroit diligence."—RABELAIS II, 23, *Pantagruel.*
To say good-bye to a thing (*give it up for lost*), Regarder une chose comme perdue, Faire son deuil d'une chose (*fam.*).

good-hearted. *See* GOOD 15.

good-looking. *See* GOOD 50.
good-natured. *See* GOOD 15, 17.
goodness. For goodness' sake, Pour l'amour de Dieu.
goods. *See* ALL, DELIVER, PUFF.
goose. All his geese are swans, Il se fait des illusions.
She's a goose, C'est une bécasse (*fam.*).
To kill the goose that lays the golden eggs, Tuer la poule aux œufs d'or, Tuer la poule pour avoir l'œuf, " Un homme avait une oie et c'étoit son trésor, Car elle lui pondoit tous les jours un œuf d'or. La croyant pleine d'œufs le fou s'impatiente, La tue, et d'un seul coup perd le fonds et la rente."— ISAAC DE BENSERADE. (*Note.*—le fonds, etc. = the capital and the revenue.)
goose. *See also* BO[H], COOK, SAUCE.
geese. *See also* FOX.
gooseberry. To play gooseberry, Jouer le rôle de chaperon, Faire sandwich (*fam.*).
goosey. To come over all goosey, Avoir la chair de poule (*fam.*).
Gordian. To cut the Gordian knot (in allusion to the intricate knot tied by Gordius, cut by Alexander the Great), Couper le nœud gordien.
gorge. To feel one's gorge rise, Se sentir le cœur soulevé, Éprouver du dégoût.
gospel. All he says is not gospel [truth], Tout ce qu'il dit n'est pas parole d'Évangile (*fam.*). " Vous, dist Gargantua, ne dictes l'Evangile." — RABELAIS I, 12, *Gargantua.*
It is the gospel (*doctrine*) of the day, C'est l'évangile du jour (*fam.*).
To take everything for gospel [truth], Croire tout comme l'Évangile (*fam.*) *ou* comme article de foi, Prendre tout pour de bon *ou, fam.,* pour argent comptant.
gossip. To [have a] gossip, Tailler des bavettes (*pop.*).

See also BACK-STAIR, SCANDAL-MONGERING.

government. *See* EXPENSE, PETTICOAT, UNCONSTITUTIONAL.

grab-all. He is a grab-all, Il prendrait sur l'autel *ou* sur le maître-autel.

grace, graceful. Sufficient grace will be given, Il y a des grâces d'état.

To put on graces *or* To try to be graceful, Sacrificier aux Grâces (*ironiquement*), Chercher de mettre de la grâce dans ses manières.

grace. *See also* BAD, CONQUERING, GOOD 14, 51, SAVING, SHOW.

grain. It goes against the grain for me to do it, C'est à contre-cœur que je le fais.

See also SALT.

grammar. *See* BAD, SLIP.

grampus. *See* BLOW.

grand. *See* RESERVE, STYLE.

grandmother. *See* EGG.

grape. The juice of the grape (*wine*), Le jus de la treille. *Quotation under* FUDDLE.

See also SOUR.

grasp. Grasp all, lose all, Qui trop embrasse mal étreint.

To grasp the nettle, Prendre le tison par où il brûle.

See also OPPORTUNITY.

grass. Not to let the grass grow under one's feet, Ne pas traîner en affaires, Ne pas perdre de temps.

See also SNAKE.

grate. To grate upon the ear, Blesser (*ou, fam.*, Écorcher) l'oreille.

grave. To have one foot in the grave, Avoir un pied dans la tombe *ou* dans la fosse, Être sur le bord de sa fosse.

See also DIG, GO 39, MISGIVING, SILENT, TURN, WATERY.

grease. It greases the wheels (*fig.*), Cela fait marcher les affaires, Cela graisse les roues (*fam.*).

To grease someone's palm, Graisser la patte à quelqu'un. " Vous serez pleinement contentés de vos soins ;

Mais ne vous laissez point graisser la patte, au moins."—MOLIÈRE, *L'École des maris* III, 5. (*Note.*—contentés, etc. = paid for your services.)

See also OFF, STEW.

great. A great big fat man, Un homme gros et gras comme quatre.

Great minds think alike, Les beaux esprits se recontrent.

He is a great-hearted man, Il a un grand cœur, C'est un grand cœur.

To be no great catch, Ne pas valoir grand-chose.

To have a great deal to do, Avoir fort à faire.

See also BLOWING, DIVIDE, DRAW, FUN, LENGTH, LITTLE, ODDS, REQUEST, SPREAD, WALK.

greater. Greater London, Paris, Brussels (*the city and its suburbs*), L'agglomération londonienne, parisienne, bruxelloise.

greatest. From the greatest to the smallest, Depuis ce qu'il y a de plus grand jusqu'à ce qu'il y a de plus petit, Depuis le cèdre jusqu'à l'hysope (*cedar being big tree and hyssop small bush*). " On m'a dit ... que les comédiens et les auteurs, depuis le cèdre jusqu'à l'hysope, sont diablement animés contre lui." —MOLIÈRE, *L'Impromptu de Versailles* 3.

greedy. To be greedy of gain, of honours, Être avide d'argent, de places, Être âpre à la curée.

Greek. That is (*or* It's) [all] Greek to me, Tout cela, c'est de l'hébreu (*ou* du latin) pour moi, C'est de l'algèbre (*ou* du haut allemand) pour moi (*tous fam.*). " Desquelz la controverse estoit si haulte et difficile en droict que la court de Parlement n'y entendoit que le hault Alemant."—RABELAIS II, 10, *Pantagruel.* (*Note.*—droict = droit = law.) " Le monde est méchant, ma petite : Il dit que tu n'as pas d'esprit, Et que les vers qu'on te récite Sont pour toi comme du sanscrit."—THÉOPHILE GAUTIER, *Le monde est méchant.*

To talk Greek (*unintelligibly*), Parler hébreu (*fam.*).

When Greek meets Greek, then comes the tug of war (*originally* When Greeks joined Greeks, then was the tug of war), Fin contre fin, gare la bombe.

green. Do you see any green in my eye? Vous ne m'avez pas (*ou* Tu ne m'a pas) regardé (*fam.*).

To turn green with envy, with jealousy, Blêmir (*ou* Pâlir) d'envie, de jalousie.

See also CHEESE.

grey. A fool's head is never grey, Tête de fou ne blanchit jamais.

To grow grey in the service, Blanchir (*ou* Vieillir) sous le harnois. " Je suis las de guerre, las de sages et hocquetons. J'ay les espaules toutes usées à force de porter harnois. Cessent les armes, regnent les Toges, au moins pour toute ceste subsequente année."—RABELAIS III, 7, *Pantagruel.* (*Note.*—sages et hocquetons = cloaks and coats of mail.)

See also CAT, RED.

grief. To come to grief (*fail, fall*), Échouer, Faire la culbute (*fam.*).

See also OTHER.

grievance. To tell someone all one's grievances against him, Débiter à quelqu'un tous les griefs qu'on a contre lui, Chanter à quelqu'un sa gamme (*fam.*).

See also PEG.

grig. *See* LIVELY, MERRY.

grim. Grim death *or* The Grim Reaper, La Mort inexorable, La faucheuse, La camarde (*pop.*).

To hold on like grim death, Se cramponner en désespéré.

grin. To grin and bear it, Faire bonne mine à mauvais jeu, Garder le sourire.

grind. *See* AXE.

grindstone. *See* NOSE.

grips. To bring two or more persons to grips, Mettre aux prises (*ou* aux mains) deux ou plusieures personnes.

To come to grips, En venir aux prises.

grist. *See* ALL, BRING.

gross. He has a gross mind, C'est une âme de boue.

See also CARELESSNESS.

grossly. *See* FLATTER.

ground. He has chosen his ground well, Il a bien pris (*ou* a bien choisi) son champ de bataille.

To be left dead on the ground, Demeurer (*ou* Rester) sur la place *ou* sur le carreau, Y demeurer.

To be on one's own ground (*in one's element*), Être sur son terrain.

To be sure of one's ground (*fig.*), Connaître bien le terrain.

To cut the ground from under someone's feet, Anticiper sur les moyens de (*ou, fam.,* Couper l'herbe sous le pied à) quelqu'un.

To give ground (*retreat*), Lâcher pied.

To stretch someone on the ground (*kill or wound him severely*), Jeter (*ou* Coucher) (*ou* Étendre) quelqu'un sur le carreau.

See also BREAK, CLEAR, COVER, DANGEROUS, DISPUTE, EXPEDIENCY, FAMILIAR, FORBIDDEN, GAIN, HAPPY, REGAIN, SHIFT, STONY, SUIT, WORSHIP.

grovel. To grovel before the mighty (*for favours*), Plier les genoux devant le veau d'or.

grow, growing. He will grow out of this bad habit, Il perdra cette mauvaise habitude en grandissant, Il se défera de cette mauvaise habitude, Cette mauvaise habitude passera avec le temps.

To be growing old, Prendre de l'âge.

To grow taller and handsomer every day (*of a young person*), Ne faire que croître et embellir.

We grow older every day, On a tous les ans douze mois.

grow. *See also* APPETITE, BIG, BLACK-BERRY, GRASS, GREY, SNOWBALL, WEED.

grudge. To bear (*or* To have) (*or* To owe) someone a grudge, En vouloir à (*ou* En avoir à *ou* contre) (*ou* Avoir une dent contre) quelqu'un.

To grudge one's labour, Pleurer sa peine.

Grundy. *See* SAY.

guard. Be on your guard ! Prenez garde à vous !, Bon pied, bon œil !

To be on one's guard, Être (*ou* Se tenir) sur ses gardes, Se tenir pour averti, Avoir bon pied, bon œil.

To put someone off his guard, Endormir la vigilance de quelqu'un.

See also OLD.

guess, guessing. To guess right, Bien deviner, Mettre le nez dessus (*fam.*).

To have (*or* To keep) someone guessing, Mystifier (*ou, fam.,* Faire poser) quelqu'un.

You'll never guess it *or* I defy anyone to guess it, Je vous le donne [à deviner] en dix *ou* en vingt *ou* en cent, Je le donne au plus fin à deviner.

guide. A guide, philosopher, and friend, Un guide aimable et sage, Un mentor.

guile. To be without guile, Être sans détour. " And in whose spirit there is no guile." (*Psalms* xxxii, 2), " Et dans l'esprit duquel il n'y a point de fraude." (*Psaumes* xxxii, 2.)

guilt, guilty. To admit one's guilt *or* To plead guilty, S'avouer coupable.

guinea. A guinea pig (*person*), Un coureur de jetons de présence (*fam.*).

gum. *See* TREE.

gun. *See* BLOWING, SILENCE, SPEAK, STICK.

gutter. To die in the gutter, Mourir sur la paille.

To raise someone from the gutter (*fig.*), Tirer quelqu'un de la boue.

guy. He is a regular guy (*grotesquely dressed*), C'est un vrai carnaval *ou, fam.,* un vrai carême-prenant.

What a guy (*he is*) ! À la chienlit !

H

habit. To acquire (*or* To contract) a habit, Contracter une habitude, Prendre un pli. " Certain âge accompli, Le vase est imbibé, l'étoffe a pris son pli. En vain de son train ordinaire On le veut désaccoutumer ; Quelque chose qu'on puisse faire, On ne saurait le réformer. Coups de fourches ni étrivières Ne lui font changer de manières ; Et fussiez-vous embâtonnés, Jamais vous n'en serez les maîtres. Qu'on lui ferme la porte au nez, Il reviendra par les fenêtres." LA FONTAINE, *Fables* II, 18. *La Chatte métamorphosée en femme.* (*Note.*—embâtonnés = armed with sticks.)

To be a creature of habit, Être un animal d'habitude.

See also BAD, DIE, LYING (*under* LIE), ONCE.

hail. To be hail fellow well met with someone, Vivre avec quelqu'un de pair à compagnon, Être compère et compagnon (*ou, fam.,* Être à tu et à toi) avec quelqu'un.

hair. It makes my hair stand on end, Les cheveux me dressent sur la tête.

It makes one's hair stand on end *or* It is a most hair-raising experience, Cela fait dresser les cheveux [sur la tête].

To take a hair of the dog that bit one (*drink more to cure effects of drink*), Reprendre du poil de la bête (*fam.*).

Without turning a hair, Sans sourciller, Sans broncher.

See also BLUSH, SPLIT, TEAR.

hale. To be hale and hearty, Être frais et gaillard, Être frais et dispos, Avoir bon pied, bon œil.

half. Half a loaf is better than no bread, Faute de grives, on mange des merles.

Half one thing (*or* way), [ånd] half the other, Moitié d'une façon, moitié d'une autre, Moitié figue, moitié raisin (*fam.*), *e.g.* : He consented to it half willingly, half reluctantly, Il y a consenti moitié de gré, moitié de force *ou* moitié figue, moitié raisin. He gave me a reception half warm, half cold, Il m'a fait un accueil moitié chaleureux, moitié froid *ou* moitié figue, moitié raisin. He praised it half in earnest, half in jest, Il en a fait un éloge partie sérieusement, partie en plaisantant *ou* moitié figue, moitié raisin.

One's better half, Sa [chère] moitié.

That's half the battle, C'est bataille à moitié gagnée. *See also under* FIRST, GOOD 4, LISTEN, YOUTH.

To be in half a dozen places at once, Se multiplier.

To be only half baked (*of a scheme*), Ne pas [se] tenir debout (*fam.*).

To be only half listening, N'écouter que d'une oreille (*fam.*).

To do things by halves, Faire les choses à demi.

To flee half clad, S'enfuir un pied chaussé, l'autre nu.

To go halves with someone, Se mettre de moitié avec quelqu'un.

To have done with half measures, Tailler (*ou* Trancher) (*ou* Couper) dans le vif.

See also BAD, EYE, HOLD, REDRESS, SIX.

half-hearted. To go about it in a half-hearted way, N'agir qu'à moitié, N'y aller que d'une fesse (*pop.*).

halfpence. *See* KICK.

halfpenny. He turns up again like a bad halfpenny, Chassez-le par la porte, il rentrera par la fenêtre (*fam.*).

half-seas. To be half-seas over, Être entre deux vins (*fam.*).

half-way. To meet someone half-way (*fig.*), Partager le différend [par la moitié], Couper la poire en deux (*fam.*).

See also STOP, TROUBLE.

hall-mark. This work bears the hall-mark of genius, Cet ouvrage est frappé au coin du génie.

halloo. *See* WOOD.

halter. To put a halter round one's [own] neck (*fig.*), Se mettre la corde au cou (*fam.*).

To put a halter round someone's neck (*dominate him*), Mettre la corde au cou à quelqu'un (*fam.*).

hammer. To hammer away at someone, S'acharner sur quelqu'un.

To hammer away at something, Travailler d'arrache-pied (*ou* S'acharner) à quelque chose.

See also GO 33.

hand. " But when thou doest alms, let not thy left hand know what thy right hand doeth : That thine alms may be in secret." (*Matthew* vi, 3–4), " Mais quand tu fais l'aumône, que ta main gauche ne sache pas ce que fait ta droite ; afin que ton aumône se fasse en secret." (*Matthieu* vi, 3–4), Entre la chair et la chemise il faut cacher le bien qu'on fait (*proverbe*).

He can turn his hand to anything, C'est un homme à toutes mains.

He is looking for something that is in his hands, Il cherche ce qu'il a entre les mains, Il cherche son âne et il est dessus.

It (*the event*) is at hand, La chose est sur le point d'arriver, On y touche du bout du doigt (*fam.*).

Many hands make light work, À plusieurs la besogne va vite.

Not to move hand or foot, Ne remuer ni bras ni jambe *ou, fam.,* ni pied ni patte. *Quotation under* DO.

To be in good hands, (*of matter or person*) Être en bonnes mains, *also, but of person only,* Être à bonne école (*fam.*).

To be on someone's hands, Être à charge à quelqu'un.

To be served hand and foot, Être servi au doigt et à l'œil (*fam.*).

To come on someone's hands (*have to be supported or provided for by him*), Se trouver à la charge (*ou, fam.,* Tomber sur les bras) de quelqu'un.

To get one's friends to lend a hand, Mettre ses amis en campagne (*fam.*).

To get one's hand in, (*to enable one to acquire skill by practice*) Faire la main : That will get your hand in, Cela vous fera la main ; (*to acquire skill by practice*) Se faire la main : In order to get his hand in, Pour se faire la main.

To go hand in hand (*in agreement and alliance*), Aller du même pied.

To have a hand in it, Y être pour quelque chose.

To have a matter well in hand, Tenir une affaire dans sa poche (*fam.*), Avoir une affaire en poche (*fam.*).

To have an hour on one's hands, Avoir une heure à tuer (*fam.*).

To have no hand in a matter, N'être pour rien dans une affaire.

To have someone on one's hands (*fig.*), Avoir quelqu'un sur les bras (*fam.*).

To keep one's hand in [practice], S'entretenir la main.

To keep someone well in hand, Tenir la main haute à quelqu'un.

To lend (*or* To bear) (*or* To give) (*or* To take) a [helping] hand, Donner un coup de main *ou, fam.,* un coup d'épaule, Pousser à la roue (*fam.*).

To lend (*or* To bear) (*or* To take) a hand in an undertaking, Donner (*ou* Prêter) la main à une entreprise.

To lend (*or* To give) someone a [helping] hand, Donner (*ou* Prêter) la main (*ou, fam.,* l'épaule) à quelqu'un.

To live from hand to mouth, Vivre au jour la journée *ou* au jour le jour.

To play a lone hand (*fig.*), Se voir seul contre tous. " Mais je tiens qu'il est mal, sur quoi que l'on se fonde, De fuir obstinément ce que suit tout le monde, Et qu'il vaut mieux souffrir d'être au nombre des fous Que du sage parti se voir seul contre tous. "—MOLIÈRE, *L'École des maris* I, 1.

To play into someone's hands, Faire (*ou* Jouer) le jeu de quelqu'un, Donner (*ou* Faire) beau jeu à quelqu'un (*fam.*).

To put, To have, a [piece of] work in hand, Mettre, Avoir, un ouvrage en mains *ou, fam.,* sur le chantier.

To show one's hand, Découvrir son jeu *ou* ses intentions, Démasquer ses batteries.

To wait on someone hand and foot, Être aux petits soins auprès de quelqu'un (*fam.*).

See also BIRD, BITE, CAP, CARRY, DECIDE, DOWN, FIGHT, FREE, FULL, GLOVE, HANG, HAT, HEAVY, HIGH, JOIN, LAW, LAY, PLOUGH, POCKET, THROW, TIE, TIGHT, UP, UPPER, WALK, WASH, WHIP.

handful. A handful (*small number*) of men, Une poignée d'hommes ; *also, but of soldiers or police only,* Quatre hommes et un caporal (*fam.*).

A handful of people, Une poignée de gens.

His, Her, child is a [bit of a] handful, Son enfant [à lui, à elle] lui cause bien du souci *ou* lui suscite bien des embarras *ou*, *fam*., lui donne [bien] du fil à retordre.

handkerchief. To throw the handkerchief, (*express condescending preference for a person, especially a woman*), Jeter le mouchoir (*fam*.).

handle. To handle a lot of money, Remuer beaucoup d'argent (*fam*.).

To handle a situation, Mener une affaire.

To have a handle to one's name ; the handle of duke, of doctor, Avoir un titre ; le titre de duc, de docteur. "Je suis homme et soldat ; ce sont là tous mes titres." J. F. Ducis.

To provide a handle against oneself *or* To give a handle to one's enemies, Fournir des armes contre soi-même.

See also GLOVE, ROUGHLY.

handsome. Handsome is that handsome does, Noblesse vient de vertu.

handy. He is a handy man, C'est un homme à tout faire.

hang, hanging. A hanging matter (*unforgivable act*), Un cas pendable. "*Premier avocat.* La polygamie est un cas, Est un cas pendable. *Second avocat.* Votre fait Est clair et net ; Et tout le droit, Sur cet endroit, Conclut tout droit. Si vous consultez nos auteurs, Législateurs et glossateurs, Justinian, Papinian, Ulpian et Tribonian, Fernand, Rebuffe, Jean Imole, Paul Castre, Julian, Barthole, Jason, Alciat et Cujas, Ce grand homme si capable, La polygamie est un cas, Est un cas pendable. Tous les peuples policés Et bien sensés, Les Français, Anglais, Hollandais, Danois, Suédois, Polonais, Portugais, Espagnols, Flamands, Italiens, Allemands, Sur ce fait tiennent loi semblable, Et l'affaire est sans embarras. La polygamie est un cas, Est un cas pendable." MOLIÈRE, *Monsieur de Pourceaugnac* II, 13. (*Note.*—clair et net = plain *or* clear and straightforward. policés = organized *or* civilized.)

As well be hanged for a sheep as a lamb, Autant vaut être mordu d'un chien que d'une chienne.

Everything hangs on that, Tout dépend de cela, Tout tourne (*ou* roule) sur cela *ou* là-dessus.

His life hangs by a thread, Sa vie ne tient qu'à un fil (*fam*.) *ou*, *fam*., qu'à un souffle.

I find the time hangs on my hands, Je trouve le temps long, Le temps me pèse.

I'll be hanged if . . . , Au diable si . . . (*fam*.), [Que] le diable m'emporte si . . . (*fam*.).

That (*danger, etc*.) is what is hanging over you[r head], Voilà ce qui vous menace *ou*, *fam*., ce qui vous pend au [bout du] nez.

To be well and truly hanged, Être pendu haut et court (*fam*.).

To get the hang of a thing, (*how to do it*) Voir comment s'y prendre, Y être, Saisir le truc (*fam*.) ; (*understand it*) Comprendre [le sens d']une chose, Y être.

To hang about for someone, Faire le pied de grue à attendre quelqu'un (*fam*.).

To hang around soliciting favours, Faire antichambre (*fam*.).

To hang by a thread (*as of a momentous issue*), Ne tenir qu'à un fil (*fam*.).

To hang fire (*of a piece of business*), Traîner, Être mal en train.

To hang on by the skin of one's teeth, Se cramponner en désespéré.

To hang on someone's lips (*listen with rapt attention*), Être suspendu aux lèvres de quelqu'un (*fam*.).

To hang one's head (*be crestfallen at not having succeeded*), Baisser l'oreille *ou* le nez, Avoir (*ou* En sortir avec) un pied de nez, Avoir le nez long (*tous fam.*).

hang. *See also* CREAKING, DOG, HEMP, PEG, ROPE, WORTH. **hanging.** *See also* COAT-TAILS.

ha'pence. *See* KICK.

ha'p'orth. He hasn't a ha'p'orth of sense, Il n'a pas de bon sens pour un sou (*fam.*).

See also TAR.

happen, happening. As if nothing had happened, Comme si de rien n'était.

Don't let it happen again ! Que cela n'arrive plus !, (*par menace*) Que cela vous arrive encore !

It so happened [that] I was there, Le hasard voulut que je fusse là.

That is continually happening, Cela se répète souvent.

The same thing may happen to him again, Il est menacé de la même mésaventure, Il lui en pend autant au nez (*fam.*), Autant lui pend à l'oreille (*fam.*).

Whatever happens, Quoi qu'il arrive *ou* advienne.

happen. *See also* JUST, MAY, MORE. **happening.** *See also* GET 42.

happiness. A life full of happiness and achievement, Des jours filés d'or et de soie.

happy. A happy hunting ground (*fig.*), Un paradis.

[It is a] happy thought, C'est une idée heureuse, C'est bien trouvé.

To be [as] happy as the day is long *or* as a king, Être parfaitement heureux, Être heureux comme un roi (*fam.*). *Quotations under* UNEASY.

To be supremely (*or* blissfully) happy, Se réjouir comme un bienheureux (*fam.*).

To look supremely (*or* blissfully) happy, Avoir l'air d'un bienheureux (*fam.*).

See also BRING, GOOD 11, RETURN, WISH.

happy-go-lucky. A happy-go-lucky fellow, Un insouciant, Un Roger-Bontemps (*fam.*). (*Note.*—It is not known who was the Roger Bontemps referred to in this expression.)

In a happy-go-lucky way, [À la] va comme je te pousse.

harbour. To harbour resentment, Avoir quelque chose sur le cœur.

To harbour resentment against someone for something, Conserver (*ou* Garder) un ressentiment (*ou* Avoir une dent) contre quelqu'un de quelque chose.

hard. By sheer hard work, En fournissant un grand effort, À la force du poignet.

Hard words break no bones, Du dire au fait il y a grand trait.

I was hard by, J'étais tout contre.

It is freezing hard, Il gèle à pierre fendre.

[It is] hard lines [on you], C'est bien malheureux pour vous.

It (*this thing*) is hard to believe, Cette chose ne paraît pas mériter de créance, Ce n'est pas article de foi.

They are hard to find, Il ne s'en trouve pas communément, On n'en trouve pas à la douzaine (*fam.*), Il n'y en a pas treize à la douzaine (*fam.*).

To be [as] hard as a bone *or* as iron (*of a material*), Être dur comme marbre.

To be [as] hard as nails *or* as iron (*of person*), Être dur à la fatigue *ou* à la peine, Avoir des muscles de fer (*fam.*).

To be hard at work, Être en plein travail.

To be hard of hearing, Avoir l'oreille dure, Être dur d'oreille.

To be hard pressed, Être aux abois.

To be hard to kill, Avoir la vie dure, Avoir l'âme chevillée dans le (*ou* au) corps (*fam.*).

To be hard to please, Être difficile à contenter, Être exigeant, Faire la petite bouche, Faire le difficile (*fam.*).

To be hard up, Être à court [d'argent], Être à sec, Être près de ses pièces (*fam.*).

To drink hard, Boire sec.

To have a hard time of it, En voir de dures.

To press (*or* To drive) someone hard, Mener quelqu'un tambour battant, Mener quelqu'un bon (*ou* grand) train, Presser (*ou* Poursuivre) quelqu'un l'épée dans les reins (*tous fam.*).

See also DIE, HEART, HIT, LUCK, NUT, OPPORTUNITY, PUT, RAINING.

hard-bitten. A hard-bitten sailor, Un loup de mer (*fam.*).

harden. Misfortune has hardened his heart, Le malheur lui a endurci le cœur.

To harden one's heart against someone, against something, Fermer son cœur à quelqu'un, à quelque chose.

hardly. *See* BELIEVE, FEATHER, MINUTE, TRUST.

hare. To hold (*or* To run) with the hare and run (*or* hunt) with the hounds, Ménager la chèvre et le chou*, Nager entre deux eaux. *(*Note.*—According to the story, a man had to carry across a stream, with limited boat accommodation, a goat, a cabbage, and a wolf, and so was faced with the alternatives of leaving the goat with the wolf or the cabbage with the goat.)

See also MAD, RUN, TIMID.

hare-brained. He is a hare-brained fellow, C'est un cerveau brûlé (*fam.*).

hark. To hark back to a subject, Ramener la conversation (*ou* Revenir) sur un sujet.

harm. To mean no harm in (*or* by) something, Ne pas (*ou* Ne point) entendre malice à quelque chose : He meant no harm by it, Il n'y entendait point malice.

See also UNDO.

harness. To get back into harness (*fig.*), Reprendre le collier [de misère]. "Le loup ... vit le cou du chien pelé, 'Qu'est-ce là? lui dit-il. — Rien. — Quoi ! rien ? — Peu de chose. — Mais encor ? — Le collier dont je suis attaché De ce que vous voyez est peut-être la cause.'" — LA FONTAINE, *Fables* I, 5. — *Le Loup et le Chien.* "Miex vouldroi-je morir Que, pour mon ventre emplir, Fusse lié par jour : J'ai petit à mengier Mais hors suis de dangier De maistre et de seignour. Qui se met en servage Porte grief hontage." *Ancient version of the fable.* "Un esclave qui jouissait dans le sommeil d'une liberté imaginaire ... craint de se réveiller et conspire avec ses illusions agréables." — DESCARTES, *Méditations* 1.

See also DIE.

harp, harping. To be always harping on the same string *or* To harp (*or* To keep harping) on one string, Chanter (*ou* Réciter) toujours la même antienne *ou* la même litanie *ou* la même chanson, Dire toujours la même chanson, N'avoir (*ou* Ne savoir) qu'une chanson *ou* qu'une note, Rabâcher toujours les mêmes choses, Revenir à ses moutons (*tous fam.*).

Harry. To play Old Harry (= *the devil*), Faire le diable [à quatre] (*fam.*), Faire les cent coups (*fam.*).

See also TOM.

harsh. He is a harsh man, C'est un homme sévère et dur, C'est un mauvais chien (*fam.*).

harvest. *See* WELCOME.

hash. To make a hash of things, Gâter les affaires.

See also SETTLE.

haste. [The] more haste [the] less speed, Plus on hâte, moins on avance, Qui trop se hâte reste en chemin, Ce n'est pas le tout que de courir, il faut partir de bonne heure, Qui veut voyager (*ou* aller) loin ménage sa monture. " Rien ne sert de courir ; il faut partir à point : . . . il (*le lièvre*) laisse la tortue Aller son train de sénateur. Elle (*la tortue*) part, elle s'évertue ; Elle se hâte avec lenteur."—LA FONTAINE, *Fables* VI, 10.—*Le Lièvre et la Tortue*. " Hâtez-vous lentement ; et, sans perdre courage, Vingt fois sur le métier remettez votre ouvrage : Polissez-le sans cesse et le repolissez ; Ajoutez quelquefois, et souvent effacez."— BOILEAU, *L'Art poétique*. (*Note.*— sur le métier = on the stocks, in hand.)

hat. Hat in hand (*servile, servilely*), Chapeau bas.
See also EAT, KNOCK, TALK.

hatch. *See* CHICKEN.

hatchet. To bury the hatchet, Enterrer la hache de guerre, Se donner le baiser de paix, Faire la paix, Se reconcilier.
See also HELVE.

hate. He is the best hated man in the country, C'est la bête noire du pays (*fam.*).

To hate someone, something, like poison, Haïr quelqu'un, quelque chose, comme la peste *ou* à l'égal de la mort. " Je hays plus que poison un homme qui fuyt quand il faut jouer des cousteaux."— RABELAIS I, 39, *Gargantua*. (*Note.*— quand, etc. = when it comes to drawing daggers.) " Si l'effort est trop grand pour la faiblesse humaine De pardonner les maux qui nous viennent d'autrui, Épargne-toi du moins le tourment de la haine ; A défaut du pardon, laisse venir l'oubli. Les morts dorment en paix dans le sein de la terre : Ainsi doivent dormir nos sentiments éteints. Ces reliques du cœur ont

aussi leur poussière ; Sur leurs restes sacrés ne portons pas les mains."—ALFRED DE MUSSET, *La nuit d'octobre*.

hatter. *See* MAD.

haul. *See* COALS.

have, having. I'm, He's, not having any [more] (*slang*) *or* I've, He's, had some (*slang*), Je cours, Il court, encore (*fam.*) (*Quotation under* STAND), Je, Il, ne marche pas (*pop.*), C'est midi sonné (*pop.*), Des navets ! (*pop.*).

That's where I shall have him (*gain advantage over him*), C'est où (*ou* C'est là que) je l'attends.

To be had, Donner dans le piège, Donner dedans (*fam.*).

To have it out, Vider la querelle.

To have several things on at once, Faire marcher (*ou* Mener) plusieurs choses de front.

To have someone on (*slang*), [En] imposer à (*ou* Mystifier) quelqu'un, Mettre quelqu'un dedans (*pop.*), Monter le coup à quelqu'un (*fam.*), Faire voir à quelqu'un des étoiles en plein midi (*fam.*), Le mettre à quelqu'un (*pop.*).

To have too many things on at once, S'occuper de trop de choses en même temps.

Whosoever hath, to him shall be given (*Matthew* xiii, 12. *Luke* viii, 18), On donnera à celui qui a [déjà].

You would have it, Vous l'avez voulu. *Quotation under* BLAME.

have. *See also* ASKING, EAT, LUCK, NOTHING, WAY. (*Note.*—Only particular or isolated uses of *have* are referenced here. For ordinary straight uses, see under the word of outstanding interest, or reference thereunder, *e.g.*, For To have a good time, see under GOOD.)

hawk. To have eyes like a hawk, Avoir des yeux d'aigle.

hay. To make hay while the sun shines, Battre le fer pendant qu'il est chaud.

See also NEEDLE.

haziest. *See* NOTION.

hazy. A hazy intellect, Un esprit nébuleux.

I am very hazy about it, Je n'y vois que du brouillard (*fam.*).

head, heading. Not to be able to make head or tail of an affair, Ne voir (*ou* N'y voir) goutte dans une affaire, N'entendre (*ou* Ne comprendre) goutte à une affaire.

One cannot make (*or* There is no making) head or tail of it, On (*ou* L'esprit) s'y perd, On y perd son latin (*fam.*), On n'y voit que du brouillard (*fam.*), Cela n'a ni queue ni tête (*fam.*), Le diable n'y verrait goutte (*fam.*), C'est la bouteille à l'encre (*fam.*).

They laid (*or* put) their heads together, Ils avaient bien concerté leurs mesures, Ils se concertèrent.

To be a head taller than someone, Avoir la tête de plus que quelqu'un.

To be heading for disaster, Courir à sa perte.

To do something on one's head (*with the utmost ease*) (*slang*), Faire quelque chose en se jouant.

To give someone his head, Lâcher la bride à quelqu'un (*fam.*), Mettre à quelqu'un la bride sur le cou (*fam.*).

To have a good head for business, Avoir l'entente des (*ou* S'entendre aux) affaires.

To have a good head [on one's shoulders] *or* a good head-piece *or* To have one's head screwed on the right way, Avoir la tête solide, Avoir de la tête *ou, fam.,* une bonne caboche.

To have nowhere to lay one's head, N'avoir pas où reposer la tête.

Two heads are better than one, Deux avis valent mieux qu'un.

What put that into your head? Où avez-vous trouvé (*ou* pris) cela?

head. *See also* BEND, BILL, BOW, BURY, CARRY, CIVIL, COALS, COST, DEBT, DRIVE, EATING, EYE, FALL, GET 8, 26, GO 49, GREY, HANG, HANGING, HIT, KEEP, KNOCK, LOST, LOVE, NOOSE, OFF, OLD, PASS, PISTOL, PRISCIAN, RUN, STRONG, SWELL, TAKE, THROW, TROUBLING, TURN, UNEASY, WATER, WORRY, YAWN.

headache. To give someone a headache (*tire him with importunities*), Rompre la cervelle à quelqu'un.

headlong. *See* FALL, RUSH, THROW, TRAP.

heal. Physician, heal thyself, Médecin, guéris-toi toi-même (*Luc* iv, 23).

" C'est l'Evangile, on quel est dict, *Luc*, iv, en horrible sarcasme et sanglante derision, au medicin negligent de sa propre santé : ' Medicin, o, gueriz toymesmes.' " —RABELAIS IV, Prologue de l'auteur, *Pantagruel*. (*Note.*—on = au.)

health. To be in the best (*or* in the pink) of health *or, slang,* in the pink, Se porter à merveille *ou* comme un charme *ou, fam.,* comme le Pont-Neuf.

See also PICTURE, WORRY.

heap. Heaps (*a very large number*), Des mille et des cents (*fam.*).

See also COALS, INSULT, STRIKE.

hear, hearing. He likes to hear himself talk *or* to hear his own voice, Il aime à s'entendre parler, Il s'écoute [parler].

" He that hath (*or* Who hath) (*or* If any man have) ears to hear, let him hear." (*Matthew* xi, 15 & xiii, 9 & xiii, 43. *Mark* iv, 9 & iv, 23 & vii, 16. *Luke* viii, 8 & xiv, 35), " Que celui qui a des oreilles pour ouïr (*ou* pour entendre), entende," " Si quelqu'un a des oreilles pour entendre, qu'il entende."

He was never heard of again, On n'eut plus jamais de ses nouvelles.

He won't hear of that arrangement, Il ne veut pas écouter cette proposition[-là], Il n'entend pas de cette oreille-là.

To condemn, To pass judgment on, someone without a hearing, Condamner, Juger, quelqu'un sans connaissance de cause *ou, fam.*, sur l'étiquette [du sac].

We shall never hear the end of it, On n'entendra jamais la fin de l'histoire.

Who ever heard of such a thing? A-t-on jamais vu [une] chose pareille?, Voilà qui est unique (*fam.*).

You could have heard a pin drop, On aurait entendu voler une mouche, On entendrait une souris trotter.

You're hearing things (*non-existent noises or remarks*), Les oreilles vous cornent.

hear. *See also* ANGEL, DEAF, GOING 14, LAST, NOISE, SIDE, TALE. **hearing.** *See also* HARD, SICK.

hearsay. To learn (*or* To know) (*or* To have) something by (*or* from) hearsay, Savoir quelque chose par ouï-dire, Apprendre quelque chose par la voix de la renommée. " Là je vy, . . ., Herodote, Pline, . . ., et tant d'autres antiques, plus Albert le Jacobin grand, Pierre Tesmoin, . . ., et ne scay combien d'autres modernes historiens cachez derriere une piece de tapisserie, en tapinois escrivans de belles besongnes, et tout par *Ouy dire.*"— RABELAIS V, 31, *Pantagruel.* (*Note.* —vy = vis.)

heart. In one's heart of hearts *or* In one's in[ner]most heart *or* In the in[ner]most recesses of the heart, Au fond du cœur, Dans son for intérieur, Dans les plis et replis (*ou* Dans les détours) du cœur.

" Elle n'est que superficiaire, elle n'entre poinct au profond cabinet de nos cueurs."—RABELAIS I, 46, *Gargantua.* (*Note.*—Elle = It.)

It goes against my heart to say it, to do it, C'est à contre-cœur que je le dis, que je le fais.

To be all heart *or* To have a heart bigger than one's body, Être tout cœur.

To have a heart of stone *or* of flint *or* a stony (*or* a marble) heart *or* a heart of steel *or* To be stonyhearted *or* hard-hearted, Avoir le (*ou* un) cœur de pierre *ou* de roche *ou* de marbre *ou* d'airain *ou* d'acier. " Adieu, rocher, caillou, pierre de taille, et tout ce qu'il y a de plus dur au monde."—MOLIÈRE, *George Dandin* II, 1.

To have one's heart in one's work, Avoir [le] cœur au métier *ou* à l'ouvrage.

To put fresh heart into someone, Redonner du courage à (*ou* Ranimer) quelqu'un, Redonner du cœur au ventre à quelqu'un (*fam.*).

To put heart into someone, Donner du cœur au ventre à quelqu'un.

See also BOOT, BREAK, CONTENT, CRY, DESIRE, EAT, ECHO, FAINT, HARDEN, LIGHT, MOUTH, PIERCE, REJOICE, SEARCH, SET, SLEEVE, STEEL, TAKE, THROW, TIGER.

heartache. To have a heartache (*mental anguish*), Avoir le poignard dans le cœur *ou* dans le sein.

heartbreaking. It is heartbreaking to see . . ., C'est un crève-cœur de voir . . .

heartily. *See* LAUGH.

heartstrings. *See* TUG.

hearty. *See* HALE, WELCOME.

heat. *See* BURDEN.

heave. It makes me, one, heave, Cela soulève le cœur.

To heave a sigh, Tirer des soupirs de ses talons (*fam.*).

See also LAUGHTER.

heaven. The cataracts (*or* The flood-gates) (*or* The windows) of heaven (*poetic*), Les cataractes du ciel.

The courts of heaven (*poetic*), Les célestes parvis.

The vault (*or* The roof) (*or* The canopy) (*or* The floor) of heaven (*poetic*), La voûte du ciel *ou* des cieux, La voûte céleste, La calotte des cieux, Les célestes lambris.

To be in the seventh heaven [of delight], Être ravi au troisième (*ou* au septième) ciel, Être aux anges. " Et print fin ce premier bal en tant grande allegresse, gestes tant plaisans, maintien tant honneste, graces tant rares, que nous fusmes tous en nos esprits rians comme gens ecstatiques, et non à tort nous sembloit que nous fussions trans-portez es souveraines delices et derniere felicité du ciel Olympe." RABELAIS V, 25, *Pantagruel*. (*Note.* —print = prit. es = aux.)

To come as if sent from heaven (*of persons or things*), Tomber du ciel.

To have a foretaste of heaven, Voir les cieux ouverts.

See also FORTUNE, KISS, MOVE, WITNESS.

heavenly. *See* HOME.

heavy. Time lies heavy on my hands, Le temps me pèse, Je trouve le temps long.

To do the heavy (*slang*), Faire du volume (*fam.*).

To have a (*or* To rule with a) heavy hand *or* To be heavy-handed, Avoir la main dure.

heel. To be at someone's heels (*following him about*), Être aux trousses de quelqu'un.

To bring someone to heel, Mater quelqu'un, Mettre quelqu'un au pas (*fam.*).

To cool (*or* To kick) one's heels [on the doorstep] *or* To cool one's heels waiting for someone, Se morfondre, Droguer, Croquer le marmot, Compter les clous de la porte, Faire le pied de grue à attendre quelqu'un (*tous fam.*).

To drag someone at one's heels (*fig.*), Jeter le grappin sur quel-qu'un (*fam.*).

To take to one's heels *or* To show a clean pair of heels, Jouer des jambes, Prendre ses jambes à son cou, Gagner au pied, Montrer les talons, Tirer ses chausses *ou* ses grègues, Jouer de l'escarpin, Les mettre, Se donner de l'air (*tous fam.*).

To tread on someone's heels (*follow closely after him*), Marcher sur les talons de quelqu'un (*fam.*).

To turn on one's heels and go, Tourner les talons (*fam.*).

hefty. He is a hefty chap, C'est un gaillard bien découplé (*fam.*).

height. It is the height of absurdity, C'est le comble du ridicule.

It is the height of impertinence, C'est se moquer du monde *ou* des gens.

To be at its height (*in full swing*), Battre son plein.

See also ATTAIN.

hell. He is a hell-hound, C'est un tison d'enfer *ou*, *fam.*, un suppôt de Satan.

It is hell let (*or* broke) loose, C'est le diable déchaîné (*fam.*).

It's a hell upon earth, C'est une [vraie] galère (*fam.*).

She is a hell-cat, C'est un tison d'enfer.

[The road to] hell is paved with good intentions *or* with good resolutions, L'enfer est pavé de bonnes intentions.

See also GO 32, 48, KICK.

help. God help him, her, you, Dieu lui, vous, soit en aide.

God helps those who help themselves, " Aide-toi, le ciel t'aidera " (LA FONTAINE, Fables VI, 18, *Le Chartier embourbé*), À toile ourdie Dieu envoie le fil (*proverbe*).

That won't help you, Cela n'amen-dera pas votre marché.

To help someone out (*of a difficulty, an embarrassment*), Aider quelqu'un à sortir (*d'une situation embarrassante*), Tendre la perche. With God's help, Dieu aidant.

help. *See also* APPEAL, CRY, DO, LITTLE, PRECAUTION, PRESENT, SOME. **helping.** *See* HAND.

helpless. *See* RENDER.

helve. Don't throw the helve after the hatchet, Il ne faut pas jeter le manche après la cognée.

he-man. A real he-man, Un homme viril, Un beau mâle.

hemp. One must not mention hemp in the house of one who has been hanged, Il ne faut point parler de corde dans la maison d'un pendu.

hence. *See* GO 44.

hen-witted. She is a hen-witted woman, C'est une tête sans cervelle.

here. Here I am and here I stick, J'y suis, j'y reste.

To be here (*on the spot*), Être ici, Être tout porté : Stay to dinner, now you are here, Restez ici à dîner, vous voilà tout porté.

To be here, there, and everywhere, Se multiplier.

We are here to-day and gone to-morrow, On ne sait qui vit ni qui meurt. " Oncq' home n'eut les Dieux tant bien à main Qu'asceuré feust de vivre au lendemain."—RABELAIS III, 2, *Pantagruel*. (*Note.* —Oncq' home = Jamais homme.) *See also* BELOW, GO 11, LOOK 11.

heresy. To savour of heresy, Être soupçonné d'hérésie, Sentir le fagot.

heroic. To indulge in heroics, Monter sur ses grands chevaux.

To talk in the heroic style, Emboucher la trompette.

herring. *See* FISH, SPRAT.

hide. To hide one's talent in the earth *or* one's light (*or* candle) under a bushel *or* under a bed (*Matthew* xxv, 25. *Mark* iv, 21. *Luke* viii, 16), Enfouir son talent.

See also TRUTH.

hiding. To give someone a good hiding, Administrer une raclée (*pop.*) (*ou, pop.*, Donner une danse) à quelqu'un.

See also ASKING.

high. It is high time to . . ., [that] . . ., Il est grand temps de . . ., que . . ., Il s'agit bien de . . .

To be held in high esteem, Être fort considéré, Tenir le haut bout.

To be [very] high and mighty with (*or* towards) someone, Le prendre [de] haut (*ou* de bien haut) (*ou* de très haut) avec quelqu'un.

To have a high colour (*florid complexion*), Être haut en couleur.

To have a high old time, Faire la noce (*pop.*).

To treat someone in a high and mighty way, Traiter quelqu'un du (*ou* de) haut en bas.

To treat someone with a high hand, Mener quelqu'un tambour battant, Mener (*ou* Faire aller) quelqu'un bon (*ou* grand) train (*tous fam.*).

See also AIM, CARRY, FEATHER, FLY, HORSE, HUNT, SHOULDER, STAKE, SUCCESS, WORD.

higher. *See* FLY.

highest. The highest type of beauty, of perfection, Le beau idéal.

high-flown. To adopt a high-flown style, Emboucher la trompette.

Highlander. *See* BREEKS.

highly. To be thought highly of, Être porté par l'opinion.

To value someone highly, Tenir à quelqu'un.

Highness. *See* CALL.

high-sounding. To use high-sounding phrases, Faire des phrases : We, I, have had enough of [high-sounding] phrases, Ne faites donc pas tant de phrases.

hill. To look up hill and down dale (*or* over hill and dale) for someone, Chercher quelqu'un par monts et par vaux.

See also OLD.

hilt. To prove an assertion up to the hilt, Démontrer invinciblement une assertion.

himself. Every man (*or* Everyone) for himself [and the devil take the hind[er]most], Chacun pour soi et Dieu pour tous, Sauve qui peut.

hind. *See* TALK.

hinder. *See* PRECAUTION.

hind[er]most. *See* HIMSELF.

hint. To be able to take a hint, Savoir ce que parler veut dire.

To hint at something, Jeter des propos de quelque chose.

To take a hint, Entendre à demi-mot.

With covert hints, À mots couverts.

hip. To smite someone hip and thigh, Battre quelqu'un à plate couture (*fam.*). " Et il les battit dos et ventre, et en fit un grand carnage." (*Juges* xv, 8), " And he smote them hip and thigh with a great slaughter." (*Judges* xv, 8).

hire. *See* WORTHY.

history. History repeats itself, L'histoire se répète. " Autrefoys est il advenu ; advenir encores pourroit."—RABELAIS III, *Pantagruel*, Prologue de l'autheur.

See also KNOW 22.

hit. To be hit (*sensibly affected*), Être touché, En tenir.

Hit or miss, Au petit bonheur.

That's a hit at so-and-so, C'est à l'adresse d'un tel.

They no longer hit it off together (*are no longer friends*), Ils ne peuvent plus s'accorder, Leurs chiens ne chassent plus ensemble (*fam.*).

To be a hit, Prendre, Faire fortune.

To be hard hit (*fig.*), En avoir [dans l'aile] (*fam.*), Avoir du plomb dans l'aile (*fam.*).

To hit back, Rendre coup pour coup.

To hit it off excellently with each other, Vivre en parfaite intelligence, *also*, but only of man and woman. Vivre [ensemble] comme Robin et Marion.

To hit someone back (*fig.*), Rendre la pareille (*ou, fam.*, le change) à quelqu'un, Ne pas demeurer en reste avec quelqu'un.

To hit upon the right plan, Trouver la meilleure façon de prendre l'affaire, Trouver le joint (*fam.*).

You've hit it *or* You have hit the nail on the head, Vous avez mis le doigt dessus, Vous dites là le mot, Vous y êtes.

See also BELT, DOWN, HOME, MARK, T.

Hobson. It is [a case of] Hobson's choice, C'est à prendre ou à laisser, C'est la carte forcée.

hog. To go the whole hog, Aller jusqu'au bout, N'y pas aller de main morte.

hoise. *See* PETARD.

hold. He had better by half have held his tongue, Il a manqué une belle occasion de se taire.

The same holds good (*or* true) as regards you, Il en est de même pour vous.

This law, This treaty, still holds good, Cette loi, Ce traité, subsiste encore.

To hold one's tongue *or* one's peace, Tenir sa langue, Se taire.

To hold out for (*not to give way on*) a trifle, a mere trifle, Se tenir à peu [de chose], Se tenir à rien.

To hold up someone, something, to ridicule *or* to derision, Tourner quelqu'un, quelque chose, en ridicule *ou* en dérision, Se moquer de quelqu'un, de quelque chose.

Where did you get hold of that? Où avez-vous pêché cela ? (*fam.*).

hold. *See also* ALOOF, APPLE, BRIEF, CANDLE, CARD, CHEAP, CHECK, FINE, GRIM, HARE, HIGH, INDUCEMENT, KEEP, LAUGHTER, LEASH, LOOSEN, MORROW, NOSE, OBLOQUY, OWN, PISTOL, PURSE-STRINGS, RIGHT, RUSHLIGHT, TIGHT, UNEVEN, WATER, WOLF, WRONG. **holding.** *See* KEEP.

hole. A big hole has been made in his purse (*fig.*), C'est une grande saignée qu'on a faite à sa bourse.

It's a wretched hole of a place, C'est un vrai trou *ou*, *fam.*, un [vrai] nid à rats.

To be (*or* To find oneself) in a hole, Être (*ou* Se trouver) dans l'embarras *ou*, *fam.*, dans un bourbier *ou*, *pop.*, dans le pétrin.

To make a hole in one's fortune (*said of large expenditure*), Ébrécher son avoir.

See also BURN, DEAD-AND-ALIVE, PEG, PICK, WATER.

holiday. *See* COUNTRY.

hollow. *See* BEAT, PEACE, SOUND, TOOTH.

holy. He is a holy terror, (*formidable opponent*) C'est un rude adversaire *ou*, *fam.*, un rude jouteur *ou*, *fam.*, un dur à cuire ; (*bore*) C'est un, mon, cauchemar ; (*embarrassing child*) C'est un enfant terrible.

Holy Writ, L'Écriture sainte. " Les auteurs de la saincte escripture, comme monseigneur sainct Luc mesmement, et sainct Matthieu." —RABELAIS II, 1, *Pantagruel.*

home. " Be it ever so humble, there's no place like home " (J. HOWARD PAYNE), Il n'y a pas de petit chez-soi, À chaque oiseau son nid est beau.

Make yourself at home, Faites comme chez vous ; (*ironically, to someone inconveniencing others*) Ne vous gênez pas.

Our heavenly home (*poetic*), La céleste patrie.

There's no place like home (*after having travelled much*), Un lièvre va toujours mourir au gîte.

To be at home, Être à la maison, Être chez soi, Être visible, Y être : Is Madam at home ? Madame y est-elle ? Madame est-elle visible ? I am at home to nobody *or* am not at home to anybody, Je n'y suis pour personne.

To be [perfectly] at home with (*or* on) (*or* in) a subject, Être ferré [à glace] sur un sujet (*fam.*).

To find nobody at home, Trouver porte close, Trouver visage de bois (*fam.*), Se casser le nez (*fam.*).

To go (*or* To strike) (*or* To hit) home, Aller (*ou* Arriver) à son adresse, Frapper juste, Porter [coup] : The shaft (*of ridicule, of satire*) struck (*or* went) home, Le trait est arrivé (*ou* est allé) à son adresse. It struck home *or* That was a home-thrust, Le coup a porté.

To have a home of one's own, Avoir un chez-soi. When I have a home of my own, Quand j'aurai un chez-moi. When you have a home of your own, Quand vous aurez un chez-vous. He now has a home of his own, Il a maintenant un chez-lui. " Tu gardas les troupeaux, mais c'étaient ceux d'un roi ; Je n'aime les moutons que quand ils sont à moi. L'arbre qu'on a planté rit plus à notre vue. Que le parc de Versaille et sa vaste étendue."— VOLTAIRE, *À Madame Denis.*

To hope to return home (*to one's own country*), Avoir l'esprit de retour.

To make a home thrust, Piquer au vif.

To make oneself at home, Faire comme chez soi.

To strike for home, Se diriger (*ou* Diriger sa course) vers sa maison.

See also CHARITY, COME 33, 35, FEEL, HOUSE, LINEN, NOTHING, ROOST, TRUTH.

Homer. *See* NOD.

Homeric. Homeric laughter, Un rire homérique. " Malgré son noir souci, Jupiter et le peuple immortel rit aussi. Il en fit des éclats, à ce que dit l'histoire, Quand Vulcain, clopinant, lui vint donner à boire."—LA FONTAINE, *Fables* XII, 12.—*Le Roi, le Milan et le Chasseur.* (*Note.*—souci = sourcil.)

honest. Honest Injun (*as true as true can be*), Vrai de vrai.

To be honest about it (*to admit it, not to quibble about it*), Être de bon compte (*fam.*), Ne pas chicaner.

honesty. Honesty is the best policy, C'est avec la bonne foi qu'on va le plus loin. —

honey. To be all honey (*of persons*), Être tout sucre et tout miel (*fam.*).

Honeyed words, Des paroles emmiellées.

honour. Honour bright, Sans mentir, Bon jeu, bon argent, J'en mettrais ma main au feu *ou* au billot, J'en donnerais ma tête à couper. " Je me donne à cent mille panerées de beaulx diables, corps et ame, trippes et boyaulx, en cas que j'en mente." —RABELAIS, *Pantagruel*, Prologue de l'auteur.

Honour to whom honour is due, À tous seigneurs tous honneurs, À tout seigneur tout honneur.

There is honour among thieves, Les loups ne se mangent pas entre eux.

To be in honour bound to do something, Être engagé d'honneur à faire quelque chose.

To be lost to all sense of honour, N'avoir ni humeur ni honneur.

To be on one's honour, Se piquer d'honneur.

See also BREACH, CROWN, FULL.

honourable. *See* INTENTION.

hoof. To show the cloven hoof, Avoir le pied fourchu, Montrer (*ou* Laisser passer) (*ou* Laisser percer) le bout de l'oreille *ou* un bout d'oreille (*tous fam.*). *Quotation under* SKIN.

hook. By hook or by crook, De façon ou d'autre, De bric et de broc (*fam.*), [Tant] de bond que de volée (*fam.*).

hoot. *See* CARE.

hop. To hop it (*slang*), Les mettre (*pop.*).

To hop the twig (*slang*) *or*, *slang*, the stick (*die*), Lâcher la perche *ou* la rampe, Passer le pas, Casser sa pipe (*tous pop.*).

To just hop over to such [or such] a place, Faire un bond (*fam.*) (*ou*, *fam.*, Donner un coup de pied) jusqu'à tel [ou tel] endroit.

hopping. *See* MAD.

hope. I live in hopes (*of such or such a thing coming to pass*), C'est mon espoir. " Hier était laid, aujourd'hui n'est pas beau, mais demain . . . et la vie se passe."—LÉVIS.

I [sincerely] hope so, Je l'espère [bien].

There is no hope [of salvation, of success], Point de salut.

To live on hope, Vivre d'espérance.

What a hope, Fiez-vous-y (*ironiquement*), Bien fou qui s'y fie.

See also COME -4, EXTRAVAGANT, HOME, LIFE, ROOM, SPRING, VAIN.

hopeless. It is a hopeless case (*the patient's life is despaired of*), C'est un malade condamné *ou* abandonné, (*if a woman*) une malade condamnée *ou* abandonnée.

See also MUDDLE.

horn. To draw in one's horns, Rentrer les cornes, En rabattre, Mettre de l'eau dans son vin (*tous fam.*).

To take the bull by the horns, Attaquer (*ou* Prendre) le taureau (*ou* le bœuf) (*ou* la bête) par les cornes (*tous fam.*).

hornet. To stir up a hornet's nest *or* To bring a hornet's nest about one's ears (*fig.*), Fâcher une ruche, Mettre le feu aux poudres. " Comme, en proverbe, l'on dict irriter les freslons, mouvoir la Camarine, esveiller le chat qui dort."—RABELAIS III, 14, *Pantagruel*. (*Note.*—la Camarine was a marsh in Sicily. *Movere Camarinam* = To stir up the mire (*which should be left alone*). esveiller, etc. = to rouse the sleeping lion.)

horse. It is a good horse that never stumbles *or* The best horse will stumble sometimes, Il n'y a (*ou* Il n'est) si bon cheval qui ne bronche, Il n'y a si bon charretier qui ne verse.

One should not look a gift horse in the mouth, À cheval donné on ne regarde pas à la bride.

To ride (*or* To mount) the high horse, Monter sur ses grands chevaux, Être monté sur des échasses.

You may take a horse to the water, but you can't make him drink, On ne saurait faire boire un âne s'il n'a soif *ou* un âne qui n'a pas soif.

See also BACK, CART, DARK, DRAG, EAT, FLOG, SENSE, STABLE-DOOR, STRONG, SWOP, TALK, TELL, WISH, WORK.

horseplay. (*Let us have*) No horseplay, Jeu[x] de main, jeu[x] de vilain.

host. *See* RECKON.

hot. He'll get it hot, Il la dansera.

He's hot stuff (*a vigorous fellow*) (*slang*), C'est un rude (*ou* un fameux) lapin (*pop.*).

It is [as] hot there as [in] an oven, Il y fait chaud comme dans un four (*fam.*), C'est une étuve (*fam.*).

To be all hot and bothered, Être désorganisé, Être en digue-digue (*pop.*).

To be hot-tempered, Être prompt à se mettre en colère, Être colère, Avoir la tête près du bonnet (*fam.*).

To be in, To get into, hot water, Être, Se mettre, dans de beaux (*ou* dans de vilains) draps.

To blow hot and cold, Souffler le chaud et le froid, N'être ni chair ni poisson (*fam.*). " Ne plaise aux dieux que je couche Avec vous sous le même toit ! Arrière ceux dont la bouche Souffle le chaud et le froid ! " —LA FONTAINE, *Fables*, V, 7.—*Le Satyre et le Passant.*

To come over (*or* To get) all hot and bothered, Perdre la carte (*fam.*),

Être comme une poule qui a couvé des œufs de cane (*fam.*).

To give it back hot [and strong] to someone (*avenge oneself promptly*, *reply forcibly and promptly*), Le rendre tout chaud (*ou, fam.,* Le rendre chaud comme braise) à quelqu'un.

To make it hot for someone, Donner [bien] du fil à retordre à quelqu'un (*fam.*).

See also AIR, AMOUNT, BURNING, CAT, LITTLE, SELL, STRIKE.

hothouse. It is a hothouse plant (*hastily developed intellect*), C'est un fruit de serre chaude.

hound. *See* HARE.

hour. *See* IMPROVE, PURCHASE, RECKONING, TOPIC, TRYSTING, WHILE.

house. A man's house (*or, in England,* An Englishman's house) is his castle, Le charbonnier est maître dans sa maison, Charbonnier (*ou* Chacun) est maître chez soi. *Note.* —François I, having lost his way during a hunt, took refuge in a charcoal burner's hut. The charcoal burner, not knowing who his guest was, took the best place at table, saying : "Or, par droit et par raison, Chacun est maître en sa maison.")

He has eaten his parents, his relations, out of house and home (*fig.*), Il a plus dépensé (*ou* plus coûté) qu'il n'est gros (*fam.*).

To have a house of one's own, Avoir une maison à soi, Avoir pignon sur rue (*fam.*).

To have neither house nor home, N'avoir ni feu ni lieu.

See also BRING, CARD, GLASS, OPEN, SET.

housetop. To proclaim something from the housetops, Crier (*ou* Publier) quelque chose sur les toits (*fam.*). " Ce que vous aurez dit à l'oreille dans les chambres, sera prêché sur les maisons."

(*Luc* xii, 3), " That which ye have spoken in the ear in closets shall be proclaimed upon the housetops." (*Luke* xii, 3.)

housewarming. To give a housewarming, Pendre la crémaillère.

To go to someone's housewarming, Aller pendre la crémaillère chez quelqu'un.

how. *See* DARE, KNOW 27, 28, SMALL, STRANGE, TRUE.

how-d'ye-do. Here's a fine how-d'ye-do, En voici une affaire (*fam.*), En voilà des histoires (*fam.*).

There will be a fine how-d'ye-do, if such a thing happens, Nous en verrons de belles, si tel événement se réalise (*fam.*).

hue. To raise a hue and cry against someone, Élever un tollé contre quelqu'un, Crier haro sur quelqu'un (*fam.*), Sonner le tocsin contre (*ou* sur) quelqu'un (*fam.*).

huff. To take huff *or* To be in a huff, Se piquer, Prendre la mouche (*fam.*).

hug. To hug one's chains, Se plaire dans (*ou* Aimer) sa chaîne.

To hug the wall, Raser les murs.

huge, hulk. He is a huge man *or* He is a hulk, C'est un homme énorme *ou*, *fam.*, un [gros] bœuf.

hum, humming. Things are humming *or* are beginning to hum, L'action devient vive, Ça chauffe (*fam.*). I will start the fight, and then things will [begin to] hum, J'engagerai la lutte, et puis fouette cocher.

To make things hum, Mener rondement les affaires.

human. We are only human, Il y a (*ou* Il se mêle) toujours de l'homme dans nos actions. " Montrer que c'est à tort que sages on nous nomme, Et que dans tous les cœurs il est toujours de l'homme." —MOLIÈRE, *Le Misanthrope* V, 7.

See also ALLOWANCE, MILK, WEAKNESS.

humanity. *See* SPECIMEN.

humble. To be born, To live, in humble surroundings, Être né, Habiter (*ou* Vivre), sous le chaume. " Il était un roi d'Yvetot Peu connu dans l'histoire, Se levant tard, se couchant tôt, Dormant fort bien sans gloire, Et couronné par Jeanneton D'un simple bonnet de coton, Dit-on. Oh ! oh ! oh ! oh ! ah ! ah ! ah ! ah ! Quel bon petit roi c'était là ! La, la. Il faisait ses quatre repas Dans son palais de chaume, Et sur un âne, pas à pas, Parcourait son royaume. Joyeux, simple et croyant le bien, Pour toute garde il n'avait rien Qu'un chien. Oh ! oh ! oh ! oh, etc. Il n'avait de goût onéreux Qu'une soif un peu vive ; Mais en rendant son peuple heureux, Il faut bien qu'un roi vive. . . . Il n'agrandit point ses États, Fut un voisin commode, Et, modèle des potentats, Prit le plaisir pour code. Ce n'est que lorsqu'il expira Que le peuple qui l'enterra Pleura. Oh ! oh ! oh ! oh ! etc."—PIERRE DE BÉRANGER, *Le Roi d'Yvetot*. (*Note.*—This poem was written in 1813 in contrast with the pomp and circumstance of the reign of Napoleon I. Jeanneton = Jenny, a serving wench. Il faisait ses quatre repas = He lived well.)

To eat humble pie, Avaler des couleuvres. En rabattre (*fam.*), Filer doux (*fam.*). (*Note.*—humble pie was a pie made of the humbles *or* umbles *or* numbles [entrails] of deer : formerly served to huntsmen and servants at a hunting feast.)

See also HOME.

humbler. The humbler classes, Le menu peuple.

humour. *See* DRY, SAVING.

Humphrey. *See* DINE.

hundred. *See* MILE.

hunger. Hunger is the best sauce, Il n'est sauce (*ou* Il n'est chère) que d'appétit, La faim (*ou* L'appétit) assaisonne tout.

See also SLEEP.

hungry. It's no use preaching to a hungry man, Ventre affamé n'a point d'oreilles. " ' Je m'en vais vous en dire une chanson si belle Qu'elle vous ravira : mon chant plaît à chacun.' Le milan alors lui réplique : ' Vraiment, nous voici bien ! lorsque je suis à jeun, Tu me viens parler de musique ! — J'en parle bien aux rois. — Quand un roi te prendra, Tu peux lui conter ces merveilles : Pour un milan, il s'en rira.' Ventre affamé n'a point d'oreilles."—LA FONTAINE, *Fables* IX, 18.—*Le Milan et le Rossignol.* " L'estomach affamé n'a point d'aureilles, il n'oyt goutte."—RABELAIS IV, 63 *Pantagruel.* (*Note.*—n'oyt (= n'oit, from ouïr) goutte = hears nothing.)

To be ravenously hungry *or* To be [as] hungry as a wolf *or* as a hunter, Avoir une faim de loup *ou* une faim canine, Avoir un appétit de loup *ou* de cheval. " Le jeune seulement ne nous vient à propous, car nous avons tant et trestant par la marine jeuné que les araignes ont faict leurs toiles sus nos dens."—RABELAIS IV, 49, *Pantagruel.* (*Note.*—Le jeune = Le jeûne = Fasting. propous = propos. trestant = si fort = so hard. par la marine = while at sea. dens = dents.)

To go hungry (*there being nothing to eat*), Souffrir de la faim, Se brosser [le ventre] (*fam.*).

hunt. To hunt high and low for something, Chercher quelque chose depuis la cave jusqu'au grenier (*fam.*).

See also HARE, HUNTER. **hunting.** *See* HAPPY.

hunter. Better be hunter than hunted, Il vaut mieux être marteau qu'enclume.

See also FORTUNE, HUNGRY, POT.

hurl. *See* GAUNTLET, INSULT.

hurry. He won't come back here in a hurry, Il ne reviendra pas ici de sitôt.

There is no immediate hurry, Il n'y a pas péril en la demeure.

To be in a hurry (*over-anxious to get on in the world*), Avoir l'appétit ouvert de bon matin : He is a young man in a hurry, C'est un jeune homme qui a l'appétit ouvert de bon matin.

hurt. He cries out before he is hurt, [Il ressemble aux anguilles de Melun,] il crie avant qu'on l'écorche (*fam.*).

See also AMUSE, FRIGHTEN, ONCE, TRUTH.

hustle. To hustle a thing on, Mener (*ou* Faire) une chose tambour battant (*fam.*).

To hustle a thing through, Mener rondement une affaire (*fam.*).

I

i. *See* DOT.

ice. To break the ice (*fig.*), Rompre la glace (*fam.*).

To cut no ice, Demeurer sans effet, Ne faire aucune impression.

See also SKATING.

idea. *See* CRAZY, GET 26, REMOTEST, RUNNING.

ideally. The ideally beautiful, Le beau idéal.

identity. To make known (*or* To announce) one's identity, Se faire connaître.

idiot. The village idiot, L'innocent du village.

idle. " For Satan finds some mischief still for idle hands to do." (ISAAC WATTS, *Divine Songs*), L'oisiveté est [la] mère de tous les vices.

In my idle moments, À mes moments perdus.

It is idle to discuss it when . . ., Il y a chose jugée quand . . .

See also CURIOSITY, STAND, WHILE.

idleness. *See* BREAD.

idly. *See* STAND.

if. If ifs and ans* were pots and pans, there'd be no use for tinkers, Avec des si, on mettrait Páris dans une bouteille. (**Note.*—an (*archaic*) = if, *as,* an you will.)

ignorance. The darkness (*or* The night) of ignorance, Les ténèbres de l'ignorance.

To plead ignorance, Alléguer l'ignorance, Prétendre cause d'ignorance.

To pretend (*or* To feign) ignorance (*of a happening*), Affecter l'ignorance, Faire la bête.

Where ignorance is bliss 'tis folly to be wise, Il fait bon vivre et ne rien savoir, on apprend toujours, Qui rien ne sait, de rien ne doute. " J'aime à vivre aisément ; et, dans tout ce qu'on dit, Il faut se trop peiner pour avoir de l'esprit ; C'est une ambition que je n'ai point en tête. Je me trouve fort bien, ma mère, d'être bête ; Et j'aime mieux n'avoir que de communs propos, Que de me tourmenter pour dire de beaux mots."— MOLIÈRE, *Les Femmes savantes* III, 6.

" Quant à moi, si j'avais suivi ma première vocation, et que je n'eusse ni lu ni écrit, j'en aurais sans doute été plus heureux. Cependant, si les lettres étaient maintenant anéanties, je serais privé du seul plaisir qui me reste. C'est dans leur sein que je me console de tous mes maux, c'est parmi ceux qui les cultivent que je goûte les douceurs de l'amitié, et que j'apprends à jouir de la vie sans craindre la mort."—JEAN-JACQUES ROUSSEAU, *Réponse à Voltaire.*

ill. Ill got, ill gone, Biens mal acquis ne profitent jamais, Argent d'autrui nul n'enrichit, Ce qui vient de la flûte s'en retourne au tambour, Ce qui vient avec le flot s'en retourne avec la marée. " Car les choses mal acquises mal deperissent."—RABELAIS, III, 1, *Pantagruel.*

It goes ill with me, Les choses ont mal tourné pour moi.

It is an ill wind that blows nobody good, À quelque chose malheur est bon.

To be ill at ease, Être mal à l'aise *ou* mal à son aise, Être gêné dans les entournures.

To bear someone ill will, En vouloir à quelqu'un.

To feel ill, Être mal à son aise, Être mal en train.

To speak ill of someone, Médire de quelqu'un, Habiller quelqu'un [de toutes pièces] (*fam.*), Casser du sucre sur la tête (*ou* sur le dos) de quelqu'un (*fam.*).

See also AUGUR, DESPERATE, DOG, INTENT, INTENTION, LUCK, MONEY, NEST, NEWS, OMEN, TOOL, WEED.

ill-assorted, ill-matched. They are an ill-assorted pair *or* an ill-matched couple (*husband and wife or partners*) ; *also* They are an ill-assorted set (*partners*), Ils ne s'accordent pas, C'est une charrette (*ou* une charrue) mal attelée.

illness. *See* FEIGN.

illusion. To keep up the illusion, Garder les apparences.

image. He is the very image of his father, Il est la véritable image de son père, C'est son père tout craché (*fam.*).

It is his very image (*there is a strong physical or moral resemblance between them*), C'est son vrai portrait, C'est son portrait tout craché (*fam.*).

See also CLAY.

imagination. You are drawing on your imagination, Vous vous imaginez

cela, Vous inventez, Vous tirez de votre cru (*fam.*).
See also WANDER.

imagine. I can very well imagine it, Je l'imagine bien, Je me le représente bien, Je le vois d'ici (*fam.*).
You can imagine the rest, Vous devinez le reste.

imbibe. To imbibe a doctrine, principles, etc., in early years, Imbiber de bonne heure (*ou* Sucer avec le lait) une doctrine, des principes, etc.

imbue. *See* IMPORTANCE.

immediate. *See* HURRY.

immemorial. *See* TIME.

impair. Our cordiality is somewhat impaired, Nous sommes en délicatesse.

impatience. He is all impatience to be up and doing, Il est fort impatient (*ou* Il grille) d'agir, Les mains lui brûlent (*fam.*).
He is beginning to show signs of impatience, Il commence à s'impatienter, La moutarde lui monte au nez (*fam.*).
See also BURN.

impertinence. A piece of impertinence, Une impertinence.
See also HEIGHT.

importance. To be imbued (*or* filled) with [a sense of] one's own importance, Être pénétré (*ou* Avoir l'air pénétré) de son importance.
To attach importance to something, Faire cas (*ou* état) de quelque chose.
See also FIRST, OVER-ESTIMATE, SWELL.

impose. To impose [up]on someone, En faire accroire (*ou*, *fam.*, La bailler bonne) à quelqu'un.

impossibility. No one can do impossibilities, À l'impossible nul n'est tenu.
That is attempting impossibilities, C'est tenter l'impossible, C'est vouloir prendre (*ou* On prendrait plutôt) la lune avec les dents (*fam.*).

impossible. He doesn't know the meaning of the word impossible, Il ne trouve rien d'impossible, Rien ne lui coûte.
To attempt the impossible, Tenter l'impossible, Chercher le mouvement perpétuel (*fam.*), Chercher la quadrature du cercle (*fam.*).

impression. First impressions are best, Le premier mouvement et toujours le bon *ou* le meilleur.
Not to betray one's first impressions, Sauver le premier coup d'œil.
To give (*or* To make) a bad impression, Marquer mal.

improve. To improve on acquaintance, Gagner à être connu, Être bon à l'user (*fam.*).
To improve the occasion *or* the shining hour, Profiter de l'occasion.

improvement. *See* ROOM.

impudence. *See* BRAZEN.

impudent. *See* FACE.

impulsively. To act impulsively, Agir de façon impulsive, Faire un coup de tête (*fam.*).

impunity. He is not to be defied with impunity, Il ne se laisse pas attaquer impunément, Qui s'y frotte, s'y pique.

in. To know [all] the ins and outs of an affair, Avoir une parfaite connaissance (*ou*, *fam.*, Savoir le fonds et le tréfonds) (*ou*, *fam.*, Savoir tous les tenants et aboutissants) d'une affaire.
See also DAY, KNOW 22, NEWS, RUNNING, SEASON, YEAR.

incarnate. *See* DEVIL.

inch. Give him an inch and he'll take an ell, Si on lui en donne long comme le doigt, il en prend long comme le bras, Donnez-lui (*ou* Laissez-lui) un pied, il en prendra quatre. " Ce qu'on donne aux méchans, toujours on le regrette . . . Laissez-leur prendre un pied chez vous, Ils en auront bientôt pris quatre."—LA FONTAINE, *Fables* II, 7.—*La Lice et sa Compagne.*

He doesn't budge an inch (*is standing there stock-still*), Il ne bouge pas plus qu'un terme.

Inch by inch (*progression*), Pied à pied.

This man never gives way an inch (*is inexorable*), Cet homme ne recule jamais d'une semelle *ou*, *fam.*, est raide comme une barre de fer *ou*, *fam.*, est une barre [de fer].

To kill someone by inches (*fig.*), Faire mourir quelqu'un à petit feu.

Without budging an inch, De pied ferme.

See also BEAT, DEATH, DISPUTE.

incline. *See* FEEL.

income. To anticipate one's income *or* To spend one's income in advance, Anticiper sur ses revenus, Dépenser son revenu d'avance, Manger son blé en herbe (*fam.*) *ou*, *fam.*, en vert. " Abastant boys, bruslant les grosses souches pour la vente des cendres, prenant argent d'avance, achaptant cher, vendant à bon marché, et mangeant son bled en herbe."—RABELAIS III, 2, *Pantagruel*. (*Note.*—Abastant boys = Abattant bois. achaptant = achetant.)

increase, increasing. To go on increasing *or* To be on the increase, Aller croissant, Ne faire que croître et embellir.

indeed. *See* FRIEND, YES.

indescribable. An indescribable something, Un je ne sais quoi. " Nous retournans à nos navires, je vis derriere je ne sçay quel buysson, je ne sçay quelles gens faisans je ne sçay quoy, et je ne sçay comment, aiguisans je ne sçay quel ferremens, qu'ils avoient je ne sçay où, et ne sçay en quelle manière."—RABELAIS V, 9, *Pantagruel*. (*Note.*—ferremens = weapons.)

Indian. In Indian file, En file indienne, À la queue leu leu.

The Indian summer, L'été de la Saint-Martin.

indifference. It is a matter of complete indifference to me, C'est une chose à laquelle je suis complètement indifférent, Cela ne me fait ni chaud ni froid (*fam.*).

indirect. To go about a thing in an indirect way, Prendre une chose de biais.

indiscretion. Youthful indiscretions, Les écarts de la (*ou* Les péchés de) jeunesse.

individuality. To have the stamp of individuality, Avoir du cachet (*fam.*).

inducement. To hold out an inducement to someone to do something, Faire miroiter aux yeux de quelqu'un un avantage pour qu'il fasse quelque chose, Faire un pont d'or à quelqu'un.

indulge. To indulge in luxury, Donner dans le luxe.

See also DAY-DREAM, FANCY, HEROIC, VAIN.

inevitable. To resign oneself (*or* To bow) to the inevitable, Se résigner à ce qui doit arriver, [En] prendre son parti, S'incliner devant les faits [brutaux].

inexactitude. *See* TERMINOLOGICAL.

infatuate. To become (*or* To be) infatuated with someone, with something, S'infatuer (*ou* S'engouer) (*ou*, *fam.*, Se coiffer) de quelqu'un, de quelque chose. " Fille se coiffe volontiers D'amoureux à longue crinière."—LA FONTAINE, *Fables* IV, 1.—*Le Lion amoureux*.

inferno. *See* RAGING.

infinity. Stretching to infinity (*said*, *e.g.*, *of an avenue*), À perte de vue.

infirmity. One must not remind people of their infirmities, Il ne faut pas clocher devant les boiteux.

inflate. To inflate one's style (*of language*), Enfler son style, Chausser le cothurne.

informally. Informally (*without ceremony*), En petit comité : To meet,

To dine, informally, Se réunir, Dîner, en petit comité.

information. *See* MINE, STOREHOUSE.

infuse. *See* BLOOD.

iniquity. It (*as a town*) is a sink (*or a cesspool*) of iniquity, C'est un cloaque de vices *ou* un cloaque de tous les vices *ou* un cloaque d'impureté.

Injun. *See* HONEST.

injury. *See* ADD, INTEREST.

injustice. *See* CRY.

ink. *See* SLING, SPILL, SPILLER.

inner. *See* KNOW 22, HEART.

innermost. *See* HEART.

innings. He had a long innings (*fig.*), Il a eu une longue carrière.

It's your innings now (*fig.*), C'est votre tour maintenant, À vous la balle (*fam.*), À vous le dé (*fam.*).

innocence. To do, To say, something in all innocence, Faire, Dire, quelque chose sans mauvaise intention, Ne pas (*ou* Ne point) entendre malice à quelque chose (*fam.*).

innocent. To be [as] innocent as a new-born (*or* as an unborn) babe, Être innocent comme (*ou* Être aussi innocent que) l'enfant qui vient de naître *ou* qui est à naître (*fam.*).

innuendo. To cast (*or* To throw [out]) innuendoes at someone, Faire des reproches indirects (*ou* détournés) à quelqu'un, Jeter des pierres dans le jardin de quelqu'un, Battre quelqu'un sur le dos d'un autre (*fam.*).

inquire, inquiry. To make inquiries about (*or* To inquire about *or* as to) someone, something, Aller aux renseignements (*ou* aux informations) sur quelqu'un, sur quelque chose.

inside. Inside information, Renseignements privés.

To know a thing inside out, Savoir une chose à fond *ou*, *fam.*, comme

son Pater, Connaître une chose comme sa poche (*fam.*).

insincere. *See* FAIR.

insinuate. Did you mean to insinuate anything (*malicious or underhand*)? Je ne sais pas quelle finesse vous entendez à cela.

inspiration. *See* ACCOUNTING.

insult. To hurl insults at (*or* To heap insults on) someone, Cribler quelqu'un d'injures, Cracher des injures à quelqu'un (*fam.*).

To swallow (*or* To pocket) an insult, Avaler (*ou* Dévorer) (*ou* Boire) (*ou*, *fam.*, Empocher) une injure *ou* un affront.

See also ADD, LYING (*under* LIE).

intent, intention. It is the intention that counts, L'intention est réputée pour le fait.

To all intents and purposes, Virtuellement, En fait, À tous égards.

To court a girl with honourable intentions, Courtiser une jeune fille pour le bon motif.

To do a thing with good intent[ions], with ill intent[ions], Faire une chose à bonne intention, à mauvaise intention *ou* à bonne fin, à mauvaise fin.

With the best and most honourable intentions, En tout bien, tout honneur.

intention. *See also* HELL.

interest. To look (*or* To have an eye) to one's own interests, S'attacher à ses intérêts, Être à la recherche de son intérêt, Prêcher pour son saint (*fam.*).

To repay an injury with interest, Rendre le mal avec usure.

To take no further interest in a thing, Se désintéresser d'une chose, Passer au bleu une chose.

See also CLASH.

interfere. Don't interfere in other people's quarrels, Il ne faut point se mêler dans les débats d'autrui,

Entre l'arbre et l'écorce il ne faut pas mettre le doigt.

intimately. To know someone intimately, Connaître quelqu'un parfaitement *ou, fam.,* comme sa poche.

invention. This story is of his own invention, Cette histoire est de son invention *ou, fam.,* de sa fabrication *ou, fam.,* de son cru.
See also NECESSITY.

inveterate. *See* LIAR.

involve. To involve someone in an unpleasant affair, Engager (*ou, fam.,* Embourber) quelqu'un dans une mauvaise affaire.

Irish. *See* BULL.

Irishman. To get an Irishman's rise, Passer d'une condition brillante à une position inférieure, Devenir d'évêque meunier (*fam.*).

iron. A man with many irons in the fire, Un homme qui s'occupe de toute sorte d'affaires, *also, and particularly a shady financier,* Un brasseur d'affaires.

Owing to the conduct of his son, the iron has entered (*or* he has had the iron enter) into his soul, La conduite de son fils lui a mis la mort dans l'âme.

To have an iron constitution, an iron will, Avoir un tempérament de fer, une volonté de fer (*fam.*).

To have several (*or* many) irons in the fire, Faire marcher (*ou* Mener) plusieurs choses de front, Se multiplier.

To have too many irons in the fire, S'occuper de trop de choses en même temps.
See also GLOVE, HARD, NERVE, ROD, STRIKE.

irritating. *See* FACE.

issue. *See* BRING, EVADE, SHIRK.

it. To have *it* (*the genuine gift of the gods, as in play acting*) (*slang*), Avoir le fluide (*pop.*) *ou, pop.,* le chien.

To think oneself *it* (*slang*), Se donner de grands airs.

itching. He has an itching palm, Il a de la glu aux mains.

He is (*or* His fingers are) itching for a fight, Il a grande envie de se battre, Les poings (*ou* Les mains) lui démangent (*fam.*), Son épée ne tient pas au fourreau (*fam.*).

He is itching to be off, Il est impatient de sortir, Les pieds lui brûlent (*fam.*).

He is itching to speak, Il a grande envie (*ou, fam.,* une démangeaison) de parler, La langue lui démange (*fam.*).

He is itching to write, Il a grande envie (*ou, fam.,* une démangeaison) d'écrire.

J

Jack. A Jack in office, Un fonctionnaire plein de son importance.

[A] Jack of all trades and master of none, [Quand on est] propre à tout, [on n'est] propre à rien.

He is a Jack of all trades, C'est un homme à tout faire, Il est apte à tous les emplois.

Jack Frost, Le bonhomme Hiver.
See also BEFORE, EVERY, WORK.

jackdaw. It is a case of the jackdaw in peacock feathers, C'est le geai paré des plumes du paon. " Un paon muait : un geai prit son plumage ; Puis après se l'accommoda ; Puis parmi d'autres paons tout fier se panada, Croyant être un beau personnage. Quelqu'un le reconnut : il se vit bafoué, Berné, sifflé, moqué, joué, Et par messieurs les paons plumé d'étrange sorte ; Même vers ses pareils s'étant réfugié, Il fut par eux mis à la porte."—LA FONTAINE, *Fables* IV, 9.—*Le Geai paré des plumes du Paon.*

jacket. *See* DUST.

jade. It is a veritable jade, C'est une vraie rosse *ou*, *fam*., un vrai cheval de l'Apocalypse (*Apocalypse* [= Revelation] vi, 4–8).

jaw. A jaw-breaker *or* A crack-jaw name, Un nom à coucher dehors (*fam*.).

To be full of jaw (*slang*), Être fort en gueule (*pop*.).

To snatch someone from the jaws of death, Tirer quelqu'un d'entre les bras (*ou* quelqu'un des bras) de la mort.

See also DROP.

jealousy. *See* PETTY.

jelly. To pound someone to a jelly, Mettre quelqu'un en marmelade *ou* en capilotade, Battre quelqu'un comme plâtre (*tous fam*.). " Mais l'on m'a dict depuis que sa femme le bat comme plastre, et le pauvre sot ne se ause defendre, tant il est nies."—RABELAIS II, 31, *Pantagruel*. (*Note*.—ause = ose. nies = niais.)

Jericho. I wish this man in Jericho, Je voudrais que cet homme fût bien loin, *ou*, *fam*., fût aux antipodes.

jest. There's many a true word spoken in jest, On dit souvent la vérité en riant.

Jew. *See* WANDERING.

jewel. The brightest jewel in his, her, crown (*fig*.), Le plus beau fleuron de sa couronne.

Jimmy. *See* DISMAL.

jingle. A jingle of words, Un cliquetis de mots.

Joan. *See* DARBY.

Job. *See* PATIENCE.

job. And a good job too, Ce n'est pas malheureux (*fam*.).

It is a soft (*or* a cushy) job, C'est un emploi facile et bien rétribué, C'est une bague au doigt.

To know one's job well *or* To be very good at one's job, Entendre bien son fait.

To turn someone out of his job, Ôter à quelqu'un sa place, Mettre quelqu'un sur le pavé (*fam*.).

See also BEST, DEUCE, DICKENS, GET 40, GIVE, JUST, NEVER-ENDING.

jockey. To jockey someone out of a thing, Souffler à quelqu'un une chose (*fam*.).

jog. To jog along, Aller [toujours] son chemin, Aller son petit train (*fam*.), Aller son petit bonhomme de chemin (*fam*.).

See also MEMORY.

join. Not to join in (*the conversation, the fun*), Se tenir à l'écart, Faire le hibou (*fam*.).

To join battle with someone, Livrer bataille à quelqu'un.

To join forces, Lier partie.

To join hands [with someone] (*make common cause*), Faire cause commune avec quelqu'un.

To join in (*take an active part*), Se mettre de la partie, Entrer en danse.

See also MAJORITY.

joint. The fatal joint in the armour (*vulnerable spot*), Le défaut de la cuirasse, L'endroit vulnérable.

To put someone's nose out of joint, (*supplant him*) Supplanter quelqu'un ; (*upset him*) Troubler quelqu'un en rompant ses mesures.

joke, joking. To be ever ready with a joke, Avoir le mot pour rire.

To crack jokes, Dire des plaisanteries, Débiter des drôleries.

You're joking, aren't you ? Vous voulez rire.

joke. *See also* GOING 19, GOOD 37, TAKE.

jolly. He is a jolly fellow, C'est un bon compagnon *ou*, *fam*., un bon compère *ou*, *pop*., un père la joie. " A moy n'est que honneur et gloire d'estre dict et reputé bon Gaultier et bon compaignon."— RABELAIS I, Prologue de l'auteur,

Gargantua. (*Note.*—bon Gaultier = lover of pleasure.)

He is a jolly good fellow *or* a jolly good sort, C'est un bon diable *ou* un bon enfant.

To be [as] jolly as a sand-boy, Être gai comme [un] pinson.

Jonathan. *See* DAVID.

journey. To go on one's last journey (*die*), Partir pour (*ou* Faire) le grand voyage, Faire le voyage de l'autre monde. " La mort ne surprend point le sage, Il est toujours prêt à partir, S'étant su lui-même avertir Du temps où l'on se doit résoudre à ce passage."—LA FONTAINE, *Fables* VIII, 1.—*La Mort et le Mourant.*

jowl. *See* CHEEK.

joy. *See* SHOUT, WEEP.

Judas. *See* KISS.

judge. One should not judge by appearances *or* One should not judge a sausage by its overcoat, Il ne faut pas juger sur l'apparence *ou* sur les dehors *ou* pas juger des gens sur la mine *ou* pas juger de l'arbre par l'écorce.

To judge by the way (*someone does something*), À voir la manière dont.

To judge others by oneself *or* by one's own standard[s], Juger d'autrui par soi-même, Mesurer les autres à son aune *ou* à sa toise.

See also EYE, GLANCE, LOOK 22, REPUTATION, SIZE, SOLEMN.

judgment. It is a judgment on you for getting up late, for not writing in time, Cela vous apprendra à vous lever de bonne heure, à écrire à temps.

To have good judgment, Avoir le jugement bon, Avoir du coup d'œil.

To sit in judgment on someone, on something, Se faire (*ou* S'établir) (*ou* Se constituer) juge de quelqu'un, de quelque chose.

See also UNHEARD.

juice. *See* GRAPE, STEW.

jump. To jump at the offer, Saisir avec empressement la proposition, Prendre la balle au bond (*fam.*).

To jump down someone's throat, Rabrouer quelqu'un.

To jump out of bed, Sauter à bas de son lit.

To jump out of one's skin (*go wild with joy, indignation, etc.*), Sauter aux nues *ou* au plafond.

To jump the broomstick *or* the besom, Se marier de la main gauche.

To jump to conclusions, Conclure à la légère.

To see which way the cat jumps, Voir de quel côté vient le vent.

See also FRYING-PAN, LION.

jumpy. To be very jumpy, Être dans un état de vive agitation, Être mordu de la tarentule.

just. He is just the man for the job, C'est l'homme de la circonstance, Au bon joueur la balle, La balle [va] au joueur.

That's just what happened to me *or* just what I found, C'est mon histoire que vous contez là, Voilà mon histoire.

To find just what one wants, Trouver justement ce qu'il vous faut, Trouver chaussure à son pied.

See also ABOUT, DOUBLE-QUICK, FUN, GOOD 31, KEEP, LEAVE, LIKE, LOVE, LUCK, MENTION, PLEASE, RIGHT, SLEEP.

justice. To do justice to a meal, Faire honneur à un repas, Bien tenir sa place à table.

To do someone justice, Rendre justice à quelqu'un.

See also COURSE, ROUGH, SWORD.

justify. *See* END.

justly. Justly or unjustly, À tort ou à droit.

To be justly punished for one's offences, Être puni par où l'on a péché.

K

keen. To be a keen worker, Être âpre à la besogne.

To be [as] keen as mustard, Être rempli de zèle.

To be keen on doing something, Tenir à faire quelque chose.

See also VEXATION.

keep, keeping. He can't keep that in his head (*remember it*), Cela a de la peine à se loger (*ou, fam.*, à se caser) dans sa tête, Il retient cela difficilement.

He is a man who keeps his thoughts to himself, C'est un homme peu communicatif.

He is just able to keep body and soul together, Il subsiste avec peine, Il ne fait que vivoter (*fam.*).

It was all (*or* as much) as I could do to keep from laughing, from telling him some home truths, Il me fallut faire un grand effort sur moi-même (*ou, fam.*, Je me suis tenu à quatre) pour ne pas rire, pour ne pas lui dire des vérités fort dures.

Keep off that subject, Ne touchez pas ce sujet[-là] *ou, fam.*, cette corde[-là].

Not to be worth keeping, Être de mauvaise garde.

To be out of keeping (*of things*), Détonner.

To be worth keeping, Être de [bonne] garde.

To keep hold of what one has, Tenir bien à ce qu'on tient.

To keep in with both sides, Rester en bons termes avec les deux parties, Ménager la chèvre et le chou (*See note under* HARE.), Nager entre deux eaux.

To keep on arguing, To keep on holding forth (*vainly and vaguely*), Raisonner, Discourir, à perte de vue (*fam.*).

To keep one's head (*in a critical situation*), Conserver [toute] sa tête.

To keep oneself to oneself *or* To keep one's own company, Faire bande à part, Ne pas voisiner (*fam.*).

To keep the best (*or* the titbit) till last, Garder quelque chose pour la bonne bouche (*fam.*).

To keep the truth to oneself *or* To keep the truth dark, Taire la vérité.

keep. *See also* AMUSE, APPEARANCE, ARM, AWAKE, BACKGROUND, BALL, BOUNDS, BUSY, CALM, CARRIAGE, CIVIL, COMPANY, COOL, COURAGE, DANGLING, DARK, DISTANCE, EAR, END, EYE, FLYING, GLASS, GO 53, GUESSING, HAND, HARPING, ILLUSION, LAW, LEADING-STRINGS, LOOK-OUT, NOSE, OPEN, PEGGING, POSITION, POT, PROMISE, RACK, SCRATCH, SECRET, SMILING, STIFF, STILL, STRAIGHT, SUSPENSE, TENTERHOOK, THUMB, TIGHT, TIME, VIEW, WAITING, WATER, WEATHER-EYE, WIT, WOLF, WORD.

keepings. *See* FINDINGS.

kettle. The kettle's always boiling in this house, La nappe est toujours mise dans cette maison (*fam.*).

See also POT, PRETTY.

key. To have the key of the street, Se trouver sans asile, Ne savoir où coucher.

To have the key to the riddle, Tenir la clef de l'énigme.

See also SING.

keystone. It is the keystone (*central principle, etc., on which all depends*), C'est la clef de [la] voûte.

kick. I could have kicked myself for having done that, Je m'en veux d'avoir fait cela.

I get a kick out of [doing] such or such a thing, Il m'intéresse de faire telle ou telle chose.

To get more kicks than halfpence (*or* ha'pence) [out of it], Recevoir plus de coups que de pain, N'en rapporter que des coups, Faire la guerre à ses dépens (*tous fam.*).

To kick against the pricks (*Acts* ix, 5), Regimber contre les aiguillons.

To kick over the traces (*fig.*), Regimber [sous l'éperon *ou* sous l'aiguillon] (*fam.*), Faire de la rouspétance (*pop.*).

To kick the bucket (*die*) (*slang*), Lâcher la rampe *ou* la perche, Passer le pas, Casser sa pipe (*tous pop.*).

To kick up a row *or* a shindy *or* a racket *or* a shine *or* a dust, Mener grand bruit, Faire de la musique (*pop.*).

To kick up hell's delight *or* the devil of a din *or* no end of a shindy, Faire un tapage de tous les diables, Faire le diable [à quatre], Faire les cent coups (*tous fam.*).

kick. *See also* HEEL. **kicking.** *See* ALIVE.

kid. *See* GLOVE.

kidney. They are of the same kidney, Ce sont gens de même farine (*fam.*) *ou*, *fam.*, de même acabit.

Kilkenny. To fight like Kilkenny cats, Se combattre à outrance. (*Note.*— Kilkenny cats = Two cats fabled, in an Irish legend, to have fought till nothing remained but their tails.)

kill, killing. It's either kill or be killed, Il faut être enclume ou marteau.

Killing (*bewitching*) eyes, Des yeux assassins. "Vos yeux ont fait ce coup fatal, Et c'est de leurs regards qu'est venu tout son mal.—Eh ! mon Dieu ! ma surprise est, fis-je, sans seconde ; Mes yeux ont-ils du mal, pour en donner au monde ? —Oui, fit-elle, vos yeux, pour causer le trépas, Ma fille, ont un venin que vous ne savez pas."— MOLIÈRE, *L'École des femmes* II, 6. (*Note.*—pour en donner, etc. = to deceive people.)

To kill someone with looks, Faire à quelqu'un des yeux de basilic (*fam.*).

kill. *See also* BIRD, CARE, FATTED (*under* FAT), GET 21, GOOSE, HARD, INCH, LETTER, NARROWLY, SPOT. **killing.** *See also* WAY.

kill-or-cure. *See* REMEDY.

kind. A kind heart and a light head, Mauvaise tête et bon cœur.

Kind deeds they never die, Un bienfait n'est jamais perdu.

See also NICE, NOTHING, PAY.

kind-hearted. He is a kind-hearted man, C'est un bon cœur [d'homme], C'est une bonne pâte [d'homme].

See also GOOD 16.

kindly. To [kindly] allow *or* permit, Avoir pour agréable : [Kindly] allow me to bring this person along, to wait a little longer, Ayez pour agréable que je vous amène cette personne, que j'attende encore un peu.

See also CHURL, REMEMBER.

kindness. *See* FORGET, MILK.

king. He is the king of their castle, C'est l'aigle de leur société.

That man is a king compared with those you mention, Cet homme-là est un aigle au prix de ceux dont vous parlez.

See also BLIND, CAT, FIT, HAPPY, TALK.

kingdom. To send someone to kingdom come (*slang*), Envoyer quelqu'un dans (*ou* Expédier quelqu'un à) l'autre monde (*fam.*), Envoyer quelqu'un ad patres, Faire passer (*ou* Faire perdre) le goût du pain à quelqu'un (*pop.*). " M. le docteur Tomès. Souvenez-vous de l'homme que vous fîtes crever ces jours passés. M. le docteur Desfonandrès. Souvenez-vous de la dame que vous avez envoyée en l'autre monde il y a trois jours. " — MOLIÈRE, *L'Amour médecin* II, 4. *See also* DIVIDE.

kiss, kissing. Kissing goes by favour, Aux jolis minois les baisers.

The Judas kiss, Le baiser de Judas.

" Mais Jésus lui dit : Judas, trahis-tu ainsi le Fils de l'homme par un baiser ? " (*Luc* xxii, 48), " But Jesus said unto him, Judas, betrayest thou the Son of man with a kiss ? "

To kiss and be friends, Se donner le baiser de paix, Se réconcilier.

To kiss the heavens *or* the clouds (*said of seas, mountains, etc.* (*poetic*), Menacer le ciel *ou* les cieux.

kiss. *See also* SMOTHER, SNATCH.

kissing. *See* EASY.

kitten. *See* PLAYFUL.

knack. To have the knack of it, Avoir le tour de main.

knee. To bring someone to his knees, Amener quelqu'un à se soumettre.

To have supple knees (*be sub-missive to one's superiors*), Avoir l'échine souple.

What will come of it is on the knees of the gods, Ce qui en arrivera, Dieu le sait.

knife. He plays a good knife and fork, Il mange de bon appétit, C'est un bon mangeur *ou, fam.,* une belle fourchette.

To have got someone's knife into one, Tomber sous la dent de quel-qu'un : So-and-so has got his knife into him, Il est tombé sous la dent d'un tel.

See also BEFORE, WAR.

knight. The Knight of the Rueful Countenance (*Don Quixote*), Le Chevalier de la Triste-Figure (*Don Quichotte*).

See also CARPET.

knob. To give someone one on the knob (*a clincher*) (*slang*), Battre quelqu'un en brèche.

knock. That knocks (*disconcerts*) you (*slang*), Voilà une chose qui vous déconcerte, Voilà qui vous défrise (*pop.*).

To be knocked up (*with fatigue*), Être épuisé *ou* éreinté, Être sur les dents.

To knock a theory, a scheme, on the head, Battre en brèche une théorie, une entreprise.

To knock about the world, Voyager beaucoup, Rouler sa bosse (*fam.*).

To knock oneself up (*with overwork*), S'excéder de fatigue, S'échiner.

To knock someone silly *or* into a cocked hat, Défaire quelqu'un complètement, Pulvériser quel-qu'un, Battre quelqu'un à plate couture (*fam.*), Casser bras et jambes à quelqu'un (*fam.*).

To knock the bottom out of an argu-ment, Démolir un argument.

To knock up against someone, Ren-contrer quelqu'un par hasard, Se casser le nez contre quelqu'un (*fam.*).

See also FEATHER, PEDESTAL, PERCH, SENSE.

knock-out. *See* BLOW.

knot. *See* GORDIAN.

know, knowing. 1. As everyone knows, Comme tout le monde le sait, Au vu et au su de tous *ou* de tout le monde.

2. For all I know, Autant que je sache.

3. He doesn't know what he is talking about, Il en juge sans avoir aucune connaissance, Il en parle (*ou* Il juge de la chose) comme un aveugle des couleurs.

4. He is a knowing boy (*in good sense and in bad sense*), C'est un petit garçon savant *ou* déluré. *Cf.* KNOWING 23.

5. He is a knowing fellow *or* card, C'est un garçon savant *ou* déluré, C'est un rusé compère (*fam.*) *ou, fam.,* une fine mouche *ou, fam.,* un sac à malices. *Cf.* KNOWING 23.

6. He knows what he is about, Il se connaît aux choses dont il s'occupe, Il agit en connaissance de cause, Il s'y connaît (*fam.*), C'est un homme calé (*fam.*).

7. He knows what he is talking about (*is well-informed*), Il se connaît aux

choses dont il parle, Il parle avec connaissance de cause, C'est un homme calé (*fam.*).

8. I don't know what to believe, Je ne sais qu'en croire *ou* à quoi m'en tenir.

9. I don't want it known, Je ne veux pas que cela se sache.

10. Know thyself, Connais-toi toi-même. " Il ne sçait le ·premier traict de philosophie, qui est : CONGNOIS TOY."—RABELAIS III, 25, *Pantagruel.*

11. Not if I know it (*I am not so foolish as all that*), Pas si bête (*fam.*).

12. Not to know one's own mind, Ne pas savoir ce qu'on veut. " N'estes vous asceuré de vostre vouloir ? " —RABELAIS III, 10, *Pantagruel.*

13. Not to know to whom to turn, Ne savoir à qui avoir recours *ou*, *fam.*, à quel saint se vouer. " Les pauvres diables de moines ne sçavoient auquel de leurs saincts se vouer."—RABELAIS I, 27, *Gargantua.*

14. Not to know what is to become of one, Ne savoir que devenir.

15. Not to know what one is doing (*lose control of oneself*), Ne point (*ou* Ne plus) se connaître, Ne connaître plus rien.

16. Not to know what's what (*in society*), N'avoir pas de monde. Cf. KNOW 33.

17. Not to know (*or* To be at a loss to know) what to do, Ne savoir que faire, Ne savoir où (*ou* à quoi) se prendre.

18. Not to know which way to turn, Ne savoir de quel côté se tourner, Ne savoir sur quel pied danser (*fam.*), Ne savoir plus de quel bois faire flèche (*fam.*).

19. She is a knowing little girl (*in good sense and in bad sense*), C'est une petite fille savante *ou* délurée. Cf. KNOWING 23.

20. She is a knowing woman, C'est

une femme savante *ou* délurée, C'est une rusée (*ou* une fine) commère (*fam.*) *ou*, *fam.*, une fine mouche *ou*, *fam.*, un sac à malices. Cf. KNOWING 23.

21. To be among people one knows, Être (*ou* Se trouver) en pays de connaissance.

22. To be in the know *or* To know the inner history of the affair, Être au courant (*ou* Avoir le mot) de l'affaire, Être dans le secret, Savoir le dessous des cartes (*fam.*), Avoir des tuyaux (*pop.*).

23. To be knowing, Être rusé *ou* pop., à la redresse. Cf. KNOWING 4, 5, 19 & 20.

24. To become known (*as an author*), Se faire connaître.

25. To know a thing or two, En savoir plus d'une (*fam.*).

26. To know all about a matter, Avoir une parfaite connaissance (*ou*, *fam.*, Savoir le fonds et le tréfonds) d'une affaire.

27. To know how matters stand *or* what is going on, Savoir ce qui se passe, Savoir de quoi il retourne (*fam.*).

28. To know how to behave, Savoir vivre, Savoir se tenir.

29. To know nothing of the world, N'avoir aucune connaissance des choses du monde, N'avoir rien vu que par le trou d'une bouteille (*fam.*), N'avoir vu que le clocher de son village (*fam.*). " Platon, voulant décrire un homme niais, imperit et ignorant, le compare à gens nourris en mer dedans les navires, comme dirions à gens nourris dedans un baril, qui onques ne regarderent que par un trou."— RABELAIS V, 1, *Pantagruel*. (*Note.*— imperit = sans expérience. onques = jamais.)

30. To know one's way about, Savoir le parcours.

31. To know the ropes, Connaître

bien le terrain, Être au courant, Être à la roue (*pop.*), Être à la coule (*pop.*), Avoir le fil (*pop.*).

32. To know the why and [the] wherefore of a thing, Savoir le pourquoi et le comment d'une chose.

33. To know what's what, Savoir ce que valent les choses, Discerner le vrai du faux ; (*in society*) Savoir [bien] son monde, Avoir du monde, Savoir la carte [du pays] (*fam.*). *Cf.* KNOW 16.

34. To know what to believe *or* where one is *or* how one stands, Savoir à quoi s'en tenir.

35. To let all the world know something, Annoncer quelque chose à tout le monde, Publier quelque chose à son de trompe (*fam.*).

36. We shall soon know [the result], Il doit bientôt se décider, Le pari est ouvert.

37. You know more about that than anyone [else], Vous êtes mieux instruit de cela que personne, Vous pouvez en dire des nouvelles (*fam.*).

38. You never know where you are with him, Avec lui on ne sait jamais à quoi s'en tenir, On ne sait jamais avec lui de quelle carte il retourne (*fam.*).

know. *See also* ADAM, BEAT, BEFORE, BETTER, BOUNDS, BUTTER, COMPANY, CONTROL, COST, DEAL, EVERYBODY, FACT, FEAR, FRUIT, IN, INSIDE, INTIMATELY, JOB, LOT, MORROW, MUCH, NECESSITY, NOTHING, ONE, ONLY, PROPHESY, REASON, RIGHT, SCENE, TACKLE, TAKE, THROUGH, TRICK, YOUTH.

knowledge. Knowledge is power, Savoir, c'est pouvoir.

To everybody's knowledge, Au vu et au su de tous *ou* de tout le monde, Comme tout le monde le sait.

To have general knowledge, Avoir des clartés de tout.

To speak with, To act with, full knowledge of the case, Parler avec, Agir en, connaissance de cause.

See also GOOD 43, MINE, STOREHOUSE.

knuckle. To knuckle down (*or* under) to someone, Se soumettre (*ou* Céder) à quelqu'un, Baisser [le] pavillon (*fam.*) (*ou, fam.*, Caler [la voile]) (*ou, fam.*, Mettre les pouces) devant quelqu'un.

See also RAP.

L

labour. Don't labour the point, N'insistez pas [là-dessus], Glissez[, glissez].

To labour under a delusion *or* under a misapprehension, Être dans l'illusion, Nourrir [en soi] une illusion.

See also BETTER, GRUDGE, LOVE, SISYPHEAN, VAIN.

labourer. *See* WORTHY.

lack. *See* BALLAST.

ladder. *See* TOP.

lady. A ladies' (*or* lady's) man, Un galant, Un homme à femmes.

See also FAINT, FAME.

lady-killer. He is a lady-killer, C'est un homme à bonnes fortunes, Il a l'air conquérant, C'est un bourreau des cœurs (*fam.*).

lamb. He took it like a lamb, Il s'est laissé faire.

He went like a lamb, Il n'a pas résisté *ou, fam.*, regimbé *ou, pop.*, rouspété.

See also GENTLE, HANG, MUTTON, TEMPER.

lame. *See* DUCK.

lamp. *See* SMELL.

lance. To break a lance with someone (*fig.*), Rompre une lance avec (*ou* contre) quelqu'un (*fam.*).

land. To find out (*or* To see) how the

land lies, Sonder (*ou* Tâter) le terrain, Donner un coup de sonde, Regarder de quel côté vient le vent (*fam.*), Prendre l'air du bureau (*fam.*), Lancer un ballon d'essai (*fam.*).

To follow the lie of the land (*in walking*), Marcher (*ou* Se conduire) à vue de pays.

See also FAT, LAW, LIVING, NEVER, NOD, PLENTY.

landowner. *See* TROUBLE.

land-shark. A land-shark, Un écumeur de port.

language. *See* ASS, FLOW, FLOWERY.

lanky. *See* TALL.

lap. What will come of it is in the lap of the gods, Ce qui en arrivera, Dieu le sait.

See also LUXURY.

lapse. To lapse into obscurity, Rentrer dans le néant.

large. *See* GENTLEMAN.

lark. To wake, To rise, with the lark, S'éveiller, Se lever, au chant de l'alouette.

See also BLITHE.

lash. To lash out at someone (*fig.*), Faire une sortie contre quelqu'un.

last. In the last resort, En désespoir de cause.

Last but not least, Le dernier, mais non le moindre.

Last come best served, Aux derniers les bons.

Let the cobbler stick to his last, [À] chacun son métier.

The last piece [left on the dish] *or* The last bit going begging, Le morceau qui reste le dernier sur le plat, Le morceau honteux (*fam.*).

This money will not last him long *or* will not last him out, Cet argent ne le mènera pas loin.

To die in the last ditch (*desperately defending an opinion, or the like*), Mourir dans l'impénitence finale (*fam.*).

To say the last word, Dire le fin mot :

He has said, He has not yet said, the last word [on the matter], Il a dit, Il n'a pas encore dit, le fin mot.

To stick to one's last, Ne songer qu'à [faire] sa besogne, Être tout à sa besogne.

We haven't heard the last of it, Tout n'est pas dit.

We shall never hear the last of it, On ne nous le laissera pas oublier.

See also ARM, CRUST, DISTANCE, DRAW, DRINK, EXTREMITY, FALL, JOURNEY, KEEP, LAUGH, LEG, LOVE, PAY, SNOW, SPAN, STAKE, STRAW, TAKE.

late. Better late than never, Mieux vaut tard que jamais.

Easter is late this year, Le carême est haut cette année.

It is never too late to learn, On apprend à tout âge.

It is never too late to mend, Il n'est jamais trop tard pour se corriger.

To sleep late in the morning *or* To lie late abed, Dormir (*ou* Faire) la grasse matinée.

See also COME 7, RETORT.

lath. *See* THIN.

Latin. *See* DOG.

laud. *See* SKY.

laugh, laughing. He laughed till he cried, Il a ri [jusqu']aux larmes.

He laughs best who laughs last, Rira bien qui rira le dernier.

That (*or* It) is no laughing matter, Il n'y a pas de quoi rire, Cela ne donne (*ou* ne prête) pas à rire.

Laugh on Friday, cry on Sunday, Tel qui rit vendredi, dimanche pleurera, Tel rit le matin qui le soir pleurera.

Laugh[, please] ! (*over the joke I have just told you—said when someone does not appear to think it funny*), Et de rire.

Love laughs at locksmiths *or* at barriers, L'amour force toutes les serrures. " Le père ouvre la porte au matériel époux, Mais toujours

l'idéal entre par la fenêtre." ALFRED
DE MUSSET, *À quoi rêvent les
jeunes filles* I, 4.

Not to know whether to laugh or
cry, Pleurer d'un œil et rire de
l'autre (*fam.*).

To break [out] into a laugh, Éclater
de rire, Partir d'un éclat de rire.

To force a laugh *or* To give a
forced laugh, Rire d'un rire forcé,
Rire du bout des lèvres (*fam.*) *ou*,
fam., du bout des dents.

To force oneself to (*or* To make oneself) laugh (*as at a feeble joke*), Se
chatouiller pour se faire rire.

To have a good laugh, Se faire une
pinte de bon sang (*fam.*).

To have the laugh on one's side,
Avoir les rieurs de son côté, Avoir
les rieurs pour soi.

To laugh a thing off *or* away, Tourner
une chose en plaisanterie *ou* en
raillerie, S'en tirer par une cabriole,
Répondre par des pirouettes (*fam.*).

To laugh heartily, Rire de bon cœur.

To laugh in one's sleeve, Rire sous
cape (*fam.*), Rire dans sa barbe
(*fam.*), Rire en dedans.

To laugh to oneself (*without apparent
cause*), Rire aux anges.

laughing-stock. To be the laughing-
stock of the neighbourhood, Être
la risée (*ou* la fable) du quartier.

To make a laughing-stock of oneself,
Se faire moquer de soi, Donner (*ou*
Prêter) à rire, Donner la comédie
[aux gens].

laughter. I went into fits [of laughter]
when I saw him, Le fou rire m'a pris
en le voyant.

Laughter is akin to tears, Tel rit le
matin qui le soir pleurera, Tel qui
rit vendredi, dimanche pleurera.

To give occasion (*or* To afford food)
for laughter, Donner (*ou* Prêter)
à rire. "*Madame Jourdain.* Il y a
longtemps que vos façons d'agir
donnent à rire à tout le monde.
Monsieur Jourdain. Qui est donc

tout ce monde-là, s'il vous plaît?
Madame Jourdain. Tout ce monde-
là est un monde qui a raison, et
qui est plus sage que vous."—
MOLIÈRE, *Le Bourgeois gentilhomme* III, 3.

To heave (*or* To be convulsed) (*or*
To double up) with laughter *or*
To be in fits [of laughter], Avoir le
fou rire, Rire à ventre déboutonné,
Se tordre de rire (*pop.*).

To hold one's sides with laughter,
Se tenir les côtes de rire (*fam.*).

To make one shake (*or* roar) with
laughter, Dilater (*ou* Désopiler) (*ou*
Épanouir) la rate (*tous fam.*).

To roar with laughter, Rire de toute
sa force *ou*, *fam.*, à gorge déployée.

To split one's sides with laughter,
Crever de rire (*fam.*). "Au
combat (*les elephans*) jettent les
gens haut en l'air, et à la cheute
les font crever de rire."—RABELAIS
V, 30, *Pantagruel.*

See also HOMERIC, SCREAM, UNCON-
TROLLABLE.

laurel. He will have to look to his
laurels, Il lui faudra ne pas s'endormir sur ses lauriers.

To reap (*or* To win) laurels, Cueillir
des lauriers *ou* des palmes.

To rest on one's laurels, Se reposer
sur ses lauriers, S'endormir sur le
rôti (*fam.*).

law. "According to the law of the
Medes and Persians, which altereth
not." (*Daniel* vi, 8), "Selon la
loi des Mèdes et des Perses, qui est
irrévocable."

It is the law of the land, C'est dans le
code.

To be a law unto oneself, N'en faire
qu'à sa tête.

To be (*or* To make) (*or* To constitute) law, Faire loi, Avoir force
de loi : What he says is law *or* His
word is law, Sa parole fait (*ou*
a force de) loi.

To have one law for the rich and

another for the poor, Avoir deux poids et deux mesures, Changer de poids et de mesure. " Orçà, nos loix sont comme toille d'araignes : orçà, les simples moucherons et petits papillons y sont prins ; orçà, les gros taons malfaisans les rompent, orçà, et passent à travers, orçà."—RABELAIS V, 12, *Pantagruel.* (*Note.*—prins = pris.) " *Le Légiste.*—Homme que fais tu dans ce boys ? Au moins parle a moy, se tu daignes. *L'Hermite.*—Je regarde ces fils d'iraignes Qui sont semblables à vos droicts. Grosses mouches en tous endroicts Y passent ; menues y sont prises : Pauvres gens sont subjects aux loix Et les grands en font à leur guyse." *Fable ancienne.* (*Note.*—se = si. iraignes = araignées ; droicts = laws.) " Manger l'herbe d'autrui ! quel crime abominable ! Rien que la mort n'était capable D'expier son forfait. On le lui fit bien voir. Selon que vous serez puissant ou misérable, Les jugements de cour vous rendront blanc ou noir." —LA FONTAINE, *Fables* VII, 1.— *Les Animaux malades de la peste.*
To have the law on one's side, Avoir la loi pour soi.
To keep within the law *or* on the windy side of the law, Se tenir dans les marges du code.
To lay down the law to someone (*dictate to him*), Faire la loi à quelqu'un.
To take the law into one's own hands, Se faire justice (*ou* raison) à soi-même.
See also ARM, COURSE, COVER, FOUL, NECESSITY, POSSESSION, SET, UP.
lawyer. *See* GOOD 1.
lay. Don't lay it on, Il ne faut pas trop insister *ou* trop tendre la corde *ou* trop tirer sur la corde.
Small rain lays great dust (*sometimes very little will end a great quarrel*),

Petite pluie abat grand vent.
" *Galopin.* Madame, on a servi sur la table. *Dorante.* Ah ! voilà justement ce qu'il faut pour le dénoûment que nous cherchions, et l'on ne peut rien trouver de plus naturel. On disputera fort et ferme de part et d'autre, comme nous avons fait, sans que personne se rende ; un petit laquais viendra dire qu'on a servi, on se lèvera, et chacun ira souper. *Uranie.* La comédie ne peut pas mieux finir, et nous ferons bien d'en demeurer là."—MOLIÈRE, *La Critique de l'École des femmes* 6. (*Note.*—d'en, etc., = to leave it at that.)
To lay aside one's pride, Déposer sa fierté.
To lay down one's life for one's country, Sacrifier sa vie pour son pays.
To lay hands on something, Mettre la main (*ou, fam.,* Faire main basse) sur quelque chose.
To lay it on, N'y pas aller de main morte.
To lay it on with a trowel *or, slang,* To lay it on thick (*be profuse in compliments*), Casser le nez à coups d'encensoir (*fam.*).
To lay oneself open to an accusation, to criticism, to suspicion, Donner prise (*ou, fam.,* Prêter le flanc) à une accusation, à la critique, aux soupçons.
To lay someone out (*kill or wound him severely*) (*slang*), Jeter (*ou* Coucher) (*ou* Étendre) quelqu'un sur le carreau.
To lay something aside, Laisser là quelque chose.
To lay something down as a fact, Poser quelque chose en fait.
See also BARE, BLAME, CARD, FINGER, GOOSE, HEAD, LAW, PLAN, ROD, TRAP.
lead. He can be led, but not driven, Il se laisse mener, mais il ne cède pas à la force.

To be in the lead, Tenir la corde.

To lead someone on *or, slang,* To lead someone up (*or* down) the garden path (*take a rise out of him*), Faire marcher quelqu'un, Faire voir du pays à quelqu'un, Faire monter quelqu'un à l'échelle, Faire voir à quelqu'un des étoiles en plein midi (*tous fam.*).

To lead the van, Marcher en tête.

To lead the way, Ouvrir la marche.

To take the lead, Prendre la première place, Mener (*ou* Ouvrir) (*ou* Commencer) la danse (*fam.*) *ou, fam.,* le branle.

See also ASTRAY, CAT, DANCE, DOG, FAST, FOLLOW, NOSE, ROAD, SECLUDE, SUPERABUNDANCE, SWING. **leading.** *See* BLIND.

leadership. *See* MAGIC.

leading-strings. To keep someone in leading-strings, Mener (*ou* Tenir) quelqu'un en lisière[s] (*fam.*) *ou, fam.,* en brassières.

leaf. To shake like a leaf *or* To tremble (*or* To quake) like an aspen leaf, Trembler comme la feuille.

To take a leaf out of someone's book, Prendre exemple sur quelqu'un.

To turn over a new leaf, Rentrer dans le bon chemin, Revenir de ses erreurs, Se réformer, S'amender, Faire peau neuve (*fam.*).

league. To be in league, Être d'intelligence, Se tenir par la main, Se donner la main *ou, fam.,* le mot.

See also SEVEN.

leak. *See* SECRET.

lean. *See* REED.

leap. By leaps and bounds, Par sauts et par bonds.

To take a leap in the dark (*fig.*), Faire un saut dans l'inconnu.

See also LOOK 10, MOUTH, OPPORTUNITY.

learn. A wise man may learn of a fool, Un fou avise bien un sage. " J'ay souvent ouy en proverbe vulgaire qu'un fol enseigne bien un saige."—RABELAIS III, 37, *Pantagruel.* " Que nuist sçavoir tousjours et tousjours apprendre, feust ce d'un sot, d'un pot, d'une guedoufle, d'une moufle, d'une pantoufle ? "—RABELAIS III, 16, *Pantagruel.* (*Note.*—nuist (= nuit), etc. = what harm is there in knowing always. guedoufle (big-bellied bottle) = (*fig.*) ninny. moufle (mitten) = simpleton.) " Ce fou vend la sagesse."—LA FONTAINE, *Fables* IX, 8.—*Le Fou qui vend la Sagesse.*

That'll larn ye (*jocular or vulgar*), Cela vous apprendra.

learn. *See also* LATE, LIVE. **learning.** *See* FOUNT, ROAD.

lease. A new lease of life, Un regain de vie.

leash. To hold (*or* To have) someone on leash, Mener (*ou* Tenir) quelqu'un en laisse (*fam.*).

least. Least said, soonest mended, Moins on parle, mieux cela vaut, Trop gratter cuit, trop parler nuit, Trop parler nuit, trop gratter cuit.

That is the least of my worries *or* troubles, C'est là le moindre (*ou, fam.,* le cadet) de mes soucis.

See also CARE, LAST.

leather. Nothing like leather (*one's own goods will best serve the purpose—an allusion to the currier who recommended leather as the best material for the walls of a beleaguered town*), Vous êtes orfèvre, Monsieur Josse. " Tous ces conseils sont admirables, assurément ; mais je les trouve un peu intéressés, et trouve que vous me conseillez fort bien pour vous. Vous êtes orfèvre, monsieur Josse, et votre conseil sent son homme qui a envie de se défaire de sa marchandise. Vous vendez des tapisseries, monsieur Guillaume, et vous avez la mine d'avoir quelque tenture qui vous incommode."—MOLIÈRE, *L'Amour médecin* I, 1.

See also GO 32.

leave. He has taken leave of his senses, Sa raison s'égare, Il a perdu la tête *ou* l'esprit, Il n'y est pas du tout, Sa raison (*ou* Sa tête) (*ou* Il) déménage (*fam.*).

He who leaves his place loses it, Qui va à la chasse perd sa place.

I leave it to you, Je m'en remets (*ou* m'en rapporte) à vous.

Leave it to me. Leave it to him, Laissez-moi faire. Laissez-le faire.

That (*subject*) had better be left alone, Il ne faut toucher cela que du bout du doigt (*fam.*).

To leave it at that, En demeurer là, En rester là, Se retirer sur la bonne bouche, Rengainer son compliment (*fam.*).

To leave something off there, [En] demeurer (*ou* En rester) là de quelque chose : That is where we left off our reading, Voilà où nous [en] sommes demeurés de notre lecture. I resume my speech where I left off, Je reprends mon discours où j'en étais demeuré.

To leave things [just] as they are *or* [just] as one finds them, Laisser les choses telles quelles.

To take one's leave (*of the company*), Se retirer, Lever le siège (*fam.*).

[You may] take it or leave it, C'est à prendre ou à laisser.

leave. *See also* CHANCE, DEVICE, FEATHER, FIELD, FRENCH, LEG, LOOP-HOLE, LURCH, MARK, ONE, PLEASANT, REQUEST, STONE, UNDONE, WELL.

leaving. *See* POINT.

lecture. To read someone a lecture *or* To lecture someone, Faire une semonce à (*ou* Chapitrer) (*ou, fam.,* Sermoner) quelqu'un.

leech. *See* STICK.

left. *See* HAND, RIGHT.

leg. To be on one's last legs, Ne battre [plus] que d'une aile, Tirer à sa fin.

To get on one's legs again (*fig.*),

Se rétablir, Remonter sur sa bête (*fam.*).

To leave someone without a leg to stand on, Forcer quelqu'un dans ses [derniers] retranchements, River à quelqu'un son clou (*fam.*).

To leg it (*walk or run hard*), Jouer des jambes (*pop.*).

To stand on one's own legs, Voler de ses propres ailes.

See also BED, BEST, BOOT, GIVING, GO 31, PULL, SEA, STRETCH, TAIL, TALK.

legion. Their name is legion, Ils s'appellent légion. " Et Jésus lui (*à l'esprit immonde*) demanda : Comment t'appelles-tu ? Et il répondit : Je m'appelle Légion ; car nous sommes plusieurs." (*Marc* v, 9), " And he asked him (*the unclean spirit*), What is thy name ? And he answered, saying, My name is Legion ; for we are many." (*Mark* v, 9.)

leisure. At leisure, À loisir, À tête reposée.

People of leisure *or* The leisured classes, Les [gens] désœuvrés.

lend. *See* EAR, FEAR, HAND.

length. To go to great lengths, Aller bien loin, Pousser les choses très loin.

To go to great lengths to do something, Se donner beaucoup de peine pour faire quelque chose.

See also ARM, DAWN, MEASURE.

less. In less than no time, En moins de rien, En un rien de temps.

See also EVIL, HASTE, MORE, SAY.

let. To let someone down, Planter là quelqu'un (*fam.*), Laisser quelqu'un en plan (*pop.*).

To let someone down gently *or* easy *or* To let someone off lightly, Épargner quelqu'un.

See also ALL, ALONE, BYGONE, CAT, CHANCE, DOG, DROP, FLAG, GET 43, GO 16, 54–57, GRASS, HAPPEN, HELL, KNOW 35, LIVE, LOOSE, MAY, PASS, REST, RIP, SECRET, SIGHT,

SLIDE, SPEAK, TRY, WANDER, WARN-
ING, WAY, WELL, WHISTLE.

Lethe. To drink the waters of Lethe
(*poetic*), Boire les eaux du Léthé.
Quotation under OBLIVION.

letter. The letter killeth, but the spirit
giveth life (2 *Corinthians* iii, 6),
La lettre tue et l'esprit vivifie, La
lettre tue, mais l'esprit donne la vie.
To the letter (*literally*), À la lettre,
Au pied de la lettre, À la rigueur.

level. To be on a level with (*be a
match for*) someone, Être à la
hauteur de quelqu'un.
To get level (*with arrears of work*),
Se mettre au pair *ou* à jour.
To have got level (*with arrears of
work*), Être au pair *ou* à jour.
To level an accusation against someone, Porter (*ou* Lancer) une accusation contre quelqu'un.
See also BEST.

level-headed. He is a level-headed
man, C'est un homme de sens, de
bon jugement, C'est une bonne
cervelle (*fam.*), C'est une tête
carrée (*fam.*).

liar. Liars need good memories, On
se coupe aisément quand on ne dit
pas la vérité.
To be an inveterate liar, Être un
grand débiteur, une grande débi-
teuse, de mensonges, Avoir
l'habitude de mentir, Mentir à la
journée (*fam.*).

liberty. You are at liberty to . . .,
Permis à vous de . . .

lick. To give someone a lick with the
rough side of one's tongue, Tancer
quelqu'un vertement (*fam.*).
To lick one's wounds (*fig.*), Panser
ses maux.
See also CLEAN, SHAPE, WALK.

lid. That puts the lid on [it] (*slang*),
Cela, c'est le comble, En voici
[bien] d'un (*ou* d'une) autre (*fam.*).

lie, lying. As far as in him lies, En
tant qu'il tiendra à lui, Autant
que faire se peut.

He took it all lying down, Il n'a été
que le patient (*fam.*).
One must lie in the bed one has made
(*take consequence of one's acts*),
Comme on fait son lit on se couche.
To be in the habit of lying, Avoir
l'habitude de mentir, Mentir à la
journée (*fam.*).
To lie like a gas meter *or* To lie
unblushingly, Mentir comme un
arracheur de dents (*fam.*) *ou, fam.*,
comme tous les diables.
To take insults lying down, N'avoir
ni humeur ni honneur.
To take it lying down, Tendre le cou.

lie. *See also* BEAUTY, DOG, DOGGO,
HEAVY, LAND, LATE, NAIL,
TRAVELLER, TRUTH, UNEASY, WHITE,
WIND. **lying.** *See* EASY.

life. He worked his [whole] life long,
Il travailla durant toute sa vie, Il
travailla sa vie durant.
I cannot for the life of me remember
his name, C'est inutilement que
je cherche (*ou, ironiquement*, J'ai
beau chercher) son nom.
I cannot for the life of me understand
his conduct, Je ne comprends rien
à sa conduite.
I have never seen such a thing in
[all] my life *or* Never in [all] my
life have I seen such a thing, De
ma vie (*ou* Jamais de la vie) je
n'ai vu pareille chose.
It is a matter of life and death, (*lit.*)
C'est une question de vie ou de
mort, Il y va de la vie ; (*fig.*)
C'est une affaire d'une importance
capitale *ou* d'une extrême importance.
Life is sweet, Il fait bon vivre. " Le
trépas vient tout guérir ; Mais ne
bougeons d'où nous sommes :
Plutôt souffrir que mourir, C'est
la devise des hommes."—LA FON-
TAINE, *Fables* I, 16.—*La Mort et le
Bûcheron.* "J'ai beau te le crier,
mon zèle est indiscret : Le plus
semblable aux morts meurt le plus

à regret."—La Fontaine, *Fables*
VIII, 1.—*La Mort et le Mourant.*

Not on your life ! Pas de danger !

Such is life ! C'est la vie !, Ce que
c'est que de nous !

To be the life of the conversation,
Défrayer la conversation.

To have nine lives *or* have as many
lives as a cat, Avoir la vie dure,
Avoir l'âme chevillée dans le (*ou*
au) corps. *Cf.* Care killed the cat,
etc., *under* CARE.

While there is life, there is hope,
Qui a temps a vie, Tant qu'il y
a de la vie il y a de l'espoir.

You shall answer for it with your life,
Vous en répondrez sur votre vie *ou*
sur votre tête.

See also BREATHE, CARE, CARRY, CAT,
CHAPTER, CHARM, CHEAP, COME 14,
27, 28, COST, DEPART, DOG, EASY,
MONEY, NARROW, NOVEL, OPEN,
PICTURE, PLAGUE, PRIME, ROMANCE,
RUN, SHORT, STAKE, STRUGGLE,
TEDIOUSNESS, THREAD, TRUE, TRYING.

lift. To give a lift (*fig.*), Donner un
coup d'épaule (*fam.*).

To lift one's elbow (*drink heavily*),
Lever le coude (*pop.*).

See also LOAD.

light. A light repast, Un repas
succinct.

To bring something to light, Mettre
quelque chose au [grand] jour.

To do something (*bad*) with a light
heart *or* light-heartedly, Faire
quelque chose de gaieté de cœur.
" *Silvestre.* Pourquoi, de gaieté
de cœur, veux-tu chercher à
t'attirer de méchantes affaires ?
Scapin. Je me plais à tenter
des entreprises hasardeuses."—
Molière, *Les Fourberies de Scapin*
III, 1.

To look at things, someone, in a
different light than formerly, Voir
les choses, quelqu'un, d'un autre
œil (*ou* avec d'autres yeux)
qu'auparavant.

To make light of something, Se faire
un jeu de quelque chose.

To see a matter in its true light, Voir
une chose sous son vrai jour.

To see the light [of day] (*be born,
be exposed to view, be published*),
Voir le jour.

To throw (*or* To shed) [a] light, [a]
great light, on a question, on the
causes of a phenomenon, Jeter (*ou*
Répandre) le (*ou* du) jour, un grand
jour, sur une question, sur les
causes d'un phénomène.

See also COME 1, GET 7, HAND, HIDE,
KIND, RED.

lightest. *See* TIME.

light-fingered. The light-fingered
gentry, Messieurs les voleurs à la
tire.

lightly. *See* COME 1, LET.

lightning. To make a lightning move
(*fig.*), Faire un coup de main.

See also OFF, QUICK, SWIFT.

like. Did you ever see the like ? *or*
Has the like ever been seen ? Vit-on
jamais rien de semblable ?

Do what you like with it, Faites-en
ce que vous voudrez, Faites-en
des choux et des raves (*fam.*).

I like that ! En voilà une bonne !
(*fam.*).

It's like nothing on earth, Cela ne
ressemble à rien.

It's not a bit like you (*to do such or
such a thing*), Cela ne vous
ressemble pas.

Like any other *or* Like so many
more, Comme il y en a tant.

Like father (*or* Like sire), like son,
Tel père, tel fils, Bon chien chasse
de race.

Like master, like man, Tel maître,
tel valet, Le moine répond comme
l'abbé chante.

That is just like him, her, Voilà
comme il, elle, est, Je le, la, reconnais là, Ce sont là de ses traits,
Il, Elle, n'en fait pas (*ou* jamais)
d'autres (*fam.*). " Mais que dire

du troc que la Fortune fit ? Ce
sont là de ses traits ; elle s'en
divertit : Plus le tour est bizarre, et
plus elle est contente, Cette déesse
inconstante . . . "—LA FONTAINE,
Fables IX, 16.—*Le Trésor et les
deux Hommes.*

That's not for the likes of him,
Ce n'est pas pour lui *ou*, *fam.*,
pour son [fichu] nez.

The like was never seen, On
n'a jamais rien vu de pareil, C'est
le monde renversé.

To be like someone (*in features,
ways, character, etc.*), Ressembler
à (*ou* Tenir de) quelqu'un : He is
like his father, Il ressemble à (*ou*
tient de) son père.

We shall not (*or* never) see his like
again, Son pareil est à naître, Le
moule en est perdu (*fam.*).

Whether I, he, we, you, they, like it
or not, Bon gré, mal gré. (*See note
under* WILLY-NILLY.)

You can do as (*or* do whatever) (*or*
do anything) you like with this
man, Vous disposerez de cet
homme comme il vous plaira,
Cet homme est souple comme
un gant *ou* a les reins souples,
Je vous livre cet homme [pieds
et poings liés] (*fam.*).

You can . . ., if you like, Permis à
vous de . . .

See also BULL, BURGLAR, CAT, CHALK,
CORPSE, DAVID, DEATH'S-HEAD,
DROWN, DUCK, FEEL, FIGHT, FOOL,
GHOST, GOOD 25, 62, HEAR, LEATHER,
LOOK 7–9, 28, LOOKING 17, LORD,
MILLPOND, MUCH, NEEDLE, PEA,
PIG, REMARKABLY, RETURN, SAY,
WORK.

likelihood. In all likelihood, Selon
toute vraisemblance.

likely. He is quite likely to do such a
thing, Il est homme à faire (*ou*,
fam., Il est dans le cas de faire)
telle chose.

Not likely, Pas de danger !, Pas si

bête !, [Je suis votre, son] serviteur ;
(*of woman*) Je suis votre, sa,
servante, Je vous baise la main.
" Ce portier du logis était un chien
énorme, Expédiant les loups en
forme. Celui-ci s'en douta. ' Serviteur au portier,' Dit-il ; et de
courir."—LA FONTAINE, *Fables* IX,
10.—*Le Loup et le Chien maigre.*
(*Note.*—Expédiant, etc. = Dis-
patching wolves in proper fashion.
Celui-ci, etc. = The latter had his
suspicions. et de courir, and off
he trotted.)

likeness. To have a family likeness,
Avoir un air de famille.

See also SPEAKING.

lily. *See* PAINT.

lily-livered. To be lily-livered, Avoir
du sang de navet (*pop.*) *ou*, *pop.*,
du sang de poulet.

limb. *See* TREMBLE.

limbo. To pass something into the
limbo of forgetfulness, Passer au
bleu une chose.

limelight. To be in the limelight (*fig.*),
Être en vedette, Être sous les feux
de la rampe, Être au grand jour
[de la publicité].

limit. That's (*or* It's) the [frozen *or*
giddy] limit (*slang*), Cela [dé]passe
la mesure, C'est (*ou* Voilà qui est)
unique (*fam.*), Après cela il faut
tirer l'échelle (*fam.*).

You're the limit (*slang*), Vous êtes
unique (*fam.*).

limp. To feel [as] limp as a rag, Se
sentir mou comme une chiffe.

limpet. *See* STICK.

line. It (*or* That) is not in my line,
Ce n'est pas [de] ma partie *ou*
de mon ressort *ou* de mon rayon
ou de mon domaine, Cela ne
rentre pas dans mes cordes (*fam.*).

To have one's pockets [well] lined
(*with money*), Être [bien] pourvu
d'argent, Avoir le gousset [bien]
garni (*fam.*), Être [tout] cousu
d'or (*fam.*).

To line the route (*of troops*), Former (*ou* Faire) la haie.

line. *See also* HARD, OVERSTEP, READ. **lining.** *See* CLOUD.

linen. One should not wash one's dirty linen in public, Il faut laver son linge sale en famille.

To wash one's dirty linen at home, Laver son linge sale en famille.

lion. He is a man who always sees a lion in the path, C'est un homme qui se laisse arrêter par les moindres obstacles, C'est un écoute s'il pleut (*fam.*).

He is the lion of their company, C'est l'aigle de leur société.

To be thrown to the lions (*fig.*), Être condamné (*ou* livré) aux bêtes.

To find a lion (*obstacle*) in one's path *or* way, Trouver une pierre, des pierres, dans (*ou* en) son chemin.

To jump (*or* To rush) into the lion's mouth, Se mettre (*ou* Se jeter) dans la gueule du loup (*fam.*).

To keep (*or* To take) the lion's share, Se faire la part du lion, Tirer la couverture à soi *ou* de son côté. " Le lion . . . dit : ' Nous sommes quatre à partager la proie.' Puis en autant de parts le cerf il dépeça ; Prit pour lui la première en qualité de sire : ' Elle doit être à moi, dit-il ; et la raison, C'est que je m'appelle lion : À cela l'on n'a rien à dire. La seconde, par droit, me doit échoir encor : Ce droit, vous le savez, c'est le droit du plus fort. Comme le plus vaillant, je prétends la troisième. Si quelqu'une de vous touche à la quatrième, Je l'étranglerai tout d'abord.' "—LA FONTAINE, *Fables* I, 6. *La Génisse, la Chèvre et la Brebis en société avec le Lion.* " Ainsi dans tous les temps nos seigneurs les lions Ont conclu leurs traités aux dépens des moutons."—VOLTAIRE, *Le Marseillais et le Lion.*

To rouse the sleeping lion, Éveiller (*ou* Réveiller) le chat qui dort.

See also BRAVE, LIVE, PLUCK, SKIN, STRONG.

lion-hearted. To be lion-hearted, Avoir un cœur de lion. " Gargantua . . . dist à ses gens : ' Compaignons, il y a icy rencontre, et sont en nombre trop plus dix foys que nous. Chocquerons nous sus eulx ? — Que diable, dist le moine, ferons nous donc ? Estimez vous les hommes par nombre, et non par vertu et hardiesse ? ' Puis s'escria : ' Chocquons, diables, chocquons ! ' "—RABELAIS I, 43, *Gargantua.* (*Note.*—Chocquons, etc. = Up and at 'em.)

lip. To have something always on one's lips, Avoir toujours quelque chose à la bouche.

See also OPEN, PURSE, SEAL, SLIP, SMACK, STIFF.

liquor. To carry one's liquor well, Porter bien le vin, Avoir la tête forte.

listen. He won't listen to that arrangement, Il ne veut pas écouter cette proposition[-là], Il n'entend pas de cette oreille-là (*fam.*).

To get someone to listen to one's proposal is half the battle, Ville qui parlemente (*ou* qui capitule) est à demi rendue.

listen. *See also* ATTENTION, EAR, REASON. **listening.** *See* HALF.

lists. To enter the lists (*put in for a post*), Se mettre sur les rangs.

little. A little pot is soon hot, Petite cervelle, prompte colère.

A [tiny] little man, Un [petit] bout (*fam.*) (*ou, fam.*, Un morceau) d'homme.

Be it ever so little, Si peu que ce soit.

Every little helps, Un peu d'aide fait grand bien, Tout fait nombre, Toujours pêche qui en prend un, On fait feu de tout bois. " Un carpeau, qui n'était encore que fretin, Fut pris par un pêcheur au bord d'une rivière. ' Tout fait nombre, dit l'homme, en voyant son butin ; Voilà commencement de chère et de festin : Mettons-le en notre gibecière.' "—LA FONTAINE, *Fables* V, 3.—*Le petit Poisson et le Pêcheur.*

For the little time one has to live, Pour quatre jours qu'on a à vivre.

Give me ever so little, Donnez-moi tant soit peu.

I little expected that of you, Je n'attendais guère cela de vous.

Little and good (*said of persons*), Dans les petits pots (*ou* Dans les petites boîtes) sont les bons onguents, Dans les petits sacs sont les bonnes épices. " Bien qu'il ne s'élevât qu'à quelques pieds de terre, Hassan était peut-être un homme à caractère ; Il ne le montrait pas, n'en ayant pas besoin. Sa petite médaille annonçait un bon coin. Il était très bien pris :—on eût dit que sa mère L'avait fait tout petit pour le faire avec soin."—ALFRED DE MUSSET, *Namouna* I, 10.

Little by little (*one thing leading to another*), Peu à peu, De fil en aiguille : He told us the whole story little by little, Il nous a raconté toute l'histoire de fil en aiguille.

Little short of . . . *or* Within a little of being . . ., . . ., à peu de chose près.

Little streams make great rivers, Les petits ruisseaux font les grandes rivières. " A ma coupe l'oiseau s'abreuve ; Qui sait ? — Après quelques détours Peut-être deviendrai-je un fleuve Baignant vallons, rochers et tours. Je borderai de mon écume Ponts de pierre, quais de granit, Emportant le steamer qui fume A l'Océan où tout finit."—THÉOPHILE GAUTIER, *La Source.*

Little strokes fell great oaks, Petit à petit l'oiseau fait son nid.

To make a little go a long way, Allonger la courroie (*fam.*).

To spend (*squander*) (*or* To lose) what (*or* the) little one had, Dépenser (*ou* Perdre) le peu qu'on possédait, Manger ses quatre sous (*fam.*).

See also BIRD, CRY, DREAM, FINGER, GAME, GOD, MANY, PITCHER.

live, living. A live dog is better than a dead lion, Le chien en vie vaut mieux que le lion mort.

He has not many days to live, Ses jours sont comptés.

Live and learn *or* Those that live longest will see the most, Il fait bon vivre, on apprend toujours, Qui vivra verra.

Live and let live, Vivre et laisser vivre.

One (*or* A man, A woman) must live, (*cannot do without food*) Il faut que tout le monde vive ; (*as an excuse for getting a living by doing something one ought not to do*) Il faut bien vivre.

To be in the land of the living, Être au (*ou* du) (*ou* de ce) monde.

To be no longer in the land of the living, N'être plus de ce monde.

To be still in the land of the living, Être encore de ce monde *ou* encore sur terre *ou* encore debout.

To live at another's cost *or* To live [up]on someone, Vivre aux dépens (*ou* aux frais) de quelqu'un, Vivre (*ou* Être) aux crochets de quelqu'un (*An explanation of this phrase is in a note under* LOOKER-ON), Être comme rat en paille (*fam.*) *ou*, *fam.*, comme un rat dans un fromage.

To live down one's past, Faire oublier son passé.

To live in an out-of-the-way place *or* at the back of beyond *or* out in the wilds *or* miles away from anywhere, Se loger en pays perdu, Demeurer [au] diable au vert.

To live to oneself (*in isolation*), Vivre avec soi-même.

To live up to one's reputation, Soutenir sa réputation.

Within living memory, De mémoire d'homme.

live. *See also* AGE, ATTIC, COCK, DOOR-STEP, DREAM, FREE, GAY, GLASS, HAND, HOPE, LORD, RIOTOUSLY, SECLUDE, SHARE, SPAN, STYLE, WELL, WIT. **living.** *See also* ABOUT, FOOL, GOOD 62, STYLE.

livelihood. To seek a livelihood, Chercher sa vie.

See also ENCROACH.

livelong. *See* DAY.

lively. Things are getting lively, L'action devient vive, Ça chauffe (*fam.*).

To be [as] lively as a cricket *or* as a grig (*of a child*), Être éveillé comme une potée de souris (*fam.*).

load. The dice are loaded (*fig.*), Les dés sont pipés.

You have taken (*or* lifted) a great load off my mind, Vous avez soulagé mon âme d'un grand poids.

See also PACK-HORSE.

loaf. A man on the loaf, Un batteur de pavé (*fam.*).

See also HALF.

loafer. A loafer about the streets, Un batteur de pavé (*fam.*).

lo[a]th. To be lo[a]th to do a thing, Répugner à faire une chose, Se faire [un cas de] conscience d'une chose.

To be nothing lo[a]th to do something, Ne demander qu'à (*ou* Être tout prêt à) faire quelque chose.

lobby, lobbying. To lobby, Faire antichambre.

lobbying, Des propos de couloirs.

lobster. *See* RED.

lock. Lock, stock, and barrel, Tous sans exception, Tout le fourbi (*pop.*), Tout le tremblement (*pop.*).

See also RAVEN.

locker. *See* DAVY JONES, TRICK.

locksmith. *See* LAUGH.

log. Roll my log and I'll roll yours (*mutual support*), Un barbier rase l'autre, Passez-moi la rhubarbe, je vous passerai le séné.

See also EASY, FALL, SLEEP.

loins. *See* GIRD.

London Bridge. *See* WATER.

lone. *See* FURROW, HAND.

lonely. *See* FURROW.

long, long-, longing. A little sympathy goes a long way, Un peu de sympathie fait grand bien.

[As] long as a wet Sunday, Long comme un jour sans pain (*fam.*).

" Plus grand nombre (*de ces oiseaux*) nous en vient de Jour-sanspain, qui est excessivement long."—RABELAIS V, 4, *Pantagruel*.

" Quoi ! la vie est si peu durable, Et les jours paraissent si longs ! " VOLTAIRE, *Stances, À Son Altesse Royale la Princesse de Suède Ulrique de Prusse*.

By a long way *or* By a long chalk *or* By long chalks, De beaucoup, À beaucoup près.

He is longing to speak, Il a grande envie de parler, La langue lui démange (*fam.*).

He is not long for this world, Il a toutes les apparences d'une mort prochaine, Il ne fera pas de vieux os (*fam.*), C'est un cadavre ambulant (*fam.*).

His name goes a long way, Son nom est d'un grand poids *ou* est fort en réputation.

In the long run, À la longue.

It is many a long day since . . . , Il y a beau temps que . . . (*fam.*), Il y a beau[x] jour[s] que... (*fam.*).

It's a long story, C'est toute une histoire.

It will be a long time before I go and see him again *or* before he catches me at his house again (= *never*), Il fera beau [temps] quand je retournerai chez lui (*fam.*).

It won't take long, Ce sera tôt fait.

Not by a long way *or* Not by a long chalk *or* Not by long chalks, Il s'en faut [de] beaucoup, Tant s'en faut.

Not to be long about it, Aller vite en besogne, Être expéditif.

Paper is long-suffering, Le papier souffre tout.

The long and the short of it is [that] . . ., Pour tout dire, . . .

To be [very] long-winded, Faire (*ou* Tenir) des discours à perte d'haleine.

To go a long way away, Aller très loin, Aller au diable [au] vert (*fam.*).

To have a long story (*or* tale) to tell, En avoir long à conter.

To pull, To have, a long face *or* To have a face as long as a fiddle *or* a face a yard long, Avoir le visage allongé [d'une aune] *ou* la mine allongée, Faire triste figure *ou* triste mine, Être triste comme un bonnet de nuit, Faire un nez, Faire une tête (*tous fam.*).

To pull a long face at a proposal, Faire la grimace à une proposition (*fam.*).

long. *See also* ARM, BROAD, CREAKING, DAY, DRAW, EXACTING, FAIRLY, GO 34, HAPPY, LAST, LIFE, LITTLE, MERRY, NOSE, PENNY, PITCHER, PURSE, SHORT, SPOON, STANDING.

longer. The longer you stay the better, Plus vous resterez, mieux cela vaudra.

See also BOY, STAND, STICK.

longest. *See* LIVE, WAY.

longingly. To look longingly at something, Couver quelque chose des yeux (*fam.*).

look, looking. 1. He is not much to look at, Il ne paie pas de mine (*fam.*).

2. He looks the part, Il a le physique de l'emploi. (*Note.*—le physique, the physique. la physique, physics, *the science.*)

3. He, She, doesn't look his, her, age, Il, Elle, ne paraît pas son âge.

4. His, Her, looks don't give his, her, age away, Sa figure n'a pas d'âge.

5. How nice you look to-day *or* You do look smart to-day, Comme vous voilà beau (*woman* belle) aujourd'hui.

6. I shall never be able to look him in the face again, Je n'oserai plus le regarder en face *ou* le regarder sans baisser les yeux.

7. It looks like (*might be taken for*) a boat, etc., On dirait une barque, etc.

8. It looks like it, Cela en a l'air.

9. It looks uncommonly like rain, On dirait certainement qu'il va pleuvoir.

10. Look before you leap, "En toute chose il faut considérer la fin."—LA FONTAINE, *Fables* III, 5. —*Le Renard et le Bouc.*

11. Look here ! Regardez !, Dites donc !

12. Look out ! Gare !, Tenez-vous bien !, Bon pied, bon œil !

13. Look sharp ! *or* Look alive ! Dépêchez - vous !, Dépêche - toi !, Ouste ! (*très fam.*).

14. Not to dare to look up (*be intimidated or abashed*), Ne pas oser lever les yeux.

15. That looks bad, C'est [un] mauvais signe.

16. The business looks promising *or* well, looks bad *or* ugly, L'affaire prend une bonne, une mauvaise, allure *ou* tournure. *Cf.* LOOK 32.

17. There's nothing like looking after one's business oneself, L'œil du maître engraisse le cheval.

18. Things (*the matter, the business*) look none too good, Cela ne dit rien de bon *ou*, *fam.*, ne sent pas bon.

19. To have a good look at something, Regarder quelque chose attentivement, Se rincer l'œil de quelque chose (*pop.*).

20. To have a look at oneself in the glass, Consulter le (*ou* son) miroir.
21. To have a look at what is going on, Donner un coup d'œil à ce qui se passe.
22. To judge by his looks, one might think he was destitute, À le voir, on le croirait dans la misère.
23. To look death in the face (*narrowly escape death*), Voir la mort de près.
24. To look down on (*contemptuously at*) someone, Regarder quelqu'un de haut en bas *ou* du haut de sa grandeur.
25. To look facts in the face, Voir les choses telles qu'elles sont.
26. To look for a wife, Chercher femme. " Peut-être, dans la foule, une âme que j'ignore Aurait compris mon âme et m'aurait répondu ! " — LAMARTINE, *L'Automne.* (*Note.*—These lines are an allusion to the woman whom Lamartine had already met and whom he subsequently married.)
27. To look forward to something [with much pleasure], Attendre quelque chose avec [beaucoup de] plaisir, Se faire une fête de quelque chose (*fam.*).
28. To look like doing something, Avoir mine de vouloir faire quelque chose.
29. To look someone [straight *or* full] in the face *or* squarely in the eye, Regarder quelqu'un en face *ou* dans les yeux *ou* dans le blanc des yeux *ou* entre les [deux] yeux.
30. To look someone up and down, Toiser quelqu'un [de la tête au pied] (*fam.*).
31. To look up (*improve*), Se ranimer.
32. To look well, (*look distinguished —of persons*) Avoir grand air ; (*be becoming, of dress, etc.*) Avoir bon air. *Cf.* LOOK 16.
33. To make oneself look nice *or* smart, Se faire beau, belle.

34. To translate by looking up every other word in the dictionary, Traduire à coups de dictionnaire (*fam.*).
35. Whom are you looking for ? Qui cherchez-vous ?, À qui en voulez-vous ?

look. *See also* ANGLE, ASKANCE, BLACK, BLANK, BRIGHT, BURGLAR, BUTTER, CAT, CHANCE, CORPSE, DARK, DEATH'S-HEAD, DIFFICULTY, DIRT, DISTINGUISH, DROWN, DUCK, DYING (*under* DIE), EASY, EXPRESSIVE, FAVOURABLY, FIGHT, FONDLY, FOOL, GHOST, GILL, HILL, HORSE, INTEREST, KILL, LAUREL, LIGHT, LONGINGLY, LOVINGLY, MARK, NOSE, ONE, OTHER, PENNY, PICTURE, PIG, PLACE, PLEASE, PURPOSE, RUSHING, SHABBY, SHIFTY, SHOUT, SICKLY, SIGHT, SMALL, SORRY, SOURLY, SQUALL, UNFAVOURABLY, UPSET, WISTFULLY, WOEBEGONE, WOMAN, WORD, WRETCHED.

looking. *See also* DAGGER, FUNNY, HAND, NEEDLE, PLACE, STARE, TROUBLE, WINDOW.

looker-on. To be only a looker-on (*and not to share in the amusement*), Faire galerie (*fam.*), Manger son pain à la fumée du rôt (*pop.*). " A Paris, en la roustisserie du petit Chastelet, au davant de l'ouvrouoir d'un Roustisseur, un Faquin mangeoit son pain à la fumée du roust, et le trouvoit, ainsi perfumé, grandement savoureux. Le Roustisseur le laissoit faire. En fin, quand tout le pain feut baufré, le Roustisseur happe le Faquin au collet, et vouloit qu'il luy payast la fumée de son roust. Le Faquin disoit en rien n'avoir ses viandes endommaigé, rien n'avoir du sien prins, en rien ne luy estre debiteur. La fumée dont estoit question evaporoit par dehors, ainsi comme ainsi se perdoit elle ; jamais n'avoit esté ouy que, dedans Paris, on eust vendu

fumée de roust en rue. Le Roustisseur replicquoit que, de fumée de
son roust, n'estoit tenu nourrir les
Faquins, et renïoit, en cas qu'il ne
le payast, qu'il luy ousteroit ses
crochetz." — RABELAIS III, 37,
Pantagruel. (*Note*.—roustisserie =
cook shop. ouvrouoir = ouvroir =
workroom. Roustisseur = caterer.
Faquin (*original meaning, from
Italian* facchino) = porter. baufré
= gobbled up. prins (retained the
n of prendre) = pris. esté ouy =
été ouï. ousteroit, etc. = ôterait
ses crochets = would take away his
crochet = porter's carrier or frame
on back. Hence (*fig.*) vivre aux
crochets de quelqu'un, To live
[up]on someone. Here is the rest of
the story (too long to reproduce
in full) : The dispute was referred
to an arbitrator, who, borrowing
a coin from the porter, rang it to
prove whether it was good, and
told the caterer that the sound of
the coin was his payment. The
judgment ended : Ordonne ladicte
court que chascun se retire en sa
chascuniere (*own domicile*), sans
despens (*without costs*), et pour
cause (*and for a very good reason*).)

look-out. That's his look-out, Cela,
c'est son affaire, C'est son affaire
à lui, Cela le regarde.

To keep a sharp (*or* a bright) look-out,
Avoir l'œil au guet.

See also BARGAIN.

loophole. To leave a loophole (*to
escape or evade the intent of a
contract or obligation*), Se ménager
une porte de sortie.

loose. There is a screw loose somewhere, Il y a quelque chose qui
cloche (*fam.*).

To go on the loose, Faire des
escapades suspectes, Courir la
pretentaine (*fam.*).

To have a screw (*or* a tile) loose,
Avoir une araignée dans le plafond,

Avoir des rats dans la tête, Avoir
le timbre fêlé (*tous fam.*).

To let loose a flood of eloquence
(*ironically*), Lâcher les écluses à
son éloquence.

To let loose a flood of tears, of com-
plaints, Donner libre cours (*ou,
fam.*, Lâcher la bonde) à ses larmes,
à ses plaintes.

See also BEDLAM, BREAK, HELL, PLAY.

loosen. To loosen one's hold on someone, Lâcher la main à quelqu'un.

To loosen someone's tongue (*fig.*),
Dénouer la langue à quelqu'un
(*fam.*).

See also PURSE-STRINGS.

lord. To live like a lord, Vivre en
grand seigneur ; (*extravagantly
—of a young man*) Faire le beau fils.

To lord it, Faire le maître.

See also CALL, DRUNK.

lordly. To put on (*or* To give oneself)
lordly airs, Faire le (*ou
Trancher du*) grand seigneur.

lose, losing. (*For* LOST, *see below*.)
He would sooner lose his right arm
(*than do that*), Vous lui arracheriez
plutôt la vie *ou* le cœur *ou* l'âme.

To play a losing game (*to suit one's
purpose*), Jouer à qui perd gagne.

lose. *See also* ALL, BEARINGS, CONTROL,
COUNT, FLESH, GRASP, PROPORTION,
SELF-RESTRAINT, SWING, TELLING,
TEMPER, WAITING. **losing.** *See also*
WORSE.

loser. The loser is always in the
wrong, Qui perd pèche.

loss. *See* CUT, KNOW 17.

lost. He has lost his head, Il a perdu
la tête, Sa tête se perd, Il n'y est
pas du tout.

See also ADMIRATION, ASTONISHMENT,
GIVE, HONOUR, LOVE, MAKE, REGAIN,
SHAME, SHEEP, TIME, WANT.

lot. To know a lot about it, En savoir
long.

See also ANSWER, BOTHER, FRIGHTEN,
GOOD 32, NEED, ROOM, TROUBLE,
WHOLE.

loth. *Same as* LOATH.

loud. *See* PRAISE.

loudest. *See* SHOUT.

love. A love affair, Une affaire de cœur.

First love, last love, best love, On revient toujours à ses premières amours.

For love (*just to gratify, him, her, you*), Pour les, Pour ses, Pour vos, beaux yeux (*fam.*).

He, She, is a love of a child, C'est un amour.

I would not do that for love or money, Je ne ferais cela ni pour or ni pour argent.

It cannot be had for love or money, On ne peut se le procurer à aucun prix.

It is love's labour lost (*unappreciated effort*), C'est du bien perdu : To read beautiful poetry to people who have neither taste nor ear, is love's labour lost, Lire de beaux vers devant les gens qui n'ont ni goût ni oreille, c'est du bien perdu. (*Note.*—Love's Labour's Lost, the title of Shakespeare's play, is Peines d'amour perdues.)

It was [a case of] love at first sight, En la (le) voyant, il a eu (elle a eu) le coup de foudre.

[Just] for the love of someone (*just to gratify him, her*), Pour les beaux yeux de quelqu'un (*fam.*).

Love me, love my dog, Qui m'aime, aime mon chien.

Love thy neighbour as thyself, Aime ton prochain comme toi-même. " Car toute la loi est accomplie dans une seule parole, qui est celle-ci : Tu aimeras ton prochain comme toi-même."—*Galates* v, 14. " Soys serviable à tous tes prochains, et les ayme comme toymesmes." RABELAIS II, 8, *Pantagruel.*

There is no love lost between them, Ils, Elles, ne peuvent pas se souffrir *ou, fam.*, se sentir.

This work is a labour of love, Cet ouvrage est fait avec amour.

To be only playing (*a game*) for love, Ne jouer que [pour] l'honneur.

To be over head and ears in love with someone, Être féru de quelqu'un, Être féru d'amour pour quelqu'un.

See also BLOW, COTTAGE, DREAM, FAIR, LAUGH, LUCKY, POVERTY, TRIFLE.

lover. *See* BEAUTY.

lovingly. To look lovingly at someone, Faire les yeux doux à quelqu'un.

low. He is in low water *or* His fortunes are at a low ebb, Les eaux sont basses chez lui (*fam.*).

To be in very low water (*fig.*), Être très bas dans ses affaires, Être dans le troisième dessous (*fam.*).

See also HUNT, LOWEST.

lower. *See* FLAG.

lowest. The lowest of the low, Le dernier des derniers.

Lucifer. *See* PROUD.

luck. As ill luck would have it, Par malheur.

As luck would have it, I was on the spot, Le hasard voulut que je me trouvasse sur les lieux mêmes.

Better luck next time, Il faut espérer que cela ira mieux la prochaine fois.

He is down on his luck, Il est mal-traité de la fortune, La fortune lui a tourné le dos.

It is a piece of pure luck, C'est un avantage, un bien, que le hasard seul procure, C'est un terne à la loterie (*fam.*).

Just my (*bad*) luck ! *or* Hard luck [on me] ! Pas de chance !, Pas de veine !, Je suis de la revue ! (*pop.*).

To be in luck['s way] *or* To have a run of good luck, Jouer (*ou* Être en veine) de bonheur.

To bring bad luck (*of persons or things*), Porter malheur.

To have a run of bad luck, Jouer de malheur.

To have no luck, Ne pas avoir de
veine.

To have the devil's own luck, Avoir
un bonheur insolent, Avoir de la
corde de pendu dans sa poche
(*fam.*), Mettre dans le mille
(*pop.*).

Worse luck ! Tant pis !

See also POT, ROTTEN, ROUGH, STROKE,
TRUST, TRY.

lucky. It was lucky for him [that]
he did, Bien lui en prit.

It was lucky for him [that] he went out,
Bien lui a pris de sortir.

To be always lucky in love, Être
toujours heureux en amour, Ne
pas trouver de cruelles (*fam.*).
" Des bergères du hameau J'ai
choisi la plus cruelle ; Mais, enfin,
je suis amoureux, C'est assez pour
être heureux."—*Chanson amoureuse
du XVIIe siècle*, ANONYME.

To make a lucky dip (*fig.*), Trouver
la fève au gâteau (*fam.*).

See also BORN, CHANCE, STAR.

ludicrous. It is [altogether] ludicrous
(*to speak, to act, like that*), C'est
une [vraie] comédie.

lump. To have a lump in one's throat
(*fig.*), Avoir la gorge serrée.

lunatic. He is like an escaped lunatic,
C'est un échappé de Charenton.

He ought to be put in a lunatic
asylum (*is so silly, says such foolish
things*), Il est à mettre à Charenton.

lurch. To be left in the lurch, Rester
en plan (*pop.*).

To leave someone in the lurch,
Planter là quelqu'un (*fam.*), Cam-
per là quelqu'un (*fam.*), Laisser
quelqu'un en plan (*pop.*).

luxury. To live in [the lap of] luxury,
Vivre dans le luxe *ou* au sein de
l'abondance.

See also WHILE.

lying. *See under* LIE.

lyre. To strike the lyre (*adopt a high-
flown style*), Emboucher la
trompette.

M

machine. He is a mere machine,
Il agit comme une machine, C'est
un automate (*fam.*).

See also COG.

mackerel. *See* SPRAT.

mad. A policy run (*or* gone) mad,
Une politique poursuivie à outrance.

He is [as] mad as a March hare (*scatter-
brained and frisky*), Il est fou
comme un jeune chien.

It is enough to drive one mad, Il y a
de quoi vous rendre fou, C'est à
devenir fou.

To be raving mad *or* To be stark
staring mad *or* To be [as] mad as a
hatter *or* To be hopping mad,
Être fou à lier (*fam.*).

See also RUN.

madding. Far from the madding
crowd, Loin du bruit, Loin du
tumulte et du commerce du monde.

madman. *See* SHOUT.

madness. *See* METHOD.

magic. As if by magic, Comme par
enchantement.

To have the magic of leadership and
personality, Avoir du panache.

magnanimity. A display of magnanimity, Un beau geste.

magnify. *See* FEAR.

Mahomet. *See* MOUNTAIN.

mailed. The mailed fist, La main
gantelée.

To show the mailed fist, Recourir à
la manière forte.

main. *See* CHANCE, GO 33.

mainspring. The mainspring (*fig.*),
La cheville ouvrière.

maintain. To maintain one's assertion,
Soutenir son dire.

majority. To join (*or* To go over to)
the [great] majority, Aller *ad patres*.

make, making. A made man, Un
homme arrivé.

He has in him the makings of a commander, Il a en lui l'étoffe d'un
chef. " Et tout esprit n'est pas

composé d'une étoffe Qui se trouve taillée à faire un philosophe."— MOLIÈRE, *Les Femmes savantes* I, 1.

He is the stuff heroes are made of, Il est du bois dont on fait les héros.

I am made that way (*such is my nature, my character*), Voilà comme je suis bâti (*fam.*).

I cannot make it out *or* I don't know what to make of it, Je n'y comprends rien, Je ne puis m'y retrouver, Je n'y vois que du feu (*fam.*).

I'll show them the stuff (*or* what) I'm made of, On saura (*ou* On verra) de quel bois je me chauffe.

I made him do it, Je l'ai forcé à le faire, Il lui a fallu passer le pas (*fam.*).

It is only make-believe, Cela n'est que feinte, Le diable n'y perd rien (*fam.*).

It's a made-up story *or* It is [a] make-up, C'est un conte fait à plaisir.

There is no money to be made here, in this affair, Il n'y a rien à gagner (*ou, pop.*, à frire) dans cette maison, dans cette affaire.

They have made it up, Ils se sont réconciliés, Ils se sont donné le baiser de paix.

To make a bit out of it (*in marketing for someone*), Faire danser l'anse du panier.

To make as if to . . ., Faire mine de vouloir . . .

To make off [at great speed], Tirer au large, Se sauver à toutes jambes (*fam.*).

To make off with the cash, Filer avec l'argent (*fam.*), Manger (*ou* Faire sauter) la grenouille (*pop.*).

To make up for it (*In return*), En revanche.

To make up for lost time, Rattraper (*ou* Regagner) le temps perdu, Réparer une perte de temps.

To show what one is made of, Donner sa mesure.

What (*sense*) can you make of that? À quoi cela rime-t-il?

You are making it up (*drawing on your imagination*), Vous inventez.

make. *See also* ADO, ALLOWANCE, ANGRY, APPEAL, APRIL, ASS, ASSURANCE, AWKWARD, BEE-LINE, BELIEVE, BEST, BITE, BOLD, BONE, BOW, BREAST, BUSINESS, CHANGE, CLAY, CONSPICUOUS, COPY, DANCE, DATE, DIFFERENCE, DUCK, EFFORT, ENVIOUS, EXHIBITION, EXIT, EYE, FACE, FEEL, FIT, FLY, FOOL, FREE, FUSS, GAME, GASP, GETAWAY, GOOD 1, 63, 64, HAND, HASH, HAY, HEAD, HEAVE, HOLE, HOME, HORSE, HOT, HUM, IMPRESSION, INQUIRY, LAUGH, LAUGHING-STOCK, LAUGHTER, LAW, LIE, LIGHT, LITTLE, LOOK 33, LUCKY, MESS, MINCEMEAT, MIND, MISCHIEF, MISTAKE, MOST, MOUNTAIN, MOVE, NOISE, NOSE, NOTHING, OLD, ONCE, PEACE, PENNY, PILE, POINT, PRACTICE, PROMPT, QUARREL, QUESTION, REMARK, RIDICULOUS, RING, RULE, SCAPEGOAT, SCARCE, SET, SHORT, SING, SIT, SLIP, SMALL, SNOOK, SPORT, SPREAD, START, STIR, STRAW, SUCCESS, SWEAR, SWEEP, SWING, THIEF, THINK, TIRE, TRACTABLE, TURN, WAR, WASTE, WATER, WAY, WELCOME, WORD, WORSE, WORTH, WRONG, YOUNGER. **making.** *See also* DISTINCTION, END, HEAD, TROUBLE.

makeshift. *See* PEACE.

malice. He is a man who bears no malice, C'est un homme sans venin.

To bear someone malice for something, Garder rancune à (*ou* Conserver un ressentiment contre) quelqu'un de quelque chose.

man. For expressions containing the word man, see under the word of outstanding interest, or reference thereunder, *e.g.*, For He is a man of

his word, see under WORD. For
He is a harsh man, see under HARSH.

manage. To manage to do something,
Venir à bout de [faire] quelque
chose.

manger. *See* DOG.

mania. *See* SCRIBBLING.

manner. Manner of existence, Manière
d'être. " Bizarrerie étrange ! avec
ses goûts changeants, Il ne pouvait
souffrir rien d'extraordinaire. Il
n'aurait pas marché sur une mouche
à terre. Mais s'il l'avait trouvée à
dîner dans son verre, Il aurait
assommé quatre ou cinq de ses
gens. — Parlez après cela des bons
et des méchants ! Venez après
cela crier d'un ton de maître Que
c'est le cœur humain qu'un auteur
doit connaître ! Toujours le cœur
humain pour modèle et pour loi,
Le cœur humain de qui ? le cœur
humain de quoi ? Celui de mon
voisin a sa manière d'être ; Mais,
morbleu ! comme lui, j'ai mon
cœur humain, moi. Cette vie est
à tous, et celle que je mène, Quand
le diable y serait, est une vie
humaine."—ALFRED DE MUSSET,
Namouna I, 18–20. (*Note.*—Quand
le diable, etc. = For all that.)
See also CHANGE, UNRULY.

many. Ever so many, Tant et tant,
Tant et plus.

It is a many-sided affair, C'est une
affaire qui présente plusieurs aspects,
Il y a à boire et à manger (*fam.*).

Many a little (*or* Many a pickle)
makes a mickle *or* Many mickles
make a muckle, Les petits ruisseaux font les grandes rivières.
Quotation under LITTLE.

So many men, so many minds,
Autant de têtes, autant d'avis *ou*
d'opinions.

See also COOK, FIDDLE, HAND, IRON,
JEST, LIKE, LONG, ONE, RETURN,
SLIP, WORD.

marble. *See* COLD, HEART.

March. *See* MAD.

march. *See* BELLY, STEAL.

marching. To get one's marching
orders, Être mis à pied.

To give someone his marching orders
(*dismiss him*), Retirer son poste à
(*ou, très fam.*, Dégommer) quelqu'un.

mare. To find (*or* To discover) a
mare's nest, Croire avoir trouvé
la pie au nid.
See also SHANKS.

marine. *See* TELL.

mark. Not to be (*or* to feel) up to the
mark (*of person*), N'être pas dans
son assiette [ordinaire *ou* naturelle].

Not to look up to the mark, Avoir
mauvaise mine, Avoir une triste
figure.

The mark of Cain (*Genesis* iv, 15),
La marque au front de Caïn.

To hit the mark (*fig.*), Toucher (*ou*
Frapper) au but, Porter coup,
Mettre dans le noir (*fam.*).

To leave one's mark on someone
(*influence him*), Déteindre sur quelqu'un.

See also BESIDE, EPOCH, OVERSTEP,
TIME, WIDE.

Mark Tapley. He is a Mark Tapley
(*optimist*), C'est un médecin Tant
mieux. *Quotation under* PAY.

marrow. To the marrow (*fig.*),
Jusqu'à la moelle des os.

market. *See* PIG, SPOIL.

Martin. Saint Martin's summer (*lit.*)
& *fig.*, A Saint Martin's summer,
L'été de la Saint-Martin.

martinet. To be a martinet, Avoir la
main dure, Être à cheval sur la
discipline (*fam.*).

mast. *See* COLOUR.

master. He is a master mind, C'est
un aigle.

The master mind, La cheville ouvrière.

The touch of the master hand, La
griffe du lion.

To be one's own master, S'appar-
tenir, Être à soi.

See also EYE, JACK, LIKE.

masterly. To make a masterly move, Faire un coup de partie.

match. To be a match for someone, Être à la hauteur de quelqu'un.

To find (*or* To meet) one's match, Trouver à qui parler, Trouver une personne en état de tenir tête.

See also SET, SLANGING.

matchwood. This wood burns like matchwood, Ce bois brûle comme des allumettes.

matter. To have a voice (*or* a say) in the matter, Avoir le droit d'être consulté, Avoir voix au chapitre (*fam.*).

See also ANOTHER, CHANCE, COURSE, CURIOSITY, DIFFERENT, DUTY, FORM, LAUGHING, LIFE, STAND, WHAT, WORSE.

maudlin. *See* CUP.

May. Ne'er cast a clout till May be out, Mi-mai, queue d'hiver, En avril ne quitte pas un fil.

See also WELCOME.

may. Come (*or* Befall) what may *or* Let what may come *or* Let happen what may, Advienne (*ou* Arrive) que pourra, Il en arrivera ce qu'il pourra, Vogue la galère (*fam.*).

See also under MORE.

See also COST, GET 18.

mean, meaning. He means what he says (*won't give way*), Il ne plaisante pas là-dessus.

Money means nothing to him, Il se soucie fort peu de l'argent.

What does this (*conduct, passage, word*) mean ? *or* What is the meaning of this ? Que veut dire ceci ?, Qu'est-ce à dire ?

You do not catch my meaning, Vous n'y êtes pas.

mean. *See also* BUSINESS, HARM, MISCHIEF. **meaning.** *See also* IMPOSSIBLE.

means. To use (*or* To try) every means in one's power, Faire usage de tous ses moyens, Faire jouer tous

les ressorts *ou* toutes sortes d'influences, Faire feu de tribord et de babord (*fam.*), Faire le diable [à quatre] (to do something, pour faire quelque chose).

See also END, ESCAPE, FAIR, UNDOING.

measure. I have taken his measure (*know how worthless, how dishonest he is*), C'est un homme jugé.

To measure one's length [on the ground], Mesurer la terre *ou* le sol.

To take someone's measure (*fig.*), Apprécier la valeur de (*ou, fam.,* Jauger) quelqu'un.

See also FULL, HALF, STRONG, WALK.

meat. It is meat and drink to him (*fig.*), C'est son pain quotidien (*fam.*).

One man's meat is another man's poison, Ce qui nuit à l'un duit à l'autre.

Medes. *See* LAW.

meet. To meet with a check *or* a repulse *or* a rebuff, Subir un échec, Remporter une veste (*fam.*).

meet. *See also* BETTER, END, EVERY, EXTREME, GREEK, HALF-WAY, MATCH, MORE, PRIVATE, STRENGTH, TROUBLE, VIEW. **meeting.** *See* FANCY.

melancholy. *See* CUP.

melt. *See* AIR, BUTTER.

memory. If my memory serves me right[ly] *or* does not deceive me, Si j'ai bonne mémoire, Si ma mémoire ne me trompe.

To have a memory like a sieve, Avoir une mémoire de lièvre[, qu'on perd en courant] (*fam.*), Avoir une mémoire comme un panier percé (*fam.*).

To have a never-failing memory, Avoir la mémoire toujours présente.

To refresh (*or* To jog) someone's memory about a thing, Rafraîchir à quelqu'un la mémoire d'une chose.

See also LIAR, LIVING, RANSACK, SHORT, TAX.

mend. He will never mend his ways, Qui a bu boira. *See also below* To mend . . .
To mend one's pace, Doubler le pas.
To mend one's ways, Rentrer dans le bon chemin, Revenir de ses erreurs, Se réformer, S'amender.
See also LATE, LEAST.
mental. A mental reservation, Une restriction mentale, Une arrière-pensée, Une pensée de derrière la tête.
mention. I just mentioned it to him, her, Je lui en ai touché quelques mots.
Not to mention . . ., Sans compter . . .
[Pray] don't mention it (*no thanks, no apologies, are needed*), Il n'y a pas de quoi (*fam.*).
They are not to be mentioned in the same breath, On ne saurait les comparer.
mention. *See also* HEMP, NAME.
mentioning. *See* WORTH.
mercy. To have someone [completely] at one's mercy, Tenir quelqu'un [complètement] à sa merci, Tenir le pied sur la gorge à quelqu'un (*fam.*).
We (*or* One) must be thankful for small mercies, Il faut être reconnaissant des moindres bienfaits.
mere. *See* AMOUNT, CHANCE, CIPHER, DETAIL, MACHINE, NOBODY, SONG, THOUGHT, TOOL, TRIFLE.
merely. He replied " No " merely, Il me répondit un Non tout court.
See also SHADOW.
merest. *See* PUT.
merrier. *See* MORE.
merry. A merry Christmas (*to you*) ! Joyeux Noël ! *Cf.* To WISH someone . . .
He is always merry and bright, Il a de la gaieté naturelle et communicative, Il a de l'entrain, Il n'engendre point la mélancolie.
" Mon pronostic est, dist Pantagruel, que par le chemin nous ne engendrerons melancholie." — RABELAIS III, 47, *Pantagruel*.
To be [as] merry as a cricket *or* as a grig *or* as the day is long, Être gai comme un pinson.
See also CUP, SHORT.
mess. He has made a nice mess of it *or* A nice mess he has made of it (*ironically*), Il a fait là une belle besogne *ou* un beau coup, Il a fait une belle ambassade (*fam.*).
To be in a fine mess, Être dans de beaux (*ou* dans de vilains) draps.
To get into a mess, Se mettre dans de beaux (*ou* de vilains) draps *ou*, *fam.*, dans un bourbier.
To get out of a mess, Sortir d'un mauvais pas, Se tirer une épine du pied.
To get someone out of a [bad] mess, Délivrer quelqu'un d'un [grand] embarras, Tirer à quelqu'un une [grosse] épine du pied.
See also DEUCE.
method. There's method in his madness, Il n'est pas si fou qu'il en a l'air, Il fait l'âne pour avoir du son.
mettle. To be on one's mettle, Se piquer d'honneur, Se piquer (*ou* Être piqué) au jeu (*fam.*).
To put someone on his mettle, Piquer quelqu'un d'honneur.
To show one's mettle, Faire ses preuves.
mickle. *See* MANY.
middle. There is no middle course, C'est tout l'un ou tout l'autre, Il n'y a pas de milieu, Il faut qu'une porte soit ouverte ou fermée.
To be middle-aged, Être entre deux âges.
midnight. *See* BURN.
might. Might is (*or* overcomes) right, Force passe droit, La force prime le droit, Les gros poissons mangent les petits. *Quotation under* LION.
See also GO 33, STRIKE.

mighty. *See* FALL, GROVEL, HIGH.

milch. A milch cow (*fig.*), Une vache à lait.

mile. He is not listening, he is miles away, Il n'écoute pas, il est à mille lieues d'ici (*fam.*).

Not a hundred miles away [from here], Non loin (*ou* Tout près) [d'ici].

To be miles above (*far superior to*) someone, something, Être à cent piques au-dessus de quelqu'un, de quelque chose (*fam.*), Être fort supérieur à quelqu'un, à quelque chose.

To be miles away from anywhere, Être en pays perdu, Être au diable [au vert].

To wish oneself a hundred miles away, Ne savoir où se mettre *ou* où se fourrer.

You're miles out (*in guessing*), Vous êtes très éloigné de la vérité, Vous en êtes à cent piques (*fam.*).

See also LIVE, MISS.

milk. It's no use crying over spilt milk, Ce qui est fait est fait, À chose faite point de remède.

The milk of human kindness, Le lait de la tendresse humaine.

To come home from a dance with the milk (*in broad daylight*), Revenir d'un bal au grand jour.

Which (*or* That) accounts for the milk in the coconut, Voilà pourquoi votre fille est muette (MOLIÈRE, *Le Médecin malgré lui* II, 6).

See also WHITE.

milksop. He is a milksop, C'est une poule mouillée (*fam.*).

mill. To go through the mill, (*pass through all the graduate and subordinate stages of an employment*) Passer par la filière (*fam.*) ; (*undergo many experiences*), Passer au laminoir (*fam.*).

To have been through the mill (*have had all sorts of experiences*), En avoir vu de toutes les couleurs (*fam.*).

See also ALL, BRING.

million. *See* CHANCE.

millpond. The sea is like a millpond, La mer est sans la moindre agitation.

mince. Not to mince matters, Ne rien ménager dans ses propos, N'y pas aller par quatre chemins (*fam.*), Casser les vitres (*fam.*).

Not to mince matters, . . ., À vrai dire, . . ., Disons-le, . . .

mincemeat. To make mincemeat of someone, Hacher quelqu'un menu comme chair à pâté (*fam.*), Mettre quelqu'un en marmelade (*fam.*). " Meschant, à ceste heure te hascheray je comme chair à pastez."— RABELAIS II, 29, *Pantagruel.*

mind. Don't mind me (*ironically, to someone inconveniencing others*), Ne vous gênez pas.

He can't make up his mind (*as between two alternatives*), Il hésite entre deux partis, Il ressemble à l'âne de Buridan. (*Note.*—JEAN BURIDAN was a philosopher of the XIV century. According to the legend, Buridan's ass, very hungry and very thirsty, was found at the point of death, lying between a bushel of oats and a pail of water.) *Cf.* Make up . . . & To make up . . ., *below.*

I am still in two minds as to what I should do, Je suis encore indécis sur ce que je dois faire.

I don't mind, Cela m'est égal, Peu m'importe.

If you don't mind, Ne vous [en] déplaise.

If you have a mind to *or* are so minded, Si le cœur vous en dit.

It is no use talking to a man whose mind is made up, À parti pris point de conseil.

Make up your mind(s) (*on what you mean to tell me*), Décidez-vous, Ajustez (*ou* Accordez) vos flûtes.

To ask someone to mind his own business, Prier quelqu'un de

s'occuper de ses affaires, Renvoyer quelqu'un à son moulin.

To be of someone's mind, Être de l'avis (*ou* du bord) de quelqu'un.

To bear something in (or To call something to) mind, Tenir compte (*à quelqu'un*) de quelque chose, Mettre (*ou* Faire entrer) quelque chose en ligne de compte, Faire la part de (*ou* Se rappeler) (*ou* Se souvenir de) quelque chose : I bear in mind his good will, Je lui tiens compte de sa bonne volonté.

To bring one's mind to bear on something, Porter son attention sur quelque chose.

To give someone a piece of one's mind, Dire à quelqu'un son fait (*fam.*), Donner à quelqu'un son paquet (*fam.*).

To have a good mind to do something, Avoir bien envie de faire quelque chose.

To have something on one's mind, Avoir quelque chose sur le cœur.

To make up one's mind, Prendre son parti, Se décider.

To speak one's mind, Exprimer sa pensée, Dire son avis, Penser tout haut, Défiler son chapelet (*fam.*).

To speak one's mind freely, Parler d'abondance de cœur.

You can dismiss that from your mind *or* Get that out of your mind, Ne vous attendez pas à cela, Rayez (*ou* Ôtez) cela de vos tablettes *ou, fam.*, de vos papiers.

See also CHANGE, CONCENTRATE, EASE, EYE, FOX, FRESH, GREAT, KNOW 12, LOAD, MANY, MASTER, READ, SAY, SECRETIVE, SET, SHOUT, SIGHT, TIME, UNEASY, UNHINGED, WANDER, WEARING, WEIGHING, WORD.

mine. A mine of information, of knowledge, (*book*) Une mine de renseignements ; (*person*) Un abîme (*ou, fam.*, Un puits) de science *ou* de savoir.

mint. To cost a mint of money, Coûter les yeux de la tête (*fam.*).

minute. Not to have (*or* To have hardly) a minute to oneself, N'avoir pas une heure (*ou* N'avoir qu'un moment) à soi.

See also EVERY.

minx. *See* SLY.

miracle. As if by a miracle, Par miracle.

mire. To drag someone from the mire (*fig.*), Tirer quelqu'un de la boue.

To drag someone through the mire (*vilify him*), Traîner quelqu'un dans la boue.

mirror. *See* EYE.

Mirth. *See* SPORT.

misapprehension. *See* LABOUR.

mischief. A mischief-maker, Un brandon de discorde.

To be up to some mischief, Méditer quelque vilenie *ou* quelque mauvais tour.

To delight in making mischief (*for sport*), Ne demander que plaies et bosses.

To get up to mischief, Faire des malices.

To make mischief, Apporter le trouble, Exciter (*ou* Semer) la discorde, Mettre le feu aux poudres.

To mean mischief, Chercher à nuire.

See also IDLE, NIP, UNDO.

miser. *See* FEAST.

miserable, misery. To be utterly miserable *or* To be the picture of misery, Être extrêmement malheureux, Être malheureux comme les pierres (*qu'on foule sous les pieds*).

miserly. A miserly father will have a spendthrift son, À père avare fils prodigue.

misfortune. Misfortunes never come singly, Un malheur ne vient (*ou* n'arrive) jamais seul *ou* sans un autre, Un malheur en amène un autre, Un malheur amène son frère.

See also BATTEN, COURT, CROWNING.

misgiving. To have grave misgivings, Avoir de graves inquiétudes, Avoir la puce à l'oreille (*fam.*).

miss. A miss is as good as a mile, Mais manqué, fût-ce d'une ligne, n'est pas atteint.

I missed him (*he didn't come*), Il m'a fait faux bond.

I missed it (*felt the want of the object I had to do without*), Cela m'a fait défaut.

Not to miss a bite *or* a mouthful (*eat greedily*), Ne pas perdre un coup de dent.

Not to miss doing something, Ne pas se faire faute de faire quelque chose.

That man misses nothing (*observes and remembers everything*), Cet homme-là tient registre de tout.

To miss the opportunity *or* the boat *or* the [']bus, Perdre (*ou* Laisser passer) l'occasion, Manquer le coche (*fam.*) *ou, fam.,* le train.

See also HIT, MUCH, NARROWLY, VICTORIAN.

mist. The mists of time (*poetic*), La nuit des temps.

mistake. And no mistake, Je vous en réponds, Il n'y a pas à dire, Tout du long de l'aune, Que c'est une bénédiction (*pop.*).

That is where you are mistaken, C'est ce qui vous trompe.

There is no mistake about it, Il n'y a pas à s'y tromper.

To make only one mistake, but that a fatal one, Échouer par le fait d'un minime accident, Glisser sur une pelure d'orange (*fam.*).

mix. To mix someone up in it (*implicate him*), Mettre quelqu'un en jeu.

See also SHADY.

mixture. He is a strange mixture (*of qualities*), Il possède des qualités très difficiles à réunir, C'est le merle blanc (*fam.*).

modesty. *See* ERR.

moil. *See* TOIL.

mole. *See* BLIND.

molehill. *See* MOUNTAIN.

moment. On the spur of the moment, Sur l'impulsion du moment, Sur le moment.

See also PSYCHOLOGICAL, RIGHT.

money. A money-grubber, Un homme d'argent, Un grippe-sou (*fam.*). " Hélas ! mon pauvre argent, mon pauvre argent, mon cher ami, on m'a privé de toi ! Et, puisque tu m'es enlevé, j'ai perdu mon support, ma consolation, ma joie : tout est fini pour moi et je n'ai plus que faire au monde ! Sans toi il m'est impossible de vivre. C'en est fait ! je n'en puis plus, je me meurs, je suis mort, je suis enterré."—MOLIÈRE, *L'Avare* IV, 7. (*Note.*—je n'ai, etc., I have done with the world !)

He doesn't throw his money about (*is not prodigal*), Il ne passe pas pour prodiguer son argent, Il n'attache par son chien avec des saucisses (*fam.*).

It is as good as ready money, C'est de l'argent comptant, C'est de l'argent (*ou* d l'or) en barre, C'est une bague au doigt (*tous fam.*).

Money begets money, Le bien cherche le bien, Un bien en acquiert un autre.

Money cures all ills, Argent comptant porte médecine.

Not to have much money, but yet to see life (*have a good look round without spending much*), Faire flanelle (*pop.*).

To give someone value (*or* a run) for his money, (*give him equivalent*) En donner à quelqu'un pour son argent ; (*ironically, lead him a dance*) Susciter à quelqu'un beaucoup d'embarras, Faire voir du pays à quelqu'un (*fam.*).

To have (*or* To get) one's money's worth *or* To get good value (*or*

To have a run) for one's money,
En avoir pour son argent.

To throw good money after bad,
Jouer [à] quitte ou double.

To throw money about *or* To scatter
money broadcast, Jeter (*ou* Verser)
l'or (*ou* Répandre l'argent) à pleines
mains, Semer de l'argent.

See also BURN, COINING, FLY, GO 20,
LOVE, MAKE, MEAN, MINT, ROOT,
STICK, TIME, TON, WALLOW, WHISTLE,
WORLD, WRING.

monk. *See* COWL, DEVIL.

monkey. To get one's monkey up,
Prendre la mouche (*fam.*), Se piquer.
See also ARTFUL, STUFF.

monopolize. To monopolize the conversation, S'emparer de (*ou, fam.*,
Tenir le dé dans) la conversation.

mood. To be in the mood, Être en
train : When he is in the mood,
nothing will stop him, Quand il
est en train, rien ne lui coûte. He
is in no laughing mood, Il n'est
pas en train de rire.

To be in the [right] mood to do something, Être en disposition (*ou*
en haleine) (*ou* en veine) de faire
quelque chose.

moon, moonlight. To do a moonlight
flit *or* To shoot the moon, Déloger
sans [tambour ni] trompette (*fam.*),
Faire un trou à la lune (*fam.*),
Déménager à la cloche de bois
(*pop.*). " *Dubois.* Monsieur, il faut
faire retraite. *Alceste.* Comment ?
Dubois. Il faut d'ici déloger sans
trompette. *Alceste.* Et pourquoi ?
Dubois. Je vous dis qu'il faut
quitter ce lieu. *Alceste.* La cause ?
Dubois. Il faut partir, monsieur,
sans dire adieu. *Alceste.* Mais par
quelle raison me tiens-tu ce
langage ? *Dubois.* Par la raison,
monsieur, qu'il faut plier bagage.''
—MOLIÈRE, *Le Misanthrope* IV, 4.
(*Note.*—Plier, etc. = To pack off.)

moon. *See also* CHEESE, CRY, GAPE,
ONCE, PROMISE.

moonshine. That's all moonshine,
Tout cela n'est que [du] vent,
Autant en emporte le vent.

more. All the more [reason], À plus
forte raison, Raison de plus.

He who can do more can do less,
Qui peut le plus peut le moins.

The more a man gets the more he
wants *or* Much would have more,
L'appétit vient en mangeant.

The more the merrier, Plus on est de
fous, plus on rit.

There is more here than meets the
eye, Il y a dans cette affaire quelque
chose de caché, Il y a quelque
anguille sous roche.

When I am, we are, no more, let
happen what may, Après moi,
nous, le déluge (*fam.*).

See also BARGAIN, BITE, CHANGE,
EVER, EXACT, FLESH, FRIGHTEN,
HASTE, HAVE, KNOW 37, LIKE, PITY,
SAY, STRING, TRICK, TROUBLE, WAIT,
WAY, WORD.

morning. It is a case of the morning
after the night before, Il, Elle, est
triste comme un lendemain de
fête (*fam.*).

To have that morning after the night
before feeling, Avoir la gueule de
bois (*pop.*).

See also FINE, GOOD 11, RED.

morrow. Who knows what the morrow
may bring forth *or* what to-morrow
holds ? Qu'est-ce que demain nous
réserve ?, Les jours se suivent et ne
se ressemblent pas. *Quotation under*
FUTURE.

See also THOUGHT.

morsel. *See* CHOICE.

mortal. *See* TERROR.

moss. *See* STONE.

most. To make the most of it,
Allonger la courroie (*fam.*).

To make the most of one's resources,
Ménager ses ressources *ou, fam.*,
le terrain.

To make the most of oneself, Se
faire valoir.

To make the most of someone, Peindre quelqu'un en beau.

To make the most of what is left to one, Jouir de son reste.

See also LIVE.

mote. To behold the mote in another's eye, but not to consider the beam in one's own eye (*Matthew* vii, 3–5. *Luke* vi, 41–42), Voir·une paille dans l'œil de son prochain et ne pas voir la poutre qui est dans le sien. " Se glorifiant veoir un festu en l'œil d'aultruy, ne void une grosse souche laquelle luy poche les deux œilz."—RABELAIS III, 25, *Pantagruel.* (*Note.*—festu = fétu = straw. poche = bungs up.)

mother. *See* NAKED, NECESSITY.

motive. *See* DOUBT, QUESTION, ULTERIOR

motley. To wear motley (*play the fool*), Faire le bouffon, Faire des bêtises (*fam.*). " En ceste maniere, voyons nous, entre les jongleurs, à la distribution des rolles, le personnaige du Sot et du Badin estre tous jours representé par le plus perit et perfaict joueur de leur compagnie. En ceste manière, disent les Mathematiciens un mesmes horoscope estre à la nativité des Rois et des Sotz."—RABELAIS III, 37, *Pantagruel.* (*Note.*—perit = habile, instruit.)

mould. *See* WAX.

mount. *See* HORSE.

mountain. Mahomet and the mountain : If the mountain will not come to Mahomet, Mahomet will go to the mountain, La montagne de Mahomet : Puisque la montagne ne vient pas à nous, allons à la montagne.

To make a mountain out of a molehill, Se faire une montagne (*ou* un monstre) d'un rien, Faire d'une mouche un éléphant, Faire d'un œuf un bœuf, Se noyer dans un verre d'eau.

See also BRING.

mourn. " Blessed are they that mourn." (*Matthew* v, 4), " Heureux ceux qui pleurent." " Dieu parle, il faut qu'on lui réponde ; Le seul bien qui me reste au monde Est d'avoir quelquefois pleuré."— ALFRED DE MUSSET, *Tristesse.*

mouse. *See* BRING, CAT, POOR.

mouth. My heart leapt into my mouth, [Tout] mon sang n'a fait qu'un tour (*fam.*).

To be in everybody's mouth (*the talk of the town*), Courir les rues (*fam.*).

To have one's heart in one's mouth, Être saisi d'une vive inquiétude, Être étreint par l'angoisse.

See also BREAD, BUTTER, DOWN, HAND, HORSE, LION, SPOON, STOP, WATER, WATERING, WIDE, WIDER, WORD.

mouthful. *See* MISS, WATCH.

move. Get a move on ! (*slang*), Dépêchez - vous !, Dépêche - toi ! Ouste ! (*très fam.*).

This man won't move a finger (*bestir himself*), Cet homme n'a aucune activité *ou*, fam., ne se remue non plus qu'une bûche.

To be always on the move, Être toujours par voie et par chemin, Avoir toujours le (*ou* un) pied en l'air.

To make the first move, Faire le premier pas, Prendre les devants.

To move heaven and earth, Remuer ciel et terre (*fam.*).

See also HAND, MASTERLY, NARROW, SOCIETY, TIME, WATCH.

mover. *See* PRIME.

much. As much as ever you like, En veux-tu ? en voilà (*pop.*).

Ever so much, Tant et tant, Tant et plus. *See also* Thank you . . ., *below.*

I thought as much, Je m'y attendais bien, Je m'en doutais bien.

I would do as much for you, À charge de revanche, À charge d'autant :

Do me this service. I would do as much for you, Rendez-moi ce service à charge de revanche.

It was as much as his life was worth to attempt it, Il risquait sa vie à le tenter.

It (*as an entertainment*) wasn't up to much *or* You didn't miss much, Ce n'était pas grand-chose *ou* pas fort intéressant.

Not to be worth (*or* be up to) much, Ne pas valoir grand-chose.

So much so [that] . . ., À tel point que . . ., Tellement que . . .

Thank you ever so much, Mille fois merci.

There's not much of it, Il n'y en a pas beaucoup *ou*, *fam.*, pas épais.

To have much to be thankful for, Avoir grand sujet (*ou* tout lieu) d'être reconnaissant.

To know too much about it, En savoir trop long (*fam.*).

To think too much of oneself, S'en faire accroire.

See also ADO, COMPLAIN, CRY, DROP, GOOD 32, 33, 34, 40, LOOK 1, MORE, SPILL, THAT, THOUGHT, TROUBLE, UPSET, WATER, WORRY.

muckle. *See* MANY.

mud. If you throw mud enough, some of it will stick, Calomniez, calomniez, il en reste toujours quelque chose. (*Note.*—The French is a kind of epitome of the tirade of Don Bazile in BEAUMARCHAIS' *Le Barbier de Séville* ii, 8.) " Quelque grossier qu'un mensonge puisse être, Ne craignez rien, calomniez toujours. Quand l'accusé confondrait vos discours, La plaie est faite ; et, quoiqu'il en guérisse, On en verra du moins la cicatrice."— JEAN-BAPTISTE ROUSSEAU.

See also BESPATTER, CLEAR.

muddle. It is a hopeless muddle, C'est la bouteille à l'encre (*fam.*).

mug. *See* FLEECE.

mule. *See* STUBBORN.

mulish. He, She, is a mulish person, C'est une tête de mulet (*fam.*).

mum. To be mum, Ne rien dire, Faire le mort, Ne pas piper (*pop.*).

See also WORD.

murder. To murder the French language, Massacrer la langue française, Parler français comme une vache espagnole (*pop.*).

See also CRY, SHOUT.

Muse. *See* NINE.

mushroom. To mushroom (*spread by degrees*), Faire tache d'huile.

To spring up like mushrooms (*fig.*), Pousser comme des champignons (*fam.*). " Je comprends fort bien que ce monde que nous voyons n'est pas un champignon qui soit venu tout seul en une nuit."— MOLIÈRE, *Don Juan* III, 1.

music. To face the music, Tenir tête à (*ou* Braver) l'orage. Tenir le coup, Payer d'audace, Payer les pots cassés (*fam.*).

must. *See* NEEDS.

mustard. *See* KEEN.

muster. To muster all one's strength, Rassembler toutes ses forces.

To pass muster, Passer à la montre.

mute. To be [as] mute as a fish, Être muet comme un poisson.

To look like a mute (*undertaker's man*) (*have a woe-begone look*), Avoir une figure d'enterrement (*fam.*).

mutton. It is mutton dressed [up] as lamb, C'est une vieille poupée (*fam.*).

See also DEAD, RETURN.

mutual. To take someone on mutual terms (*give board and lodging in exchange for services*), Prendre quelqu'un au pair.

See also ADMIRATION.

mystery. To get to the bottom of (*or* To fathom) the mystery, Découvrir le dessous des cartes (*fam.*) *ou*., *fam.*, le pot aux roses. " Toutesfoys, messieurs, la finesse,

la tricherie, les petitz hanicroche-
mens sont cachez soubz le pot aux
roses."—RABELAIS II, 12, *Pantagruel*. (*Note*.—hanicrochements =
snags.)

N

nag. *See* SORRY.

nail. To nail a lie to the counter *or* to
the barndoor, Réfuter un men-
songe.

See also COLOUR, GO 33, 43, HARD,
HIT, WANT.

naked. To be stark naked *or* To be
[as] naked as his mother bore him,
as my mother bore me, Être nu
comme un ver *ou* comme la main.
" Hassan était donc nu, — mais
nu comme la main, — Nu comme
un plat d'argent, — nu comme
un mur d'église, Nu comme le
discours d'un académicien . . .
Tout est nu sur la terre, hormis
l'hypocrisie ; Tout est nu dans
les cieux, tout est nu dans la vie,
Les tombeaux, les enfants et les
divinités, Tous les cœurs vraiment
beaux laissent voir leurs beautés."—
ALFRED DE MUSSET, *Namouna* I, 2,
3 and 7.

name. I shall succeed, I'll do it, etc.,
or my name isn't So-and-So, Je
réussirai, Je le ferai, etc., ou
j'y perdrai mon nom.
I will mention no names, Je ne veux
nommer personne.
To call someone names, Injurier
quelqu'un.
See also CHANGE, CONJURE, DOG,
GOD, GOOD 2, LEGION, LONG.

nap. To go nap (*fig.*), Risquer (*ou*
Hasarder) le coup *ou*, *fam.*, le
paquet.

napping. To catch someone napping,
Prendre quelqu'un au dépourvu *ou*

quelqu'un sans vert, Surprendre la
vigilance de quelqu'un.

narrow. The narrow way, which
leadeth unto life (*Matthew* vii, 14),
La voie étroite (*ou* La droite voie)
(*ou* Le chemin étroit) qui mène à
la vie, Le chemin du paradis.
This man moves in a very narrow
circle, Cet homme ne sait rien de
ce qui se passe hors d'un cercle très
étroit, Cet homme est bien de son
village (*fam.*).
See also ESCAPE, SQUEAK.

narrowly. I narrowly escaped (*or*
missed) being killed *or* I narrowly
escaped death, J'ai failli être tué,
Peu s'en fallut que je ne fusse tué
ou que je ne me fisse tuer, Il s'en
est peu fallu (*ou* Il s'en est fallu
de peu) que je ne sois tué, J'échappai
tout juste à la mort.

nasty. To be nasty (*cut up rough*),
Faire le méchant.
See also CHEAP, DEAL, SHOCK, TRICK.

nation. *See* BLEED.

natural. It comes natural to him, her,
Cela coule de source.
See also AGE, DIE.

nature. *See* PAY, USE.

naught. *See* PLAN, SET.

near. He is very near to my heart, Je
le porte dans mon cœur.
See also SQUEAK.

nearing. To be nearing its end,
Courir (*ou* Tirer) à sa fin.
To be nearing one's end, Tirer à sa
fin.

nearly. He is nearly ten [years old],
Il va sur [ses] dix ans.
Pretty (*or* Very) nearly, Peu s'en
faut, Il ne s'en faut guère.
To be nearly over, Tirer à sa fin.
See also COME 10.

necessaries. *See* BARE.

necessity. Necessity is the mother of
invention, Nécessité est mère
d'industrie *ou* est mère de l'invention, De tout s'avise à qui pain
faut. " C'était chose impossible

autant que hasardeuse. Nécessité l'ingénieuse Leur fournit une invention, Comme ils pouvaient gagner leur habitation."—LA FONTAINE, *Fables* X, 1.—*Les deux Rats, le Renard et L'Œuf.*

Necessity knows no law, Nécessité n'a point de loi, Nécessité fait loi, La faim chasse le loup du bois.

To find oneself under the unpleasant necessity of doing something, Se trouver dans la nécessité fâcheuse de faire quelque chose.

To make a virtue of necessity, Faire de nécessité vertu.

neck. He'll get it in the neck (*slang*), Il la dansera, Il en aura [pour] son compte (*fam.*).

It's neck or nothing, Il faut risquer le tout pour le tout.

See also HALTER, NOOSE, TALK, THROW.

need. To need a lot of asking, Se faire prier, Se faire tirailler.

See also BUSH, FRIEND, SAY.

needle. It is like looking for a needle in a bottle (*or* a bundle) of hay *or* in a haystack, C'est chercher une aiguille dans une botte de foin.

See also PIN, SHARP.

needless. *See* COMMENT.

needs. If needs must, S'il le faut.

Needs must when the devil drives, Nécessité n'a point de loi, Nécessité fait loi, La faim chasse le loup du bois.

neglect. *See* DIE.

neighbour. *See* GOOD 1, LOVE.

nerve. He, She, is a bundle of nerves, C'est un paquet de nerfs (*fam.*).

To get on someone's nerves, Donner sur les nerfs à quelqu'un.

To have nerves of iron *or* of steel, Savoir maîtriser ses nerfs.

To nerve oneself to a venture, Prendre son courage à deux mains.

To nerve oneself to do something, S'armer de courage pour faire quelque chose.

See also STRAIN.

nest. It's an ill bird that fouls its own nest, Vilain oiseau que celui qui salit son nid.

See also FEATHER, HORNET, MARE.

net. *See* ALL.

nettle. *See* GRASP.

never. Never by any chance will I go there again, Au grand jamais je ne retournerai là.

Never Never Land, Un pays perdu, Le bout du monde.

See also ALTER, BORN, COME 33, DIE, DISORDER, DO, GOOD 21, GUESS, HEAR, KNOW 38, LAST, LATE, LIFE, LIKE, OUGHT, PROPHESY, PUT, RAIN, REJOICE, RETURN, STILL, SURE, SWOP, TELL, TO-MORROW, TRIFLE, UNBEND, WELL.

never-ending. It is a never-ending job, C'est une tâche interminable, C'est un travail (*ou* le rocher) de Sisyphe. (*See note under* SISYPHEAN.)

never-failing. *See* MEMORY.

new. Everything new is fair, Tout nouveau, tout beau.

That's quite new to me *or* That's a new one on me, Voilà qui est du nouveau pour moi.

There is nothing new under the sun, Rien de nouveau sous le soleil.

See also BLOOD, BREAK, BREATHE, BROOM, CLEAN, GOOD 11, LEAF, LEASE, WISH.

new-born. *See* INNOCENT.

Newcastle. *See* COALS.

news. A piece of news, Une nouvelle.

Ill news flies apace, Les mauvaises nouvelles ont des ailes.

He is in the news, Les journaux parlent de lui.

It is in the news, Les journaux parlent de l'événement.

No news is good news, Pas de nouvelles, bonnes nouvelles.

That is news to me, C'est une nouvelle pour moi.

See also BREAK.

next. *See* PREPARE.

Niagara. To shoot Niagara (*fig.*),

Danser sur la corde raide, Marcher entre des précipices.

nibble. *See* BAIT.

nice, nicer. He is as nice as can be *or* He is ever so nice *or* He couldn't be nicer, Il est on ne peut plus aimable.

To have a nice kind face, Avoir une bonne tête.

nice. *See also* LOOK 5, 33, MESS.

nicely. *See* GET 34.

nick. To come (*or* To arrive) in the nick [of time], Arriver (*ou* Venir) à point nommé *ou* à la bonne heure *ou* au bon moment *ou* fort à propos *ou* comme marée (*ou* mars) en carême, Tomber bien.

nigger. *See* WORK.

night. *See* DAY, DEAD, IGNORANCE, MORNING, RED.

nimble. To have a nimble wit, Avoir l'esprit délié.

nine. The nine Muses *or* The Nine, Les neuf Muses, Les neuf sœurs. (CALLIOPE, epic poetry; CLIO, history; EUTERPE, lyric song; THALIA [*in French* THALIE], comedy; MELPOMENE [MELPOMÈNE], tragedy; TERPSICHORE, dancing; ERATO, erotic poetry; POLYHYMNIA *or* POLYMNIA [POLYMNIE], sacred lyric; URANIA [URANIE], astronomy.)

To be dressed up to the nines, Être en grand tralala (*fam.*) *or, but of woman only*, en grande toilette, Être tiré à quatre épingles (*fam.*), Être sur son trente et un (*See note under* BIB). " Or notez que le lendemain estoit la grande feste du corps Dieu, à laquelle toutes les femmes se mettent en leur triumphe de habillemens."—RABELAIS II, 22, *Pantagruel.* (*Note.*—la grande, etc. = la Fête-Dieu = Corpus Christi.)

See also CARE, LIFE, POSSESSION, STITCH, WONDER.

nineteen. *See* TALK.

nip. To nip something, the mischief, in the bud, Tuer quelque chose dans l'œuf, Écraser quelque chose au nid, Étouffer le mal dans son germe, Étouffer le monstre au berceau.

no. I, We, You, They, can't say no to that, Cela n'est pas de refus.

I won't take no for an answer, Je n'accepte pas de refus.

No pay, no work, Selon l'argent, la besogne.

No work, no pay, Il sera payé selon qu'il travaillera, Vous serez payé selon que vous travaillerez.

See also ACCOUNT, ALTERNATIVE, AUGUR, BETTER, BOUNDS, BUSINESS, COMMENT, COMPLIMENT, DIFFERENCE, DUTY, EFFORT, END, EXCHANGE, EYE, FEAR, GAIN, GO 15, HAND, HOPE, HORSEPLAY, ICE, LOVE, LUCK, MISTAKE, MORE, NAME, NEWS, NOTICE, OBJECTION, PEACE, PIPER, PURPOSE, QUESTION, REASON, RESPECTER, SENSE, SHIRKER, SILLY, SMALL, SOONER, SORE, SPARE, STANDING, STOMACH, STRENGTH, STUFF, THANKS, THORN, THOUGHT, USE, WAY, WORD.

noble. A noble gesture (*fig.*), Un beau geste.

nobody. He is a [mere] nobody, C'est un rien du tout *ou, fam.,* un [vrai] zéro *ou, fam.,* un zéro en chiffre.

He isn't a mere nobody, Ce n'est pas le premier venu.

There were only a few nobodies present, Il n'y avait que (*ou* Il y avait) quatre pelés et un tondu (*fam.*) *ou, fam.,* trois teigneux et un pelé. " Pourtant vouloit estudier en loix; mais, voyant que là n'estoyent que trois teigneux et un pelé de legistes, se partit dudict lieu."—RABELAIS II, 5, *Pantagruel.*

See also ABOUT, ADVICE, BUSINESS, HOME, PENNY.

Nod. The land of Nod (*with reference to Genesis* iv, 16), Le pays des rêves *ou* des songes.

nod, nodding. Homer sometimes nods, Parfois le bon Homère sommeille.

To have a nodding acquaintance with science, Avoir une légère teinture des sciences.

To nod assent, Faire signe que oui.

We have a nodding acquaintance, but we are not on speaking terms, Nous nous saluons, mais nous ne nous parlons pas.

noise. A deafening (or An ear-splitting) noise, Un bruit à fendre la tête (*fam.*), Un bruit à tête fendre (*fam.*).

A noise enough to wake the dead, Un bruit à tout casser (*fam.*) ou, *fam.*, à tout rompre.

He doesn't like noise unless he makes it himself (*disapproves of others doing the unpleasant things he does himself*), Il n'aime pas le bruit s'il ne le fait.

The noise is so great [that] one cannot hear oneself think, C'est un bruit si grand qu'on n'entendrait pas Dieu tonner. " On n'entend que des cris poussés confusément : Dieu, pour s'y faire ouïr, tonnerait vainement."—BOILEAU, *Les Embarras de Paris* (*written in* 1660).

To make a deafening noise, Casser la tête à quelqu'un (*fam.*).

To make more noise than anything else, Faire plus de bruit que de besogne.

See also DEVIL, DICKENS.

none. *See* DEAF, LOOK 18, TWO, WISER.

nonsense. That's all nonsense *or* [Stuff and] nonsense ! Sottises (*ou* Fadaises) (*ou, fam.*, Chansons) que tout cela !, À d'autres ! (*fam.*).

noonday. *See* CLEAR.

noose. To put a noose round one's [own] neck (*fig.*), Se mettre la corde au cou (*fam.*).

To put a noose round someone's neck (*dominate him*), Mettre la corde au cou à quelqu'un (*fam.*).

To put one's head into a noose, Se mettre la tête dans le guêpier.

nose. It (*the thing you are looking for*) is under your very nose, Vous l'avez sous le nez (*fam.*), Il vous crève les yeux (*fam.*).

Not to be able to see farther than the end of one's nose, Ne pas voir plus loin que le bout de son nez (*fam.*).

To hold (*or* To keep) one's nose to the grindstone, Avoir toujours le nez sur son ouvrage (*fam.*).

To lead someone by the nose, Mener quelqu'un par le bout du nez (*fam.*).

To look down one's nose at someone (*in disdain*), Regarder quelqu'un par-dessus l'épaule (*fam.*).

To make a long nose at someone (*contemptuous gesture*), Faire un pied de nez (*fam.*) (*ou, fam.*, Faire la nique) à quelqu'un.

To make someone pay through the nose for something, Faire acheter cher à quelqu'un quelque chose, Tenir la dragée haute à quelqu'un (*fam.*).

To pay through the nose for something, Acheter quelque chose cher *ou* au poids de l'or.

To poke (*or* To thrust) one's nose into everything, Fourrer son nez partout (*fam.*).

To poke (*or* To thrust) one's nose into other people's business, Mettre son (*ou* Fourrer le) nez où l'on n'a que faire (*fam.*).

To turn up one's nose at it (*be squeamish*), Faire le dégoûté.

To turn up one's nose at something, Faire fi de (*fam.*) (*ou, pop.*, Tordre le nez sur) quelque chose.

To walk with one's nose in the air, Marcher (*ou* Aller) le nez au vent (*fam.*).

See also CUT, FOLLOW, JOINT, PLAIN, SMACK.

nosegay. To throw nosegays at someone, Couvrir quelqu'un de fleurs,

Passer la pommade à quelqu'un (*pop.*).

nosy. He is a [regular] Nosy Parker, Il fourre son nez partout (*fam.*).

not. *See* BE, BELIEVE, KNOW 11, LIFE, LIKELY, LONG, NOTICE, SERIOUS, THINK, WORD.

note. *See* COMPARE, WARNING.

nothing. For nothing (*no reason*) [at all], Pour rien, À propos de rien, À propos de bottes (*Quotation under* REASON), Pour des prunes (*pop.*). " *Célie.* D'où vous peuvent venir ces douleurs non communes ? *Sganarelle.* Si je suis affligé, ce n'est pas pour des prunes : Et je le donnerais à bien d'autres qu'à moi De se voir sans chagrin au point où je me voi."—MOLIÈRE, *Sganarelle* 16.

For nothing (*without payment*), Pour rien, Pour les, Pour ses, Pour vos, beaux yeux (*fam.*).

I see nothing (*malicious or underhand*) in that, Je n'y entends pas finesse.

Nothing for nothing, On ne donne rien pour rien, Point d'argent, point de suisse, Donnant donnant.

Nothing of the kind *or* sort (*it isn't true*), Il n'en est rien.

Nothing venture, nothing have, Qui ne risque rien n'a rien, Il n'y a que les honteux qui perdent. " A vaincre sans péril, on triomphe sans gloire."—CORNEILLE, *Le Cid* II, 2.

That's nothing *or* It's nothing to write home about *or* There is nothing to make a fuss about (*I have seen stranger things than that, have known worse things in my time*), Il n'y a pas de quoi se récrier, J'en ai vu bien d'autres (*fam.*), Il n'y a pas là de quoi fouetter un chat (*fam.*), Ce n'est pas bien épatant (*très fam.*).

[There's] nothing doing, [Je suis votre, son] serviteur (*fam.*) ; (*of woman*) Je suis votre, sa, servante (*fam.*), Je vous baise la main

(*fam.*), Je ne marche pas (*pop.*), C'est midi sonné (*pop.*), Des navets (*pop.*). " *Molière.* Vous les saurez (*c.-à-d., vos rôles*), vous dis-je ; et, quand même vous ne les sauriez pas tout à fait, pouvez-vous pas y suppléer de votre esprit, puisque c'est de la prose, et que vous savez votre sujet ? *Mademoiselle Béjart.* Je suis votre servante. La prose est pis encore que les vers."—MOLIÈRE, *L'Impromptu de Versailles* 1.

This man has nothing in him (*is thoroughly incapable*), Cet homme n'est capable de rien *ou, fam.*, n'a rien dans le ventre.

To come to nothing (*fizzle out, of an enterprise*), N'aboutir à rien, S'en aller en eau de boudin *ou* en fumée.

To know nothing whatever (*or* absolutely nothing) about it, N'en savoir rien de rien.

See also AFRAID, AVAIL, BOAST, BONE, CERTAIN, CHANCE, CHOOSE, CLEVER, COMMON, COMPLAIN, COUNT, COURTESY, DO, GOOD 14, 48, HAPPEN, KNOW 29, LEATHER, LIKE, LO[A]TH, LOOKING 17, MEAN, NECK, NEW, SAY, SHOUT, SPEAK, STICK, STOP, SUCCEED, TALK, TROUBLE, TRUTH, WAITING, WHISPER, WORRY.

notice. [Appear to] take no notice of that (*matter*), Il faut laisser tomber cela.

Not the slightest notice would have been taken of it (*if someone else had done it, had said it*), Cela aurait été très mal reçu (*venant d'un autre*), Cela ne serait pas bon à jeter aux chiens (*fam.*).

Not to appear to take any notice, Ne faire semblant de rien.

To pretend to take no notice of each other, Se regarder en chiens de faïence (*fam.*).

To sit up and take notice, Devenir très attentif à ce qui se dit, Dresser l'oreille, Se réveiller.

To take no notice of someone,
something, Ne faire aucune attention à (*ou* Ne tenir [aucun]
compte de) quelqu'un, quelque
chose.
See also BENEATH, CHANCE, ESCAPE.

notion. I have not the slightest (*or* the
remotest) (*or* haziest) (*or* foggiest)
notion who that person is, Jé ne
connais cette personne ni de près
ni de loin.

nought. *See* PLAN, SET.

nourishment. *See* SITTING.

novel. Her life reads like a novel,
Elle a vécu un véritable roman.

His adventures read like a novel,
C'est un personnage de roman.

now. *See* THERE, WATER.

nowhere. I am nowhere near so rich as
he [is], Je ne suis pas si riche que
lui à beaucoup près.
See also HEAD.

number. His days (*or* The sands) are
numbered *or* His number is going
up (*he has not many days to live*),
Ses jours sont comptés.

His number's up (*it's all over with
him*), C'[en] est fait de lui, Son
affaire est faite (*fam.*).

To be overwhelmed by numbers, Être
accablé par le nombre.
See also BACK, ONE, TIME.

nurse. *See* EXTRAVAGANT.

nut. He is a hard (*or* a tough) nut
to crack, C'est un homme qui n'est
pas commode *ou* qui est de difficile
composition.

It is a hard (*or* a tough) nut to crack,
C'est un os bien dur à ronger
(*fam.*), C'est un gros morceau (*fam.*).

To be a tough nut (*of person re-
fusing to be beaten*), Être dur à
cuire.
See also OFF.

nutshell. I can give it you in a nutshell, Je vous expliquerai cela en
un mot.

In a nutshell, . . ., En un mot, . . .,
Pour tout dire, . . .

O

oak. *See* LITTLE.

oar. To be chained to the oars, Être
toujours à l'attache.

To have an oar in every man's boat,
S'ingérer de tout.

To put in one's oar, S'ingérer.

To rest on one's oars (*fig.*), Se donner
(*ou* Prendre) un peu de repos.

oat. *See* WILD.

oath. To be on oath, Être sur la foi
du serment.

object. *See* ACHIEVE.

objection. If you have no objection,
Ne vous [en] déplaise.

objectionable. He is a most objectionable person, C'est un vilain monsieur *ou*, *pop.*, un vilain coco.

obligation. *See* REMAIN.

oblige. A man, A friend, who is
always ready (*or* willing) to oblige,
Un homme, Un ami, qui ne cherche
(*ou* qui ne demande) qu'à faire
plaisir, Un homme, Un ami, de
toutes les heures. " Il se faut
entr'aider ; c'est la loi de nature.
L'âne un jour pourtant s'en moqua :
Et ne sais comme il manqua, Car
il est bonne créature."—LA FON-
TAINE, *Fables* VIII, 17.—*L'Âne et
le Chien.*

I am obliged to do it, Force m'est
de le faire.
See also UTMOST, WAY.

oblivion. The stream of oblivion
(*Lethe*), Le fleuve de l'oubli. " J'ai
trop vu, trop senti, trop aimé dans
ma vie ; Je viens chercher vivant
le calme du Léthé. Beaux lieux,
soyez pour moi les lieux où l'on
oublie ; L'oubli seul désormais est
ma félicité."—LAMARTINE, *Le
Vallon.*

To consign to oblivion, Livrer à
l'oubli, Mettre (*ou* Jeter) aux
oubliettes.

To doom to oblivion, Vouer à
l'oubli.

To rescue a thing from oblivion, Sauver une chose de l'oubli, Faire un sort à une chose.

oblivious. To be oblivious of the world about one, Être (*ou* Nager) dans le bleu.

obloquy. To hold someone up to public obloquy, Livrer quelqu'un au mépris public, Traîner quelqu'un aux gémonies.

obscurity. *See* LAPSE.

obstacle. To put obstacles in someone's way, Susciter (*ou* Opposer) des obstacles à quelqu'un, Barrer le chemin à quelqu'un.

obstruct. To obstruct the view from a house (*by building near it*), Éborgner une maison.

obvious. It (*or* That) is obvious, C'est évident, Cela se voit, Cela ne se demande pas, Il n'y a là rien à deviner.

It is pretty obvious who did it, Cette manœuvre est signée, C'est signé.

occasion. *See* ARISE, FORELOCK, IMPROVE, LAUGHTER, RISE, STRENGTH, THANK.

occur. *See* THOUGHT.

occurrence. That is a daily occurrence, Cela se voit tous les jours.

ocean. The ocean wave (*poetic*), La plaine liquide, Le séjour humide.

See also DROP.

oddly. Oddly enough, they agreed to it, Chose curieuse (*ou* Chose étonnante), (*ou* Le curieux de l'affaire est qu') ils y consentirent.

odds. The odds are [that] . . ., Il y a gros à parier que . . .

To fight against great odds, Combattre dans les circonstances les plus défavorables.

What's the odds ? Qu'est-ce que cela fait ?

odour. That is in good odour (*fig.*), Cela fleure comme baume.

To die in the odour of sanctity, Mourir en odeur de sainteté.

off. [And] off we go *also* [And] off we went, Nous voilà partis, [Et puis] fouette cocher (*fam.*).

Be off [with you] *or* Pack [off] *or* Off you go, Allez vous promener (*fam.*), Pliez (*ou* Troussez) bagage (*fam.*), Haut le pied (*fam.*), Allez vous coucher (*pop.*), *Quotation under* WHISPER.

He, She, is off his, her, head *or* nut, Sa tête n'y est plus, La tête est partie, C'est une tête perdue, Sa raison (*ou* Sa tête) (*ou* Il, Elle) déménage (*fam.*).

How are we off for time ? De combien de temps disposons-nous ?

Off and on, À différentes reprises, À bâtons rompus, Par bouffées.

To be off like a shot *or*, *slang*, like greased lightning, Partir comme un trait [d'arbalète] (*fam.*).

See also COLOUR, DICKENS, ITCHING.

offence. If I may say so without offence, Soit dit sans vous offenser *ou* sans vous fâcher.

It's only a trifling offence, La faute n'est qu'une bagatelle, Il n'y a pas là de quoi fouetter un chat *fam.*).

To account something (*some trifling offence*) to someone as a serious offence, Faire un crime [d'État] à quelqu'un de quelque chose, Imputer quelque chose à crime à quelqu'un. " *Éraste.* Il est vrai ; mais je tremble, et mon amour extrême D'un rien se fait un crime envers celle que j'aime. *La Montagne.* Si ce parfait amour, que vous prouvez si bien, Se fait vers votre objet un grand crime de rien, Ce que son cœur pour vous sent de feux légitimes, En revanche, lui fait un rien de tous vos crimes." — MOLIÈRE, *Les Fâcheux* I, 1.

offend. To offend the eye (*fig.*), Blesser les yeux.

offender. *See* SUFFERER.

offer. *See* CHEEK, JUMP, RESISTANCE, SNATCH.

off-hand. *See* SPEAK, TREAT, WRITE.

office. A man (*who works*) in an office, Un homme de bureau.
See also JACK.

oil. To be oiled (*intoxicated*) (*slang*), Être pris de vin, Avoir son pompon (*pop.*).
To pour oil on the flame (*fig.*), Jeter de l'huile sur le feu.
To pour oil on troubled waters, Filer de l'huile sur les vagues.
See also BURN, SMELL, STRIKE.

ointment. *See* FLY.

old. A man of the old school (*old-fashioned*), Un homme du vieux temps *ou* du temps passé *ou* d'autrefois. *See also* GOOD 18.
He has an old head on young shoulders, Il est jeune d'âge et vieux d'expérience, Il est trop sérieux pour son âge, Il fait déjà le barbon (*fam.*).
He is a gentleman of the old school, C'est un homme de mœurs antiques, C'est un homme antique.
He is an old fog[e]y *or* an old fossil *or* an old stick-in-the-mud, C'est un [vieux] croûton, C'est une tête à perruque (*fam.*) *ou*, *fam.*, une vieille perruque.
He will not make old bones, Il ne fera pas de vieux os (*fam.*).
How old do you think this person is ? Quel âge donnez-vous à cette personne ?
One of the old guard *or* old brigade *or* old stalwarts, Un vieux de la vieille.
To be [as] old as the hills *or* as Adam, Être vieux comme les rues *ou* comme les chemins *ou* comme le monde (*tous fam.*), Remonter au déluge.
To cast off the old Adam, Quitter sa peau (*fam.*).
See also ANY, BIRD, CHIP, COUNSELLOR, DIE, FIDDLE, GAME, GOOD 3, 18, 24, 42, GROWING, HARRY, HIGH, REOPEN, RUT, SALT, SAME, STAGER, TIME, TRICK.

older. *See* GROW.

olive. To hold out the olive branch, Présenter le rameau d'olivier, Présenter l'olivier, Se présenter l'olivier à la main.

Oliver. *See* ROLAND.

omelet. You cannot make an omelet without breaking eggs, On ne saurait faire une omelette sans casser des œufs.

omen. He is a bird of good omen, of ill (*or* of evil) omen, C'est un oiseau de bon augure, de mauvais augure (*fam.*).

omnium. An omnium gatherum, Un méli-mélo, Un habit d'arlequin.

on. To be rather on (*slang*), Être entre deux vins (*fam.*), Approcher de l'ivresse.
See also HAVE.

once. Once [and] for all, Une fois pour toutes, Une bonne fois.
Once bitten twice shy, Chat échaudé craint l'eau froide.
Once does not make a habit *or* Once in a way won't hurt, Une fois n'est pas coutume.
Once in a while *or* in a blue moon, Une fois de temps à temps, Une fois en passant, En de rares occasions, Tous les trente-six du mois (*fam.*).
See also CHRISTMAS, EVERYWHERE, HALF, HAVE, TWO, YOUNG.

one. As one man, Comme un seul homme, Avec unanimité.
He's one too many for you, Il est trop fort (*ou* trop fin) pour vous.
It is either one thing or the other, C'est tout l'un ou tout l'autre.
It's all one, C'est tout un, Cela revient au même. " L'oiseau, par le chasseur humblement présenté, Si ce conté n'est apocryphe, Va tout droit imprimer sa griffe Sur le nez de sa majesté. — Quoi ! sur le nez du roi ! — Du roi même en personne. — Il n'avait donc alors ni sceptre ni couronne ? — Quand

il en auroit eu, ç'aurait été tout un : Le nez royal fut pris comme un nez du commun." — LA FONTAINE, *Fables* XII, 12, *Le Roi, le Milan et le Chasseur.* (*Note.—* un nez, etc., the nose of an ordinary person.)

It's all one to me, Cela m'est égal, Cela ne me fait ni chaud ni froid (*fam.*).

Neither one thing nor the other, Ni l'un, ni l'autre, Ni figue, ni raisin (*fam.*).

One and all, Tous sans exception, Tous jusqu'au dernier.

One of two things, De deux choses l'une.

That is one consolation *or* one comfort, C'est une certaine (*ou* C'est déjà une) consolation.

There's not [a single] one left, Il n'en reste aucun, aucune, Il n'en reste pas la queue d'un, d'une (*pop.*).

To be at one with someone, Être d'accord avec quelqu'un.

To know how to look after number one (*one's interests*), Savoir compter.

To look after (*or* To take care of) number one, (*one's person*) Avoir soin de (*ou* Conserver) (*ou* Soigner) son individu, Se ménager ; (*one's interests*) Être fort attentif à ses intérêts, Tirer la couverture à soi *ou* de son côté (*fam.*).

What with one thing and another, . . ., Tant et si bien que . . .

With one assent, À l'unanimité.

See also BAD, BETTER, DEEP, DOUBLE-QUICK, GO 4, GOOD 35, 36, 37, GRAVE, HARP, HARPING, HEAD, PROMISE, REDEEMING, SAY, SEE, SIDE, SIX, SLEEP, SOME, SPEAK, SWALLOW, TAKING, TALKING, TELL, TEN, THOUGHT, THOUSAND, TOP, WAY.

one-eyed. *See* BLIND.

oneself. *See* BE, JUDGE, KEEP, LAUGH, LAW, LIVE, TALK.

onion. To onion one's eyes, Ne pleurer que d'un œil.

on-looker. To judge as an on-looker, Juger des coups.

only. Only to think of what might have happened, Quand on pense à ce qui aurait pu arriver.

That is only too true. I know that only too well, Cela n'est que trop vrai. Je ne sais cela que trop.

You had only to see him to form a good opinion of him, Rien qu'à le voir on prenait de lui une bonne opinion.

See also GLAD, HUMAN, YOUNG.

ooze. To ooze pity, Suer la pitié (*fam.*).

open. He has an open hand, Sa bourse est ouverte à ses amis. *See also below* To have . . .

It is an open question whether . . ., C'est [une question] discutable si . . .

Not to open one's lips (*be obstinately silent*), Ne pas ouvrir les lèvres, Ne pas desserrer les dents (*fam.*).

To force an open door (*imagine difficulties that don't exist*), Enfoncer une porte ouverte (*fam.*).

To have an open hand *or* To be open-handed (*generous*), Avoir la main large.

To keep open house *or* doors (*entertain all comers*), Avoir maison ouverte, Tenir table ouverte, Tenir auberge (*fam.*). " Mon ami, disait-il souvent Au savant, Vous vous croyez considérable : Mais, dites-moi, tenez-vous table ? " — LA FONTAINE, *Fables* VIII, 19. — *L'avantage de la Science.*

To live an open life (*with nothing to conceal*), Mener une existence dont rien n'est à cacher, Vivre dans une maison de verre.

To open someone's eyes to something, [Faire] ouvrir (*ou* Dessiller) les yeux à quelqu'un sur quelque chose.

To receive someone with open arms, Recevoir quelqu'un à bras ouverts, Faire fête à quelqu'un.

See also BALL, CONVICTION, EAR, EYE, FLOOD-GATES, LAY, READ, SECRET, SESAME, SLEEP, WIDE, WIDER.

openly. To attack someone openly, Attaquer quelqu'un à visage découvert.

To go about it openly, Y aller carrément *ou* rondement, Jouer franc jeu, Y aller bon jeu, bon argent (*fam.*).

opinion. *See* GOOD 60, TWO, WED.

opponent. He is a formidable opponent (*lit. & fig.*), C'est un rude adversaire *ou*, *fam.*, un rude jouteur *ou*, *fam.*, un dur à cuire.

opportunity. At every opportunity, En toute occasion, À tous coups.

Opportunities are hard to seize, L'occasion est chauve.

The opportunity is ripe to be seized, L'occasion est favorable, La poire est mûre (*fam.*).

To have a good opportunity to do something, Avoir une occasion favorable (*ou* L'avoir belle) de faire une chose : You will never have a better opportunity, Vous ne l'aurez jamais plus belle.

To seize (*or* To grasp) the opportunity instantly *or* To leap at (*or* To snatch) (*or* To snap) the opportunity, Saisir (*ou* Attraper) l'occasion au vol, Prendre la balle au bond (*fam.*).

See also GOLDEN, PROVING, SLIP, THIEF, WATCH, WAY.

oppose, opposite. They (*these two men, these two things*) are as opposite as the poles *or* are poles apart *or* They are exact opposites *or* are diametrically opposed, Ce sont les antipodes, C'est le feu et l'eau, C'est le jour et la nuit (*tous fam.*), Ils sont diamétralement opposés. " Il (*le chien Laridon*) peupla tout de son engeance ; Tourne-broches par lui rendus communs en France Y font un corps à part, gens fuyant les

hasards, Peuple antipode des Césars."—LA FONTAINE, *Fables* VIII, 24.—*L'Éducation*.

To be the exact opposite of someone, Être aux antipodes de quelqu'un (*fam.*).

opposite. *See also* SWING.

opposition. To pursue one's course (*or* To persist) in spite of all opposition, Aller contre vent[s] et marée[s], S'obstiner (*ou* Persévérer) contre vent et marée (*tous fam.*).

See also TEETH (*under* TOOTH).

oppressive. An oppressive heat, Une chaleur étouffante *ou* de plomb.

oracle. To be the oracle in a house, in a company, Être l'oracle d'un cercle, Tenir ses assises dans une maison, dans une compagnie (*fam.*).

order. The old, The new, The present, order of things, L'ancien, Le nouveau, régime, Le régime actuel.

To order someone about, Faire marcher (*ou* Faire aller) quelqu'un.

See also MARCHING, SET, WILL.

ordinary. To be an (*or* a very) ordinary person, Être du commun, Être du commun des martyrs (*fam.*), Être une personne à la douzaine (*fam.*).

ostracize. To ostracize someone, Mettre quelqu'un au ban de l'opinion publique.

ostrich. To pursue an ostrich policy, Pratiquer la politique de l'autruche.

See also DIGESTION.

other. Other days, other ways, Autres temps, autres mœurs.

Others' griefs are but a dream, Mal d'autrui n'est que songe.

To look the other way, Détourner les yeux.

See also BAD, BOOT, CHEEK, EVERY, FRY, GOOD 36, LIKE, ONE, PREPARE, SAY, SEE, SIX, SOME, SOMEHOW, SOMEWHERE, TAKING, TELL, TOP, TRICK.

ought. He ought never to have been

a doctor (*is a failure as one*), C'est un médecin manqué.

He ought to have been a doctor (*would have made a good one*), Il aurait fait un bon médecin.

She ought to have been a boy (*is a tomboy*), C'est un garçon manqué (*fam.*).

See also LUNATIC.

ourselves. *See* BETWEEN.

out. Out with it ! Dites-le !, Dites toujours !, Achevez donc !

To be out to do something, Avoir pris à tâche de faire quelque chose : It seems he is out to ruin me, Il semble qu'il ait pris à tâche de me ruiner.

To out-herod Herod, To out-zola Zola, etc., Excéder (*ou* Outrepasser) même Hérode, Zola, etc.

See also DAY, FAR, GO 29, 30, 33, RECKONING, SCALP, SECRET, TRUTH, YEAR. *For* out of, *see below.*

out-and-out. *See* FOOL.

out-and-outer. An out-and-outer (*slang*), Une personne d'un caractère outrancier, Un vrai des vrais, Un pur.

outcast. An outcast of fortune, of nature, of fate, Un [homme] déshérité de la fortune, de la nature, du sort.

outcry. To raise an outcry, Faire jeter les hauts cris (*fam.*).

outdo. He is in constant fear of being outdone, Il a toujours peur d'être éclipsé, Tout lui fait ombrage.

outline. To depict the events in bold outline, Peindre les événements à grands traits.

outlive. To outlive someone, Survivre à (*ou* Enterrer) quelqu'un : The patient outlived his doctor, Le malade enterra son médecin.

outmatch. To outmatch someone, Surpasser (*ou* Devancer) quelqu'un, Mettre quelqu'un dans sa poche (*fam.*).

out of. *See* COMMON, COUNTENANCE,

CURIOSITY, DATE, DECIDE, DEPTH, FAVOUR, FEEL, GO 46, JOINT, KEEP-ING, PLACE, QUESTION, RUNNING, SEASON, SIGHT, SLEEP, SPEAK, TELL, TIME, TROUBLE, WAY, WELL, WOOD.

out-of-the-way. *See* LIVE.

outpouring. Outpourings of the heart, Des effusions de cœur.

outset. From the outset, Dès le début, Dès le premier jour, D'entrée en jeu.

outside. At the [very] outside (*in price, in value*), À son plus haut prix, À sa plus grande valeur, C'est [tout] le bout du monde (*fam.*).

outspoken. He is a very (*or* a most) outspoken man, C'est un homme tout en dehors, C'est [un] saint Jean bouche d'or (*fam.*). (*Note.*— Saint Jean bouche d'or is the cognomen of Saint John Chry-sostom, noted for his eloquence and outspokenness. Chrysostom is Greek for golden-mouthed.)

To be outspoken with someone, Avoir son franc parler avec quel-qu'un.

outstanding. An outstanding deed, Un coup d'éclat.

outstay. *See* WELCOME.

oven. *See* HOT.

over. It is all over and beyond recall, Adieu paniers, vendanges sont faites.

It's all over with me, C'[en] est fait de moi, Mon affaire est faite (*fam.*).

One has to begin over and over again, C'est toujours à recom-mencer.

That is you all over, is he, she, all over (*just like you, him, her*), Voilà comme vous êtes, comme il, elle, est, Ce sont là de vos traits, de ses traits (*Quotation under* LIKE), Je vous, le, la, reconnais là.

See also CUP, DEBT, LOVE, NEARLY, PLACE, SHOE, SHOP, TALK, WALNUT, WIN, WORST.

over-anxious. To be over-anxious, Avoir de vives inquiétudes, Se tâter le pouls (*fam.*).

overcoat. *See* JUDGE.

overcome. *See* MIGHT.

overdo, overdoing. Don't overdo it, Pas de zèle !
To overdo it, Outrer les choses, Forcer la note, Faire du zèle.
You are overdoing it, Trop de zèle.

over-estimate. To over-estimate one's own importance, Exagérer son importance, S'en faire accroire, Tenir de la place.

over-nice. To be over-nice (*over-fastidious*), Trop faire le délicat, Faire la bouche en cœur (*fam.*).

overrate. To overrate a success, Faire trop de cas d'un succès, Faire mousser un succès (*fam.*).

overrule. To overrule someone's mind, S'emparer de l'esprit de quelqu'un.

over-scrupulous. To be not over-scrupulous, Avoir la conscience large.

overstep. To overstep the line *or* the mark (*fig.*), Dépasser (*ou* Passer) les bornes *ou* la mesure.

overweening. An overweening pride, Un orgueil de Satan (*fam.*).

overwhelm. *See* NUMBER.

owe. To owe money all round *or* right and left, Devoir de tous côtés *ou* à tout le monde *ou*, *fam.*, au tiers et au quart. " Je ne veux pourtant inferer que jamais ne faille debvoir, jamais ne faille prester. Il n'est si riche qui quelques foy ne doibve. Il n'est si pouvre de qui quelques foys on ne puisse emprunter."—RABELAIS III, 5, *Pantagruel.*
To owe one's life to someone, Devoir la vie à quelqu'un.
See also GOOD 65, GRUDGE.

owl. *See* STUPID.

own. To get one's own back on some-one, Prendre sa revanche sur quelqu'un.
To hold one's own, Tenir bien sa partie.
To own up, S'en décharger la (*ou* En décharger sa) conscience, Manger le morceau (*fam.*).
See also FAULT, FLESH, HOUSE, MASTER, TIME, WAY, WEEP, WILL, WORLD.

ox. *See* DULL-WITTED, FIRE.

P

pace. To go at a good [round] pace, Aller [un] bon pas, Aller bon train.
To go the pace, Mener la vie à grandes guides (*fam.*), Faire la vie (*pop.*).
To pace up and down (*in agitation*), Ne pas tenir en place, Faire les cent pas (*fam.*).
To put someone through his paces, Mettre quelqu'un à l'épreuve, Faire passer quelqu'un à la montre (*fam.*).
See also MEND, WALK.

pack. To pack up and go, Faire son paquet (*fam.*).
See also OFF, SARDINE. **packing.** *See* SEND.

pack-horse. To be loaded like a pack-horse, Être chargé comme un mulet (*fam.*).

paddle. To paddle one's own canoe (*fig.*), Mener (*ou* Conduire) seul sa barque.

pain. *See* GAIN.

paint. To paint the lily, Montrer le soleil avec un flambeau.
See also BLACK, FRESH, GLOWING, RED, ROSY.

pair. They are two of a pair, Les deux font la paire, Les deux se valent.
See also ANOTHER, EYE, HEEL.

pal. To pal up with someone (*slang*), Nouer (*ou* Lier) amitié avec quelqu'un.

pale. *See* BEYOND.

palm. To bear the palm, Remporter la palme.

To yield the palm to someone, Céder (*ou* Décerner) la palme (*ou* [Le] céder) à quelqu'un.

See also GREASE, ITCHING.

palmy. One's, The, palmy days, Ses, Les, beaux jours. "Contemple la brillante aurore Qui t'annonce enfin les beaux jours : Un nouveau monde est près d'éclore ; Até disparaît pour toujours." VOLTAIRE, *Odes—Sur le passé et le présent.* (*Note.*—Até was the goddess of evil, of malicious mischief.)

pan. *See* FLASH, FRYING, IF.

pancake. *See* FLAT.

Pandora. Pandora's box, La boîte de Pandore. "Bon espoir y gist au fond, comme en la bouteille de Pandora ; non desespoir, comme on bussart des Danaïdes."—RABELAIS III, *Pantagruel*, Prologue de l'autheur. (*Note.*—on (= au) bussart = dans le tonneau.)

paper. A paper warfare, Une guerre de plume.

See also PEN, SHEET.

paradise. *See* FOOL.

parcel. *See* PART.

pare. *See* CLAW.

parish. Parish-pump politics, La politique du clocher.

Parker. *See* NOSY.

Parliament. *See* COACH.

parsnip. *See* BUTTER.

part, parting. The best of friends must part, Il n'est si bonne compagnie qui ne se quitte.

To act a part before someone (*be only pretending*), Jouer la comédie à quelqu'un.

To act the part, Jouer le rôle.

To be at the parting of the ways (*fig.*), Arriver au point où il faut

prendre une décision, Être au carrefour (*fam.*).

To be part and parcel of something, Faire partie intégrante de quelque chose.

To deliver a parting shot *or* thrust (*fig.*), Dire le mot de la fin, Lancer une flèche de Parthe.

To part [as] good friends, Se quitter bons amis, (*of women*) bonnes amies.

part. *See also* DUTY, FUNNY, GOOD 25, LOOK 2.

Parthian. To deliver a Parthian arrow *or* a Parthian shaft *or* a Parthian shot, Décocher la flèche du Parthe, Lancer une flèche de Parthe.

particle. There is not a particle of truth, of sense, in what he says, Il n'y a pas [l']ombre de vérité, de bon sens, dans ce qu'il dit.

particular. He is not as particular as all that, Il n'y regarde pas de si près.

To be very particular, Faire le difficile.

See also PAY, TALK.

partridge. *See* PLUMP.

party. To give a farewell bachelor party, Enterrer sa vie de garçon.

See also SIDE.

pash. To have a pash for someone (*slang*), Se coiffer de (*fam.*) (*ou*, *pop.*, Avoir un béguin pour) quelqu'un.

pass. (*For* PAST *see below*). Let that pass, Glissons là-dessus, Glissez [, glissez].

That passes my comprehension. Cela me passe, Je n'arrive pas à le comprendre.

To pass it on (*or* To pass the buck) to someone, Se décharger sur (*ou*, *fam.*, Renvoyer la balle à) quelqu'un.

To pass on to other matters, Passer à autre chose.

To pass over someone's head (*obtain situation to which he had automatic claim*), Passer sur le corps de quelqu'un, Bénéficier d'un passe-droit.

pass. *See also* BOUNDS, COME 3, 10, 11, LIMBO, MUSTER, RUBICON, UNHEARD, UNNOTICED, WORD. **passing.** *See* FANCY, SAY, SHOW.

passion. To fly into a passion, S'emporter, Se mettre en colère, Prendre feu. " Vous voudriez que je prisse feu d'abord contre eux, et qu'à leur exemple j'allasse éclater promptement en invectives et en injures."—MOLIÈRE, *L'Impromptu de Versailles* 3.

See also EMBER.

past. He is past praying for, Il est trop tard pour qu'il se corrige, Il est perdu sans retour, Il mourra dans sa peau (*fam.*), Il ne changera jamais sa peau (*fam.*), Dans sa peau mourra le loup *ou* le renard.

This custom is a thing of the past, Cette coutume n'existe plus.

To be past all comprehension, Être hors de toute compréhension.

To be past endurance, Être insupportable.

See also LIVE, PRIME, RAKE.

paste. *See* SCISSORS.

pat. To pat oneself on the back, S'applaudir, Se vanter complaisamment, Ne pas se donner de coups de pied (*fam.*).

See also EASY.

patch. To be not a patch on someone, something, Être à cent piques au-dessous de quelqu'un, de quelque chose (*fam.*).

See also PEACE.

path. *See* DUTY, LION, PRIMROSE, STRAIGHT.

patience. To exercise patience *or* To possess one's soul in patience, S'armer (*ou* Se munir) de patience, Patienter.

To exhaust someone's patience, Pousser (*ou* Mettre) à bout la patience de quelqu'un. "Ce seroit assez pour me faire trespasser hors les gonds de patience."—RABELAIS III, 9, *Pantagruel.*

To have the patience of Job, Avoir la patience d'un saint *ou* une patience d'ange.

To put someone out of [all] patience, Faire perdre [toute] patience à quelqu'un, Se faire donner au diable : Your ridiculous reasons are enough to put me out of all patience, Vos sottes raisons me feraient donner au diable.

To try someone's patience sorely, Éprouver fortement la patience de (*ou* Faire damner) quelqu'un.

Paul. *See* PRY, ROB.

pave. To pave the way for someone, Frayer le chemin (*ou* Préparer les voies *ou* le terrain) à quelqu'un.

See also HELL.

pay, paying. He'll have to pay for it *or* I'll pay him out, Il ne le portera pas loin (*fam.*), Il ne le portera pas en paradis (*fam.*), Je lui réglerai son compte (*pop.*).

To be in someone's pay, Être à la solde de quelqu'un.

To do the paying out, Faire la dépense.

To pay (*profit by it*), Y trouver son compte (*fam.*) : Do not offend that man, it wouldn't pay, N'offensez pas cet homme-là, vous n'y trouveriez pas votre compte.

To pay attention to something, Faire attention à quelque chose.

To pay particular attention to something, S'attacher [fortement] à quelque chose.

To pay someone [back] in his own coin *or* in kind *or* To pay someone out, Rendre (*ou* Donner) à quelqu'un la monnaie de sa pièce (*fam.*), Payer quelqu'un en (*ou* de la) même monnaie (*fam.*), Rendre la pareille (*ou*, *fam.*, le change) à quelqu'un, Ne pas demeurer en reste avec quelqu'un. " Tu sais qu'en pareil cas ce serait avec joie

Que je te le rendrais en la même monnoie."—MOLIÈRE, *Les Fâcheux*, I, 10.

To pay the debt of nature, Payer le tribut à (*ou* la dette de) la nature. " Le médecin Tant-Pis allait voir un malade Que visitait aussi son confrère Tant-Mieux. ⸱ Ce dernier espérait, quoique son camarade Soutînt que le gisant irait voir ses aïeux. Tous deux s'étant trouvés différents pour la cure, Leur malade paya le tribut à nature, Après qu'en ses conseils Tant-Pis eut été cru. Ils triomphaient encor sur cette maladie. L'un disait : ' Il est mort ; je l'avais bien prévu. — S'il m'eût cru, disait l'autre, il serait plein de vie '."—LA FONTAINE, *Fables* V, 12.—*Les Médecins*. (*Note.* —médecin Tant-Pis = pessimist. Tant-Mieux = optimist. Soutînt, etc. = Maintained [that] the patient would be gathered to his forefathers.)

To pay to the last (*or* uttermost) farthing, Payer rubis sur l'ongle.

To put paid to someone's account (*fig.*), Régler son compte à quelqu'un (*pop.*).

pay. *See also* DAMAGE, DEARLY, DEUCE, DEVIL, NO, NOSE, PENALTY, PIPER, ROB, SCORE. **paying.** *See also* GO 45.

pea. These two persons are [as] like as two peas, Ces deux personnes se ressemblent comme deux gouttes d'eau *ou* se ressemblent trait pour trait.

See also EASY.

peace. A hollow (*or* A vain) peace, Une paix fourrée.

A makeshift peace *or* A peace of sorts, Une paix telle quelle.

A patched-up peace *or* A peace that is no peace, Une paix plâtrée *ou* boiteuse, Une réconciliation normande.

To ask only for peace and quiet[ness], Ne demander qu'amour et simplesse.

To do something for the sake of peace and quiet[ness], Faire quelque chose de guerre lasse.

To give someone no peace, Ne donner ni paix ni trêve à quelqu'un.

To make peace with one's conscience, Se réconcilier avec soi-même.

See also BREAK, HOLD, PIPING.

peacock. *See* JACKDAW, PROUD.

pearl. He, She, is a pearl, C'est une perle.

It is casting pearls before swine, C'est jeter des perles devant les pourceaux, C'est du bien perdu. " Et ne jetez point (*Neither cast ye*) vos perles devant les pourceaux." (*Matthieu* vii, 6).

peccavi. To cry peccavi (*I have sinned*), Se battre la poitrine, Battre sa coulpe, Faire son meâ-culpâ.

pedantry. That smacks (*or* savours) of pedantry, Cela sent le collège.

pedestal. To fetch (*or* To knock) someone off his pedestal, Faire descendre quelqu'un du poste où il s'était élevé *ou, fam.*, de son perchoir, Déboulonner quelqu'un (*très fam.*).

To put someone on a pedestal, Mettre quelqu'un sur un piédestal.

peg, pegging. He is a round peg in a square hole *or* is a square peg in a round hole, Il est inapte à cet emploi.

He is only looking for a peg to hang his grievance on, Il ne cherche qu'un prétexte à se plaindre.

To come down a peg [or two], Baisser le ton, En rabattre, Déchanter (*tous fam.*).

To keep pegging away, Suivre (*ou* Poursuivre) (*ou* Pousser) sa pointe.

To peg out (*die*) (*slang*), Lâcher la rampe *ou* la perche, Casser sa pipe (*tous pop.*).

To take someone down a peg [or two], Faire baisser le ton (*ou* le nez) à quelqu'un, Faire déchanter quelqu'un (*tous fam.*).

pen. A pen pusher, Un plumitif.
To put pen to paper, Mettre la main
à la plume.
See also SLIP.

penalty. To pay the penalty for one's
mistakes, for one's misdeeds, Porter
la peine (*ou* Subir les conséquences)
de sa faute, de ses méfaits.
See also EXTREME.

pendulum. *See* SWING.

Penelopizing. It is Penelopizing,
(*undoing it and doing it over and
over again, so as to gain time, in
allusion to the conduct of Penelope
towards her suitors*), C'est l'ouvrage
de Pénélope.

penny, pence. A penny dreadful, Un
roman à deux sous (*fam.*).
A penny for your thoughts, À quoi
pensez-vous ?
A penny is a penny (*therefore don't
waste one*), Un sou est un sou.
A penny plain and twopence coloured
(*it is only cheap showiness*), Ce n'est
que du clinquant, C'est du toc
(*fam.*).
He looks at every penny (*is close in
money matters*), Il y regarde de près.
In for a penny, in for a pound,
[Quand] le vin est tiré, il faut le
boire.
Nobody is a penny the better, Personne n'en a tiré avantage.
Nobody was a penny the worse, Cela
n'a causé aucun dommage à personne.
Show me first your penny, Point
d'argent, point de suisse, On ne
donne rien pour rien, Donnant
donnant.
Take care of the pence and the pounds
will take care of themselves *or* A
penny saved is a penny earned, Les
petites économies font les bonnes
maisons, Il n'y a pas de petites
économies, Qui épargne gagne.
That is penny-wise, pound-foolish,
C'est une économie de bouts de
chandelle.

That is worth a hundred pounds if it's
worth a penny, Cela vaut cent
livres comme un sou (*fam.*).
To look twice at every penny *or* To
watch every penny [one is spending],
Prendre garde à un sou, Compter
les morceaux (*fam.*).
To make a penny go a long way,
Savoir ménager les sous.
To save every penny one can, Mettre
sou sur sou (*fam.*).
To take care of the pence (*be stingy in
little things only*), Être ménager de
bouts de chandelle.
Without spending a penny, Sans
bourse délier.

penny. *See also* BLESS, WISER.

peony. *See* RED.

people. *See* KNOW 21, SAY, TALK,
TURN, VOICE.

perch. To come off one's perch (*make
concessions*), Jeter du lest.
To fetch (*or* To knock) someone off
his perch, Faire descendre
quelqu'un du poste où il s'était
élevé *ou*, *fam.*, de son perchoir,
Déboulonner quelqu'un (*très fam.*).

perdition. *See* RUSH.

perfect. *See* ASS, BABEL, FOOL,
PRACTICE, STRANGER.

perfection. *See* ACME, COUNSEL.

perfectly. *See* STRAIGHT, SWEET.

perform. *See* ALLOT, PROMISE.

performance. *See* BETTER.

perish. Perish the thought ! Loin de
moi, de nous, de vous, une semblable pensée !
See also ATTEMPT, FALL, SWORD.

permit. *See* KINDLY.

perpetual. *See* THIRST.

Persians. *See* LAW.

persist. *See* OPPOSITION.

personality. *See* MAGIC.

perspective. To see a thing in its
true perspective, Voir une chose
sous son vrai jour.

perspiration. To be bathed in (*or* To
be dripping with) perspiration,
Être tout en sueur, Être [tout] en

eau *ou*, *fam.*, en nage, N'avoir pas
un poil de sec (*fam.*). " Je suis en
eau : prenons un peu d'haleine,
Il faut que je m'évente et que je me
promène."—MOLIÈRE, *L'École des
femmes* II, 2.

persuade. *See* DEUCE.

pet. He, She, It, is my pet aversion,
C'est ma bête noire *ou* ma bête
d'aversion *ou* mon cauchemar (*tous
fam.*).

It is his pet argument, Il s'appuie
toujours sur cet argument[-là], Cet
argument est son épée de chevet,
C'est son [grand] cheval de bataille
(*fam.*).

To take the pet *or* To be in a pet
(*huff*), Se piquer, Prendre la mouche
(*fam.*).

petard. To be hoist with one's own
petard, Être pris dans ses propres
lacets, S'enferrer [de] soi-même.
" La ruse la mieux ourdie Peut
nuire à son inventeur ; Et souvent
la perfidie Retourne sur son auteur."
—LA FONTAINE, *Fables* IV, 11.—
La Grenouille et le Rat. " Car
c'est double plaisir de tromper le
trompeur."—LA FONTAINE, *Fables*
II, 15.—*Le Coq et le Renard.*

Peter. *See* ROB.

peter. To peter out (*of an undertaking*) (*slang*), Finir en queue de
poisson (*fam.*).

petticoat. To be under petticoat
government, Vivre sous le régime
des cotillons *ou* du jupon.

pettifogging. Pettifogging lawyers,
Des gens (*ou* Des hommes) de
chicane. "L'aultre en solliciteur de
proces, ayant un grand sac plein
d'informations, citations, chiqua-
neries et adjournemens en main."
—RABELAIS IV, 48, *Pantagruel.*

petty. Petty local jealousies, Des
rivalités de clocher.

Philip. *See* SOBER.

philosopher. The philosophers' stone
(*substance supposed to change other
metals into gold or silver*), La
pierre philosophale, Le grand œuvre.
" Plus grande n'est la joye des
Alchymistes quand, apres longs
travaulx, grand soing et despense,
ilz voyent les metaulx transmuez
dedans leurs fourneaulx."—RA-
BELAIS III, 4, *Pantagruel.* " J'ay
une pierre philosophale, qui me
attire l'argent des bourses, comme
l'aymant attire le fer."—RABELAIS
II, 17, *Pantagruel.*

See also GUIDE.

phrase. *See* HIGH-SOUNDING.

physician. *See* HEAL.

pick. The pick of the basket *or* of the
bunch *or* The very pick (*fig.*), Le
dessus du panier (*fam.*), La fleur
des pois (*fam.*), La fine fleur.

To pick a quarrel with someone,
Chercher querelle (*ou* noise) (*ou*,
pop., des raisons) à quelqu'un.

To pick and choose, Choisir avec une
attention minutieuse, Faire le
difficile dans son choix.

To pick at one's food, Manger avec
dédain, Manger du bout des dents
(*fam.*).

To pick holes in something, Trouver
à redire à quelque chose. " Nous
serons, par nos lois, les juges des
ouvrages ; Par nos lois, prose et
vers, tout nous sera soumis : Nul
n'aura de l'esprit, hors nous et nos
amis. Nous chercherons partout à
trouver à redire, Et ne verrons que
nous qui sachent bien écrire."—
MOLIÈRE, *Les Femmes savantes*
III, 2.

To try to pick a quarrel with someone, Chercher chicane à quelqu'un
(*fam.*).

See also BEST, BONE, EVERY, GAUNTLET.

picking. Some pickings (*questionable
perquisites*), Le tour (*fam.*) (*ou*,
fam., Le retour) de bâton.

pickle. A sorry (*or* A pretty) pickle
I'm in, Me voilà dans une fâcheuse
situation *ou* dans de beaux (*ou* dans

de vilains) draps, Me voilà bien
campé.

Now he is, we are, you are, in a sorry
(*or* a pretty) pickle, Le, Nous,
Vous, voilà bien.

To be in a sorry (*or* a pretty) pickle,
Etre en mauvaise posture *ou* en mauvais arroi, Être (*ou* Se mettre) dans
de beaux (*ou* dans de vilains) draps.

To have a rod in pickle for someone,
Garder à quelqu'un un chien de sa
chienne (*fam.*), La garder bonne
à quelqu'un (*fam.*).

See also MANY.

picture. To be a picture (*of beauty*),
Être à peindre (*fam.*).

To come into the picture (*fig.*),
Entrer en ligne de compte.

To look the picture of health, Respirer
la santé.

To picture someone to the life
(*describe him in graphic words*),
Achever de peindre quelqu'un.

See also DARK, MISERY, SUNNY.

pie. *See* FINGER, HUMBLE, STATE.

piece. To pull (*or* To tear) someone to
pieces (*fig.*) *or* To tear someone's
character to pieces, Médire de
quelqu'un sans aucun ménagement,
Déchirer quelqu'un à belles dents,
Mettre quelqu'un en capilotade
(*fam.*).

See also DARING, IMPERTINENCE, LAST,
LUCK, MIND, NEWS, POETRY.

pierce. To pierce someone to the
heart (*fig.*), Transpercer le cœur à
quelqu'un, Transpercer quelqu'un
de douleur.

pig. To bring one's pigs to a fine (*or*
to a pretty) (*or* to the wrong)
market, Échouer dans une entreprise, Rater son coup (*fam.*).

To look at one another like stuck pigs,
Se regarder en chiens de faïence.

See also FLY, GUINEA, PLEASE, POKE, STY.

pigeon. *See* CAT, ROOK.

pigeon-hole. To be pigeon-holed (*as a
project*), Rester dans les cartons.

pikestaff. *See* PLAIN.

pile. To make one's pile, Faire
fortune, Faire son affaire, Faire sa
pelote (*fam.*), S'emplir la panse
(*fam.*).

To pile up (*or* on) the agony, En faire
toute une affaire, En faire un plat
(*pop.*).

pilgrim. *See* RED.

pill. It is a bitter pill [to swallow],
La dragée est amère (*fam.*).

To gild (*or* To sugar) the pill, Dorer la
pilule (*fam.*).

To swallow the pill *or* a bitter pill,
Avaler la pilule *ou* la dragée *ou* le
morceau *ou* des poires d'angoisse
(*tous fam.*).

pillar. To be driven from pillar to post,
Être renvoyé de Caïphe à Pilate.

To drive someone from pillar to post,
Ballotter quelqu'un [de l'un à
l'autre].

See also STRENGTH.

pillory. To pillory someone, Draper
quelqu'un (*fam.*).

pillow. A quiet conscience is a soft
pillow, Une conscience pure est
un bon oreiller.

Take counsel of your pillow, Prenez
conseil de (*ou* Consultez) votre
oreiller, La nuit porte conseil.

pin. A pin prick (*fig.*), Un coup
(*fam.*) (*ou*, *fam.*, Une piqûre)
d'épingle.

For two pins I would punch his face,
Pour un rien je lui casserais la figure.

There isn't a pin to choose between
them, Il n'y a pas la moindre
différence entre eux, L'un(e) vaut
l'autre.

To be (*or* To sit) on pins and needles,
Être sur des (*ou* les) épines, Être sur
des charbons [ardents] *ou* sur le
gril (*tous fam.*).

To be still firm on one's pins (*although
getting on in years*), Avoir ses
jambes de quinze ans (*fam.*).

To pin someone down to facts,
Astreindre (*ou* Obliger) quelqu'un à
s'en tenir aux réalités.

See also CARE, CLEAN, FAITH, HEAR.

pinch. At a pinch, À la rigueur.

[The place] where the shoe pinches, [L'endroit] où le bât (*ou* le soulier) le, la (*woman*), blesse.

pink. *See* HEALTH.

pious. *See* STUFF.

pipe, piping. Piping-hot news, Une nouvelle toute chaude ' (*fam.*).

Put that in your pipe and smoke it, Mettez cela dans votre poche (*ou* dans votre sac) [et votre mouchoir par-dessus] (*pop.*).

The piping times of peace, L'époque où règne la paix, Le temps de paix où l'on chante et danse au son du chalumeau.

pipe. *See also* DANCE. **piping.** *See also* DANCE.

piper. If he calls the tune, he shall pay the piper, S'il me fait danser, il paiera les violons (*fam.*).

No pay, no piper, Point d'argent, point de suisse, On ne donne rien pour rien, Donnant donnant.

To pay the piper, Payer les violons (*fam.*). He pays the piper, while [the] others call the tune, Il paie les violons et les autres dansent.

pistol. To have a pistol held at one's head (*fig.*), Avoir le couteau (*ou* le poignard) sur la gorge.

To hold a pistol at (*or* to) someone's head (*fig.*), Mettre (*ou* Tenir) le pistolet (*ou* le couteau) (*ou* le poignard) sur la gorge à quelqu'un.

pit. To dig a pit for someone (*fig.*), Creuser un abîme sous les pas de (*ou* Tendre un piège à) quelqu'un. " Ils avaient creusé une fosse devant moi ; ils y sont tombés.—(Sélah.) " (*Psaumes* lvii, 7), " They have digged a pit before me, into the midst whereof they are fallen themselves. Selah. " —(*Psalms* lvii, 7.)

To pit one's credit, one's power, against that of another, Opposer son crédit, sa puissance, au crédit, à la puissance, d'une autre personne, Élever autel contre autel.

pitch. His reputation has reached such a pitch that it cannot grow greater, Sa réputation est arrivée à tel point qu'elle ne peut plus grandir.

One cannot touch pitch without being defiled, Par compagnie on se fait pendre.

To pitch into someone, Tomber sur quelqu'un (*lit. & fig.*), Faire une sortie à quelqu'un (*fig.*).

To pitch into the crowd (*strike right and left*), Frapper (*ou* Tirer) (*ou*, *fam.*, Taper) dans le tas.

See also CONCERT, DARK, QUEER, TENT.

pitcher. Little pitchers have long ears, Les enfants ont l'oreille bonne *ou* fine.

The pitcher goes to the well once too often, Tant va la cruche à l'eau qu'à la fin elle se casse *ou* qu'enfin elle se brise.

pitchfork. To pitchfork someone into an office, into a position, Bombarder quelqu'un à une place, à un poste (*fam.*).

See also RAINING.

pity. It is a thousand pities you did not find that out sooner, C'est grand dommage que vous n'ayez point appris cela plus tôt.

The more's the pity, C'est d'autant plus regrettable.

See also ENVY.

place. A cheap little place in the country (*where one can spend a quiet holiday*), Un petit trou pas cher (*fam.*).

It is not my place to do it, Cela ne rentre pas dans mes fonctions, Ce n'est pas à moi de le faire, Ce n'est pas mon affaire de m'en occuper.

That remark is out of place, Cette observation est hors de (*ou* est mal à) propos.

They are looking for you all over the place, On vous cherche par les quatre chemins (*fam.*).

To be (*or* To look) [sadly] out of place (*of persons*), Se trouver déplacé, Détonner, Faire une triste figure.

See also BEST, FOREMOST, HALF, HOME, PRIDE, RIGHT, SOFT, SUN, TWO.

plague. To avoid someone like the plague, Fuir (*ou* Éviter) quelqu'un comme une brebis galeuse (*fam.*).

To plague someone's life out, Être le fléau de quelqu'un.

plain. A plain man (*of homely manners*), Un homme simple [et sans façon], Un homme tout uni.

It is all plain sailing, Cela va tout seul, Je suis, Vous êtes, etc., dans une bonne passe, C'est une affaire qui ne fera pas le moindre pli (*fam.*).

It is [as] plain as a pikestaff *or* [as] plain as the nose on your face *or* [as] plain as can be, C'est clair comme le jour *ou, fam.*, comme deux et deux font quatre, Cela se voit comme le nez au milieu du visage, Cela saute aux yeux.

See also ASS, PENNY, SENSE, TALK, TRUTH.

plainly. To put it plainly, Pour trancher le mot, Tranchons le mot.

plan. The best laid plans may come to naught *or* nought, Brebis comptées, le loup les mange.

The plan came to naught *or* nought, Le projet échoua *ou* n'aboutit à rien.

To lay one's plans, Former (*ou* Faire) ses projets, Dresser ses batteries, Prendre (*ou* Choisir) son champ de bataille (*fam.*).

See also FRUSTRATE, HIT.

plaster. To be plastered with decorations (*orders, medals*), Être bardé de cordons (*fam.*).

platter. *See* CLEAN.

play, playing. All I ask for is fair play, Je ne demande pas faveur, mais justice.

He is not a man to be played with, C'est un homme qui ne plaisante pas *ou* avec qui il ne faut pas plaisanter.

His memory played him false on this occasion, Sa mémoire l'a trahi (*ou* l'a trompé) (*ou* l'a mal servi) en cette occasion.

That's not playing the game, Ce n'est pas de jeu *ou* n'est pas loyal.

To play a straight game *or* To play on the square, Jouer franc jeu, Jouer bon jeu, bon argent, Jouer en tout bien, tout honneur.

To play a waiting game, Jouer un jeu d'attente.

To play fast and loose with someone, Jouer double jeu avec quelqu'un.

To play someone false, Trahir (*ou* Faire une perfidie à) (*ou* Manquer de foi à) quelqu'un.

To play someone's game *or* To play into someone's hands (*fig.*), Faire le jeu de quelqu'un.

To play the game *or* To play fair, Jouer le jeu, Jouer beau jeu, Jouer selon les règles, Jouer en règle.

To play to the gallery (*fig.*), Amuser la galerie (*fam.*).

To play up to someone, Gratter quelqu'un où cela (*ou* où il) lui démange (*fam.*), Flatter la marotte de quelqu'un (*fam.*).

To play with fire (*fig.*), Jouer avec le feu.

Two can play at that game, Nous sommes à deux de jeu.

play. *See also* BATTLEDORE, BULLY, BUSYBODY, CARD, CAT, CAUTIOUS, COME 21, DEUCE, DOUBLE, DUCK, EAVESDROPPER, EMPTY, FIDDLE, FLY, FOOL, FREE, GENTLEMAN, GOOSEBERRY, HAND, HARRY, KNIFE, LOSING, SAFETY, SAINT, STAKE, SWELL, TRICK, TRUANT, WORK. **playing.** *See also* LOVE.

playful. To be [as] playful as a kitten (*of a child*), Être éveillé comme une potée de souris (*pop.*).

plead. *See* GUILTY, IGNORANCE.

pleasant. He, She, is a pleasant person, C'est un(e) agréable.

To be pleasant to deal with, Être d'un commerce agréable *ou* d'un bon commerce, Être de bonne (*ou* de facile) composition, Être aisé (*ou* facile) à vivre.

To leave a pleasant taste in the mouth, Laisser un bon goût à la bouche, Faire bonne bouche.

To make oneself pleasant to someone, Faire l'agréable (*ou* Faire le joli cœur) auprès de quelqu'un.

please. He is [as] pleased as can be *or* is [as] pleased as Punch, Il est on ne peut plus content.

Please God *or, as a jocular substitute,* Please the pigs, Plaise à Dieu, Dieu le veuille.

To be pleased with oneself (*with the way one has acted*), Être content de soi.

To be very pleased with one's own [sweet] self, Être content de sa [petite] personne, Être content de soi.

To do [just] as one pleases, Agir (*ou* Faire) à sa guise, Tailler et rogner à son gré *ou* comme on veut (*fam.*), N'en faire qu'à sa tête.

To look anything but pleased with someone, Faire mauvais visage (*ou*, *fam.*, grise mine) à quelqu'un.

See also HARD, TELL.

pleasure. *See* COMBINE, FIT, SQUIRM.

plentiful. They are [as] plentiful as blackberries, Les rues en sont pavées (*fam.*), Ils, Elles, courent les rues (*fam.*).

plenty. A land of plenty, Un pays où tout abonde, Un pays où l'on a tout à profusion, Un pays de bénédiction, Un pays de cocagne.

See also BEEF, BRAWN, CHEEK, CRY, PLUCK, ROOM, ROPE.

plight. *See* SORRY.

plod, plodding. To plod on *or* To go plodding on, Aller [toujours] son chemin, Aller son petit bonhomme de chemin (*fam.*), Aller son petit train (*fam.*).

plot. *See* THICKEN.

plough, ploughing. It is ploughing the sand[s] (*wasted effort*), C'est un coup [d'épée] dans l'eau.

To plough the sand[s] (*labour uselessly*), Battre l'eau [avec un bâton], Faire de la bouillie pour les chats (*fam.*).

To put one's hand to the plough (*Luke* ix, 62), Mettre la main à la charrue *ou* à l'œuvre *ou* à l'ouvrage.

plough. *See also* FURROW.

pluck, plucky. Pluck up your hearts *or* your spirits *or* your courage ! Bon courage !, Haut les cœurs !

To have plenty of pluck *or* To be very plucky, Avoir un grand courage, Avoir du cœur au ventre (*fam.*), Avoir de l'estomac (*fam.*), N'avoir pas froid aux yeux (*pop.*).

To pluck a dead lion by the beard, Donner le coup de pied de l'âne.

To pluck someone (*swindle him*), Plumer quelqu'un (*fam.*), Tirer des plumes à quelqu'un (*fam.*).

pluck. *See also* FEATHER.

plume. To plume oneself on a thing, Se piquer (*ou* Se targuer) (*ou* Tirer vanité) d'une chose.

See also BORROW.

plump. It is a plump little partridge (*any fat bird*), C'est un peloton de graisse.

plunge. To plunge (*at gaming*), Jouer très gros jeu *ou*, *fam.*, un jeu d'enfer.

See also TAKE.

poach. *See* PRESERVE.

pocket. To have someone in one's pocket (*completely under one's control*), Disposer de quelqu'un à son gré, Avoir quelqu'un dans sa manche (*fam.*).

To pocket one's feelings, Faire taire ses sentiments, Cacher ses opinions, Mettre son drapeau dans sa poche (*fam.*).

Without putting one's hand in one's pocket, Sans bourse délier.

See also AFFRONT, BURN, INSULT, LINE, PRIDE.

podge. A podge of a child, Un gros pâté, Un gros père, Un peloton de graisse (*tous fam.*).

poetry. A piece of poetry, Une poésie.

point. A case in point, Un exemple topique.

He was on the point of doing it, Il allait en venir au fait.

I do not see the point of the joke, Je ne vois pas l'à-propos de la plaisanterie.

To be on the point of leaving (*or* of starting), of returning, Être sur son départ, sur son retour.

To give someone points, Rendre des points à quelqu'un.

To make a point of doing something, Prendre à tâche (*ou* Se faire loi) de faire quelque chose.

To say something to the point, Dire quelque chose à propos.

See also BESIDE, CARRY, COME 17, 30, DEATH, FACT, FINE, FINGER, GET 28, LABOUR, POSSESSION, SORE, STRAIGHT, STRETCH, STRONG.

point-blank. To refuse point-blank, Refuser [tout] net.

See also ASK, SAY.

poison. *See* HATE, MEAT.

poke. To buy, To sell, a pig in a poke, Acheter, Vendre, un chat en poche (*fam.*).

See also FUN, NOSE.

poker. *See* STIFF.

poky. It's a poky little room, C'est un vrai trou *ou*, fam., un [vrai] nid à rats.

pole. *See* OPPOSITE.

policy. *See* HONESTY, SHORT-SIGHTED.

polish. To polish off a piece of business, Expédier une affaire précipitamment, Trousser une affaire (*fam.*).

polite. *See* SOCIETY.

pomp. With pomp and circumstance,

En grand apparat, Avec appareil, Avec la croix et la bannière (*fam.*).

pony. *See* SHANKS.

pool. To pool resources, Faire bourse commune, N'avoir (*ou* Ne faire) qu'une bourse.

poor. Poor fellow ! *or* Poor you ! Vous voilà bien malade ! (*fam.*).

To be [as] poor as a church mouse, Être gueux comme un rat [d'église] (*fam.*).

See also ASHAMED, LAW, REJOICE, SPECIMEN, SUBSTITUTE, WELCOME.

popular. A popular man, Un homme fort (*ou* très) recherché *ou* couru, Un homme à la mode (*fam.*).

poring. To be for ever poring over books, Pâlir sur les livres.

porpoise. *See* FAT.

position. To be in a position to do a thing, Être en situation (*ou* en posture) (*ou* à même) (*ou* dans le cas) de faire quelque chose.

To keep one's position (*in relation to other persons*), Tenir son rang.

See also STOCK.

possess. To be as if possessed, Être endiablé, Avoir le diable au corps.

See also PATIENCE.

possession. His, Her, chief possession, Le plus beau fleuron de sa couronne.

Possession is nine points of the law, Possession vaut titre, J'y suis, j'y reste.

See also FACULTIES, FIELD.

post. *See* DEAF, PILLAR, STANDING, UP.

posterity. To go down to posterity, Passer à la postérité.

post-haste. He came post-haste to tell me of his discovery, Il est venu tout chaud, tout bouillant, me faire part de sa découverte (*fam.*).

To go post-haste, Courir la poste, Aller un train de poste, Aller [d']un train de chasse-marée (*tous fam.*).

pot. A pot hunter, Un coureur de prix (*fam.*).

Pots (*a very large number*), Des mille et des cents (*fam.*). *See also below* To have . . .

The pot calls the kettle black, La pelle se moque du fourgon. " Mère écrevisse un jour à sa fille disait : ' Comme tu vas, bon Dieu ! ne peux-tu marcher droit ? — Et comme, vous allez vous-même ! dit la fille : Puis-je autrement marcher que ne fait ma famille ? Veut-on que j'aille droit quand on y va tortu ? ' " —LA FONTAINE, *Fables* XII, 10.— *L'Écrevisse et sa Fille.* " Unes ecrevice de mer Ainsi l'ai-je ouï nomer Aloit au miex qu'ele savoit De tant de piés comme elle avoit. Sa mere dit : Fille, comment Alés vous si honteusement Vous ne faites que reculer . . ."—*Ancienne fable : De l'Escrebisce qui aprenoit son FFilz à aler.*

To go to pot (*rack and ruin*) (*slang*), Aller à vau-l'eau.

To have a pot (*or* pots) of money, Avoir un argent fou, Avoir des écus, Avoir des monceaux d'or (*fam.*).

To keep the pot [a-]boiling (*fig.*), Faire bouillir (*ou* Faire aller) la marmite *ou* le pot (*tous fam.*).

To take pot luck, Courir la fortune du pot (*fam.*).

See also IF, LITTLE.

pound. *See* FLESH, JELLY, PENCE, PENNY.

pour, pouring. It is like pouring water down a drain (*the expenditure is endless*), C'est le tonneau des Danaïdes (*condemned eternally to pour water into a bottomless cask*).

To pour out the vials of one's wrath, Lâcher la bonde à sa colère. " Allez, et versez sur la terre les coupes de la colère de Dieu." (*Apocalypse* xvi, 1.), " Go your ways, and pour out the vials of the wrath of God upon the earth." (*Revelation* xvi, 1.)

pour. *See also* OIL, RAIN. **pouring.** *See also* RAIN.

poverty. Poverty is no vice *or* crime *or* disgrace, Pauvreté n'est pas vice. When poverty comes in by the door, love flies out of the window, L'amour et la pauvreté font ensemble mauvais ménage, Quand il n'y a pas de foin au râtelier, les chevaux se battent. " Rien n'use tant l'ardeur de ce nœud qui nous lie, Que les fâcheux besoins des choses de la vie."—MOLIÈRE, *Les Femmes savantes* V, 5.

See also CRYING.

powder. This man is not worth powder and shot, Cet homme ne vaut pas la corde pour le pendre (*fam.*).

To waste one's powder and shot (*fig.*), Tirer sa poudre aux moineaux. " Consommerent leurs munitions à force de tirer aux moineaux ; puis n'eurent de quoy, en temps de nécessité, soy deffendre."—RABE-LAIS IV, Prologue de l'auteur, *Pantagruel.* (*Note.*—soy = se.) *Another quotation under* WHISPER.

power. *See also* KNOWLEDGE, MEANS, SIDE.

powerless. *See* RENDER.

practice. Practice makes perfect, C'est en forgeant qu'on devient forgeron, Usage rend maître.

To make a practice of doing something, Se faire une habitude (*ou* Se faire loi) de faire quelque chose.

practise. *See* PREACH.

praise. To be loud (*or* warm) in one's praise[s] of someone, Accabler quelqu'un de louanges.

To sing one's own praises, Chanter ses propres louanges (*fam.*).

To sing someone's praises, Chanter (*ou* Entonner) les louanges de quelqu'un (*fam.*).

See also PROFUSE, SPARING.

praying. *See* PAST.

preach. To practise what one preaches, Prêcher d'exemple.

To preach to the converted, Prêcher un converti.

preach. *See also* WILDERNESS. **preaching.** *See* HUNGRY.

pre-arranged. A pre-arranged affair, Un coup monté.

precaution. Too many precautions hinder, rather than help, Trop de précaution nuit, Jamais chat emmitouflé ne prit souris.

precedence. To take precedence over someone, Prendre le pas sur quelqu'un.

precedent. To be [taken as] a precedent, Constituer un précédent, Tirer à conséquence.

precious. *See* TIME.

pregnant. It is a pregnant subject (*a subject which lends itself to interesting developments*), C'est un sujet qui prête.

prepare. To prepare for the fight (*fig.*), Se préparer au combat, Aiguiser ses (*ou* les) couteaux.

To prepare for the next (*or* the other) world (*prepare for death*), Se disposer à mourir, Graisser ses bottes (*fam.*).

To prepare for the worst, Se préparer (*ou, fam.*, Caver) au pire.

preposterous. Preposterous ideas, Des idées extravagantes, Des visions cornues (*fam.*).

present. " A very present help in trouble " (*Psalms* xlvi, 1), " Un secours dans les détresses, fort aisé à trouver." (*Psaumes* xlvi, 1.)

As things are at present, Par le temps qui court.

The present fashion, La mode qui court.

See also EXCEPT, UNITE.

preserve. To encroach on someone's preserves (*fig.*), Empiéter sur le domaine (*ou, fam.*, Marcher sur les plates-bandes) de quelqu'un.

To poach on other people's preserves (*fig.*), Chasser sur les terres d'autrui (*fam.*).

press, pressing. Pressing debts, Des dettes criardes (*fam.*).

To attend to the most pressing thing(s) first, Aller (*ou* Courir) au plus pressé.

To press on *or* forward, Presser le pas, Faire du chemin, Brûler les étapes (*fam.*).

To press someone to accept (*to take something he would like to have, but which he refuses from politeness*), Faire une douce violence à quelqu'un.

To require [much] pressing, *e.g.*, to sing, Se faire prier *ou* Faire des manières, *p. ex.*, pour chanter. (*Cf.* He won't want much pressing, *under* WANT.)

press. *See also* HARD, SORE, SUIT, TIME.

pressure. To bring pressure to bear (*or* To put pressure) on someone [in order] to get something [from him], Exercer une pression sur quelqu'un pour en obtenir quelque chose.

pretence. All that is pretence, Tout cela est feinte *ou* est comédie.

pretend. *See* IGNORANCE, NOTICE.

pretending. To be only pretending, Faire semblant, Jouer la comédie à quelqu'un.

pretty. For her pretty face (*just to gratify her*), Pour ses beaux yeux (*fam.*).

Here's a pretty go *or* a pretty kettle of fish, En voici une affaire, En voilà des histoires.

See also NEARLY, OBVIOUS, PICKLE, PIG, TELLING, UP, WIT.

prevailing. The prevailing fashion, La mode qui court.

prevention. Prevention is better than cure, Mieux vaut prévenir que guérir.

price. At any price (*cost what it may*), À quelque prix que ce soit, Coûte que coûte. *See also under* BAD *and under* STAND *or* STICK.

To put a price on someone's head, Mettre la tête de quelqu'un à prix.

prick. To prick up one's ears, Dresser l'oreille *ou* les oreilles.
See also KICK, PIN.

pride. Among precious stones, the diamond takes pride of place, Entre les pierres précieuses, le premier rang revient au diamant.
Pride goes before (*or* will have) a fall, L'orgueil court au devant de la ruine. " L'orgueil va devant l'écrasement (*destruction*), et la fierté d'esprit (*an haughty spirit*) devant la ruine (*a fall*)." (*Proverbes* XVI, 18.)
To pocket (*or* To swallow) one's pride, Mettre son orgueil dans sa poche (*fam.*).
To swell with pride, Se gonfler d'orgueil.
To take pride in a thing, Tirer vanité d'une chose.
See also BURSTING, EAT, PUFF.

prim. To be prim and proper, Être collet monté (*fam.*).

prime. He is past his prime, Il commence à n'être plus jeune.
The prime mover (*master mind*), La cheville ouvrière.
To be in one's prime *or* in the prime of life, Être dans la vigueur (*ou* la force) (*ou* la fleur) de l'âge *ou* dans son été.
See also CUT.

primrose. The primrose path, Le chemin de velours.

principal. The principal dish, Le plat principal, La pièce de résistance.
The principal feature, L'élément le plus important, La pièce de résistance.

principle. *See* TRUE.

print. In cold print, À la lecture.
To see oneself in print (*have one's writings published*), Se faire imprimer.

printing. *See* BUSY.

Priscian. To break Priscian's head (*use bad grammar*), Donner des entorses à (*ou* Être brouillé avec)

la grammaire. (*Note.*—Priscian was a Latin grammarian and etymologist of the 6th century.)
To scratch Priscian (*make a slip in grammar*), Faire une faute de (*ou* contre la) grammaire.

private. To have a private talk, Causer tête à tête, *ou*, *fam.*, bec à bec.
To meet one's private ends (*merely to suit one's own purpose*), Par droit de bienséance.
See also EAR.

prize. To prize someone, something [highly], Faire [grand] cas (*ou* Tenir à) quelqu'un, quelque chose.
See also BOOBY, CARRY.

proceed. Let us proceed, Procédons!, Passons au déluge !
To proceed with the business of the day, Passer à l'ordre du jour.
See also STEP.

process. *See* TIME.

proclaim. *See* HOUSETOP.

procrastination. *See* TIME.

prod. To prod someone on (*to do something*), Poursuivre quelqu'un l'épée dans les reins.

profit. A profit snatcher, Un écumeur d'affaires.

profuse. To be profuse in compliments, in praises, Donner des compliments, des louanges, avec (*ou* à) profusion, Multiplier les (*ou* Se confondre en) compliments, louanges, Casser le nez à coups d'encensoir (*fam.*).

profusely. *See* SWEAT.

progressing. To be progressing favourably (*of a patient*), Faire des progrès satisfaisants, Aller bien.

promise. It is one thing to promise, another to perform, Ce n'est pas tout de promettre, il faut tenir, Promettre et tenir sont deux.
Promises should be kept, Chose promise, chose due.
To make reckless promises, Se ruiner en promesses, Promettre plus de beurre que de pain (*pop.*).

To promise wonders (*or* the moon and the stars) to someone, Promettre monts et merveilles à quelqu'un (*fam.*). " Certain païen chez lui gardait un dieu de bois, De ces dieux qui sont sourds, bien qu'ayant des oreilles : Le païen cependant s'en promettait merveilles."—LA FONTAINE, *Fables* IV, 8.—*L'Homme te l'Idole de bois.*

promise. *See also* GOD, RELEASE. **promising.** *See* LOOK 16.

prompt. To make a prompt return of good, of bad, treatment, Rendre sur-le-champ (*ou, fam.,* Payer comptant) les bons, les mauvais, offices qu'on a reçus.

proof. The proof of the pudding is in the eating, À l'œuvre on connaît l'artisan. " C'est justement comme un homme qui aurait trouvé une sauce excellente, et qui voudrait examiner si elle est bonne sur les préceptes du *Cuisinier français.*"—MOLIÈRE, *La Critique de l'École des femmes* 5.

To advance too many proofs spoils one's case, Qui veut trop prouver ne prouve rien.

See also GOOD 59, SET.

proper. *See* FASHION, PRIM, TOADY, TRUTH.

properly. *See* RUN.

property. *See* PUBLIC.

prophesy. Never prophesy unless you know, Il ne faut jurer de rien.

prophet. No man is a prophet in his own country (*Mark* vi, 4. *John* iv, 44), Nul n'est prophète en son pays. " Le maître d'Épicure en fit l'apprentissage. Son pays le crut fou. Petits esprits ! mais quoi ! Aucun n'est prophète chez soi. Ces gens étaient les fous, Démocrite le sage."—LA FONTAINE, *Fables* VIII, 26.—*Démocrite et les Abdéritains.*

proportion. To lose all sense of proportion, Ne garder aucune mesure, Oublier toute mesure.

propose. Man proposes, but God disposes, L'homme propose et Dieu dispose.

To propose [marriage] to a man, Offrir sa main à un homme.

To propose [marriage] to a woman, Offrir son nom à une femme.

proposition. *See* TOUGH.

propriety. *See* WIND.

protest. To call for protest, Provoquer des protestations.

See also UTTER.

proud. To be [as] proud as a peacock *or* as Punch *or* as Lucifer, Être orgueilleux comme un paon (*fam.*) *ou, fam.,* comme Satan, Être fier comme un coq (*fam.*) *ou* comme Artaban. (*Note.*—Artaban is a character in LA CALPRENÈDE'S *Cléopâtre.*)

To do oneself proud, Se traiter bien, Se régaler.

prove, proving. To give someone an opportunity of proving his worth, Faire crédit à quelqu'un.

To prove oneself (*show one's mettle*), Faire ses preuves.

To prove [oneself to be] a good friend, Se montrer bon ami, (*of woman*) bonne amie.

prove. *See also* EXCEPTION, HILT. **proving.** *See also* TRUE.

provide. To provide for one's children, Faire un sort à ses enfants.

See also HANDLE, RAINY.

Providence. *See* FLY, SPECIAL.

province. It is not in (*or* does not come within) my province, Ce n'est pas de mon domaine *ou* [de] ma partie *ou* de mon rayon *ou* de mon ressort, Cela ne rentre pas dans mes cordes (*fam.*).

prowl. To be on the prowl *or* To prowl the streets, Rôder par les rues, Battre l'estrade (*fam.*).

prowler. A prowler (*man on the prowl, prowling the streets*), Un rôdeur, Un batteur d'estrade (*fam.*).

Pry. He is a Paul Pry, C'est un curieux *ou*, *fam.*, un furet.

psychological. To come away (*from someone*) at the psychological moment (*after having made a good impression*), Laisser quelqu'un au moment psychologique *ou*, *fam.*, sur la bonne bouche.

pub. To go the round of the pubs, Aller de cabaret en cabaret, Courir une bordée (*fam.*).

public. It's public property (*an open secret*), C'est le secret de Polichinelle *ou* de la comédie. (*See note under* SECRET.) To be in the public eye, Être en spectacle à tout le monde. *See also* LINEN, OBLOQUY, WELFARE.

publish. *See* TRUMPET.

pudding. *See* PROOF.

puff. To be puffed up with pride, S'enfler d'orgueil, Être enflé comme un ballon (*fam.*). To puff one's goods, Faire valoir sa marchandise, Faire l'article, Faire de la réclame. " L'or de tous les climats qu'entoure l'Océan Peut-il jamais payer ce secret d'importance? Mon remède guérit par sa rare excellence Plus de maux qu'on n'en peut nombrer dans tout un an. La gale, La rogne, La teigne, La fièvre, La peste, La goutte, Vérole, Descente, Rougeole. O grande puissance De l'orviétan!... Admirez mes bontés et le peu qu'on vous vend Ce trésor merveilleux que ma main vous dispense. Vous pouvez avec lui braver en assurance Tous les maux que sur nous l'ire du ciel répand : La gale, La rogne, etc."—MOLIÈRE, *L'Amour médecin* II, 7.

pull, pulling. They are pulling different ways *or* are not pulling together (*fig.*), Ils prennent des moyens qui se contrarient, L'un tire à hue et l'autre à dia (*pop.*). To have the pull of someone, Tenir la corde (*ou* Avoir l'avantage) (*ou*, *fam.*, Avoir barre[s]) (*ou*, *fam.*, Avoir le dessus du vent) sur quelqu'un. To pull oneself together, Recueillir (*ou* Reprendre) ses esprits, Se ressaisir, Se reprendre, Se remettre, Se reconnaître, Se secouer, Se raidir. To pull someone's leg, Monter un bateau à quelqu'un, Faire marcher quelqu'un, Faire monter quelqu'un à l'échelle, En conter [de belles] à quelqu'un (*tous fam.*). To pull the devil by the tail (*struggle constantly against adversity*), Tirer le diable par la queue (*fam.*). To pull the strings (*fig.*), Tenir les fils (*fam.*) *ou*, *fam.*, les ficelles. You are giving him the pull of you, Vous lui donnez l'avantage (*ou*, *fam.*, lui donnez barre[s]) sur vous.

pull. *See also* LONG, PIECE, TURN, WEIGHT, WOOL, WRY.

pulse. *See* FEEL.

pump. To pump someone, Cuisiner quelqu'un, Tirer les vers du nez à quelqu'un.

Punch. *See* PLEASE, PROUD.

punishment. *See* FIT, TANTALUS.

puppy. Youth has its puppy troubles, La jeunesse est difficile à passer. *See also* CONCEITED.

purchase. His life would not be worth an hour's purchase, Il n'aurait pas une heure à vivre.

pure. *See* LUCK.

purgatory. *See* SOUL.

purpose. It looks as if it had been done on purpose *or* done of set purpose, Cela semble avoir été fait à dessein *ou* fait de propos délibéré, C'est [comme] un fait exprès. To serve (*or* To answer) the purpose, Faire l'affaire, Répondre au (*ou* Remplir le) but. To work to no purpose, Travailler inutilement *ou* en pure perte, Faire de [la] mauvaise besogne.

To work to some purpose, Travailler utilement, Faire de [la] bonne besogne.
See also BESIDE, INTENT, PURSUE.

purse. To have a long purse, Avoir la bourse bien garnie, Avoir les reins solides (*fam.*).
To purse one's lips (*pout*), Faire la moue.
You cannot make a silk purse out of a sow's ear, D'un sac à charbon ne peut sortir blanche farine, On ne saurait faire d'une buse un épervier, Tout bois n'est pas bon à faire flèche. " Ne forçons point notre talent ; Nous ne ferions rien avec grâce : Jamais un lourdaud, quoi qu'il fasse, Ne saurait passer pour galant."—LA FONTAINE, *Fables* IV, 5.—*L'Âne et le petit Chien*.
See also HOLE.

purse-strings. To loosen, To tighten, To hold, the purse-strings, Délier, Serrer, Tenir, les cordons de la bourse (*tous fam.*). " Gardez-vous de prester Et du vostre livrer A gent de male foy."—From the ancient fable *De deux chiennes*.

pursue. To pursue one's purpose, Tendre à ses fins.
See also OPPOSITION.

push. To push one's wares, Faire valoir sa marchandise, Faire l'article, Faire de la réclame. *Quotation under* PUFF.
To push oneself forward, Se pousser dans le monde, Se mettre en scène, Se faire valoir, Jouer des coudes (*fam.*) *ou*, fam., des pieds *ou*, fam., des mains.

push. *See also* COME 30, SUIT. **pushing.** *See* DAISY.

put. He was hard put to it to find an excuse, Il a eu fort à faire pour trouver une excuse.
I don't know how to put it, Je ne sais comment dire.
I'll put him through it (*give him no quarter*) (*slang*), Je lui ferai passer un mauvais quart d'heure (*fam.*), Je le mènerai par un chemin où il n'y aura pas de pierres (*fam.*).
I put it to you whether you did it or not, Je vous demande si vous l'avez fait ou non.
If one may put it that way, Si l'on peut s'exprimer ainsi.
Never put off till to-morrow what you can do to-day, Ne remettez pas au lendemain ce que vous pouvez faire le jour même.
Not to put oneself out (*take no special trouble*), Ne point se mettre en peine, Ne pas perdre un coup de dent.
Something has put him out, Quelque chose le met de mauvaise humeur, Il a marché sur quelque mauvaise herbe, Il est aux champs (*fam.*). The merest thing puts him out, Un rien le met aux champs (*fam.*), Il se met aux champs pour la moindre chose (*fam.*). *Cf.* What has put you out ? *under* WHAT.
To have some money put by, Avoir des ressources préparées pour l'avenir, Avoir du pain sur la planche (*fam.*).
To put in [for a post], Se mettre sur les rangs.
To put off one's creditors with something on account, Distribuer à ses créanciers quelques sommes qui les apaisent, Arroser ses créanciers. (*fam.*).
To put off the old man (*which is corrupt*) (*Ephesians* iv, 22), Se dépouiller du vieil homme (*qui se corrompt*).
To put on airs *or* side *or* To put it on, Prendre un ton, Prendre (*ou* Se donner) des airs *ou* de grands airs, Poser, Faire sa poire (*pop.*).
To put (*turn*) someone out, Mettre quelqu'un dehors.
We'll put it off till another time, La partie est remise, C'est partie remise.

put. *See also* APPEARANCE, BACK, BEST, BIB, BLUSH, BOLD, BRAVE, BUSKIN, CARD, CART, CAT, CLOTHING, COMPLEXION, CONSTRUCTION, COUNTENANCE, DAMPER, DIFFICULTY, DOOMSDAY, EVIL, FACINGS, FAITH, FEAR, FEELER, FINE, FINGER, FLESH, FOOT, GOOD 66, 67, GRACE, GUARD, HALTER, HEAD, HEART, JOINT, LID, LORDLY, LUNATIC, METTLE, NOOSE, OAR, PACE, PATIENCE, PAY, PEDESTAL, PEN, PLAINLY, PLOUGH, PRESSURE, PRICE, QUANDARY, RAINY, RIGHT, ROPE, SADDLE, SCENT, SCREW, SHADE, SHELF, SHIRT, SHOULDER, SPOKE, SPOUT, STAY, THINKING-CAP, TOGETHER, VIGOUR, VIM, WHAT, WORD, WRONG. **putting.** *See* POCKET.

put-up. A put-up job, Un coup monté.

puzzle. A Chinese puzzle (*fig.*), Un casse-tête chinois (*fam.*).
See also BRAIN.

Q

quake. *See* LEAF.

quandary. To be in a quandary, Être dans un embarras *ou* dans une impasse, Être empêché de sa personne, Être à quia.
To put someone in a quandary, Mettre quelqu'un dans de beaux draps.

quarrel, quarrelling. It takes two to make a quarrel, Une personne seule ne saurait faire querelle.
There is quarrelling in that household, Il y a de la brouille dans ce ménage, Le torchon brûle (*fam.*).
To quarrel with one's bread and butter, Se mettre hors d'état de faire aller son ménage, Casser la marmite (*pop.*).

quarrel. *See also* PICK, TOOL, TRUMPED-UP.

quarrelsome. *See* CUP, WAR.

quarter. To give no quarter to the enemy, Ne point faire [de] quartier à l'ennemi.
See also FIGHT, FREE.

queen. Queen Anne is dead (*retort to stale news*), Ce que vous me dites, que vous nous dites, est une vieille nouvelle, C'est vieux comme le Pont-Neuf (*fam.*), C'est connu (*pop.*).
[The] queen of [the] night (*the moon*) (*poetic*), Le flambeau de la nuit, Le [pâle] flambeau des nuits.
See also GOOD 24.

queer. He is a queer fellow *or* a queer customer *or* a queer fish *or* a queer card *or* a queer stick, C'est un drôle de corps *ou* un drôle de numéro *ou* un drôle d'oiseau *ou* un drôle de pistolet *ou* un drôle de paroissien *ou* un drôle de garçon *ou* un drôle d'individu *ou* un drôle d'homme *ou* un original. " Dire qu'il n'avait peur ni de Dieu ni du diable, C'est chanceux d'une part, et de l'autre immoral. Dire qu'il vous plaira, ce n'est pas vraisemblable. Ne rien dire du tout, cela vous est égal. Je me contente donc du seul terme passable Qui puisse l'excuser ;—c'est un original."— ALFRED DE MUSSET, *Namouna. I, 29.*
His pitch has been queered for him, Ses projets ont été contrecarrés par des menées secrètes, Il a été bien recommandé au prône (*fam. & par ironie*).
To be a queer-looking individual, Avoir une tournure ridicule *ou, fam.*, une drôle de touche.
To be in Queer Street (*slang*), (*any sense*) Être dans de mauvais draps, Filer un mauvais coton (*fam.*), Être dans la nasse (*fam.*) *ou, pop.*, dans le lac *ou, pop.*, dans la marmelade ; (*financial difficulties*) Être dans l'embarras [d'argent], Être mal dans ses finances, Être

incommodé dans ses affaires, Être près de ses pièces (*fam.*).

To feel queer (*of person*), Être mal à son aise, Être mal en train.

To queer the pitch (*fig.*), Gâter le métier.

question. It is out of the question, Cela ne peut se faire, Il ne faut pas y songer.

That is the question, C'est là la question, C'est [là] le diable (*fam.*), Voilà le chiendent (*fam.*), Voilà (*ou* C'est là) le hic (*fam.*).

There is no question but that it is so, Il n'y a pas de doute (*ou* Nul doute) (*ou* Point de doute) que cela ne soit.

To [call in] question someone's motives, Faire un procès de tendance à quelqu'un.

To call something in question, Mettre (*ou* Révoquer) quelque chose en doute.

To make no question of something, Ne pas douter de quelque chose.

See also BEG, BESIDE, BEYOND, SIDE, SILLY, WHAT.

quick. To be [as] quick as lightning, Être prompt (*ou* rapide) comme un éclair *ou* comme l'éclair.

To be quick about it, Aller vite en besogne (*fam.*).

To be quick in the uptake, Avoir la compréhension aisée *ou* facile.

To be quick-witted, Avoir l'esprit délié.

To cut (*or* To sting) someone to the quick (*fig.*), Piquer quelqu'un au vif, Blesser quelqu'un au cœur, Transpercer le cœur à quelqu'un, Transpercer quelqu'un de douleur.

See also CHASTISE, REPARTEE.

quickly. *See* GIVE.

quiet. On the quiet *or*, *slang*, On the q.t., En cachette, Sous le manteau, Sans tambour ni trompette.

See also PEACE, PILLOW.

quietly. He took it (*an unpleasant disclosure*) quietly (*without getting angry*), Il a pris la chose en douceur.

See also SLIP.

quietness. *See* PEACE.

quietus. To give someone his quietus, Donner (*ou* Porter) à quelqu'un le coup de grâce *ou* le dernier coup.

quill. A quill driver, Un gratte-papier, Un plumitif, Un rond-de-cuir (*fam.*).

To drive a quill, Gratter du papier.

quintessence. The quintessence (*as of a thought*), La quintessence, Le fin du fin. " C'est là savoir le fin des choses, le grand fin, le fin du fin."— MOLIÈRE, *Les Précieuses ridicules* 10.

quite. *See* ANOTHER, CARD, FAIR, LIKELY, RIGHT, SHOCK, STRANGER, THERE, TURN.

quits. *See* DOUBLE.

quiver. She has a quiver full [of children], Elle a beaucoup d'enfants, C'est une mère Gigogne.

R

race. It is a race against time, La nécessité s'impose d'aller vite en besogne.

See also SLOW.

racecourse. *See* WELCOME.

rack. To be on the rack (*in suspense*), Être au supplice, Être sur le gril (*fam.*).

To go to rack and ruin, Aller à vau-l'eau.

To keep someone on the rack, Faire mourir quelqu'un à petit feu.

See also BRAIN.

racket. To stand the racket, Tenir le coup, Payer les pots cassés (*fam.*). " Un cordonnier, en faisant des souliers, ne saurait gâter un morceau de cuir qu'il n'en paye les pots cassés ; mais ici (*dans la médecine*) l'on peut gâter un homme sans qu'il en coûte rien. Les bévues ne sont point pour nous, et c'est toujours la faute de celui qui meurt. Enfin le bon de cette profession est qu'il y a parmi les morts une honnêteté, une discrétion la plus grande du monde, et jamais on n'en voit se plaindre du médecin qui l'a tué."—MOLIÈRE, *Le Médecin malgré lui*, III, 1.

See also KICK.

racy. *See* SOIL.

rag. He came up from the country without a rag to his back, Il est arrivé tout nu de sa province, Il est venu de sa province en sabots (*fam.*). " Et l'on voit des commis, Mis Comme des princes, Qui sont venus, Nus, De leurs provinces."— *Vers en écho dirigés contre les financiers du xviii*[e] *siècle.*

This meat is done to rags, Cette viande est en charpie.

To tear someone's character to rags, Déchirer quelqu'un par des médisances outrées, Déchirer quelqu'un à belles dents.

See also CHEW, LIMP, RED.

rage, raging. A raging fever, Une fièvre violente, Une fièvre de cheval (*fam.*).

A raging inferno, Une fournaise ardente, Un feu d'enfer (*fam.*).

A raging sea, Une mer démontée.

He is glaring with rage, Le feu lui sort des yeux.

He, She, It, is [all] the rage, On se dispute à qui l'aura, On se l'arrache (*fam.*).

The raging sea (*poetic*), Les flots en courroux.

This preacher is [all] the rage, Ce prédicateur est fort (*ou* est très) couru.

This song is [all] the rage of (*or* in) the town, Cette chanson court par la ville.

To be [all] the rage (*of a new thing*), Faire rage.

To be in a towering rage *or* in the devil of a rage, Être dans une colère bleue (*fam.*), Avoir une colère de chien (*fam.*).

To fume with rage, Enrager, Se ronger les poings (*fam.*).

To rage and fume *or* To storm and rage, Se livrer à de grands emportements de colère, Jeter feu et flamme.

rage. *See also* BURSTING.

rain, raining. [In] rain or fine *or* [In] rain or shine, Par tous les temps, [Par] quelque temps qu'il fasse.

It is raining hard *or* in buckets *or* in torrents *or* cats and dogs *or* pitchforks *or* It is pouring [with rain] *or* It is like a cinema rain, Il pleut à verse *ou* à seaux *ou* à torrents, Il pleut des hallebardes (*fam.*).

It never rains but it pours, Un malheur en amène un autre, Un malheur amène son frère.

rain. *See also* LAY, LOOK 9, RIGHT.

rainy. To provide against (*or* To put something by for) a rainy day, Ménager (*ou* Réserver) quelque chose pour les besoins à venir, Garder une poire pour la soif (*fam.*).

raise. To raise money *or*, *slang*, the wind *or*, *slang*, the dust, Se procurer de l'argent, Battre monnaie.

See also CAIN, GUTTER, HUE, OUTCRY, SCARE.

rake. To rake up evidence, forgotten facts, Rappeler (*ou* Exhumer) des preuves, des faits oubliés.

To rake up the past, Remuer (*ou* Revenir sur) le passé.

See also THIN.

ramrod. *See* STRAIGHT.

random. *See* TALK.

rank. *See* RISE.

rankle. The wound still rankles (*fig.*), La plaie saigne encore. " Apaise-toi, je t'en conjure ; Tes paroles m'ont fait frémir. O mon bien-aimé ! ta blessure Est encor prête à se rouvrir. Hélas ! elle est donc bien profonde ! Et les misères de ce monde Sont si lentes à s'effacer ! Oublie, enfant."—ALFRED DE MUSSET, *La nuit d'octobre.*

To rankle [in the mind] (*of a grievance*), Rester (*ou* Demeurer) sur le cœur.

ransack. To ransack one's memory for something, Chercher quelque chose dans sa tête *ou* dans sa mémoire.

rap. To get rapped over the knuckles (*fig.*), Recevoir (*ou* [En] avoir) sur les doigts (*fam.*), Avoir sur les oreilles (*fam.*).

To rap out one's words, Parler sec.

To rap someone (*or* To give someone a rap) on the knuckles (*fig.*), Donner sur les doigts à quelqu'un (*fam.*).

See also CARE.

rapt. *See* ATTENTION.

rapture. To be in raptures, Être dans un transport de joie, Être aux anges (*fam.*).

rascal. *See* SANCTIMONIOUS, TELL.

rash. To do something rash, Faire un coup de tête.

rat. *See* DROWN, SMELL, TRAP.

rate. At that rate, À ce compte-là.

rather. Or rather (*to be more exact*), Disons mieux, Que dis-je ?

See also EXCUSE, GOOD 20, ON, STRONG.

rattle. He, She, is a rattle-brain *or* a rattle-head (*an empty-headed chatterer*), C'est une crécelle.

ratty. To be ratty (*cross*) (*slang*), Être de mauvaise humeur, Être en rogne (*pop.*).

ravage. The ravages of time (*to persons or things*), L'outrage des ans, Les outrages du temps.

raven. Raven locks, Des cheveux d'ébène.

ravenously. *See* HUNGRY.

raving. *See* MAD.

raw. *See* TOUCH.

reach. To reach the goal (*fig.*), Toucher (*ou* Frapper) au but.

See also ARM, FAR, PITCH, STAR.

read. To read between the lines, Lire entre les lignes.

To read oneself to sleep, Lire pour s'endormir.

To read someone's thoughts *or* what is in someone's mind *or* someone like an open book, Lire dans la pensée de quelqu'un.

See also LECTURE, NOVEL, RIOT, RUN.

readiness. Readiness of apprehension, Ouverture d'esprit.

ready, readily. A ready retort, Une réponse faite à propos, Une réponse tapée (*pop.*).

To be ready with an answer, with an excuse, Avoir une réponse prête, une excuse prête.

To believe someone, something, readily *or* To be a ready believer in someone, something, Croire volontiers à quelqu'un, à quelque chose.

ready. *See also* ALL, BURST, DROP, FLOW, JOKE, MONEY, OBLIGE, SHORT, TONGUE.

real. *See* BARGAIN, GOOD 19, HE-MAN.

reality. *See* APPEARANCE.

reap. *See* LAUREL, SOW.

Reaper. *See* GRIM.

rear. *See* BRING.

reason. And for a very good reason, Et pour cause.

For no reason at all *or* For no earthly reason *or* Without rhyme or reason, Sans motif, Sans cause, À propos de rien, À propos de bottes, Sans rime ni raison (*fam.*). " En vérité, lecteur, je crois que je radote, Si tout ce que je dis vient à propos de botte."—ALFRED DE MUSSET, *Namouna* I, 61.

For reasons best known to myself, Pour raison à (*ou* de) moi connue.

For that very reason, Pour cela même.

I have reason to believe [that] . . ., J'ai lieu de croire que . . ., Je crois savoir que . . .

It is a good enough reason, C'est une raison comme une autre.

It stands to reason, Cela (*ou* Il) va de soi *ou* va de suite *ou* va sans dire.

It stands to reason [that] . . ., Il tombe sous le[s] sens que . . ., Le bon sens veut que . . .

That shall be done, or I'll know the reason why, Cela se fera, ou il faudra que le diable s'en mêle (*fam*.).

There is neither rhyme nor reason in what he says, Il n'y a ni rime ni raison à ce qu'il dit (*fam*.).

This man won't listen to reason, Cet homme n'entend pas raison *ou*, *fam*., est brouillé avec le bon sens.

To bring someone back to reason, Ramener quelqu'un à la raison.

To bring someone to reason *or* To make someone see reason, Faire entendre raison à quelqu'un.

To have good reasons for believing something, Être fondé à croire quelque chose.

To have no reason for doing something, Être mal venu à faire quelque chose.

With good reason (*rightly*), À bon droit.

See also MORE.

rebuff. *See* MEET.

rebuking. *See* SIN.

recall. *See* DUTY, OVER.

receive. *See* OPEN, STATE.

recess. *See* HEART.

reckless. *See* PROMISE.

reckon, reckoning. Don't reckon on it, Ne comptez pas là-dessus, (*by antiphrasis*) Fiez-vous-y.

Don't reckon without your host, Qui compte sans son hôte, compte deux fois. " Et le bon Pantagruel ryoit à tout, puis leur dist : ' Vous comptez sans vostre hoste.' "—RABELAIS II, 26, *Pantagruel*.

The day (*or* The hour) of reckoning, Le jour d'expiation, Le moment où il faut payer, Le quart d'heure de Rabelais. (*Note*.—It is related that Rabelais, when at Lyons, and being

unable to pay his inn bill, gave out that he intended to poison the king and queen, and so had himself conveyed to Paris free of charge.)

To be out in one's reckoning, Se tromper dans son calcul, Être loin de compte.

reckoning. *See also* SHORT.

recollection. To the best of my recollection, Autant que je m'en souvienne.

record. To break all box-office records (*of a play*), Avoir un succès fou, Aller (*ou* Monter) aux nues.

recover. *See* SELF-POSSESSION, SENSE.

red. Evening red and morning grey Sets the traveller (*or* the pilgrim) on his way *or* Red at night is the shepherd's delight, Red in the morning is the shepherd's warning, Rouge [au] soir et blanc [au] matin, c'est la journée du pèlerin.

I see the red light, Cela m'inspire des inquiétudes, Cela me met la puce à l'oreille (*fam*.).

It is like a red rag to a bull, C'est comme le rouge pour les taureaux (*fam*.).

Red tape (*complicated formalities*), Des chinoiseries [administratives] (*fam*.).

To be a red-letter day, Faire époque. " Cette journée doit être marquée dans notre almanach comme une journée bien heureuse."—MOLIÈRE, *Les Précieuses ridicules* 12.

To be [as] red as a lobster, as a turkey-cock, Être rouge comme une écrevisse (*fam*.) *ou*, *fam*., comme un coq.

To paint the town red (*fig*.), Faire les cent coups (*fam*.).

To see red, Voir rouge.

To turn [as] red as a turkey-cock *or* as a peony, Devenir rouge comme une pivoine.

redeeming. He, She, That, has the redeeming feature of goodness, etc., Il, Elle, Cela, se rachète par sa bonté, etc.

Without one redeeming feature, Que rien ne rachète.

red-handed. *See* CATCH.

redound. It is not a thing that redounds to his credit, Ce n'est pas le plus beau (*ou* le plus bel endroit) de son histoire.

redress. A fault confessed is half redressed, Péché avoué est à demi pardonné, Une faute confessée est à moitié pardonnée. " Mais il vous conviendra par avant trois jours jeuner et regulierement confesser, curieusement espluchans et inventorizans vos pechez tant dru qu'en terre ne tombast une seule circonstance."—RABELAIS IV, 49, *Pantagruel.* (*Note.*—curieusement . . . dru = carefully examining and taking stock of your sins so closely.)

reduce. *See* EXTREMITY, STYLE.

reed. He is a broken reed, C'est une planche pourrie (*fam.*).

He is a reed shaken with the wind (*with reference to Matthew* xi, 7. *Luke* vii, 24), C'est un roseau qui plie à tout vent.

To lean on a broken reed (*fig.*), S'appuyer sur un roseau.

reel. *See* SIDE.

refinement. The refinement of cruelty, Des recherches de cruauté.

refresh. *See* MEMORY.

refuse. *See* ADMITTANCE, BEATEN, BUDGE, POINT-BLANK.

regain. To regain lost ground (*fig.*), Regagner du terrain.

See also SELF-CONTROL.

regard. *See* AUTHORITY.

regardless. *See* GET 21.

regular. To be [as] regular as clockwork, Être réglé comme une horloge (*fam.*) *ou, fam.,* comme un (*ou* du) papier à musique. " Jadis entre les Perses l'heure de prendre refection estoyt es Roys seulement prescripte : à un chascun aultre estoit l'appetit et le ventre pour horologe. De faict, en Plaute,

certain parasite soy complainct, et deteste furieusement les inventeurs d'horologes et quadrans, estant chose notoire qu'il n'est horologe plus juste que le ventre."—RABELAIS IV, 64. *Pantagruel.* (*Note.*—es = aux. soy = se. quadrans = cadrans.)

See also GUY, TEASER, THIEF.

regularly. To come round [as] regularly as clockwork, Arriver (*ou* Venir) comme mars en carême.

rehash. It is a (*literary*) rehash, C'est du réchauffé (*fam.*) *ou, fam.,* une seconde mouture.

reign. *See* SUPREME.

rein. To throw (*or* To give) the reins to (*or* To give rein to) one's passions, Lâcher la bride à ses passions (*fam.*).

See also FREE, FREER, TIGHT.

rejoice. It's a poor heart that never rejoices, Ce n'est pas tous les jours fête.

relate. *See* CLOSELY.

relation. *See* STRAIN.

relaxation. One must have some relaxation, Il faut se donner de la détente *ou* se relâcher l'esprit, La corde ne peut être toujours tendue. " L'esprit veut du relâche, et succombe parfois Par trop d'attachement aux sérieux emplois."—MOLIÈRE, *L'École des maris,* I, 5. " Nature a faict le jour pour soy exercer, pour travailler et vacquer chascun en sa negociation : et, pour ce plus aptement faire, elle nous fournist de chandelle, c'est la claire et joyeuse lumiere du Soleil. Au soir, elle commence nous la tollir, et nous dict tacitement : Enfans, vous estes gens de bien : c'est assez travaillé. La nuyct vient : il convient cesser du labeur, et soy restaurer par bon pain, bon vin, bonnes viandes : puys soy quelque peu esbaudir, coucher et reposer, pour, au lendemain, estre frays et

alaigres au labeur, comme davant.
—RABELAIS III, 15, *Pantagruel*.
(*Note.*—soy = s', se. vacquer en =
vaquer à = attend to. tollir = ôter
= take away, withdraw. esbaudir
= amuse.) " Feu M. Othoman
Vadare, grand Medicin, . . ., m'a
dict maintes foys que faulte d'exerci-
tation corporelle est cause unicque
de peu de santé et briefveté de vie
de vous aultres, Messieurs, et tous
officiers de justice."—RABELAIS III,
40, *Pantagruel*.

release. To release someone from his
promise, Rendre à quelqu'un sa
parole.

religion. *See* TAKE.

religiously. He believes religiously all
they tell him (*without proof*), Il
croit pieusement tout ce qu'on lui
raconte (*fam.*).

rely. Rely on yourself [alone], Ne
t'attends qu'à toi seul.

remain. [But] the fact remains [that]
. . ., Toujours est-il que . . ., Tant
[il] y a que . . .

It remains to be seen whether you will
succeed in persuading him, [Il]
reste à savoir si vous réussirez à le
persuader.

That remains to be seen, Ceci est à
voir, C'est à voir, C'est ce que nous
verrons.

To remain under an obligation to
someone *or* To remain someone's
debtor (*fig.*), Demeurer en arrière
(*ou* en reste) avec quelqu'un.

See also YOUNG.

remark. To make (*nasty*) remarks
about someone, Tenir des propos
sur quelqu'un.

See also UNNOTICED.

remarkably. He is remarkably like
him, Il lui ressemble à s'y tromper.

remedy. A drastic (*or* A kill-or-cure)
remedy, Un remède héroïque, Un
remède de cheval (*fam.*).

The remedy is worse than the disease,
Le remède est pire que le mal.

See also DESPERATE.

remember. Remember me kindly to
him, to her, to them, Dites-lui,
Dites-leur, bien des choses de ma
part.

To remember a person's name on
seeing him, Mettre un nom sur un
visage.

See also TRY.

remind. Everything reminds (*or*
serves to remind) me of it, him,
Tout le retrace à mes yeux.

That reminds me, À propos.

See also INFIRMITY.

remote. *See* RESEMBLANCE.

remotest. He hasn't the remotest idea
of how it should be done, Il n'y
entend rien, Il s'y entend comme à
ramer des choux (*fam.*).

Not to have the remotest conception
of something, N'avoir pas la
moindre idée de quelque chose.

See also NOTION.

render. To render someone helpless
or powerless (*fig.*), Ôter à quelqu'un
les moyens d'agir, Casser (*ou*
Couper) bras et jambes à quelqu'un
(*fam.*).

See also CAESAR.

renew. *See* BEGIN.

reopen. To reopen an old sore,
Raviver une plaie.

repartee. He is not good at repartee,
Il ne sait pas riposter, Il n'est pas
heureux à la parade.

To be quick at repartee, Être prompt
(*ou* vif) à la riposte, Avoir la riposte
prête *ou* la riposte en main *ou* la
repartie prompte, Avoir de l'esprit
argent comptant (*fam.*), N'avoir
pas sa langue dans sa poche
(*fam.*).

repay. *See* INTEREST.

repeat. *See* HISTORY.

repent. I repent it, Je m'en repens,
Il m'en cuit (*fam.*).

To repent it, S'en repentir, S'en
mordre les pouces (*fam.*) *ou, fam.*,
les doigts.

You may well repent it one day, Vous
pourrez bien vous en repentir (*ou,
fam.*, Il pourrait bien vous en cuire)
quelque jour.

repletion. *See* STUFF.

report. *See* COMMON.

reproach. To reproach oneself with
something, Se reprocher d'avoir fait
(*ou* Se vouloir mal de) quelque chose.

reproving. *See* SIN.

repulse. *See* MEET.

reputation. People are judged by their
reputation, Les gens se jugent par
leurs actions, On ne prête qu'aux
riches.

request. He, She, It, is in great request,
On se dispute à qui l'aura, On se
l'arrache (*fam.*).

To request leave to speak, Demander
la parole.

require. *See* PRESSING.

requite. To requite with ingratitude,
Payer d'ingratitude.

rescue. *See* OBLIVION.

resemblance. There is a strong resemblance between them, On se
ressemble de plus loin.

To bear (*or* To have) a slight (*or* a
distant) (*or* a remote) resemblance
to someone, Offrir une vague
ressemblance avec (*ou* Avoir un
faux air de) quelqu'un.

resentment. *See* HARBOUR.

reservation. *See* MENTAL.

reserve. To reserve a thing for the
climax *or* for the grand finale,
Réserver une chose pour le bouquet.

residence. *See* BACK.

resign. *See* INEVITABLE.

resistance. To offer no resistance, Ne
faire aucune résistance, Se laisser
faire.

resolution. *See* HELL.

resort. To resort to any shift, Recourir à n'importe quel expédient,
Mettre tout en œuvre, Faire flèche
de tout bois.

To resort to force, Faire appel à la
force.

See also ARBITRAMENT, EXTREME, FISTI-
CUFFS, LAST, STRONG.

resource. To still have resources at
one's command, Avoir encore des
ressources à sa disposition *ou* encore
du champ devant soi.

See also END, MOST, POOL, STOCK.

respect. I believe it out of respect for
you (*although it appears strange to
me*), Je le crois par déférence pour
vous, Je le crois pieusement (*fam.*).

See also DUE.

respecter. To be no respecter of
persons, Ne pas faire acception de
personnes.

responsibility. *See* DO.

rest. And all the rest of it, Et tout
ce qui s'ensuit, Et toute la lyre
(*fam.*).

He didn't rest till he got what he
wanted, Il n'eut ni fin ni cesse qu'il
n'eût obtenu ce qu'il demandait.

I, We, will not let it rest at that,
Cela ne se passera pas ainsi.

It rests with you to . . ., C'est à vous
qu'il incombe de . . .

See also COUNTRY, IMAGINE, LAUREL,
OAR, SET.

restore. To restore the fortunes of his
house (*said of an impecunious man
of rank marrying a rich commoner*),
Redorer son blason.

restrain. To restrain one's ardour,
Modérer son ardeur, Mettre de
l'eau dans son vin (*fam.*).

result. *See* KNOW 36.

retain. *See* FACULTIES.

retire. He is living a retired life in the
country, Il vit dans la retraite à la
campagne, Il est allé planter ses
choux [chez lui] (*fam.*) *ou, fam.*,
est allé garder les dindons.

See also SHELL.

retort. To think of a retort when it is
too late, Avoir l'esprit de l'escalier.
(*See note under* AFTER-WIT.)

retreat. *See* BEAT.

return. Many happy returns of the
day ! (*birthday*), Mes meilleurs

vœux pour votre anniversaire !
See also under WISH.

Never to return, Sans esprit de retour.

To return to one's subject *or, gallicism,*
to one's muttons, Revenir à son
texte *ou, fam.,* à ses moutons.

To return [to] someone like for like,
Rendre à quelqu'un la pareille,
Payer quelqu'un de retour.

To return to the charge *or* to the fray
(*fig.*), Revenir (*ou* Retourner) à
la charge, Rentrer en danse (*fam.*).

return. *See also* GOOD 68, HOME,
PROMPT. **returning.** *See* POINT.

reveal. *See* SECRET.

reverse. The reverse of the medal
(*fig.*), Le revers de la médaille
(*fam.*).

revise. To revise a text, Revoir un
(*ou* Faire la toilette d'un) texte.

reward. *See* BETTER, VIRTUE.

rhyme. *See* REASON.

rib. *See* COUNT, DIG.

rich. To be as rich as Croesus, Être
riche comme Crésus.
See also BORROW, LAW, STRIKE.

riches. *See* CONTENTMENT, GOOD 2.

richly. *See* DESERVE.

riddance. A good riddance [of bad
rubbish] ! Quel bon débarras !

riddle. *See* ANSWER, KEY.

ride. To take someone for a ride
(*kill him*), Se débarrasser de quelqu'un.
See also HORSE, ROUGHSHOD, SHANKS,
WISH. **riding.** *See* FALL.

ridicule. *See* HOLD.

ridiculous. To make oneself ridiculous,
Se rendre ridicule, Donner (*ou*
Tomber) dans le ridicule, Donner
(*ou* Prêter) à rire.

rife. Ailments that are rife in winter,
Maladies qui courent pendant
l'hiver.

To be rife (*of news, stories, etc.*),
Courir, Courir les rues (*fam.*),
Être su de tout le monde.

right. He is the right man in the right
place, C'est l'homme de la circonstance, Au bon joueur la
balle, La balle [va] au joueur.

His heart is in the right place, Il a le
cœur bien placé. " C'est le cœur
qui fait tout." = *To be right-
hearted is the all-important thing.*—
LA FONTAINE, *Philémon et Baucis.*

In one's own right (*Law*), De son
chef.

Right and left (*all round, on all sides*),
De tous côtés, À tout le monde,
Le tiers et le quart (*fam.*), e.g.,
To owe money right and left,
Devoir de tous côtés *ou* à tout le
monde *ou, fam.,* au tiers et au quart.
Quotation under ALL.

Right away (*the very first time*), Du
premier coup.

Nothing he does goes right, Il y a
un sort sur tout ce qu'il fait.

The job is calling (*or* crying out) for
the right man, La balle cherche le
bon joueur.

To be [as] right as a trivet *or* as rain,
(*of things*) Être en parfait état ;
(*of person*) Se porter comme un
charme.

To be doing [just] the right thing
without knowing it, Réussir par
hasard et sans dessein, Faire de la
prose sans le savoir (*fig.*). " Par
ma foi, il y a plus de quarante ans
que je dis de la prose, sans que j'en
susse rien."—MOLIÈRE, *Le Bourgeois gentilhomme* II, 6. (dis, etc. =
have been speaking prose, *said here
in the literal sense.*)

To be doing the right thing, Être (*ou*
Rester) dans la note [qui convient].

To be not quite right in the head,
Avoir un grain [de folie dans la
tête].

To be on the right tack *or* track *or*
To have hold of the right end of the
stick, Être dans la bonne voie,
Être sur la voie, Avoir le bon bout
par devant soi (*fam.*), Tenir le
bon bout [par devers soi] (*fam.*).

To be someone's right arm (*most

reliable worker), Être le bras droit de quelqu'un.

To come [just] at the right moment, Arriver à la bonne heure *ou* au bon moment, Tomber bien.

To do the right thing [by someone], Faire les choses honorablement.

To go the right way to work on a thing *or* To tackle (*or* To set about) a thing the right way, Prendre une chose d'une manière convenable *ou*, *fam.*, du bon bout *ou*, *fam.*, du bon biais, S'y prendre de la bonne (*ou* belle) manière, S'y prendre bien.

To know the rights of it, Savoir ce qui en est, En avoir le cœur net.

To put someone on the right track, Mettre quelqu'un sur la [bonne] voie.

To put something to rights, Mettre quelque chose en ordre *ou* en règle.

To set things to rights (*tidy them up*), Ranger les choses.

To stop eating, drinking, at the right moment (*before the food or drink cloys*), Rester (*ou* Demeurer) sur la bonne bouche.

Well, that's all right as far as he is concerned, Enfin, passe pour lui.

See also GUESS, HAND, HIT, LOSE, MEMORY, MIGHT, MOOD, SERVE, SHOP, SORT, TOUCH, TURN, VIEW, WRONG.

right-about. *See* SEND.

rightly. Rightly or wrongly, À tort ou à raison.

Rightly speaking, À bien prendre les choses.

See also MEMORY.

ring. To make the welkin ring, Faire retentir (*ou* Faire résonner) la voûte du ciel.

To ring false *or* Not to ring true (*fig.*), Sonner faux, Sonner creux.

To ring the changes on a subject, Ressasser un sujet.

To ring true (*fig.*), Sonner juste, Donner l'impression de la (*ou* Avoir un accent de) vérité.

riot. To read the Riot Act (*lit. & fig.*), Faire les trois sommations réglementaires.

riotously. To live riotously, Vivre dans la dissipation, Faire la vie (*pop.*).

rip. Let her rip, Laissez-la filer (*fam.*), Vogue la galère (*fam.*).

ripe. *See* OPPORTUNITY.

rise. To rise again from its ashes (*of a destroyed town*), Renaître de ses cendres.

To rise from the ranks, Sortir du rang.

To rise to the occasion, S'élever à la hauteur des circonstances.

To take (*or* To get) a rise out of someone, Monter un bateau à quelqu'un, Faire marcher quelqu'un, Faire monter quelqu'un à l'échelle (*tous fam.*).

See also BAIT, EARLY, GORGE, IRISHMAN, LARK.

risk. To risk it, Risquer le coup, Tenter (*ou* Brusquer) l'aventure *ou* la fortune.

See also ADVISER, ALL.

river. *See* LITTLE.

road. All roads lead to Rome, Tous chemins vont à Rome, Tout chemin mène à Rome.

He wanted to take the, There is no, royal road to, *e.g.*, learning, Il a voulu prendre le, Il n'y a aucun, chemin de velours à la science.

The roads to fortune, to fame, Les avenues de la fortune, de la renommée.

See also HELL, RUIN, SUCCESS.

roam. To roam the country, the world, over, Courir le pays, le monde.

roar. *See* LAUGHTER.

roast. *See* FIRE, RULE.

rob. To rob Peter to pay Paul, Découvrir saint Pierre pour couvrir saint Paul, Faire un trou pour en boucher un autre.

robbery. *See* EXCHANGE.

rock. To be on the rocks (*fig.*) (*slang*), Être à la côte (*fam.*).

See also FIRM, SPLIT.

rod. To lay up a rod for one's own back, Donner des verges pour se faire fouetter, Fournir des armes contre soi.

To rule someone with a rod of iron, Gouverner quelqu'un avec une verge de fer, Mener (*ou* Commander) quelqu'un à la baguette (*fam.*). " Noterez doncques icy, Beuveurs, que la maniere d'entretenir et retenir pays nouvellement conquestez n'est (comme a esté l'opinion erronée de certains espritz tyrannicques, à leur dam et deshonneur) les peuples pillant, forçant, angariant, ruinant, mal vexant et regissant avecques verge de fer ; brief, les peuples mangeant et devorant, en la façon que Homere appelle le roy inique *Demovore,* c'est à dire mangeur de peuple."— RABELAIS III, 1, *Pantagruel.* (*Note.* —Beuveurs = buveurs. dam = dommage = injury. angariant = tourmentant.)

See also PICKLE, SPARE.

Roland. [It is] a Roland for an Oliver, C'est un prêté pour un rendu, À bon chat, bon rat.

To give a Roland for an Oliver, Répondre (*ou* Riposter) du tac au tac (*fam.*), Rendre aussitôt la pareille.

roll. *See* LOG.

rolling. To be rolling in wealth *or* in money, Rouler sur l'or (*fam.*), Remuer l'argent à la pelle (*fam.*), Nager dans l'opulence, Avoir des monceaux d'or (*fam.*), Être tout cousu d'or (*fam.*). " Sachez . . . Qu'un juif deviendrait chauve à compter sa richesse, Et qu'il pourrait jeter, sans que rien en paraisse, Les blés de ses moissons aux oiseaux du chemin."—ALFRED DE MUSSET, *Namouna* II, 31. "Un savetier chantait du matin jusqu'au soir : C'était merveille de le voir,

Merveille de l'ouïr ; il faisait des passages, Plus content qu'aucun des sept sages. Son voisin, au contraire, étant tout cousu d'or, Chantait peu, dormait moins encor : C'était un homme de finance. Si sur le point du jour parfois il sommeillait, Le savetier alors en chantant l'éveillait ; Et le financier se plaignait Que les soins de la Providence N'eussent pas au marché fait vendre le dormir, Comme le manger et le boire."— LA FONTAINE, *Fables* VIII, 2.—*Le Savetier et le Financier.*

See also BALL, SNOWBALL, STONE.

romance. Her life was a veritable romance, Elle a vécu un véritable roman.

Rome, Roman. To do in Rome as Rome does *or* as Romans do, Hurler avec les loups.

Rome. *See also* DAY, FIDDLE, ROAD.

rook. A good pigeon to rook (*dupe to swindle*), Un bon pigeon à plumer (*fam.*).

roof. *See* HEAVEN.

room. There is [much] room for improvement, Cela laisse [fort] à désirer.

There is no room for doubt, for uneasiness, Il n'y a pas lieu de douter, d'être inquiet.

There is no room to breathe (*the crowd is so dense*), On s'y écrase (*fam.*).

There is still room for hope, Il y a encore lieu d'espérer.

To be cramped for room *or* Not to have room to swing a cat, Être [logé] à l'étroit. " Par ma foy, le logis fut un peu estroict pour tant de gens."—RABELAIS I, 12, *Gargantua.*

To give oneself plenty of room, Prendre du champ.

To take up a lot of room (*of a big person*), Tenir de la place.

roost. [Chickens and] curses (*or*

Curses, like chickens) come home to roost, À qui mal veut, mal arrive, Crachez en l'air, cela vous retombera sur le nez (*fam.*).
See also RULE.

root. Money is the root of all evil, Argent fait perdre et pendre gent.

To strike at the root of the evil, Couper le mal à sa racine.

To take deep root (*lit. & fig.*), Jeter de profondes racines.

To take root, Prendre racine, Prendre pied.
See also BLUSH.

rope. Give him enough rope and he will hang himself, Laissez-le faire et il s'enferrera lui-même.

To give someone plenty of rope, Laisser faire (*ou, fam.*, Lâcher la bride à) quelqu'un.

To put someone up to the ropes, Mettre quelqu'un au courant.
See also KNOW 31.

rose, rosy, rosa. His, Her, path is strewn with roses *or* is roses all the way, Il, Elle, vit dans les délices.

His position is no bed of roses, Il n'est pas sur un lit de roses.

Rosy-fingered Aurora (*dawn*) (*poetic*), L'Aurore aux doigts de rose.
" Demain doncques, sus l'heure que la joyeuse Aurore aux doigts rosatz dechassera les tenebres nocturnes, adonnez vous à songer parfondement."—RABELAIS III, 13, *Pantagruel.* "L'aurore aux doigts rosés reviendra tous les jours Baiser les vagues blondes."—THÉODORE DE BANVILLE.

To be on a bed of roses, Être [couché] sur des roses *ou* sur un lit de roses.

To paint something in rosy colours (*fig.*), Peindre quelque chose en beau.

To see everything through rose-coloured spectacles *or* To take a rosy view of things, Voir tout couleur de rose (*fam.*), Voir tout en rose (*fam.*) *ou* tout en beau.

Under the rose *or* Sub rosa, Sous le manteau de la cheminée.

rose. *See also* THORN.

rot. A rot has set in, On commence à céder.

The rot is spreading, Cela ne fait que croître et embellir (*ironiquement*).

To stop the rot, Enrayer le (*ou* les progrès du) mal.

rotten. A rotten life, Une chienne de vie (*fam.*).

Something is rotten in the state of Denmark (*with reference to* SHAKESPEARE'S *Hamlet* I, 4), L'état des choses laisse fort à désirer.

To be rotten at the core (*lit. & fig.*), Être gâté intérieurement.

What rotten luck ! Quelle déveine ! (*fam.*), Quelle tuile ! (*fam.*).

rotund. A rotund gentleman, Un homme qui a de l'embonpoint, Un gros père (*pop.*).

rough. A rough and ready piece of work, Un ouvrage grossièrement fait, Un ouvrage fait à coups de hache (*fam.*).

At a rough estimate, Par aperçu, À vue de nez.

He is a rough-hewn man, Il est fait (*ou* est taillé) à coups de hache (*fam.*).

It was rough luck on him, C'était bien malheureux pour lui.

It was rough on him, C'était dur pour lui.

One (*or* We) must take the rough with the smooth, Il faut prendre le bénéfice avec les charges, À la guerre comme à la guerre, Il n'y a qu'heur et malheur en ce monde.

Rough justice, Justice sommaire.

To cut up rough, Mal prendre la chose, Faire le méchant.

To cut up rough about a thing, Mal prendre une chose.

To have a rough time of it, Éprouver de grandes contrariétés, En voir de grises (*pop.*) ; (*suffer pecuniary hardship*) Manger de la vache enragée.

To rough it, Vivre à la dure.
See also DIAMOND, LICK, RUB.

roughly. To handle someone roughly, Maltraiter (*ou*, *pop.*, Donner un coup de peigne) à quelqu'un.
See also CHURL.

roughshod. To ride roughshod over someone, Traiter quelqu'un avec rudesse.

round. The daily round, Le train ordinaire des jours, Le train-train quotidien de la vie (*fam.*).
To be [as] round as a barrel (*corpulent*), Être gros comme une barrique (*fam.*).
See also ALL, CLOCK, COME 24, 28, FINGER, GET 37, GO 21, 47, GOING 12, OWE, PACE, PEG, PUB, REGULARLY, TAKING, TALK, TURN, WIN.

roundabout. *See* SWING, WAY.

rouse. *See* ANGER, LION.

rout. To rout someone utterly, Défaire quelqu'un complètement, Battre quelqu'un à plate couture (*fam.*).

route. *See* LINE.

row. To start a row, Exciter la discorde, Mettre le feu aux poudres.
See also DEVIL, KICK.

royal. *See* BATTLE, ROAD.

rub. There's the rub, C'est là la question, C'est [là] le diable (*fam.*), Voilà le chiendent (*fam.*), Voilà (*ou* C'est là) le hic (*fam.*).
To rub along, Aller tant bien que mal.
To rub it in, Retourner à quelqu'un le poignard dans le cœur *ou* dans la plaie.
To rub off the rough corners (*fig.*), Adoucir les angles.
To rub shoulders (*associate*) with someone, Se frotter à quelqu'un (*fam.*).
To rub someone up the wrong way, Prendre quelqu'un à contre-poil (*fam.*) *ou*, *fam.*, à rebrousse-poil.

rubbish. *See* RIDDANCE.

Rubicon. To cross (*or* To pass) the Rubicon (*take the step*, *the plunge*), Passer (*ou* Franchir) le Rubicon, Franchir (*ou* Sauter) le pas *ou* le fossé, Faire le saut [périlleux] (*fam.*). (*Note.*—The Rubicon is a small river in Tuscany. It separated Caesar's Gallic province from Italy, and by crossing it under arms he committed himself to the civil war with the party of Pompey, which made Caesar supreme.)

ruck. To get out of the ruck, Sortir de l'ornière *ou* du rang.

rude. *See* AWAKENING.

rue. I rue it, Je m'en repens, Il m'en cuit (*fam.*).
To rue it, S'en repentir, S'en mordre les pouces (*fam.*) *ou*, *fam.*, les doigts.
You may well rue it some day, Vous pourrez bien vous en repentir (*ou*, *fam.*, Il pourrait bien vous en cuire) quelque jour.

rueful. *See* KNIGHT.

ruffle. That ruffles him, Cela le contrarie, Cela le chiffonne (*fam.*).

rug. *See* SNUG.

ruggedly. He is a ruggedly built man, Il est fait (*ou* est taillé) à coups de hache (*fam.*).

ruin. To be on the road to ruin, Être en train de se ruiner, Courir à la ruine, Courir en poste à l'hôpital (*fam.*), Aller le grand galop à l'hôpital (*fam.*), Se noyer.
See also EYESIGHT, RACK.

rule. To do everything strictly according to rule, Faire toutes choses par règle et par compas (*fam.*) *ou*, *fam.*, par compas et par mesure.
To make a rule of doing something, Se faire loi de faire quelque chose.
To rule out an objection, Passer à l'ordre du jour sur une objection.
To rule the roast *or* the roost, Être le maître de l'heure, Faire la pluie et le beau temps, Avoir la main haute.

You can rule that out, Rayez (*ou* Ôtez) cela de vos papiers (*fam*.) *ou*, *fam*., de vos tablettes.

See also EXCEPTION, HEAVY, ROD.

rumour. It is rumoured [that] . . . *or* Rumour has it [that] . . ., Le bruit court que . . .

To spread a rumour [abroad] *or* To set a rumour afloat, Faire courir un bruit.

run, running. A running fire of questions, of epigrams, Un feu roulant de questions, d'épigrammes.

Don't run away with the idea that I am trying to deceive you, N'allez pas vous imaginer (*ou* vous figurer) que je veux vous tromper.

He lets his imagination run away with him, Il s'abandonne à son imagination.

He ran like blazes *or* He ran so fast you couldn't see him for dust, Il courait comme s'il avait le feu au derrière (*fam*.).

He who runs may read, Cela s'entend de loin.

It runs in the family, Cela tient de famille.

Run for your lives, Sauve qui peut. *Cf.* To run for one's life, *below*.

The money runs through his fingers, L'argent lui coule entre les doigts (*fam*.), L'argent lui fond entre les mains (*fam*.).

They had him properly on the run (*trying to escape*), On l'a fait pirouetter d'une rude manière (*fam*.).

This idea keeps running in (*or* through) his head, Cette idée lui trotte dans la tête.

To be in the running, Avoir des chances de succès.

To be out of the running, N'avoir plus aucune chance de succès, Cesser de compter.

To be running out (*nearing its end*), Courir à sa fin.

To make people run after one (*seek one's acquaintance*), Se faire désirer.

To run away from the facts, Se refuser à l'évidence.

To run for it, Les mettre (*pop*.).

To run for one's life, Chercher son salut dans la fuite. *Cf.* Run for your lives, *above*.

To run like a hare, Courir comme un lapin (*pop*.).

To run like mad *or* for dear life, Courir comme un perdu (*fam*.).

To run one's head against a brick wall (*fig*.), Heurter de la tête contre un mur (*fam*.).

To run someone down (*speak ill of him*), Médire (*ou, fam*., Casser du sucre sur la tête *ou* sur le dos) de quelqu'un.

To run the business *or*, *slang*, the show, Faire marcher l'affaire, Mener (*ou* Conduire) (*ou* Gouverner) la barque.

To run up against someone, Rencontrer quelqu'un par hasard, Se casser le nez contre quelqu'un (*fam*.).

To want to run before one can walk (*fig*.), Vouloir voler avant d'avoir des ailes.

run. *See also* BLOOD, COMMON, CUT, DRY, EYE, FORTUNE, GAUNTLET, HARE, LONG, LUCK, MAD, MONEY, SAND, STILL, WORD. **running.** *See also* FEEL, SAND.

rung. *See* TOP.

rush, rushing. Everyone is rushing to see it, to have a look, On y court comme au feu. " Mais, après quelques jours, le dieu l'attrapa bien, Envoyant un songe lui dire Qu'un tel trésor était en tel lieu. L'homme au vœu Courut au trésor comme au feu."—LA FONTAINE, *Fables* IX, 13.—*Jupiter et le Passager*.

It is a case of fools rushing in where angels fear to tread, Il y a là [un] grand manque de délicatesse.

To be rushed (*at one's busiest*), Être dans son coup de feu (*fam.*).

To make one rush (*towards someone, something*), Ne faire qu'un bond.

To rush a thing through, Étrangler une affaire.

To rush headlong to one's ruin, to perdition, Courir à bride abattue à sa ruine, à sa perte (*fam.*).

rush. *See also* LION. **rushing.** *See also* STAIRS.

rushlight. To hold a farthing rushlight to the sun, Montrer le soleil avec un flambeau.

rust. *See* WEAR.

rusticate, rusticating. He is rusticating, Il s'est retiré à la campagne, Il est allé planter ses choux [chez lui] (*fam.*) *ou*, *fam.*, est allé garder les dindons.

To rusticate someone, Envoyer quelqu'un planter ses choux (*fam.*), Envoyer quelqu'un garder les dindons (*fam.*). " Et, pour l'en empêcher, dans peu nous prétendons Lui faire aller revoir nos choux et nos dindons."—MOLIÈRE, *L'École des maris*, I, 4.

rut. To be still in the same old rut (*disappointed in one's hopes of improvement in one's affairs, in one's position*). Être Gros-Jean comme devant. (*Quotation and note under* DAY-DREAM.)

To get out of the rut, Sortir de l'ornière *ou* du rang.

S

Sabbath. *See* BREAK.

sad. To be sad at heart, Avoir le cœur serré.

sadder. To come back a sadder and a wiser man, Revenir (*ou* S'en retourner) avec sa courte honte.

saddle. To be well in the saddle (*firmly established*), Être bien en selle (*fam.*).

To put someone in the saddle (*in office or control*), Mettre quelqu'un en selle (*fam.*).

sadly. *See* PLACE.

safe. *See* BIND, SIDE.

safety. A safety-valve (*fig., as of the liberty of the press*), Une soupape de sûreté.

Safety first, Sécurité d'abord, Prudence est mère de sûreté. " C'était bien dit à lui ; j'approuve sa prudence : Il était expérimenté, Et savait que la méfiance Est mère de la sûreté."—LA FONTAINE, *Fables* III, 18.—*Le Chat et le vieux Rat.*

To play for safety (*fig.*), Jouer au plus sûr.

sail. To take in sail (*moderate one's ambitions, one's pretentions*), Caler la voile (*fam.*). " Mais quoy ! j'entre plus avant en ceste matière que n'establissois au commencement. Icy doncques calleray mes voilles." —RABELAIS, I, 10, *Gargantua.*

sail. *See also* CLOSE. **sailing.** *See* PLAIN.

sailor. To be a good sailor, Avoir le pied marin.

saint. To play the saint, Faire le bon apôtre. " ' Or bien, sans crier davantage, Rapportons-nous, dit-elle, à Raminagrobis.' C'était un chat vivant comme un dévot ermite, Un chat faisant la chattemite, Un saint homme de chat, bien fourré, gros et gras, Arbitre expert sur tous les cas. Jean lapin pour juge l'agrée. Les voilà tous deux arrivés Devant sa majesté fourrée. Grippeminaud leur dit : ' Mes enfants, approchez, Approchez ; je suis sourd, les ans en sont la cause.' L'un et l'autre approcha, ne craignant nulle chose. Aussitôt qu'à portée il vit les contestants, Grippeminaud le bon apôtre,

Jetant des deux côtés la griffe en même temps, Mit les plaideurs d'accord en croquant l'un et l'autre."—LA FONTAINE, *Fables* VII, 16.—*Le Chat, la Belette et le petit Lapin.* (*Note.*—faisant, etc., = acting the unctuous hypocrite, the Chadband. Jean lapin = Brer rabbit. Grippeminaud, character created by Rabelais (see next quotation) = The cat. le bon apôtre = (*playing*) the saint *or* the sanctimonious rascal.) " Grippeminaud, archiduc des Chats fourrez. ... Les Chats fourrés sont bestes moult horribles et espouvantables." —RABELAIS V, 11, *Pantagruel.* (*Note.* —Les chats fourrés, the fur-lined cats = The judges and other ermined dignitaries. moult = très, beaucoup.)

See also MARTIN, SWEAR.

sake. *See* CONSCIENCE, FORM, GOOD-NESS, PEACE, TALK.

sale. His conscience is for sale (*fig.*), Sa conscience est à l'enchère.

salt. An old salt (*hard-bitten sailor*), Un loup de mer.

He is not worth his salt, Il ne vaut pas le pain qu'il mange (*fam.*).

To eat salt with someone (*be his guest*), Partager le pain et le sel avec quelqu'un.

To take a story with a grain of salt, Prendre un récit *cum grano salis*, Ne pas prendre un récit au sérieux, Accueillir un récit avec incrédulité.

salutary. *See* UNPLEASANT.

same. It comes to the same thing *or* It's all the same, Cela revient au même, C'est tout un, Ce n'est qu'un.

It is all the same to me, Cela m'est égal, J'y suis indifférent, Cela ne me fait ni chaud ni froid (*fam.*).

It is [always] the same old story, C'est [toujours] la même rengaine *ou* la même chanson *ou* la même guitare,

C'est le refrain de la ballade (*tous fam.*).

See also BOAT, CLAY, HARPING, KIDNEY, MENTION, RUT, TAR, TWO.

sanctimonious. He is a sanctimonious rascal, C'est un bon apôtre. *Quotation under* SAINT.

sand. The, Our, sands are running out (*time is nearly up*), Les, Nos, instants sont comptés.

The sands have run out (*punishment for his, your, many crimes awaits him, you*), La mesure est comble.

To build on sand (*fig.*), Bâtir sur le sable.

See also BURY, NUMBER, PLOUGH, PLOUGHING.

sandboy. *See* JOLLY.

sardine. They are packed in there like sardines, Ils sont rangés là comme des harengs en caque (*fam.*), Ils sont encaqués là comme des harengs (*fam.*).

Satan. *See* IDLE, SIN.

satisfaction. To get satisfaction for an insult, Tirer raison d'une injure.

satisfy. To satisfy one's conscience, Acquitter sa conscience.

sauce. What is sauce for the goose is sauce for the gander, Ce qui s'applique à l'un peut s'appliquer à l'autre.

See also HUNGER.

sausage. *See* JUDGE.

save, saving. He has the saving grace of [a sense of] humour, Il se sauve par le sens de l'humour.

I might as well have saved my breath, C'est inutilement que je parlais, J'avais beau parler (*par ironie*).

Save me from my friends, On n'est jamais trahi que par les siens, C'est le pavé de l'ours. " L'ours allait à la chasse, apportait du gibier ; Faisait son principal métier D'être bon émoucheur ; écartait du visage De son ami dormant ce parasite ailé Que nous avons mouche appelé. Un jour que le vieillard dormait d'un profond somme, Sur le bout de son nez une allant se placer Mit l'ours au désespoir ; il eut beau la chasser. ' Je t'attraperai bien, dit-il ; et voici comme.' Aussitôt fait que dit : le fidèle émoucheur Vous empoigne un pavé, le lance avec raideur, Casse la tête à l'homme en écrasant la mouche ; Et, non moins bon archer que mauvais raisonneur, Raide mort étendu sur la place il le couche. Rien n'est si dangereux qu'un ignorant ami ; Mieux vaudrait un sage ennemi."— LA FONTAINE, *Fables* VIII, 10.— *L'Ours et l'Amateur des jardins.* (*Note.* — émoucheur = fly-catcher. une allant, etc. = one having alighted. eut beau = tried in vain. Vous empoigne, etc. = Laid hold of a paving block, threw it hard. Raide, etc. = Laid him out on the spot stone dead.)

To save one's bacon (*get over the difficulty*), Se tirer d'affaire.

To save one's skin *or* one's carcass *or* one's bacon. Sauver sa peau (*fam.*).

save. *See also* PENNY, STITCH.

savour. *See* HERESY, PEDANTRY.

say, saying. After (*or* When) all is said and done, Somme toute, En somme, En fin de compte (*fam.*), À la fin des fins (*fam.*).

And so say all of us, C'est ce que nous disons (*ou* pensons) tous.

As people say *or* As the saying goes, Comme on dit, Comme dit l'autre (*fam.*), Comme dit cet autre (*fam.*).

As you might say *or* As who should say, Comme qui dirait.

[Be it said] in passing, [Cela] soit dit en passant.

He says one thing and does another, Il dit d'une façon et il fait d'une autre.

I have nothing to say for or against *or* nothing to say one way or the other, Je n'ai rien à dire pour ou contre.

I need say no more, C'est tout dire.

I say ! Dites donc !

It (*or* That) goes without saying, Il (*ou* Cela) va sans dire *ou* va de soi *ou* va de suite *ou* va de plain-pied, [Voilà une] belle demande! (*fam.*). (*Quotation under* WHAT.) " Messieurs, vous plaît-il d'ouïr L'air du fameux La Palisse ? Il pourra vous réjouir Pourvu qu'il vous divertisse. La Palisse eut peu de bien Pour soutenir sa naissance, Mais il ne manqua de rien Dès qu'il fut dans l'abondance." *Monsieur de La Palisse* ou *La Palice,* an old popular song founded on the original : " Monsieur d'La Palice est mort, Mort devant Pavie ; Un quart d'heure avant sa mort Il était encore en vie." The naivety of the last two lines, which meant that La Palice fought right up to his last hour, gave rise to the parody.

It isn't what one, he, she, says, it's the way one, he, she, says it, C'est le ton qui fait la chanson.

It is useless to do or say anything, . . . *or* [You may] do or say what you like, . . . (*it won't alter matters*), Vous avez beau faire et beau dire, . . . (*ironiquement*). "Autrefois carpillon fretin Eut beau prêcher, il eut beau dire, On le mit dans la poêle à frire."—LA FONTAINE, *Fables* IX, 10.—*Le Loup et le Chien maigre.*

Say it ! Dites-le !, Dites toujours !, Achevez donc !

Saying and doing are [two] different things, Promettre et tenir sont deux, Ce n'est pas tout de promettre, il faut tenir.

So he says (*If we are to believe him*), [À ce] qu'il dit, Cela lui plaît à dire, À l'en croire.

The less said [about it] the better, Moins on [en] parle, mieux cela vaut.

To have one's say, Dire (*ou* Placer) son mot, Défiler son chapelet (*fam.*), Vider son sac (*fam.*).

To say first one thing, then another, Dire d'un, puis d'un autre.

To say no more [about it] (*to leave it at that*), N'en plus parler, Passer l'éponge là-dessus, Rengainer son compliment (*fam.*). *Quotation under* EXCUSE.

To say nothing of . . ., Sans parler de . . .

To say something point-blank *or* straight out, Dire quelque chose à bout portant *ou* de but en blanc. " *Cléante.* Savoir ma destinée, parler à l'aimable Angélique, consulter les sentiments de son cœur, et lui demander ses résolutions sur ce mariage fatal dont on m'a averti. *Toinette.* Oui, mais on ne parle pas comme cela de but en blanc à Angélique ; il y faut des mystères." —MOLIÈRE, *Le Malade imaginaire* II, 1.

What people [may] say *or* What Mrs Grundy says, Le qu'en-dira-t-on (*fam.*) : Not to care (*or* mind) what people say, Ne s'inquiéter guère de ce qu'on dit, Mépriser le (*ou* Braver le) (*ou* Se moquer du) qu'en-dira-t-on.

What will people (*or* Mrs Grundy) say ? Qu'en dira-t-on ? (*fam.*).

say. *See also* BAD, BEFORE, BO[H], DARE, DEAD, DIE, DITTO, DREAD-FUL, EAR, ENOUGH, FIND, GOOD-BYE, GOSPEL, INNOCENCE, LAST, LAW, LEAST, MATTER, MEAN, NO, SOME-THING, SOONER, STRANGE, TRUST, WORD, WRONG. **saying.** *See also* DEAL, THINKING.

scabby. One scabby sheep will taint the whole flock, Il ne faut qu'une brebis galeuse pour gâter tout un troupeau.

scale. To turn the scale (*fig.*), Faire pencher (*ou* Emporter) la balance. *See also* UNEVEN.

scalp. To be out for scalps (*fig.*), Être sur le sentier de la guerre, Chercher qui éreinter (*fam.*).

scandalmongering. A scandalmongering gossip (*woman*), Un caquet bon bec (*fam.*). " Caquet-bon-bec alors de jaser au plus dru, Sur ceci, sur cela, sur tout. L'homme d'Horace, Disant le bien, le mal, à travers champs, n'eût su Ce qu'en fait de babil y savait notre agace. Elle offre d'avertir de tout ce qui se passe, Sautant, allant de place en place, Bon espion, Dieu sait."— LA FONTAINE, *Fables* XII, 11.— *L'Aigle et la Pie.* (*Note.*—de jaser, etc., talked nineteen to the dozen. une agace = une pie = a [mag]pie.)

scant. *See* TREAT.

scantily. To be scantily clad *or* attired, Être sommairement vêtu (*fam.*).

scanty. A scanty costume, Une tenue sommaire (*fam.*).

A scanty meal, Un repas succinct (*fam.*).

scapegoat. They made him their scapegoat, Ils l'ont pris pour [leur] bouc émissaire.

scapegrace. He is a scapegrace (*wild and reckless young man*), C'est un cheval échappé (*fam.*).

scarce. To make oneself scarce, Disparaître, S'éclipser, Faire une éclipse (*fam.*), Faire un plongeon (*fam.*), Débarrasser le plancher (*pop.*).

scarcely. *See* BELIEVE, TRUST.

scare. A scare has been raised, L'alarme est au camp *ou* au quartier.

To raise a scare, Mettre l'alarme au camp *ou* au quartier. *See also* DEATH.

scarecrow. He, She, is a scarecrow (*grotesquely dressed*), C'est un épouvantail [à moineaux].

To be dressed like a scarecrow, Être habillé (*ou* Être mis) à faire peur (*fam.*).

scatter. *See* MONEY.

scene. To know what is going on (*or* To see) behind the scenes (*fig.*), Savoir ce qui se passe dans la coulisse, Voir le dessous des cartes (*fam.*).

scent. To be put (*or* thrown) off the scent, Être détourné de la piste, Être dépisté, Prendre le change.

To put (*or* To throw) someone off the scent *or* on a false scent, Détourner quelqu'un de la piste, Dépister quelqu'un, Donner (*ou* Faire prendre) le change à quelqu'un.

To scent trouble, Flairer (*ou* Subodorer) quelque vilaine affaire.

See also GET 42.

scissors. To make a book, a [news]-paper, with scissors and paste (*fig.*), Faire un livre, un journal, à coups de ciseaux.

school. *See* GOOD 18, OLD, TELL.

scope. To give someone scope, Donner du champ à quelqu'un.

See also FREE.

score. He has scored over his competitors, Il l'a emporté sur ses concurrents.

On that score, À ce compte-là.

To pay off old scores, Régler de vieux comptes (*pop.*).

To pay one's score, Payer son écot.

To score a success, Remporter un succès, Avoir ville gagnée (*fam.*).

To score off someone, River à quelqu'un son clou (*fam.*).

scorn. *See* FINGER.

scot-free. To get off scot-free, S'en tirer indemne, S'en tirer (*ou* En sortir) les braies nettes (*pop.*).

scoundrel. *See* THOROUGH-PACED.

scramble. Scramble for it, Attrape qui peut.

scrap. A scrap of paper (*a document whose contents are valueless, a negligible promise*), Un chiffon de papier (*fam.*).

See also WORTH.

scrape. To get into a scrape, S'engager dans une mauvaise affaire, Se mettre dans un bourbier (*fam.*).

See also BOW.

scratch. A scratch dinner, Un dîner sommaire (*fam.*).

Scratch my back and I will scratch yours, (*of mutual support*) Un barbier rase l'autre, Passez-moi la rhubarbe, je vous passerai le séné ; (*of mutual gratification*) Flattez mes caprices et je flatterai les vôtres ; (*of mutual admiration or flattery*) L'âne gratte l'âne.

To come up to scratch, S'exécuter.

For To come to the scratch, *see* COME 30.

To keep someone up to scratch, Serrer les côtes à quelqu'un (*fam.*).

To scratch someone's back (*play up to him*), Gratter quelqu'un où cela (*ou* où il) lui démange (*fam.*).

See also PRISCIAN.

scrawl. To write an illegible scrawl, Écrire d'une manière illisible, Écrire comme un chat (*fam.*).

scream. It's enough to make one scream with laughter *or*, *slang*, It's a scream, C'est à crever de rire (*fam.*).

screw. A man who is a bit screwed (*slang*), Un homme qui est légèrement pris de vin, Un homme éméché (*fam.*).

To put the screw (*pressure*) on someone, Serrer le vis (*ou* le bouton) (*ou* les pouces) à quelqu'un (*tous fam.*).

To screw up one's courage [to the sticking point], Prendre son courage à deux mains.

To screw up one's mouth (*in an affected manner*), Faire la bouche en cœur (*fam.*).

See also HEAD, LOOSE.

scribbling. He has the scribbling mania *or* The scribbling bug has bitten him, Il a grande envie (*ou*, *fam.*, une démangeaison) d'écrire.

scruple. To scruple to do a thing, Se faire [un cas de] conscience d'une chose.

Scylla. To avoid Scylla and fall into

Charybdis, Tomber de Charybde en Scylla. " C'est ainsi que, le plus souvent, Quand on pense sortir d'une mauvaise affaire, On s'enfonce encor plus avant : Témoin ce couple et son salaire. La vieille, au lieu du coq, les fit tomber par là De Charybde en Scylla."—LA FON-TAINE, *Fables* V, 6.—*La Vieille et les deux Servantes*. (*Note*.—Scylla, a monster living on a rock on the Italian coast opposite the whirl-pool Charybdis on the Sicilian coast, so placed that it was difficult to avoid one without being caught by the other.—HOMER XII, 1.)

sea. A sea-rover, Un écumeur des mers.

To be all at sea, N'y être plus, Ne plus s'y reconnaître, Ne s'y con-naître plus, Perdre la boussole (*fam.*), Battre la breloque (*fam.*).

To have found one's sea legs, Avoir le pied marin.

See also DEVIL, FISH.

seal. It is a sealed book to me (*fig.*), C'est pour moi lettre close.

Respect seals my lips, Le respect me ferme la bouche.

See also DOOM.

seamy. The seamy side (*fig.*), Le revers de la médaille (*fam.*).

sear. To sear someone's heart (*make him callous*), Dessécher le cœur à quelqu'un.

search. To search one's own heart, Rentrer en soi[-même], Se chercher [soi-même].

See also CONSCIENCE.

season. In season and out of season, À propos et hors de propos.

seat. *See* BACK, FRONT.

seclude, seclusion. To live (*or* To lead) a secluded life *or* To live in seclusion, Cacher sa vie, Mener une vie cachée *ou* de cénobite, Vivre en cénobite *ou* dans la retraite.

second. *See* CHILDHOOD, FIDDLE, THOUGHT, USE.

secret. A secret commission (*question-able perquisites*), Le tour (*fam.*) (*ou, fam.*, Le retour) de bâton. *See also below* To receive . . .

He, She, cannot keep a secret, Il, Elle, n'est pas capable de garder un secret, Un secret lui pèse.

It is an open secret, C'est le secret de Polichinelle *ou* de la comédie. (*Note*.—Polichinelle = the French Punch, of Punch and Judy fame.)

The secret is beginning to leak out, Le secret commence à transpirer.

The secret is out, Le secret est éventé.

To know how to keep a secret, Savoir garder un secret, Être d'un com-merce sûr.

To tell (*or* To reveal) (*or* To let out) a secret, Révéler (*ou* Lâcher) (*ou* Éventer) un secret. " Rien ne pèse tant qu'un secret : Le porter loin est difficile aux dames ; Et je sais même sur ce fait Bon nombre d'hommes qui sont femmes."—LA FONTAINE, *Fables* VIII, 6.—*Les Femmes et le Secret*.

To let someone into the secret, Mettre quelqu'un dans le secret.

To receive a secret commission, Faire danser l'anse du panier.

See also DIE, WORM.

secretive. A secretive mind, Un esprit caché.

To be secretive, Être dissimulé, Être en dedans.

see, seeing. Couldn't you see it ? (*where were your eyes, that you couldn't ?*), Où aviez-vous les yeux ? (*fam.*), Aviez-vous les yeux aux talons ? (*fam.*).

Did you ever see such a thing ? Vit-on jamais rien de semblable ?

I can't see at all here, Je n'y vois goutte. " Je croy que je suis descendu sur puiz tenebreux, au-quel disoit Heraclytus estre Verité cachée. Je ne voy goutte, je n'entends rien, je sens mes sens tous hebetez, et doubte grandement que je soye charmé."—RABELAIS III, 36, *Pantagruel*. (*Note.*—on puiz = au puits.)

I have seen stranger things than that, J'ai vu des choses [bien] plus extraordinaires que celle-là, J'en ai vu bien d'autres (*fam.*).

I have seen worse things in my time, J'ai passé par des épreuves bien plus pénibles, J'en ai vu bien d'autres (*fam.*).

I'll see you further (*or* damned) first, Allez voir là-bas si j'y suis, Va-t'en voir si j'y suis, [Je suis votre] serviteur (*tous fam.*).

One can see the trick (*how it is done*), On voit comment la chose se fait, On voit la ficelle (*fam.*).

Seeing is believing, Voir, c'est croire. "Allez,—exercez-vous,—débrouillez la quenouille, Essoufflez-vous à faire un bœuf d'une grenouille. Avant de lire un livre, et de dire : ' J'y crois! ' Analysez la plaie, et fourrez-y les doigts ; il faudra de tous temps que l'incrédule y fouille, Pour savoir si son Christ est monté sur la croix."—ALFRED DE MUSSET, *Namouna* II, 6. (*Note.*—Essoufflez, etc. = Strive to make a mountain out of a molehill.)

To be unable to see through it (*be deceived*), N'y rien comprendre, N'y voir que du bleu (*fam.*).

To see it through, Tenir jusqu'au bout.

To see one is to see the other (*there is no difference between them*), Qui voit l'un voit l'autre.

To see (*non-existent*) things (*have hallucinations*), Avoir des visions.

To see through it, Y voir clair.

To see through someone, Pénétrer où on en veut venir, Sentir quelqu'un venir de loin.

To see through something, Découvrir (*ou* Prévoir) (*ou* Sentir) quelque chose de loin, Voir clair dans une affaire.

To see to it, Faire le nécessaire.

Tricks easily seen through, Des finesses qu'il est aisé de reconnaître, Des finesses cousues de fil blanc (*fam.*).

We shall see about that (*it is not likely to happen*), C'est ce qu'il faut voir.

We shall see [then], Alors comme alors.

We shall see [what we shall see], Ceci est à voir, C'est à voir, C'est ce que nous verrons.

see. *See also* BACK, BEAR, COLOUR, DAYLIGHT, DISORDER, DRIFT, DRIVING, EYE, FAR, FIT, FUTURE, GLAD, GREEN, JUMP, LAND, LIGHT, LIKE, LION, LIVE, MONEY, NOSE, NOTHING, ONLY, PERSPECTIVE, POINT, PRINT, REASON, RED, REMAIN, ROSE, RUSHING, SCENE, SELDOM, STAR, WAIT, WAY, WIND, WOOD. **seeing.** *See also* REMEMBER.

seed. The seed[s] of discord, Le[s] brandon[s] de la discorde.

seek. Pleasures seem to seek him out, Les plaisirs le cherchent.

Seek, and ye shall find (*Matthew* vii, 7), Cherchez, et vous trouverez (*Matthieu* vii, 7), Qui cherche trouve (*proverbe*).

This preacher is much sought after, Ce prédicateur est fort (*ou* est très) couru.

To make oneself sought after, Se faire désirer.

seem. *See* EASY.

seize. *See* OPPORTUNITY.

seldom. To be seldom seen, Se faire rare.

select. A select company [of people] *or* Very select people, Une société choisie, Une société bien composée, Une société triée sur le volet (*fam.*). (*Note.*—Un volet is a sizing board, used for sorting peas, or the like.) " Car vous estes tous esleuz, choisiz et triez chascun respectivement en son estat, comme beaulx Pois sus le volet."—RABELAIS III, 30, *Pantagruel*.

Carefully selected (*things*), De choix,
Trié sur le volet (*fam.*).

self. *See* PLEASE.

self-. He is a self-made man, Il est
[le] fils de ses œuvres.

In self-defence, En état de légitime
défense.

Self-effacement, L'oubli de soi-même.

To be full of self-confidence, Ne
douter de rien.

To be self-assertive, Être autoritaire,
Avoir de la tête.

To be self-conceited, Être satisfait
de sa personne, Être content de soi,
Être suffisant.

To be self-reliant, Avoir le caractère
(*ou* l'esprit) indépendant *ou* l'âme
indépendante, Être franc du collier.

To be self-satisfied *or* self-contented
or self-complacent, Être content de
soi, Se plaire à soi-même. " Je me
vois dans l'estime autant qu'on y
puisse être, Fort aimé du beau sexe,
et bien auprès du maître, Je crois
qu'avec cela, mon cher marquis,
je croi Qu'on peut, par tout pays,
être content de soi."—MOLIÈRE, *Le
Misanthrope* III, 1.

To exercise self-control, Faire un
effort sur soi-même.

To lose one's self-restraint, Perdre
l'empire sur soi-même, Sortir de
son caractère.

To recover one's self-possession *or* To
regain one's self-control, Revenir à
soi, Se ressaisir.

sell. To sell like hot cakes, Se vendre
comme des petits pains (*fam.*).

[You have been] sold again, [Vous
avez été] attrapé.

send. To send someone to the right-
about *or* To send someone about his
business *or* To send someone packing, Envoyer quelqu'un promener,
Renvoyer quelqu'un bien loin,
Envoyer paître quelqu'un (*tous
fam.*).

See also COVENTRY, FLEA, FOOL,
HEAVEN, KINGDOM, SPRAWLING.

sensation. *See* CAUSE.

sense. Any man in his senses . . .,
Tout homme qui est dans son bon
sens . . .

Plain common sense *or* Horse sense,
Le gros bon sens (*fam.*).

There is no sense in that, Cela est
dépourvu de sens, Cela ne ressemble
(*fam.*) (*ou*, *fam.*, ne rime) à rien.

To be in one's senses, Être dans son
bon sens.

To knock some sense into someone['s
head], Mettre du plomb dans la
tête à quelqu'un.

To recover one's senses (*fig.*), Rentrer
dans son bon sens.

What sense is there in that ? À quoi
cela rime-t-il ? (*fam.*).

See also FLY, HA'P'ORTH, HONOUR,
IMPORTANCE, LEAVE, PROPORTION,
SAVING, SHAME, TALKING.

sensitive. *See* FINGER.

separate. To separate the wheat from
the tares (*Matthew* 13, 25-30 &
36-43) *or* To separate the sheep from
the goats (*Matthew* 25, 33), Séparer
l'ivraie d'avec le bon grain, Séparer
les brebis d'avec les boucs.

sepulchre. *See* WHITED.

serene. *See* VENERABLE.

serious. Events (*or* Things) are taking
a serious turn, Les affaires devien-
nent sérieuses *ou* prennent une fâcheuse tournure, L'affaire se corse
(*fam.*), Cela se gâte (*fam.*).

You're not serious[, are you ?],
Vous n'êtes pas sérieux, Vous
voulez rire (*fam.*).

See also OFFENCE.

seriously. He, She, shouldn't be taken
seriously, Il, Elle, ne doit pas être
pris, prise, au sérieux, C'est un
[vrai] personnage de comédie.

He takes such matters seriously, Il
ne plaisante pas là-dessus.

To take things too seriously, Prendre
les choses au tragique.

serpent. *See* CHERISH, WARM.

serve. It serves him (*or* Serve him)

right, Il l'a bien mérité, Il ne l'a pas volé (*fam.*), C'est pain bénit.

It serves you (*or* Serve you) right, Vous l'avez bien mérité, C'est bien fait (*fam.*), C'est pain bénit (*Quotation under* CONSCIENCE), Vous l'avez voulu (*Quotation under* BLAME), Cela vous apprendra.

To serve one's time (*of a person*), To serve its time (*of a thing*), Faire son temps.

See also FIRST, HAND, LAST, MEMORY, PURPOSE, REMIND.

service. To go into, To be in, (*domestic*) service, Entrer, Être, en condition.

sesame. Open sesame, Sésame, ouvre-toi.

set, setting. He has set his heart on this thing, Cette affaire lui tient au cœur.

Set your mind at rest (*or* at ease) on that [matter *or* point], Rassurez-vous là-dessus, Soyez tranquille (*ou* Tranquillisez-vous) sur ce point.

The setting (*wane*) of an empire, of life, Le crépuscule d'un empire, de la vie. *Quotation under* YOUTH.

To be set (*or* To have one's heart set) on doing something, Avoir à cœur de faire quelque chose.

To give proof that one has set about doing it (*something*), Faire acte de diligence.

To keep a set face, Garder un masque figé.

To make a [dead] set at someone, Tomber (*ou* Fondre) sur quelqu'un [avec fureur].

To set a match to the fire *or* To set things ablaze (*fig.*), Mettre le feu aux poudres *ou, fam.,* aux étoupes.

To set about it, S'y prendre. (*See also under* RIGHT *and* WRONG.) "Je veux vous écrire, et je suis bien en peine par où je m'y prendrai."—MOLIÈRE, *L'École des femmes* III, 4. (*Note.*—par où, etc. = how to set about it.)

To set about it (*or* To set to work) in dead (*or* good) earnest, Travailler avec ardeur, Agir tout de bon, Y aller bon jeu, bon argent (*fam.*), N'y pas aller de main morte, Ne pas bouder à la besogne *ou* à l'ouvrage. " S'il ne tient qu'à frapper, monsieur, tout est à nous : Vous verrez, quand je bats, si j'y vais de main morte."—MOLIÈRE, *L'École des femmes* IV, 9.

To set aside one's [own] feelings, Faire abnégation de tout sentiment personnel.

To set one's face against something, S'opposer (*ou* Se refuser) à quelque chose.

To set one's heart on something, Jeter son dévolu sur quelque chose.

To set one's house in order, Mettre ordre à ses affaires.

To set something down in writing *or* in black and white, Mettre (*ou, fam.,* Coucher) quelque chose par écrit.

To set the fashion, Lancer la mode, Donner le ton, Faire école.

To set the law at defiance *or* at naught *or* nought, Passer outre à la loi.

To set to work, S'y prendre, Se mettre à travailler, Se mettre en campagne ; (*also, especially to demolish something*) Mettre la cognée à l'arbre.

To set up house, Entrer en ménage.

To set up shop, Se mettre en boutique.

set. *See also* AKIMBO, BACK, BALL, CAP, EAR, FOREFRONT, FOX, GOING 58, PURPOSE, RED, RIGHT, ROT, RUMOUR, STORE, THAMES, THIEF, THINKING, WAGGING, WIT, WONDERING.

settle. I'll settle his hash (*slang*), Je lui ferai son affaire (*fam.*), Je lui réglerai son compte (*fam.*), Je l'écraserai comme un ver.

That's settled, C'est une affaire faite.

Things will settle down, Cela s'arrangera, Cela se tassera (*fam.*).

To settle down (*steady down, of person*), Se fixer, Se ranger, Faire une fin (*fam.*).

See also DIFFERENCE, GOOD 30.

set-to. To have a set-to, Avoir un démêlé *ou, fam.*, Avoir une prise de bec *ou, fam.*, Se prendre de bec (with someone, avec quelqu'un), Se prendre aux cheveux.

set-up. He is a well set-up young man, C'est un jeune homme grand et bien fait, C'est un beau brin d'homme (*fam.*).

seven. To take one's seven-league boots (*prepare to travel rapidly*), Prendre ses bottes de sept lieues (an allusion to the ogre in CHARLES PERRAULT'S fairy tale *Le Petit Poucet = Tom Thumb*).
See also SIX.

seventeen. *See* SWEET.

seventh. *See* HEAVEN.

several. *See* HAVE, IRON.

severely. *See* TASK.

shabby. To look shabby (*after having seen better days*), Porter des vêtements usés, Avoir l'air râpé (*pop.*) *ou, pop.*, l'air déplumé.

shade. To throw someone into (*or* To put someone in) the shade, Laisser quelqu'un dans l'ombre, Faire ombre à (*ou* Éclipser) quelqu'un.

To throw something (*as someone's merits, glory, name*) into the shade, Faire pâlir (*ou* Éclipser) quelque chose.

shadow. Coming events cast their shadows before, Les événements à venir se font pressentir.

To be merely the (*or* but a) shadow of one's former self, N'être plus que l'ombre de soi-même, N'être plus qu'une ruine.

To catch (*or* To clutch) at shadows, Courir après une ombre. " Chacun se trompe ici-bas : On voit courir après l'ombre Tant de fous qu'on n'en sait pas, La plupart du temps, le nombre. Au chien dont parle Ésope il faut les renvoyer."—LA FONTAINE, *Fables* VI, 17.—*Le Chien qui lâche sa proie pour l'ombre.*

To drop the substance for the shadow, Lâcher la proie pour l'ombre. " Je fis voir que lâcher ce qu'on a dans la main, Sous espoir de grosse aventure, Est imprudence toute pure."—LA FONTAINE, *Fables* IX, 10.—*Le Loup et le Chien maigre.*

To take the shadow for the substance, Prendre l'ombre pour le corps.
See also WEAR.

shady. To be mixed up in (*or* with) shady dealings, Faire un mauvais (*ou* un méchant) (*ou* un vilain) commerce.

shaft. *See* HOME, PARTHIAN.

shake, shaking. In two shakes of a duck's tail, En moins d'un instant, En cinq sec (*fam.*). (*See explanation of this phrase under* DOUBLE-QUICK.)

[Let us] shake [hands on it] (*it is agreed, done*). Topez là (*fam.*).

To give someone a good shaking, Secouer quelqu'un vigoureusement *ou, fam.*, comme un prunier.

To shake in one's shoes, Trembler dans sa peau (*fam.*).

To shake one's head (*in dissent*), Faire signe que non.

To shake someone (*undesirable companion*) off, Se débarrasser de (*ou, pop.*, Semer) quelqu'un.

shake. *See also* LAUGHTER, LEAF, REED.

sham. All that is a sham (*pretence*), Tout cela est feinte *ou* est comédie *ou, fam.*, est de la frime.

shame. It is a shame (*discredit*), C'est grand dommage, C'est un meurtre (*fam.*).

To be lost (*or* dead) to all sense of shame, Avoir perdu toute honte, Avoir toute honte bue.
See also CRY, TRUTH.

Shanks. To come on Shanks' mare, Venir à pied *ou, fam.*, de son pied [léger].

To ride Shanks' mare *or* Shanks' pony, Voyager à pied, Prendre le train onze (*fam.*). (*Note.*—11 = *one's two legs.*)

shape, shaping. Something in the shape of an adventurer, a barrister, etc. (*said disparagingly*), Une espèce (*ou* Une sorte) d'aventurier, d'avocat, etc.

The affair is taking shape *or* is shaping well, L'affaire prend corps *ou* prend figure *ou* prend bonne allure *ou* prend une bonne tournure *ou* prend [une bonne] couleur.

To put (*or* To lick) into shape (*fig.*), Mettre au point.

share. To do one's, your, share, Faire sa, votre, part, Y mettre du sien, du tien.

To live together and share expenses, Faire vie commune.

To share and share alike with someone, Partager également avec quelqu'un.

To share expenses, Faire bourse commune, N'avoir (*ou* Ne faire) qu'une bourse. " Le buisson, le canard et la chauve-souris, Voyant tous trois qu'en leur pays Ils faisaient petite fortune, Vont trafiquer au loin, et font bourse commune."—LA FON-TAINE, *Fables* XII, 7.—*La Chauve-Souris, le Buisson et le Canard.*

To share someone's views, Partager (*ou* Entrer dans) les sentiments de quelqu'un.

See also BOOTY, LION.

sharp. He, She, is [as] sharp as a needle, Il est fin, Elle est fine, comme l'ambre.

See also LOOK 13, LOOK-OUT, TONGUE.

sharper. *See* TONGUE.

shave. To have a close shave (*narrow escape*), L'échapper belle.

shear. *See* TEMPER.

shears. The shears of Atropos *or* The fatal shears (*which cut the thread of life*), Les ciseaux de la Parque, Les fatals ciseaux. " Nous sommes tous mors à ce coup. Je voy sus la hune Atropos la felonne avecques ses cizeaulx de frais esmouluz preste à nous tous coupper le filet de vie."

—RABELAIS IV, 33, *Pantagruel.* (*Note.*—la hune = the top (*they were on board ship in a dreadful storm*). ci-zeaulx, etc. = newly ground shears.) " Je croy, dist Pantagruel, que toutes ames intellectives sont exemptes des cizeaulx de Atropos. Toutes sont immortelles : Anges, Demons et Humaines."—RABELAIS IV, 27, *Pantagruel.* (*See also Note under* DARBY.)

sheathe. To sheathe the sword, Remettre l'épée au fourreau *ou* les armes aux râteliers.

shed. To shed someone (*shake off undesirable companion*), Se débarrasser de (*ou, pop.*, Semer) quelqu'un.

See also LIGHT, TEAR.

sheep. A lost sheep (*heretic or sinner*), Une brebis égarée.

To feel like a lost sheep, Se sentir dépaysé.

To follow one another like sheep, Sauter comme les moutons de Panurge. " Soubdain je ne sçay comment, le cas feut subit, je ne eus loisir le consyderer, Panurge, sans aultre chose dire, jette en pleine mer son mouton criant et bellant. Tous les aultres moutons, crians et bellans en pareille intona-tion, commencerent soy jecter et saulter en mer apres, à la file. La foulle estoit à qui premier y saulteroit apres leur compaignon. Possible n'estoit les enguarder, comme vous sçavez estre du mouton le naturel, tous jours suyvre le premier, quelque part qu'il aille. Aussi le dict Aristoteles, *lib. IX, de Histor. anim.*, estre le plus sot et inepte animant du monde."—RABELAIS IV, 8, *Pantagruel.* (*Note.*—soy = se.)

See also BLACK, EYE, HANG, SCABBY, SEPARATE, WOLF.

sheer. *See* DESPERATION, HARD, STRENGTH, WANTONNESS.

sheet. It is our sheet-anchor (*fig.*), C'est notre ancre (*ou* notre planche) de salut.

You couldn't have got a sheet of paper between them (*the crowd was so dense*), Une épingle ne serait pas tombée par terre (*tellement la foule était compacte*) (*fam.*). *See also* WHITE.

shelf. To be on the shelf (*be cast aside*) (*fig.*), Être mis de côté, Être au rancart (*fam.*).

To put on the shelf (*fig.*), Mettre de côté *ou*, *fam.*, au rancart.

shell. To retire into, To come out of, one's shell, Rentrer dans, Sortir de, sa coquille (*fam.*).

shelling. *See* EASY.

shelve. To be shelved (*as a project*), Rester dans les cartons.

shepherd. *See* RED.

shift. To let someone shift for himself, Laisser quelqu'un se tirer d'affaire tout seul, Laisser quelqu'un se débrouiller *ou*, *fam.*, se débarbouiller.

To live on shifts, Vivre d'expédients.

To shift for oneself, Se passer du secours d'autrui, Voler de ses propres ailes.

To shift one's ground (*fig.*), Déplacer la question.

See also BLAME, RESORT.

shifty. To have a shifty look, Avoir le regard (*ou* la mine) en dessous.

shilling. *See* CUT.

shindy. *See* KICK.

shine. *See* HAY, KICK, RAIN, SUN.

shining. *See* IMPROVE.

ship. *See* COME 35, TAR.

shirk. To shirk the issue (*in a discussion*), Prendre la tangente (*fam.*), Essayer d'échapper à la question, Se sauver à travers champs (*fam.*) *ou*, *fam.*, à travers les buissons.

See also WORK.

shirker. He is a shirker, C'est un embusqué.

To be no shirker, Ne pas bouder à la besogne *ou* à l'ouvrage, Être franc du collier.

shirt. Not to have a shirt to one's back (*be very poor*), N'avoir pas de chemise (*fam.*).

To give the [very] shirt [from] off one's back (*be extremely generous*), Donner jusqu'à sa dernière chemise (*fam.*).

To put one's shirt on it, Engager (*ou* Jouer) jusqu'à sa [dernière] chemise (*fam.*).

To sell the very shirt off one's back (*because one is so short of money*), Vendre jusqu'à sa dernière chemise.

shivering. To be shivering in one's shoes at the thought of what might happen, Être dans les transes (*ou* dans des transes mortelles) à la pensée de ce qui pourrait arriver.

shock. Don't you think it is a great shock to him to see ...? Ne pensez-vous pas qu'il a bien mal au cœur de voir ...?

This news gave me [quite] a shock, Cette nouvelle m'a donné (*ou* m'a porté) un [rude] coup *ou*, *fam.*, m'a donné un [violent] soubresaut.

To give someone a nasty shock (*fig.*), Porter une vilaine (*ou* une rude) botte à quelqu'un (*fam.*).

shoe. He who waits for dead men's shoes is in danger of going barefoot, Qui court après les souliers d'un mort risque souvent d'aller nu-pieds.

I shouldn't like to be in his shoes, Je ne voudrais pas être à sa place *ou*, *fam.*, dans sa peau.

Over shoes over boots, [Quand] le vin est tiré, il faut le boire.

The cobbler's wife is (*or* The shoemaker's children are) the worst shod, Les cordonniers sont les plus mal chaussés.

To put oneself in a person's shoes, Se mettre à la place (*ou*, *fam.*, Entrer *ou* Se mettre dans la peau) d'un personnage.

To step into someone's shoes, Se mettre à la place de (*ou* Se substituer à) quelqu'un.

See also ANOTHER, PINCH, SHAKE, SHIVERING, WANT.

shoot. *See* BOLT, MOON, NIAGARA.

shop. The things were all over the shop, Les choses étaient en confusion *ou* en [grand] désordre, Une vache n'y aurait pas retrouvé son veau.

You have come to the right, to the wrong, shop, Vous êtes venu au bon, au mauvais, endroit.

See also SET, SHUT, TALK.

shorn. *See* TEMPER.

short. He believes in a short life and a merry one, Il veut la faire courte et bonne.

Short and sweet, Les plus courtes folies sont les meilleures.

Short reckonings make long friends, Les bons comptes font les bons amis.

To be short of money *or, slang*, of the ready, Être à court [d'argent], Être sans argent pour le moment, N'avoir pas un [rouge] liard (*fam.*).

To choose (*or* To believe in) a short life and a merry one, Choisir une vie courte et bonne.

To cut an interview short, Couper court à un entretien (*fam.*).

To cut it short, Couper court (*fam.*).

To cut it short, . . . *or* To cut a long story short, ... Pour [vous] le faire court, . . ., Pour vous en finir, . . ., Pour [le] trancher net, . . .

To cut someone short, Couper la parole (*ou, fam.*, Couper court) à quelqu'un.

To have a short life and a merry one, La faire courte et bonne.

To have a short memory, Être court de mémoire, Avoir courte mémoire.

To make short work of someone, of something, Expédier quelqu'un, quelque chose.

To stop short (*in a speech*), Demeurer [tout] court.

See also ARM, LITTLE, LONG, STRING.

short-sighted. A short-sighted policy, Une politique à courte vue, Une politique de myope.

To be short-sighted (*fig.—of person*), Être myope.

shot. To make wild shots at it (*work at it with misdirected enthusiasm*), S'y prendre sans réflexion, Y aller comme une corneille qui abat des noix (*pop.*).

See also FIRING, OFF, PARTHIAN, PARTING, POWDER, TRIAL.

shoulder. To carry someone shoulder high, Porter quelqu'un en triomphe.

To put one's shoulder to the wheel, Pousser à la roue (*fam.*).

See also COLD, HEAD, OLD, RUB, STRAIGHT.

shout. He who shouts the loudest wins, C'est à qui criera le plus fort.

That's nothing to shout (*boast*) about (*slang*), Il n'y a pas de quoi se vanter.

To shout Fire ! Help ! Murder ! Stop thief ! Crier au feu, à l'aide, à l'assassin, au voleur.

To shout like a madman *or* To shout at the top of one's voice, Crier comme un perdu *ou* comme un fou *ou* comme un enragé *ou* comme un putois *ou* comme un sourd *ou* comme un beau diable *ou* Crier à tue-tête *ou* à pleine tête *ou* à pleine gorge *ou* du haut de sa tête (*tous fam.*). " Il s'escria si espovantablement qu'il sembloit que tous les diables feussent deschainez."—RABELAIS II, 28, *Pantagruel.* " Et pour s'exercer le thorax et poulmons, crioit comme tous les diables."—RABELAIS I, 23, *Gargantua.*

To shout Look out ! *or* Mind ! Crier gare.

To shout victory *or* To shout [in triumph] *or* To shout for joy, Chanter victoire.

See also WOOD.

show. It is [just] like a passing show (*so many people are passing and repassing*), C'est une [vraie] lanterne magique (*fam.*).

To show one's graces *or* To show off, (*of a woman*) Faire la belle [jambe] ; (*of a man*) Faire le beau, Faire la belle jambe, Faire la roue (*i.e., lit., spread the tail, like a peacock*).

To show one's teeth *or* one's claws *or* To show fight, Montrer les dents *ou, fam.,* les cornes.

To show someone the door, Mettre quelqu'un à la porte.

To show someone the way to do something, Tracer le chemin à quelqu'un pour faire quelque chose.

See also ANNOYANCE, BOLD, BOSS, BREEDING, CAPABLE, COLOUR, FACE, FEATHER, GIVE, GLOVE, GOOD 59, HAND, HEEL, HOOF, IMPATIENCE, MAILED, MAKE, METTLE, PENNY, RUN, STRAW, TIME.

shower. *See* ABUSE.

shred. This meat is cooked to shreds, Cette viande est en charpie.

shrewd. He is a shrewd fellow, C'est un fin Normand.

shrill. *See* UTTER.

shrink. To shrink to [next to] nothing (*fig.*), Être réduit à rien.

shut. To find the door shut, Trouver la porte fermée, Trouver visage de bois (*fam.*).

To shut one's ears to slander, Fermer les oreilles à la médisance.

To shut one's eyes to a fault, an abuse, Fermer les yeux sur une faute, sur un abus.

To shut one's eyes to the evidence, Se refuser à l'évidence.

To shut one's eyes to the truth, Fermer les yeux à la vérité.

To shut someone up, Fermer (*ou* Clore) (*ou, fam.,* Clouer) la bouche (*ou, fam.,* le bec) (*ou, fam.,* Couper le sifflet) à quelqu'un, Rabattre (*ou* Rabaisser) le caquet de (*ou* à) quelqu'un (*fam.*).

To shut up shop (*lit. & fig.*), Fermer boutique.

shutting. *See* STABLE-DOOR.

shuttlecock. *See* BATTLEDORE.

shy. Fight shy of it, Défiez-vous-en, Ne vous y frottez pas.

See also ONCE.

sick. I am sick [and tired] of telling you the same thing over and over again, Je me tue à vous répéter toujours la même chose (*fam.*).

That turns me, one, sick, Cela soulève le cœur.

To be sick [and tired] of hearing [about] something, Être las d'entendre parler (*ou, fam.,* Être rebattu) (*ou, fam.,* Avoir les oreilles [battues et] rebattues) de quelque chose.

To be sick to death (*very ill indeed*), Être malade à mourir.

To be sick [to death] of someone, something, Être excédé (*ou, très fam.,* Avoir plein le dos) (*ou, pop.,* Avoir soupé) de quelqu'un, de quelque chose.

See also DEVIL.

sickly. To look sickly, Avoir chétive mine.

See also SMILE.

side. There are two sides to every question *or* One should hear both sides, Qui n'entend qu'une partie n'entend rien, Qui n'entend qu'une cloche n'entend qu'un son.

To be on the safe side, Être du bon côté, Se tenir au gros de l'arbre.

To be on the winning (*or* the stronger) side, Être du côté du plus fort, Être du côté du manche.

To hear both sides (*contestants*), Entendre les deux parties.

To hear both sides, one side, of a question, Entendre les deux côtés, un des côtés, d'une question.

To side (*or* To take sides) with someone, Se ranger (*ou* Tourner) du côté. (*ou* Se ranger du parti) (*ou* Tenir le parti) (*ou*, *fam.*, Se ranger sous la bannière) (*ou* Être du bord) de quelqu'un.

To side with the stronger (*or*, *if more than two*, with the strongest) *or* with the party in power, Se mettre du côté du plus fort *ou* du côté du manche.

To stagger (*or* To reel) from side to side (*of drunken man*), Marcher en chancelant, Battre les murs (*fam.*).

To study all sides of a question, Prendre une affaire de tous les côtés *ou* de toutes les faces *ou*, *fam.*, de tous les biais.

See also BED, BRIGHT, BUTTER, CHANGE, DARK, ERR, KEEP, LAUGH, LAUGHTER, LAW, PUT, SEAMY, SOFT, SUNNY, THORN.

sidelong. To cast sidelong glances, Faire les yeux (*ou* Regarder) en coulisse (*fam.*).

side-track. To side-track a subject, Aiguiller une discussion.

sieve. *See* MEMORY.

sift. To sift the evidence, the facts, Passer au crible (*ou* à l'étamine) les preuves, les faits.

sigh. To sigh for the flesh-pots of Egypt (*Exodus* xvi, 3), Regretter les oignons d'Égypte.

See also HEAVE.

sight. I can't bear the sight of him, Je ne veux pas seulement le regarder, Je ne peux pas le voir en peinture (*fam.*), Je ne puis pas le sentir (*fam.*), Je l'ai dans le nez (*pop.*).

Not to let (*or* to trust) someone out of one's sight, Ne point perdre quelqu'un de vue, Ne pas quitter quelqu'un des yeux, Surveiller quelqu'un attentivement.

Out of sight, out of mind, Loin des yeux, loin du cœur.

You do look a sight *or* What a sight you look ! Vous voilà bien arrangé *ou* ajusté !, Comme vous voilà fait ! (*tous fam.*).

See also FAIL, FEARFUL, LOVE, STOP.

sign. I take that as a good sign, J'en accepte l'augure.

To give someone a sign (*as to withdraw*), Faire signe (*ou* des signes) (*ou* des mines) à quelqu'un.

silence. To silence someone's batteries or guns (*fig.*), Démonter la batterie (*ou* les batteries) de quelqu'un.

See also CONSENT, SPEECH.

silent. To be [as] silent as the grave, Être muet comme la tombe.

silk. *See* PURSE, SOFT.

silly. A silly question deserves a silly (*or* no) answer, Telle demande, telle réponse, À sotte (*ou* À folle) demande (*ou* question), sotte (*ou* folle) (*ou* point de) réponse.

See also KNOCK, WORD.

silver. Silver threads among the gold, Il, Elle, a les cheveux blancs, Il a neigé sur sa tête (*fam.*).

See also CLOUD, SPOON.

silvern. *See* SPEECH.

simmer. To let a matter simmer, Laisser mitonner une affaire.

Simon. He is a [Simple] Simon, C'est un serin (*fam.*).

simple. *See* FAITH, SIMON.

simply. *See* COLLAPSE, CURL.

sin. It is a sin (*discredit*), C'est grand dommage, C'est un meurtre (*fam.*).

It is Satan (*or* the devil) rebuking (*or* reproving) sin, C'est le diable qui devient dévot *ou* qui se fait ermite, Les morveux veulent moucher les autres, C'est le renard qui prêche aux poules.

See also FIND, UGLY.

sincerely. *See* HOPE.

sinew. Money is the sinews of war, L'argent est le nerf de la guerre.

" Vous savez mieux que moi, quels que soit nos efforts, Que l'argent est la clef de tous les grands ressorts, Et que ce doux métal, qui frappe tant de têtes, En amour, comme en guerre, avance les conquêtes."— MOLIÈRE, *L'École des femmes* I, 6.

"Guerre faicte sans bonne provision
d'argent n'a qu'un souspirail de
vigueur. Les nerfs des batailles
sont les pécunes." RABELAIS I, 46,
Gargantua. (*Note.*—souspirail =
exhalaison = breath.   pécunes =
argent.)
See also THEW.

sing. To make someone sing small,
Faire déchanter (*ou* Faire baisser
le ton à *ou* le nez à) quelqu'un
(*tous fam.*).

To sing another tune *or* in a different
key, Chanter sur un autre ton *ou*
sur une autre note,   Changer de ton
ou de note *ou* de gamme (*tous fam.*).

To sing small, Filer doux (*fam.*),
Caler [la voile] (*fam.*).
See also PRAISE.

singe. To singe one's feathers *or*
one's wings, [Venir] se brûler à
la chandelle.

single. Single blessedness, Le bonheur du célibat.
See also ONE.

singly. *See* MISFORTUNE.

sink, sinking. He, She, is sinking fast
(*dying*), C'est une chandelle qui
s'éteint.

He, She, is sunk in vice, C'est un
cloaque de vices *ou* d'impureté.

He would have liked to sink into the
earth (*was so confused, so ashamed*),
Il aurait voulu être à cent pieds
sous terre.

Sink or swim, Au petit bonheur.

To sink a fortune in an undertaking,
Enterrer une fortune dans une
entreprise (*fam.*).

sink. *See also* INIQUITY.

sir. *See* CALL.

sire. *See* LIKE.

siren. A siren song (*deceitful language*),
Un chant de sirène (*un langage
trompeur*).

sister. *See* FATAL.

Sisyphean. It is a Sisyphean labour
(*a never-ending job*), C'est un travail
(*ou* le rocher) de Sisyphe (*une*

tâche interminable).   (*Note.*—Sisy-
phus, condemned in Hades for ever
to roll to the top of a steep hill a
huge stone that always rolled down
again.)

sit, sitting. He is sitting up and
taking [a little] nourishment, Il
commence à se remettre [de sa
maladie].

He won't be sat on (*slang*), Il ne se
laisse pas marcher sur le pied (*fam.*).

I'll make you sit up (*slang*), Vous
aurez (*ou* Vous entendrez) de mes
nouvelles (*fam.*).

To sit down under injustices, vexations
(*or the like*), Se soumettre sans
résistance aux injustices, aux tracasseries (*ou traitments analogues*),
Se laisser tondre (*ou* Se laisser
manger) la laine sur le dos.

To sit on someone (*shut him up*)
(*slang*), Rabattre (*ou* Rabaisser) le
caquet de (*ou* à) quelqu'un (*fam.*).

To sit on the fence (*fig.*), Se conduire
de manière à ménager les deux
parties, Ménager la chèvre et le
chou (*See note under* HARE), Nager
entre deux eaux.

To sit out (*not to join in the conversation, the fun*), Se tenir à
l'écart, Faire le hibou (*fam.*).

To sit round the fire, round a table,
Se ranger autour du feu, autour
d'une table.

sit. *See also* JUDGMENT, NOTICE, PIN,
THORN, TIGHT. **sitting.** *See also*
VOLCANO.

situation. *See* TAKE.

six. Everything is at sixes and sevens,
Tout est sens dessus dessous, Il
y a une pagaïe (*très fam.*).

It is six of one and half a dozen of the
other, L'un(e) vaut l'autre, C'est
bonnet blanc et blanc bonnet (*fam.*),
C'est jus vert ou verjus (*fam.*).
See also COACH.

size. I have sized him up (*know how
worthless, how dishonest he is*), C'est
un homme jugé.

Men should not be judged by their size, On ne mesure pas les hommes à la toise, Les hommes ne se mesurent pas à l'aune.

That's about the size of it (*fig.*), C'est à peu près cela.

To size someone up (*fig.*), Jauger quelqu'un (*fam.*).

skating. You, We, are skating over thin ice, Il faut passer légèrement là-dessus, Il ne faut toucher cela que du bout du doigt (*fam.*), Il faut passer là-dessus comme [un] chat sur [la] braise (*fam.*), Vous marchez, Nous marchons, sur des œufs (*fam.*).

skein. It is a tangled skein (*complicated affair, confused explanation*), C'est un écheveau embrouillé.

skeleton. Do not allude to the skeleton in the cupboard, Il ne faut pas parler de corde dans la maison d'un pendu.

It is a skeleton in the cupboard, C'est une chose sur laquelle il faut tirer le rideau *ou* jeter un voile.

This works is (*or* These works are) [only] working with a skeleton staff, Cette usine est en veilleuse.

sketchily. To be sketchily clad *or* attired, Être sommairement vêtu (*fam.*).

sketchy. A sketchy (*scanty*) costume, Une tenue sommaire (*fam.*).

skim. To skim [through] a book, Parcourir un livre rapidement, Lire un livre du pouce (*fam.*).

skin. He will never change his skin, Il ne changera jamais sa conduite *ou, fam.,* sa peau, Il mourra dans sa peau (*fam.*). " Un more changerait-il sa peau, ou un léopard ses taches ? " (*Jérémie* xiii, 23), " Can the Ethiopian change his skin, or the leopard his spots ? "

He would skin a flint, Il tondrait un œuf (*fam.*), Il couperait un liard en quatre (*fam.*).

It is the ass in the lion's skin, C'est l'âne couvert de la peau du lion.

" De la peau du lion l'âne s'étant vêtu Était craint partout à la ronde ; Et bien qu'animal sans vertu, Il faisait trembler tout le monde. Un petit bout d'oreille échappé par malheur Découvrit la fourbe et l'erreur."—LA FONTAINE, *Fables* V, 21.—*L'Âne vêtu de la peau du Lion.* (*Note.*—à la ronde = all around.)

To be wet (*or* soaked) (*or* drenched) to the skin, Être mouillé (*ou* [trans]percé) jusqu'aux os, Être rincé, Être saucé, Être mouillé comme un canard, Être trempé comme une soupe, N'avoir pas un poil de sec (*tous fam.*).

To come off in (*or* with) a whole skin, S'en tirer indemne, S'en tirer (*ou* En sortir) les braies nettes (*pop.*).

See also BONE, ESCAPE, EYE, HANG, JUMP, SAVE.

skin-deep. Beauty is but skin-deep, La beauté n'est qu'à fleur de peau. " La beauté du visage est un frêle ornement, Une fleur passagère, un éclat d'un moment, Et qui n'est attaché qu'à la simple épiderme ; Mais celle de l'esprit est inhérente et ferme."—MOLIÈRE, *Les Femmes savantes* III, 6.

skirmish. *See* WIT.

skittle. *See* BEER.

sky. To laud (*or* To crack up) (*or* To cry up) someone to the skies, Élever (*ou* Porter) quelqu'un [jusqu']aux nues *ou* jusqu'au [troisième] ciel.

slacker. To be a slacker, Être mou à la besogne.

slanging. A slanging match, Un duo d'injures (*fam.*).

slap. To have a slap at someone *or* To give someone a slap in the face (*fig.*), Donner un coup de patte (*fam.*) (*ou, fam.,* un coup de griffe) à quelqu'un.

slapdash. In a slapdash manner, À la six-quatre-deux (*fam.*). (*Note.*—six-quatre-deux implies a rapid diminution in care.)

slate. *See* CLEAN.

slaughter. *See* FIRE.

slave. *See* DRUDGERY, WAGE.

sleep. He who sleeps forgets his hunger, Qui dort dîne.
Sleep on it, Prenez conseil de (*ou* Consultez) votre oreiller, La nuit porte conseil.
Sleep sound, Dormez votre sommeil.
To go to sleep over one's work (*work lazily*), S'endormir sur la besogne.
To have a good sleep *or* To sleep sound[ly], Dormir [d']un bon somme *ou* de bon somme, Dormir à poings fermés.
To sleep in the open *or* out of doors, Loger (*ou* Coucher) en plein air *ou* à la belle étoile.
To sleep it off, Cuver son vin (*fam.*).
To sleep like a log *or* like a top, Dormir d'un sommeil de plomb *ou, fam.*, comme une marmotte *ou, fam.*, comme un loir *ou, fam.*, comme une souche *ou, pop.*, comme un sabot.
To sleep standing up, Dormir debout.
To sleep the sleep of the just, S'endormir du sommeil du juste.
To sleep the whole night through, Ne faire qu'un somme toute la nuit.
To sleep with one eye open (*be on the alert*), Ne dormir que d'un œil (*fam.*), Dormir les yeux ouverts (*fam.*).
See also CLOCK, CRY, DROP, LATE, READ, SMILE, TALK, WINK. **sleeping.** *See* DOG, LION.

sleepless. A sleepless night, Une nuit sans sommeil, Une nuit blanche.

sleeve. To wear one's heart upon one's sleeve, Avoir le cœur sur les lèvres.
See also LAUGH, TRICK.

slide. To let things slide, Laisser tout aller. " L'un fait beaucoup de

bruit qui ne lui sert de guères ; L'autre en toute douceur laisse aller les affaires."—MOLIÈRE, *L'École des femmes* I, 1.

slight. Some slight consolation, Une fiche de consolation.
See also RESEMBLANCE, VARIANCE.

slightest. Not in the slightest, Pas le moins du monde.
See also NOTICE, NOTION.

slightly. *See* ELEVATE, TOUCH, WORSE.

sling. To sling ink (*write*), Noircir du papier (*fam.*).

slip. He made a slip of the tongue, Il a commis un lapsus linguæ, La langue lui a fourché (*fam.*).
It was a slip of the pen, C'était une erreur involontaire en écrivant *ou* un lapsus calami.
One slip (*in conduct*) usually leads to another, Il n'y a que le premier pas qui coûte, L'abîme appelle l'abîme. " Dans le crime il suffit qu'une fois on débute ; Une chute toujours attire une autre chute."—BOILEAU, *Sitires* X.
She is only a slip of a woman, Ce n'est qu'un morceau de femme (*fam.*).
There's many a slip 'twixt the cup and the lip, Il y a loin de la coupe aux lèvres, Entre la coup et les lèvres [il reste encore de la place pour un malheur].
This letter slipped my attention, my memory (*I omitted, I forgot, to write it*), Cette lettre est restée au bout de ma plume (*fam.*).
To give someone the slip, Fausser compagnie à (*fam.*) (*ou, fam.*, Planter là) quelqu'un.
To let the opportunity slip by, Laisser passer l'occasion, Manquer le coche (*fam.*) *ou, fam.*, le train.
To make a slip in grammar, Faire une faute de (*ou* contre la) grammaire.
To slip away quietly, Se retirer secrètement, sans faire du bruit,

Déloger sans [tambour ni] trompette (*fam.*). " Dès lors que ce dessin fut su de l'alouette : ' C'est ce coup qu'il est bon de partir, mes enfants ! ' Et les petits, en même temps, Voletant, se culebutant, Délogèrent tous sans trompette."— LA FONTAINE, *Fables* IV, 22.— *L'Alouette et ses Petits, avec le Maître d'un champ.*

To slip by unnoticed, Passer inaperçu, Raser les murs.

slippery. He is [as] slippery as an eel, Il coule entre les doigts comme une anguille.

slipshod. It is slipshod work, C'est un travail mal exécuté *ou* un travail négligé *ou* un travail bâclé, C'est de la bouillie pour les chats (*fam.*).

slough. To be in the slough of despair *or* of despond, Être tombé dans un abîme de désespoir. " Now, I saw in my dream, that just as they had ended this talk they drew near to a very miry slough, that was in the midst of the plain ; and they, being heedless, did both fall suddenly into the bog. The name of the slough was Despond."—JOHN BUNYAN, *Pilgrim's Progress* (*Le Voyage du pèlerin*).

slow. Slow and steady (*or* and sure) wins the race, Ce n'est pas le tout que de courir (*ou* Rien ne sert de courir) il faut partir de bonne heure *ou* il faut partir à point, Qui trop se hâte reste en chemin, Plus on se hâte, moins on avance, Qui veut voyager (*ou* aller) loin ménage sa monture. " Et me disoit Maistre Tubal ... que ce n'est tout l'advantaige de courir bien touste, mais bien de partir de bonne heure."— RABELAIS I, 21, *Gargantua.* (*Note.*— touste ⚌ tôt ⚌ early.)

To be slow in the uptake, Être de dure compréhension.

sly. He's a sly dog *or* fox, C'est un fin renard *ou* une fine lame *ou* une fine mouche (*tous fam.*).

She's a sly minx, C'est une fine lame (*fam.*) *ou, fam.*, une fine mouche.

smack. It makes one smack one's lips (*is so good to eat*), C'est à s'en lécher les doigts (*fam.*), On s'en lèche les doigts (*fam.*). " Les tripes furent copieuses, comme entendez, et tant friandes estoient que chascun en leichoit ses doigtz." —RABELAIS I, 4, *Gargantua.*

To get a smack in the eye (*get snubbed*) (*slang*), Remporter une veste (*fam.*).

To give someone a smack on the nose *or* a smack in the eye (*humiliate him*) (*slang*), Donner sur le nez à quelqu'un (*fam.*).

See also PEDANTRY, SOIL.

small. He looked (*or* felt) very small, Il n'en menait pas large, Il demeurait tout penaud.

How small the world is ! Que le monde est petit !, Comme on se retrouve !

[It is] small wonder he was surprised, Ce n'est guère étonnant qu'il ait été surpris.

The small fry (*humbler classes*), Le menu peuple.

To make someone look small, Humilier quelqu'un.

To my no small astonishment, À mon grand étonnement.

See also BEER, MERCY, SING, STILL.

smallest. *See* GREATEST.

smart. You will smart for it some day, Il vous en cuira quelque jour (*fam.*).

See also LOOK 5, 33.

smell. I smell a rat, Cela m'inspire des inquiétudes, Cela me met la puce à l'oreille (*fam.*), Il y a quelque anguille sous roche, Il se mijote quelque chose (*très fam.*).

Money has no smell, L'argent n'a pas d'odeur.

To smell of the lamp *or* of oil (*to bear marks of study—said of author's writings*), Sentir l'huile. " Jours de travail ! seuls jours où j'ai vécu ? O trois fois chère solitude ! Dieu soit loué, j'y suis donc revenu, À ce vieux cabinet d'étude ! Pauvre réduit, murs tant de fois déserts, Fauteuils poudreux, lampe fidèle, O mon palais, mon petit univers."— ALFRED DE MUSSET, *La nuit d'octobre.*
See also CHURCHYARD.

smile, smiling. Fortune (*or* Everything) smiles on him, La fortune (*ou* Tout) lui sourit.
To be all smiles, Être tout souriant.
To force a smile *or* To give a forced (*or* a feigned) smile, Sourire d'un sourire forcé *ou* d'un sourire de commande.
To give a sickly smile, Rire jaune.
To smile in the face of adversity *or* To keep smiling, Faire bonne mine à mauvais jeu, Faire à mauvaise fortune bon visage, Garder le sourire. " Là ne veismes aultre chose memorable fors Bonne Mine, femme de Mauvais Jeu."— RABELAIS V, 10, *Pantagruel.* (*Note.* —veismes = vîmes. fors = except.) " ' La plainte, ajouta-t-il, guérit-elle son homme ? Travaillons : c'est de quoi nous mener jusqu'à Rome.' "—LA FONTAINE, *Fables* X, 16.—*Le Marchand, le Gentil-homme, le Pâtre et le Fils de Roi.*
To smile on someone (*make him welcome*), Faire bon visage à quelqu'un.
To smile sweetly in its sleep (*of a baby*), Rire aux anges (*fam.*). " En dormant à beaulx et joyeulx songes."—RABELAIS III, 13, *Pantagruel.*
To wear an ecstatic smile, Rire aux anges (*fam.*).
smite. *See* HIP.
smiter. *See* GIVE.

smoke. The enterprise ended in smoke, L'entreprise [s'en] est allée en fumée.
[There is] no smoke without fire, [Il n'y a] point de fumée sans feu.
See also PIPE.
smooth. *See* ROUGH, TONGUE.
smoothly. Things are not going smoothly in this matter, Il y a du tirage dans cette affaire (*fam.*).
smother. To smother someone with kisses, Manger quelqu'un de caresses.
smoulder. The smoulder will soon be a flame (*he will take his revenge*), C'est un feu qui couve sous la cendre.
snail. *See* WALK.
snake. There is a snake in the grass, Le serpent est caché sous les fleurs.
See also CHERISH, WARM.
snap. To snap one's fingers at the laws, at a custom, Se moquer (*ou* Se faire un jeu) des lois, d'une coutume.
See also CARE, OPPORTUNITY.
snappy. To be snappy about it (*hurry up*), Piquer des deux (*i.e., prick with both spurs*) (*fam.*).
snare. It is a snare and a delusion, C'est une chose décevante et illusoire.
snatch. To snatch a kiss, Cueillir un baiser.
To snatch at the offer, Saisir avec empressement la proposition, Prendre la balle au bond (*fam.*).
See also JAW, OPPORTUNITY.
sneeze. It is not to be sneezed at (*is no small matter*), Ce n'est pas de la petite bière (*fam.*).
sniff. To sniff [in disdain], Faire le dédaigneux, la dédaigneuse, Faire la petite bouche, Renifler (at = sur) (*très fam.*).
snook. To cock (*or* To cut) (*or* To make) a snook (*or* snooks) at some-one (*contemptuous gesture*), Faire un pied de nez (*fam.*) (*ou, fam.,* Faire la nique) à quelqu'un.

snorter. *See* WRITF.

snow. To be snowed under with invitations, Être inondé d'invitations.

To be snowed under with work, Être débordé d'ouvrage.

Where are the snows of last year *or, poetic,* of yester-year? Où sont les neiges d'antan? " Dictes-moy où, n'en quel païs Est Flora, la belle Romaine, Archipiada, ne Thaïs, Qui fut sa cousine germaine? Echo, parlant quand bruyct on maine Dessus rivière ou sus estan, Qui beaulté eut trop plus qu'humaine? Mais où sont les neiges d'antan? ... La royne Blanche comme un lys, Qui chantoit à voix de sereine ; Berthe au grand pied, Bietris, Allys, Harembourges, qui tint le Mayne, Et Jehanne, la bonne Lorraine, Qu'Angloys bruslèrent à Rouen ; Où sont-ilz, Vierge souveraine? Mais où sont les neiges d'antan."— FRANÇOIS VILLON, *Ballade des Dames du temps jadis.* (*Note.*— n'en = et dans. Archipiada, ne (= ni) Thaïs, Qui, etc. = Alcibiades or Thais, Who was (*in beauty*) his first cousin. Echo, the nymph. bruyct, etc. = bruit on mène = one makes a noise. estan = étang. royne = reine. sereine = sirène. Berthe, etc. = mother of Charlemagne, said to have had one foot larger than the other. Bietris = Béatrix de Provence. Allys = Alix de Champagne. Harembourges = Erembourges, wife of Foulques V, Count of Anjou. le Mayne = le Maine, province of ancient France, now the department of la Mayenne, formed of part of le Maine and of the Anjou. Jehanne = Joan [of Arc].)

See also WELCOME, WHITE.

snowball. To grow like a rolling snowball, Faire [la] boule de neige.

snub. To get snubbed, Remporter une veste (*fam.*).

snuff. To be up to snuff (*slang*), Être à la redresse (*pop.*).

snug. To be [as] snug as a bug in a rug. Se trouver fort à son aise, Être comme le (*ou* comme un) poisson dans l'eau (*fam.*).

so. *See* BEING, DUSTY, FANCY, FAR, FEAR, GOOD 40, HAPPEN, HOPE, LIKE, MANY, MUCH, NICE, SAY, SPEAK, TELL, THAT, THERE, THINK, THOUGHT, WORD.

soak. *See* SKIN.

sober. To appeal [from Philip drunk] to Philip sober (*to suggest that expressed opinion, etc., represented only passing fancy*), En appeler de Philippe ivre à Philippe sobre, En appeler à Philippe à jeun.

society. To be accustomed to move in polite society, Avoir du monde, Savoir [bien] son monde.

To be unaccustomed to move in polite society, N'avoir pas de monde.

To move in society circles, Aller souvent dans les réunions mondaines, Être fort répandu dans le monde.

socket. *See* STARTING.

soft. To be [as] soft as butter, as wax, Être mou comme le beurre, comme la cire.

To be [as] soft as silk, Être doux comme du satin.

To be getting soft-witted, Perdre peu à peu ses facultés mentales, Se ramollir (*fam.*).

To get on someone's soft side, Prendre quelqu'un sur son endroit faible *ou* par son faible.

To have a soft spot (*or* place) in one's heart for someone, Avoir du tendre pour quelqu'un.

See also JOB, PILLOW, WHISPER.

softie. He's a softie (*milksop*), C'est une poule mouillée (*fam.*).

soil. To smack of the soil *or* To be

racy of the soil (*retain traces of origin—said of persons or writings*), Sentir le terroir.
See also SON.

solemn. To be [as] solemn as a judge, Être sérieux comme un évêque *ou* comme un pape *ou*, *fam.*, comme un âne qu'on étrille.

soliciting. *See* HANG.

some. Some one or other (*a perfect stranger*), Un je ne sais qui.

You may want it, him, some day *or* Some day you may be glad of it, of his help, Il ne faut pas dire, fontaine je ne boirai pas de ton eau.
See also CHEEK, HAVE, PURPOSE, TRUTH, WANT, WORK.

somebody. He's [a] somebody, C'est un [grand] personnage, C'est quelqu'un (*fam.*).

somehow. Somehow or other, Tant bien que mal, Tant de bond que de volée.

something. Something untoward is afoot, L'horizon se couvre. (*Note.* —The expressions contained in the next entry but one are also usually taken in this sense.)

There is [certainly] something in what you say *or* in that, Il y a [bien] un fond de vérité dans ce que vous dites.

There is something brewing *or* something afoot *or* something in the wind, Il se prépare (*ou* se trame) (*ou*, *très fam.*, se mijote) quelque chose, Il y a quelque anguille sous roche.

There's something (*good stuff*) in him, Il y a en lui de l'étoffe, Il a du fond.
See also GO 52, INDESCRIBABLE, ROTTEN, SHAPE, THINK, TURN.

somewhere. Somewhere in the world, De par le monde.

Somewhere or other, Je ne sais où.

Somewhere to stay, Un pied-à-terre.

son. A son of the soil (*of peasant extraction*), Un fils de la terre.

He is his father's son (*a chip of the old block*), C'est bien le fils de son père.
See also LIKE.

song. To buy, To sell, something for a [mere] song, Acheter, Donner, quelque chose à vil prix *ou*, *fam.*, pour un morceau de pain.

soon. He will soon be ten [years old], Il aura bientôt (*ou* Il va sur [ses]) dix ans.
See also KNOW 36.

sooner. No sooner said than done, [Aus]sitôt dit, [aus]sitôt fait, Ainsi dit, ainsi fait, [Aus]sitôt pris, [aus]sitôt pendu.

The sooner the better, Le plus tôt sera le mieux.

soonest. *See* LEAST.

sop. *See* CERBERUS.

sore. It is a sore point, C'est une corde qu'il ne faut pas toucher (*fam.*).

Store is no sore, Abondance de bien[s] (*ou* Surabondance de droit) ne nuit pas.

To be sore pressed, Être aux abois.
See also BEAR, REOPEN, TOUCH.

sorely. *See* PATIENCE.

sorrowing. *See* BORROWING.

sorry. It is a sorry nag, C'est un vrai cheval de l'Apocalypse (*Apocalypse* [= *The Revelation of John the Divine*] VI, 4–8).

To be in a sorry plight *or* pickle, Être en mauvaise posture *ou* en mauvais arroi, Être (*ou* Se mettre) dans de beaux (*ou* dans de vilains) draps.

To cut a sorry figure, Faire pauvre (*ou* une triste) figure.

To look sorry for oneself, Faire (*ou* Avoir) piteuse mine.

You may well be sorry for it one day, Vous pourrez bien vous en repentir (*ou*, *fam.*, Il pourrait bien vous en cuire) quelque jour.

You will be sorry for it some day, Vous vous en repentirez (*ou*, *fam.*, Il vous en cuira) quelque jour.

sort. A work of the right sort, Un ouvrage frappé au bon coin.

He is a wit, a painter, of sorts, C'est une façon de bel esprit, de peintre.

See also GOOD 15, 20, 45, JOLLY, NOTHING, PEACE, TRICK.

soul. The souls in purgatory, L'Église souffrante.

See also ABOUT, BREVITY, EYE, IRON, KEEP, PATIENCE, THROW.

sound. To be as sound as a bell (*of person*), Avoir une santé de fer.

To sound hollow (*fig.*), Sonner creux, Sonner faux.

To sound something far and wide, Publier quelque chose à son de trompe (*fam.*).

See also FAMILIAR, SLEEP, WARNING.

soundly. *See* SLEEP.

soup. To be in the soup (*difficulties*) (*slang*), Être dans le lac (*pop.*) *ou*, *pop.*, dans la marmelade.

sour. The grapes are sour, Les raisins (*ou* Ils) sont trop verts. " Certain renard gascon, d'autres disent normand, Mourant presque de faim, vit au haut d'une treille Des raisins, mûrs apparemment, Et couverts d'une peau vermeille. Le galant en eût fait volontiers un repas ; Mais comme il n'y pouvait atteindre : ' Ils sont trop verts, dit-il, et bons pour des goujats.' Fit-il pas mieux que de se plaindre?"— LA FONTAINE, *Fables* III, 11, *Le Renard et les Raisins.*

To be as sour as vinegar (*of a vinegary disposition*), Avoir un caractère aigre comme verjus (*fam.*).

sourly. To look sourly at someone, Faire grise mine (*fam.*) (*ou, fam.*, la grimace) à quelqu'un.

sow. He who sows the wind shall reap the whirlwind (*Hosea* viii, 7), Qui sème le vent récolte la tempête. " Parce qu'ils sèment (*For they have sown*) le vent, ils moissonneront (*and they shall reap*) la tempête." (*Osée* viii, 7).

See also PURSE, STONY, WILD.

space. *See* STARE.

spade. To call a spade a spade, Appeler un chat un chat, Appeler (*ou* Nommer) les choses par leur nom, Dire le nom et la chose.

Spain. *See* CASTLE.

span. To live (*or* To last out) one's (*normal*) span [of life], Fournir sa carrière. *Cf. Quotation from André Chénier under* COME 26.

See also SPICK.

spare, sparing. In my spare time, À mes heures perdues, À mes moments perdus.

Spare the rod and spoil the child, Qui aime bien, châtie bien.

To be sparing of praise, Être chiche de louanges.

To spare oneself [exertion], Se ménager, Ménager ses pas.

To spare [oneself] no trouble in doing (*or* in order to do) something, Ne pas épargner sa peine pour faire quelque chose.

To spare oneself [trouble], Plaindre sa peine *ou* ses pas.

spare. *See also* EFFORT, ENOUGH.

spark. As the sparks fly upward (*Cf. quotation under* TRYING), C'est la loi de nature.

sparkle. He sparkles with wit, Il pétille (*ou* Il étincelle) d'esprit, Il a plus d'esprit qu'il n'est gros (*fam.*).

sparrow. *See* CHEEKY.

speak, speaking. A (*or* One) look, sometimes, speaks volumes, Un simple regard, parfois, en dit long.

Do not speak of that (*sore point*), Il ne faut pas parler de cela, Ne touchez pas cette corde[-là] (*fam.*).

I have spoken (*I shall say no more*), J'ai dit.

It all but speaks (*bears a lifelike resemblance*) *or* It is a speaking likeness, Il va parler, Il ne lui manque (*ou* Il n'y manque) que la parole, C'est un portrait parlant. " L'artisan exprima si bien Le

caractère de l'idole Qu'on trouva qu'il ne manquait rien À Jupiter que la parole."—LA FONTAINE, *Fables IX, 6.—Le Statuaire et la Statue de Jupiter.*
It is nothing to speak of, Ce n'est rien, Cela ne vaut pas la peine d'en parler.
It speaks volumes for his forbearance, Cela en dit long sur sa patience.
So to speak, Pour ainsi dire, Comme qui dirait.
Speaking for myself, . . ., Pour ma part, . . ., En ce qui me concerne, . . .
The thing (*or* It) speaks for itself, La chose parle d'elle-même, Cela (*ou* Voilà qui) se passe de commentaire.
To let the guns speak, Faire parler la poudre.
To speak extempore *or* out of hand *or* off-hand, Parler d'abondance, Parler à vue de pays (*fam.*), Improviser.
To speak in strong terms to someone, Parler à cheval à quelqu'un (*fam.*).
To speak out (*put it plainly*), Trancher le mot.
speak. *See also* BOOK, CIRCUMSTANCE, DEAD, EFFECT, FAVOUR, FLOWERY, GLOWING, ILL, ITCHING, JEST, LONGING, MIND, REQUEST, THINK, TONGUE, TRUER, TRUTH, TURN, UNRESERVEDLY. WISDOM. **speaking.** *See also* NODDING, RIGHTLY.
special. A special providence, Une disposition particulière (*ou* Un décret) de la Providence, Un coup du ciel *ou* d'en haut *ou* de la grâce divine. *See also* EFFORT.
specimen. He is a poor specimen [of humanity], C'est un triste sujet *ou, fam.*, un pauvre sire.
He is a queer specimen [of humanity], C'est un original *ou, fam.*, un drôle de type.
spectacles. *See* ROSE.
speech. Speech is silvern, silence is golden, La parole est d'argent, le silence est d'or. " La raison d'ordinaire N'habite pas longtemps chez les gens séquestrés. Il est bon de parler, et meilleur de se taire ; Mais tous deux sont mauvais alors qu'ils sont outrés."
—LA FONTAINE, *Fables VIII, 10. —L'Ours et l'Amateur des jardins.* *See also* CURT, FLOW, FLOWER.
speed. *See* GO 31, HASTE, MAKE.
spend. *See* INCOME, WATER. **spending.** *See* PENNY.
spendthrift. *See* MISERLY.
spick. To be spick and span, Être tiré à quatre épingles (*fam.*).
spill. Much ink has been spilt over this question, Des flots d'encre ont coulé dans ce débat.
To spill ink, (*write uselessly or write trash*), Mettre du noir sur du blanc (*fam.*), Barbouiller du papier (*fam.*). *See also* MILK.
spiller. An ink spiller, Un barbouilleur [de papier] (*fam.*).
spin. To spin a thing out, Tirer une chose en longueur. *See also* THEORY.
spindle-shanked. To be spindle-shanked, Avoir des jambes longues et grêles, Avoir des jambes de fuseau (*fam.*) *ou* de coq, Être monté sur des flûtes (*pop.*). " Dans le cristal d'une fontaine Un cerf se mirant autrefois, Louait la beauté de son bois, Et ne pouvait qu'avec-que peine Souffrir ses jambes de fuseaux, Dont il voyait l'objet se perdre dans les eaux."—LA FONTAINE, *Fables VI, 9.—Le Cerf se voyant dans l'eau.*
spinner. *See* THEORY.
spirit. *See* DAMP, LETTER, TEAM, WILLING.
spit. He is the very spit of his father, Il est la véritable image de son père, C'est son père tout craché (*fam.*).

spite. To vent one's spite, Jeter son venin.

See also ALL, CUT.

spleen. To vent one's spleen, Décharger (*ou* Épancher) sa bile.

split. It is a rock on which the wariest split, C'est un écueil où les plus avisés font naufrage.

To split hairs, Fendre (*ou* Couper) un cheveu en quatre, Disputer (*ou* Raisonner) sur des pointes d'aiguilles.

To split someone's ear-drums, Déchirer (*ou* Fendre) (*ou* Rompre) l'oreille (*ou* les oreilles) (*ou* le tympan) (*ou* la tête) (*ou, fam.,* Casser la tête) à quelqu'un.

To split the difference, Partager le différend [par la moitié], Couper la poire en deux.

See also LAUGHTER.

spoil, spoiling. He is spoiling for a fight, Il a grande envie de se battre, Les poings (*ou* Les mains) lui démangent (*fam.*), Son épée ne tient pas au fourreau (*fam.*).

To divide the spoil (*profit*) (*fig.*), Partager le gâteau.

To spoil the market, Gâter le métier.

spoil. *See also* COOK, FUN, GAME, PROOF, SPARE. **spoiling.** *See also* TAR.

spoke. To put a spoke in someone's wheel, Susciter des obstacles (*ou, fam.,* Mettre, *ou* Jeter, des bâtons dans la roue *ou* dans les roues) à quelqu'un.

spokesman. To act as spokesman, Jouer le porte-parole.

sponge. *See* THROW.

spoon. He must have a long spoon that sups with the devil, Par compagnie on se fait pendre.

To be born with a silver spoon in one's mouth, Être né coiffé.

sport. Come, be a sport (*slang*), Allons, un bon mouvement.

He's a sport (*slang*), C'est un chic bonhomme (*fam.*).

To make sport of something, Se faire un jeu de quelque chose.

Sport and Mirth (*poetic*), Les Jeux et les Ris. "Toute la bande des Amours Revient au colombier ; les jeux, les ris, la danse, Ont aussi leur tour à la fin : On se plonge soir et matin Dans la fontaine de Jouvence."—LA FONTAINE, *Fables* VI, 21.—*La jeune Veuve.*

spot. To be killed on the spot, Demeurer (*ou* Rester) sur la place *ou* le carreau, Y demeurer.

See also SOFT, TOUCH, VULNERABLE.

spout. To put a thing up the spout (*pawn it*), Mettre une chose au clou (*pop.*).

sprat. To throw a sprat to catch a mackerel *or* a herring *or* a whale, Donner un œuf pour avoir un bœuf, Jouer à qui perd gagne.

sprawling. One punch was enough to send him sprawling, Un coup de poing a suffi pour l'étendre sur le sol *ou, fam.,* pour l'étaler par terre.

To go sprawling, Tomber les quatre fers en l'air, S'étaler par terre (*fam.*).

spread. To make a great spread (*feast, meal*), Mettre les petits plats dans les grands (*fam.*).

See also RUMOUR, WILDFIRE. **spreading.** *See* ROT.

spree. To go on the spree, Faire une partie de plaisir, Faire [une] bamboche *ou* des bamboches (*fam.*), Faire la noce (*pop.*).

spring. Hope springs eternal, Il n'est pas défendu d'espérer.

See also MUSHROOM.

spur. To win one's spurs (*fig.*), Gagner ses éperons.

See also MOMENT.

squall. Look out for squalls ! (*fig.*), Gare la tempête !

To look out for squalls (*fig.*), Veiller au grain, Être attentif au péril.

squander. *See* FORTUNE.

square. To try to square the circle (*attempt the impossible*), Chercher la quadrature du cercle.

See also DEAL, FAIR, PEG, PLAY.

squarely. *See* LOOK 29.

squash. *See* DEATH.

squeak. To have a narrow (*or* a near) squeak (*escape*), L'échapper belle, S'en tirer tout juste.

squeamish. To be squeamish, Faire le dégoûté.

squeeze. To squeeze some money out of someone, [Sou]tirer (*ou* Arracher) de l'argent (*ou* Tirer une plume de l'aile) à quelqu'un.

squiffy. A man who is squiffy (*slightly the worse for drink*), Un homme [qui est] légèrement pris de vin, Un homme éméché (*fam.*).

squirm. To [fairly] squirm with pleasure, Faire le gros dos (*fam.*).

To squirm, (*under censure or reproach*) Être dans ses petits souliers (*fam.*) ; (*with impatience or irritation*) Se crisper.

stab. It is a stab (*great shock, wounding or offensive remark*), C'est un coup de poignard.

To give someone a stab (*dreadful shock, as by communicating bad news*), Mettre un poignard dans le cœur de quelqu'un.

To stab someone in the back (*fig.*), Donner à quelqu'un un (*ou* le) coup de Jarnac *ou, fam.*, le coup de lapin. (*Note.*—The coup de Jarnac, a back-handed stroke with his sword, with which he hamstrung his adversary (La Châteigneraie) in a duel, was, however, fair enough.)

stable. *See* CLEAN.

stable-door. That is shutting the stable-door after the horse is stolen, Cela, c'est fermer l'écurie quand les chevaux sont dehors, Après la mort le médecin. " Enfans, la ville n'est loing d'icy ; davant que marcher oultre, il seroit bon

deliberer de ce qu'est à faire, affin que ne semblions es Atheniens, qui ne consultoient jamais sinon aprés le cas faict."—RABELAIS II, 24, *Pantagruel.* (*Note.*—es = aux.)

stage. A stage trick, Un coup de théâtre.

stager. An old stager, Un vieux routier.

stagger. *See* SIDE.

staggering. *See* BLOW.

stairs. To come down the stairs four (*steps*) at a time *or* To come tumbling (*or* rushing) down the stairs, Dégringoler l'escalier quatre à quatre.

stake. I would stake my life on it, Je mettrais ma main au feu *ou* au billot, J'en donnerais ma tête à couper, Je vous le signerais de mon sang.

To play for high stakes, Jouer gros jeu, Jouer une grosse partie, Jouer à se perdre.

To play one's last stake *or* To stake one's all *or* one's last farthing, Jouer son reste *ou* son va-tout, Tout hasarder.

Your life is at stake, Il y va de votre vie *ou* de votre tête, Il s'agit de votre vie.

stalwart. *See* OLD.

stamp. This work bears the stamp of genius, Cet ouvrage est frappé au coin du génie.

To stamp up and down (*with impatience*), Trépigner d'impatience, Sécher sur pied.

See also INDIVIDUALITY.

stand, standing. As matters stand, Au point où en sont les choses, Dans l'état actuel des affaires.

He is a man of no standing in the world, C'est un homme sans consistance dans le monde.

How do we stand ? (*with regard to something*), Où en sommes-nous ?

I couldn't stand it, He couldn't stand it, any longer, Je cours, Il court, encore (*fam.*). " Cela dit, maître loup s'enfuit et court encor."—LA FONTAINE, *Fables* I, 5. —*Le Loup et le Chien.*

Not to be able to stand it any longer, Ne plus pouvoir résister, N'y plus tenir.

Not to be able to stand someone at any price (*slang*), Avoir quelqu'un dans le nez (*pop.*).

The objection still stands, L'objection subsiste encore.

To be of long standing, Dater de loin.

To be standing like a post (*immobile*), Être planté comme un piquet (*fam.*).

To stand a chance, Avoir des chances de succès.

To stand by idle *or* To stand idly by, Rester dans l'inaction, Se croiser les bras, Se tenir les bras croisés.

To stand fast, Tenir bon, Tenir ferme.

To stand up for someone, for an opinion, Tenir pour quelqu'un, pour une opinion.

To stand up to someone, Tenir (*ou* Faire) tête à quelqu'un, Regarder quelqu'un en face.

To take one's stand on that (*fig.*), Ne pas sortir de là.

We stand or fall together, Nous sommes solidaires.

stand. *See also* AKIMBO, BUFF, CEREMONY, DIGNITY, DIVIDE, FLESH, GAPING, HAIR, KNOW 27, 34, LEG, RACKET, REASON, STOCK-STILL, SUCCEEDING, TIRE, UNITE, WAY. **standing.** *See also* BREACH, SLEEP, STOCK-STILL.

standard. *See* CROSS, JUDGE.

stand-offish. To be stand-offish, Se tenir sur son quant-à-soi.

standstill. To be brought to a standstill, Être à bout [de champ *ou* de voie].

star. I thank my [lucky] stars I met you, Je bénis le hasard qui m'a fait vous rencontrer.

That is the star turn (*chief attraction*)

[of the entertainment], C'est le clou de la fête (*fam.*).

The star is within every private soldier's reach, Tout soldat porte son bâton de maréchal dans sa giberne.

To see stars (*fig.*), Voir des chandelles (*fam.*), Voir trente-six (*ou* mille) chandelles (*fam.*).

See also BORN, DIMMING, PROMISE.

star-gaze. To star-gaze, Bayer aux corneilles, Gober des mouches (*fam.*).

starchy. To be starchy (*prim and proper*), Être collet monté (*fam.*).

stare, staring. He cannot find what is staring him in the face, Il ne trouverait pas de l'eau à la rivière.

It (*the thing*) stares (*or* is staring) you in the face, Cela vous crève les yeux (*fam.*).

That (*fact, etc.*) stares one, you, in the face, Cela [vous] crève les yeux (*fam.*).

To stare at each other with unseeing eyes *or* with eyes looking off into space *or* To look at one another with a vacant stare, Se regarder en chiens de faïence (*fam.*).

To stare death in the face (*narrowly escape death*), Voir la mort de près.

stare. *See also* COUNTENANCE. **staring.** *See also* MAD.

stark. *See* MAD, NAKED.

starry. The starry welkin (*poetic*), La voûte étoilée.

start, starting. His eyes are starting out of their sockets (*fig.*), Les yeux lui sortent de la tête.

To get the start of someone, Prendre le[s] devant[s] sur quelqu'un.

To make a fresh start *or* To start afresh, Recommencer sur nouveaux frais, Recommencer de nouveau (*e.g.*, sa vie, in life, one's life).

start. *See also* ARGUMENT, BACK, COME 18, FIT, GOOD 4, 63, ROW, STOP, WRONG. **starting.** *See also* POINT.

starve. To starve someone out *or* someone into surrender, Prendre quelqu'un par la famine.

state. To be in a state of confusion *or* of pie (*as a room*), Être en désordre *ou* en l'air.

To go to receive someone in state, Aller recevoir quelqu'un avec appareil, Aller au-devant de quelqu'un avec la croix et la bannière (*fam.*).

See also ROTTEN, THEN.

staunch. *See* FRIEND.

stay. The stay (*person*) of one's old age, L'appui de sa (*ou* Son bâton de) vieillesse.

To stay put, (*remain in place*) Demeurer en place ; (*not alter*) Ne plus changer.

To stay there (*fig.*), En demeurer là, Demeurer en chemin.

See also COURSE, SOMEWHERE.

steady. To steady down (*after having sown one's wild oats*), Se ranger.

See also SLOW.

steal. To steal a glance at someone, Regarder quelqu'un en dessous.

To steal a march on someone, Gagner quelqu'un de vitesse.

To steal a march on the enemy, Gagner une marche sur l'ennemi.

See also FRUIT, STABLE-DOOR, THUNDER.

steel. To steel oneself (*or* one's heart) against something, Se cuirasser contre quelque chose.

See also NERVE, TRUE.

steep. A creature steeped in vice, Une âme pétrie de fange *ou* de boue.

That's a bit steep (*slang*), Ça, c'est un peu raide (*fam.*).

To be steeped in selfishness, Exhaler (*ou, fam.*, Suer) l'égoïsme.

steer. To steer clear (*fig.*), Parer le coup.

To steer clear of someone, of something, Éviter (*ou* S'écarter de) quelqu'un, quelque chose.

stentorian. A stentorian voice, Une voix de stentor. " Puys vous crierez tant que pourrez de vostre grosse voix, qui est plus espovantable que n'estoit celle de Stentor, qui fut ouy par sur tout le bruyt de la bataille des Troyans." —RABELAIS II, 28, *Pantagruel.*

step. It is only a step (*short distance*) from here to such a place, Il n'y a qu'un coup de pied d'ici à tel endroit (*fam.*).

That is a [great *or* long] step forward, Voilà déjà un [grand] pas de fait.

To proceed in a matter step by step, Aller dans une affaire pied à pied.

To turn (*or* To bend) one's steps towards a place, Diriger ses pas (*ou* Se diriger) vers un endroit.

See also BANDBOX, FOLLOW, SHOE, TAKE, TREAD.

stew. To stew in one's own juice *or* grease, Cuire dans son jus (*fam.*).

stick. He does not stick at making use of my services, at lying, Il ne craint pas (*ou, fam.*, ne se fait pas faute) d'user de mes services, de mentir.

He has to stick there the whole day long (*is tied to his duties*), Il est là comme un chien à l'attache *ou* comme un chien d'attache, Il est toujours à l'attache.

He sticks at nothing (*any outlay, any difficulties*), Rien ne lui coûte.

I couldn't stick it, He couldn't stick it, any longer (*slang*), Je cours, Il court, encore (*fam.*).

Quotation under STAND.

Money sticks to his fingers, Il a de la glu aux mains (*fam.*).

Not to be able to stick it any longer (*slang*), Ne plus pouvoir résister, N'y plus tenir.

Not to be able to stick someone at any price (*slang*), Avoir quelqu'un dans le nez (*pop.*).

To be stuck on a man, stuck on a woman (*slang*), Être amoureuse (*ou*, *fam.*, pincée) d'un homme, amoureux d'une (*ou*, *fam.*, pincé) d'une femme.

To stick at nothing, Ne reculer devant rien.

To stick it out, Tenir jusqu'au bout.

To stick to facts, S'en tenir aux réalités.

To stick to one's idea, En tenir pour son idée.

To stick to one's opinion *or* to one's guns, Soutenir son opinion avec obstination, Soutenir son opinion mordicus (*fam.*), Ne point en démordre.

To stick to someone like a limpet *or* like a leech *or* like a burr, Se cramponner à (*ou* Cramponner) quelqu'un.

To stick to that (*to the point*), Ne pas sortir de là.

To stick to what was decided, Se (*ou* S'en) tenir à ce qu'on a décidé.

stick. *See also* CLEFT (*under* CLEAVE), CROSS, HERE, HOP, LAST, MUD, PIG, QUEER, RIGHT, THIN, WRONG. **sticking.** *See* SCREW.

stick-in-the-mud. *See* OLD.

stickler. To be a stickler for something, Tenir rigoureusement à (*ou*, *fam.*, Être à cheval sur) quelque chose.

stiff. That's a bit stiff (*slang*), Ça, c'est un peu raide (*fam.*).

To be [as] stiff as a poker (*of person's carriage or manner*), Être droit comme un piquet (*fam.*), Être tout d'une pièce (*fam.*).

To keep a stiff upper lip, Faire bonne contenance contre l'ennemi.

See also BORE.

stifle. To stifle one's tears, Dévorer ses larmes.

still. He, She, is never still, Il, Elle, ne tient pas en place, C'est le (*ou* un) mouvement perpétuel (*fam.*), C'est un écureuil.

Still waters run deep, Il n'y a pire eau que l'eau qui dort.

The still small voice, La voix (*ou* Le tribunal) de la conscience, Le for intérieur.

To be unable to keep still, Ne pouvoir demeurer (*ou* durer) (*ou* tenir) en place.

See also LIVING.

stilt. To be on stilts (*pompous*), Être monté sur des échasses, Avoir l'esprit guindé.

sting. To get badly stung (*fig.*), Tomber (*ou* Donner) dans le guêpier.

sting. *See also* QUICK, TAIL. **stinging.** *See* TONGUE.

stinger. To give someone a stinger (*cutting remark or rebuke*), Donner à quelqu'un un coup de boutoir (*fam.*).

stink. To stink of pride, of hypocrisy, Exhaler (*ou*, *fam.*, Suer) l'orgueil, l'hypocrisie.

stinking. *See* CRY.

stint. To stint oneself [to oblige others], Se priver du nécessaire pour obliger autrui, S'ôter les morceaux de la bouche (*fam.*).

Without stint, Sans compter.

stir, stirring. These are stirring times, C'est une époque mouvementée.

To make a stir (*be all the go*), Faire du bruit, Faire sensation, Faire florès.

To stir up strife (*fig.*), Fomenter les dissentions *ou* la discorde, Attiser le feu.

stir. *See also* BILE, CAUSE, HORNET.

stitch. A stitch in time saves nine, Un point fait à temps en sauve mille *ou* en épargne cent.

Not to have a stitch on (*be naked*), Être tout nu, toute nue, Être à poil (*pop.*).

stock. His stock is going up, His stock is going down (*his credit is rising, falling*), Ses actions haussent *ou* remontent, Ses actions baissent (*fam.*).

To stock one's head, one's mind, with

knowledge, Meubler (*ou* Enrichir) sa tête, sa mémoire, de connaissances.

To take stock of one's position *or* strength *or* resources, Consulter ses forces *ou* ses ressources, Se tâter le pouls (*fam.*).

See also GOOD 18, 54, LOCK.

stock-still. To stand (*or* To be standing) stock-still, Être planté comme une borne *ou* comme un terme, Ne bouger pas plus qu'un terme (*tous fam.*). " Il harangua tout le troupeau, Les chefs, la multitude, et jusqu'au moindre agneau, Les conjurant de tenir ferme : Cela seul suffirait pour écarter les loups. Foi de peuple d'honneur ils lui promirent tous De ne bouger non plus qu'un terme. ' Nous voulons, dirent-ils, étouffer le glouton Qui nous a pris Robin mouton.' "—LA FONTAINE, *Fables* IX, 19.—*Le Berger et son Troupeau.* (*Note.*—Robin Mouton = Ba-ba, The sheep.)

stolen. *See* FRUIT, STABLE-DOOR.

stomach. To have no stomach for a fight, Manquer de cœur, N'avoir pas de cœur au ventre (*fam.*).

stone. A rolling stone gathers no moss, Pierre qui roule n'amasse pas mousse.

To cast (*or* To throw) a stone at someone (*accuse him*), Jeter la pierre à quelqu'un. Jésus-Christ a dit : Que celui de vous qui est sans péché lui jette la première pierre (*Jean* viii, 7), Jesus Christ said : He that is without sin among you, let him first cast a stone at her (*John* viii, 7).

He lives a stone's throw from here, Il demeure à quatre pas d'ici.

To leave no stone unturned, Faire arme de tout bois, Faire flèche de tout bois, Faire force de voiles, Faire jouer tous les ressorts, Remuer ciel et terre, Employer le vert et le sec,

Employer toutes les herbes de Saint-Jean, Exécuter marches et contremarches, Frapper (*ou* Heurter) à toutes les portes.

To leave no stone unturned to . . ., Ne rien négliger pour . . ., N'oublier rien pour . . ., Mettre tout en œuvre pour . . .

To throw stones at someone (*cast aspersions*), Jeter des pierres (*ou* une pierre) dans le jardin de quelqu'un.

See also BIRD, BLOOD, DEAD, GLASS, HEART, PHILOSOPHER.

stony. To sow in stony ground (*fig.*) (*Mark* iv, 5. *Matthew* xiii, 5), Semer en terre ingrate.

See also BROKE (*under* BREAK), HEART.

stool. To fall between two stools, Se trouver (*ou* Être) (*ou* Demeurer) (*ou* Rester) [le cul] entre deux selles.

stoop. To stoop to conquer, Reculer pour mieux sauter.

stop, stopping. Nothing will stop him (*he will stick at nothing*), Rien ne lui coûte.

To stop one's ears (*refuse to listen*), Se boucher les oreilles.

To stop someone's mouth (*fig.*), Couper le sifflet à quelqu'un (*fam.*).

To stop there (*fig.*), En demeurer là, Demeurer en chemin.

To stop when success seems assured *or* within sight of goal *or* To stop halfway *or* after a good start, S'arrêter en bon (*ou* en beau) chemin, S'arrêter à mi-chemin.

Without stopping, Sans arrêt, Tout d'une trotte.

stop. *See also* RIGHT, ROT, SHORT, SHOUT.

store. A treat in store, Un plaisir à venir.

To set store by something, Faire cas de (*ou* Tenir à) quelque chose.

We do not know what the future has in store [for us], Nous ne savons pas ce que l'avenir nous réserve. " Les dieux . . . nous réservaient

à d'autres dangers " (*had other dangers in store for us*)—FÉNELON, *Les Aventures de Télémaque* 1.
See also SORE.

storehouse. A storehouse of information, of knowledge, (*book*) Une mine de renseignements ; (*person*) Un abîme (*ou, fam.*, Un puits) de science *ou* de savoir. " La mémoire est l'étui (= *the storehouse*) de la science (*of knowledge*) "—MONTAIGNE.

stor[e]y. To be a little wrong in the upper stor[e]y, Avoir une araignée dans le plafond (*fam.*), Avoir des rats dans la tête (*fam.*).

storm. A storm in a teacup, Une tempête dans un verre d'eau.
To carry a thing by storm (*fig.*), Emporter une chose d'assaut *ou* à la pointe de l'épée.
To storm against someone, Tempêter contre quelqu'un.
To take an audience, the world, by storm, Prendre (*ou* Emporter) l'auditoire, le monde, d'assaut.
See also CALM, GATHERING, RAGE, WEATHER.

story. *See* ANOTHER, BEDTIME, CREAM, GET 6, GO 2, 18, LONG, SAME, SHORT, STOR[E]Y, TELL.

straight, straightforward, straightforwardly. A blow straight from the shoulder, Un coup [tout] droit, Un coup raide comme balle (*fam.*).
He is [as] straight as a die, Il est d'une probité à toute épreuve.
It is all clear and straightforward, Voilà qui est clair et net.
The straight path *or* course (*of truth, of virtue*), La voie droite.
To act straight *or* straightforwardly, Marcher droit.
To be [as] straight as a ramrod (*hold oneself erect*), Être droit comme un I (*fam.*).
To be perfectly straight in all one's dealings, Aller le droit chemin.
To be straight up and down (*of*

person's figure, legs*), Être tout d'une venue.
To go straight (*live uprightly*), Cheminer droit.
To go straight at it, Aller directement à son objet, Aller de droit fil (*fam.*).
To go straight at something (*attempt it in spite of opposition*), Faire quelque chose sans s'embarrasser des obstacles, Sauter à pieds joints par-dessus quelque chose (*fam.*).
To go (*or* To come) straight to the point *or* To be quite straightforward about it, Aller droit au but, Y aller carrément (*fam.*) *ou, fam.*, rondement, Y aller bon jeu, bon argent (*fam.*), N'y pas aller par quatre chemins (*fam.*).
To keep a straight face, Garder (*ou* Tenir) son sérieux.

straight. *See also* ASK, DECIDE, LOOK 29, PLAY, SAY.

straighten. Time will straighten things out, Le temps est un grand maître.

strain. Our relations are rather strained, Nous sommes en délicatesse.
To strain every nerve, Faire de grands efforts, Suer sang et eau (*fam.*).
To strain every nerve to do something, Déployer toutes ses forces (*ou* toute son énergie) pour faire quelque chose.
To strain the law, a text, Faire violence à la loi, à un texte.
See also CAMEL.

straiten. To be in straitened circumstances, Être à l'étroit.
To be straitened, *e.g.*, for provisions, Manquer, *p. ex.*, de vivres.

strait-laced. To be strait-laced, Être collet monté (*fam.*).

straits. To be in desperate straits, Être aux abois.

strange. How strange, Voici une chose surprenante, En voici [bien] d'un (*ou* d'une) autre (*fam.*).

It would be a strange thing to see . . .,
Il serait étrange de voir . . ., Il
ferait beau voir . . . (*ironiquement*).
Strange to say,. . ., Chose étrange
[à dire], . . .
See also FANCY, MIXTURE, TALK.
stranger. A perfect stranger, Un je
ne sais qui.
It is stranger than fiction, Cela tient
de la gageure, C'est un défi au
bon sens.
To be [quite] a stranger, (*not know
one's way about*) Étre [tout à fait]
étranger ; (*be seldom seen*) Devenir
(*ou* Se rendre) (*ou* Se faire) rare.
Truth is sometimes stranger than
fiction, " Le vrai peut quelquefois
n'être pas vraisemblable."—
BOILEAU, *L'Art poétique*, Chant 3.
See also SEE.
strangle-hold. To have a strangle-hold
on someone (*fig.*), Tenir quelqu'un
à la gorge.
strap-oil. Strap-oil (*fig.*) (*a beating*),
Des coups de bâton, De l'huile de
cotret (*pop.*).
strapping. He is a strapping fellow,
C'est un gaillard bien découplé
(*fam.*).
strategist. *See* ARM-CHAIR.
straw. A man of straw (*fig.*), Un
homme de paille.
A straw shows the way the wind blows,
Une paille jetée au vent suffit pour
voir d'où le vent souffle.
It is (*or* That's) the last straw, Il ne
manquait plus que cela, C'est le
comble [de nos maux], Après cela
il faut tirer l'échelle (*fam.*).
It is the last straw that breaks the
camel's back, C'est la goutte d'eau
qui fait déborder le vase, Une
goutte d'eau suffit pour faire
déborder un vase plein, La sur-
somme abat l'âne.
One cannot make bricks without
straw (*Exodus* v, 7–19), On ne fait
rien de rien.
To catch at a straw like a drowning

man, Se raccrocher à tout comme
un homme qui se noie.
To draw straws (*lots*), Tirer à la
courte paille.
See also CARE.
streak. *See* DAWN.
stream. *See* LITTLE, OBLIVION, SWIM,
SWOP.
street. The man in the street,
L'homme de la rue, Le grand public.
To turn someone into the street,
Mettre quelqu'un sur le pavé (*fam.*).
See also KEY, SWEEP, TRAMP.
strength. By sheer strength of arm,
À la force du poignet.
He is a tower (*or* a pillar) of strength,
C'est un puissant (*ou* un ferme)
appui.
He is no tower (*or* pillar) of strength,
C'est un roseau peint en fer (*fam.*).
On the strength of (*as a letter*), Sur
la foi de.
The occasion often gives one the
strength to meet it, Il y a des
grâces d'état.
See also GAIN, MUSTER, STOCK, TRY,
UNION.
stress, stressful. An age of stress *or*
A stressful age, Un siècle d'airain.
stretch. To stretch a point in someone's favour, Faire une concession
en faveur de quelqu'un.
To stretch one's legs [by walking],
Se dérouiller les jambes [par la
marche].
To stretch the law, a text, Faire
violence à la loi, à un texte.
To stretch the truth, Passer au delà
des bornes de la vérité.
See also GROUND. **stretching.** *See*
INFINITY.
strew. *See* ROSE.
strictest. *See* TELL.
stride. To take something in one's
stride, Faire quelque chose sans
beaucoup de peine. He took it in his
stride, Il n'y a pas eu grande peine.
See also WALK.
strife. *See* STIR.

strike, striking. Does it not strike you [that] he may be wrong? Ne vous semble-t-il pas (*ou* Ne vous paraît-il pas) qu'il puisse avoir tort?

How does it strike you? Que vous en semble?

I was struck all of a heap, J'ai été bouleversé, Tout mon sang n'a fait qu'un tour (*fam.*).

To strike it rich *or* To strike oil (*fig.*), Trouver un filon.

To strike someone all of a heap (*fig.*), Casser (*ou* Couper) bras et jambes à quelqu'un (*fam.*).

To strike the iron while it is hot, Battre le fer pendant qu'il est chaud. " Messieurs, ce pendant que le fer est chault il le fault battre."— RABELAIS II, 31, *Pantagruel.*

To strike up an acquaintance with someone, Lier connaissance avec quelqu'un.

To strike with all one's might, Frapper à tour de bras, Frapper à bras raccourcis.

Without striking a blow, Sans coup férir.

strike. *See also* ATTITUDE, DOWN, DUMB, FRIENDSHIP, HOME, LYRE, ROOT, THOUGHT.

string. To have more than one string to one's bow, Avoir plusieurs cordes (*ou* plus d'une corde) à son arc, Manger à plus d'un râtelier (*fam.*).

To be strung up short (*hanged*), Être pendu haut et court (*fam.*).

See also DANGLING, HARP, HARPING, PULL.

strip. *See* BUFF.

strive. To strive after (*getting*) money, Courir après l'argent.

stroke. A stroke of luck, Un coup de hasard *ou* de veine.

Not to do a stroke of work, Ne faire rien du tout, Ne faire œuvre de ses dix doigts (*fam.*).

Not to have written a stroke, N'avoir rien écrit, N'avoir pas fait une panse d'a.

See also DO, FINISHING, GOOD 55, LITTLE, SWIM.

strong. He is a strong[-minded] man, C'est une tête forte *ou* une forte tête.

History, Mathematics, is his strong point, L'histoire est, Les mathématiques sont, son fort.

That is coming it rather (*or* a bit too) strong (*slang*), Ça, c'est un peu raide (*fam.*), Cela est violent (*fam.*).

That is coming it too strong (*slang*), Cela [dé]passe la mesure, Cela est trop violent (*fam.*).

The battle is to the strong, Force passe droit, La force prime le droit. *Quotation under* LION.

Things are going strong, Cela marche très bien.

To be [as] strong as a horse *or* as a lion, Être fort comme un Turc (*fam.*) *ou*, fam., comme un bœuf *ou*, fam., comme quatre. " Ce gros paillard Eusthenes, qui est fort comme quatre bœufz." RABELAIS II, 29, *Pantagruel.*

To be strong enough to do it, Être de force à le faire.

To have a strong head (*for alcohol*), Avoir la tête forte.

To resort to strong measures, Recourir à la manière forte.

See also HOT, RESEMBLANCE, SPEAK, WEAK, WRITE.

stronger. *See* SIDE.

strongest. *See* CARD, SIDE.

struggle. The struggle for life, La lutte pour l'existence.

To have a struggle to get something, Avoir du mal à obtenir (*ou*, fam., Pleurer pour avoir) quelque chose.

strut. To strut about (*show off*), Faire la belle jambe.

stubborn. To be [as] stubborn as a mule, Être têtu comme un mulet *ou* comme une mule *ou* comme un âne (*tous fam.*).

stuck. *See under* STICK.

study. His face was a study, Son visage était intéressant à voir.
See also BROWN, DUCK, SIDE.

stuff. A mattress, A cushion, stuffed with a donkey's breakfast (*as with straw—knobbly and hard*), Un matelas, Un coussin, rembourré de noyaux de pêches (*fam.*).
Fiction is no stuff for the pious, Les romans ne sont point gibier de dévots (*fam.*).
That's the stuff, Ça, c'est du bon.
That's the stuff to give him, 'em (*slang*), C'est comme cela il faut le, les, traiter, Ça, c'est envoyé (*fam.*), C'est bien tapé (*pop.*).
To stand there like a stuffed monkey, Rester là comme une souche (*fam.*).
To stuff oneself to repletion (*to gorge*), S'en fourrer jusque là (*fam.*), S'en donner jusqu'à la garde (*fam.*).
To stuff sufficiency, Porter [de] l'eau à la mer.
See also GOOD 44, HOT, MAKE, NONSENSE.

stumble. *See* HORSE.

stumbling-block. A stumbling-block, Une pierre d'achoppement.

stump. To stump someone (*put him at a loss*), Coller quelqu'un (*fam.*).
To stump up (*pay up*) (*slang*), S'exécuter, Les lâcher (*pop.*).

stun. To stun someone with astonishment, Frapper quelqu'un d'étonnement *ou* de stupeur, Casser (*ou* Couper) bras et jambes à quelqu'un (*fam.*).

stunning. *See* BLOW.

stupid. To be [as] stupid as an owl, Être bête comme un pot (*fam.*), Être bête à manger du foin (*fam.*).

sturdy. He is a sturdy fellow, Il a les reins solides.

sty. It is a [pig]sty (*dirty house, room*), C'est une écurie (*fam.*).

style, stylish. To have style *or* To be stylish (*smart*), Avoir un air d'élégance, Avoir du chic (*fam.*).
To live in [grand] style, Mener un [grand] train de maison, Vivre sur un grand pied, Mener la vie à grandes guides, Rouler carrosse.
To reduce one's style of living, Réformer son train.

style. *See also* CRAMP, INFLATE.

subject. To be [one's self] the subject of the (*or* of a) conversation, Être le sujet de (*ou* Faire les frais de) *ou*, *fam.*, Défrayer) la conversation.
See also BROACH, CHANGE, RETURN.

submit. To submit tamely to injustices, vexations (*or the like*), Se soumettre sans résistance aux injustices, aux tracasseries (*ou traitments analogues*), Se laisser tondre (*ou* Se laisser manger) la laine sur le dos.

sub rosa. *See* ROSA.

substance. *See* SHADOW.

substitute. These men were only poor substitutes for so-and-so, Ces hommes n'étaient que la monnaie d'un tel *ou*, *très fam.*, étaient un tel à la manque.

succeed, succeeding, success. Nothing succeeds like success, L'eau va toujours au moulin *ou* à la rivière.
They put him in a fair way to succeed, On l'a mis à portée d'avancer, On lui a mis le pied à l'étrier.
To be in a fair way (*or* To bid fair) to succeed *or* To stand a good chance of succeeding *or* To be on the high road to success, Être en bonne voie, Être en [bonne] passe de réussir, Avoir le vent dans ses voiles *ou* le vent en poupe.
To make a success of a thing, Mener une chose à bien.
To succeed in doing something, Venir à bout de [faire] quelque chose.

success. *See also* FAIL, SCORE, STOP.

successful. A successful man, Un homme arrivé.
See also BRING.

such. Such is not really the case, Il n'en est point ainsi, Le diable n'y perd rien (*fam.*).

See also DISORDER, HEAR, LIFE, TURN.

suck. To suck someone dry, Sucer quelqu'un jusqu'à la moelle [des os] (*fam.*), Saigner quelqu'un à blanc (*fam.*).

See also EGG.

suffer. To suffer cruelly *or* To suffer agonies, Souffrir mort et passion, Souffrir le martyre.

See also COLD, FIRST, SWELL, VEXATION.

sufferer. The offender should be the sufferer, Qui fait la faute, la boit.

sufficiency. *See* STUFF.

sufficient. *See* EVIL, GRACE.

sugar. *See* PILL.

suit. To press (*or* To push) one's suit, Suivre (*ou* Pousser) sa pointe.

To suit down to the ground *or* To suit to a T, Aller à merveille.

To suit one's book, Répondre à ses visées.

See also ACTION, BE.

sulk. *See* TENT.

summer. *See* CLOTHING, INDIAN, MARTIN, SWALLOW.

sumptuously. To fare sumptuously on something, Faire ses délices (*ou*, *fam.*, Faire ses choux gras) de quelque chose.

sun. The sun shines on all alike, Le soleil luit pour tout le monde. " Car il fait lever son soleil sur les méchants et sur les bons." (*Matthieu* v, 45), " For he maketh his sun to rise on the evil and on the good." (*Matthew* v, 45).

To have one's place in the sun, Avoir sa place au soleil.

See also BED, HAY, NEW, RUSHLIGHT.

Sunday. *See* COME 33, LAUGH, LONG.

sundry. *See* ALL.

sunny. The sunny side of the picture, Le bon côté de l'affaire.

sup. *See* SPOON.

superabundance. Superabundance leads to waste, Provision fait profusion.

superfluity. A superfluity of good things, Un embarras de richesses.

superior. *See* FAR.

supernaculum. *See* DRINK.

supple. *See* KNEE.

supreme. To reign supreme, Régner en maître.

supremely. *See* HAPPY.

sure. [As] sure as eggs is eggs, Aussi vrai qu'il fait jour.

[As] sure as fate, Cela ne peut manquer d'arriver, C'est réglé [comme du papier à musique] (*fam.*).

One can never be sure [of anything], Il ne faut jurer de rien.

You can be sure of it, Fiez-vous-y.

See also ASSURANCE, FIND, GROUND, SLOW, WELCOME.

surface. *See* COME 31.

surpass. *See* DESCRIPTION.

surrender. *See* STARVE, UNCONDITIONALLY.

surrounding. *See* FIT.

survivor. The survivors of elder days, Les demeurants d'un autre âge.

suspense. To keep someone in suspense, Tenir quelqu'un en suspens *ou* dans l'incertitude *ou*, *fam.*, en haleine, Tenir quelqu'un le bec dans l'eau (*fam.*). " Or, dist il, il n'y a qu'un poinct qui tienne mon esperit suspend et doubteux."— RABELAIS II, 24, *Pantagruel*.

swaggering. To have a swaggering air, Avoir l'air conquérant.

swallow. One swallow does not make a summer, Une hirondelle ne fait pas le printemps.

See also BAIT, CAMEL, INSULT, PILL, PRIDE, WORD.

swan. *See* GOOSE.

swan-song. The swan-song, Le chant du cygne. It was his swan-song, C'était le chant du cygne. " Les Cycnes, qui sont oyseaulx sacrés à Apollo, ne chantent jamais sinon quand ilz approchent de leur mort, mesmement en Meander, fleuve de Phrygie (je le diz pour ce que Ælianus et Alexander Myndius escrivent en avoir ailleurs veu plusieurs mourir, mais nul chanter en mourant) ; de mode que chant de Cycne est presaige certain de sa mort prochaine, et ne meurt que préalablement n'ayt chanté."— RABELAIS III, 21, *Pantagruel*. " Le Cygne, lorsqu'il sent venir l'heure suprême, En chants mélodieux A la blonde lumière, au beau fleuve qu'il aime, Soupire ses adieux ! " —THÉOPHILE GAUTIER, *À propos du Chant du Cygne*.

swank. To swank (*slang*), Se vanter, Faire du volume (*fam.*), Se faire mousser (*fam.*).

swear. I would swear to it [on my life], Je mettrais ma main au feu *ou* au billot, J'en donnerais ma tête à couper, Je vous le signerais de mon sang.

That would (*or* It is enough to) make a saint swear, Il y a de quoi faire jurer (*ou* Cela ferait *ou*, *fam.*, C'est à faire damner) un saint.

To swear like a trooper *or* like a bargee, Jurer comme un charretier [embourbé] *ou* comme un templier *ou* comme un grenadier *ou* comme un païen.

swear. *See also* GOD. **swearing.** *See* CURSING.

sweat. Let that (*or* That can) sweat (*wait*) (*slang*), Il faut laisser couver cela (*fam.*).

To be in (*or* all of) a sweat *or* To sweat profusely, Être trempé de sueur, Être [tout] en nage, Suer à grosses gouttes.

To till (*or* To labour) the earth in the sweat of one's brow (*Genesis* iii, 17–19), Arroser la terre de ses sueurs.

sweep. A sweep (*a haul*) (*fig.*), Un coup de filet.

I would rather sweep the streets than be in that trade *or* than do that, J'aimerais mieux bêcher la terre (*ou* porter l'auge) que de faire ce métier-là.

To make a clean sweep (*fig.*), Faire table rase, Donner un coup de balai (*fam.*), Faire maison (*ou* place) nette.

To sweep the board, Emporter tout. *See also* BLACK, BROOM.

sweet. Sweet seventeen, Le bel âge, L'âge heureux. " Elle avait une fille ; un dix avec un sept Composait l'âge heureux de ce divin objet." — VOLTAIRE, *Contes, Gertrude*.

To be perfectly sweet (*of child or young girl*), Être [joli(e)] à croquer, Être [gentil(le)] à croquer, Être un morceau de roi (*tous fam.*). " Le sorcier en fit une fille De l'âge de quinze ans, et telle et si gentille Que le fils de Priam pour elle aurait tenté Plus encor qu'il ne fit pour la grecque beauté."—LA FONTAINE, *Fables* IX, 7.—*La Souris métamorphosée en Fille.*

To have a sweet tooth, Aimer les sucreries.

Vengeance is sweet, La vengeance est un morceau de roi. " Je sais que la vengeance Est un morceau de roi ; car vous vivez en dieux."— LA FONTAINE, *Fables* X, 12.— *Les deux Perroquets, le Roi et son Fils.*

See also FRUIT, LIFE, PLEASE, SHORT, WILL.

sweetly. *See* SMILE.

swell. To play the swell, Faire l'homme de conséquence, Faire le monsieur (*pop.*).

To swell with importance *or* To swell like a turkey-cock *or*, *slang*, To have [got] *or* To suffer from, a swelled (*or* a swollen) head, Faire l'important, S'en faire accroire.

See also PRIDE.

swerve. *See* DUTY.

swift. [As] swift as thought, Rapide comme la pensée.

To be [as] swift as lightning, Être prompt (*ou* rapide) comme un éclair *ou* comme l'éclair *ou* comme la foudre.

To be swift to anger, Être prompt à se mettre en colère, Être coléreux (*fam.*).

swim, swimming. His, Her, head is swimming *or* He, She, has a swimming in the head, La tête lui tourne.

Not to be able to swim a stroke, Ne savoir pas nager du tout, Nager comme un chien de plomb (*fam.*) *ou, fam.,* comme une meule de moulin.

To be in the swim, Être dans le mouvement *ou* dans le train.

To swim like a fish *or* like a duck, Nager comme un poisson.

To swim with, against, the tide *or* the stream (*fig.*), Suivre, Aller contre, le courant [de l'opinion].

swim. *See also* SINK.

swine. *See* PEARL.

swing. I lose on the swings what I make on the roundabouts *or* What I lose on the swings I make on the roundabouts, En considérant le pour et le contre (*ou* À tout prendre), je n'y gagne rien *ou* je n'y perds rien.

The swing of the pendulum, (*fig.*) Un coup de bascule ; (*Politics*) Le jeu de bascule.

To be in full swing, Battre son plein, Être au plus haut point.

To swing round to the opposite opinion, Passer d'une opinion à l'opinion contraire, Aller (*ou* Passer) (*ou* Changer) du blanc au noir (*fam.*).

To swing the lead (*malinger*), Tirer au flanc, Cagnarder.

See also ROOM.

switch. To switch on to another subject, Aiguiller une discussion.

swoop. At one [fell] swoop, D'un seul coup, Tout d'un coup.

swop. Never swop horses while crossing the stream, Il ne faut pas

changer d'attelage au milieu du gué.

sword. " For all they that take the sword, shall perish with the sword." (*Matthew* xxvi, 52), " Celui qui frappera par le glaive périra par le glaive."

The sword of Damocles, L'épée de Damoclès (*Greek who was feasted with sword hung by a hair over him*) (= *imminent danger in midst of prosperity*).

The sword of justice (*fig.*), Le glaive de la justice.

See also DRAW, FIRE, SHEATHE, TONGUE, TWO-EDGED, UNSHEATHE.

T

T. You have hit him off to a T, À ce procédé, on le reconnaît, C'est lui tout craché (*fam.*).

t. *See* DOT.

table. To turn the tables, Renverser la situation.

To turn the tables on someone, Renverser les rôles.

See also CARD.

tack. To change one's tack *or* To try another tack, S'aiguiller dans une voie nouvelle.

See also BRASS, RIGHT, WRONG.

tackle. One does not know how to tackle him, On ne sait pas par quel bout le prendre (*fam.*).

To tackle the question, Aborder la question.

See also BEST, RIGHT.

tactics. To change one's tactics, Se servir de quelque nouveau moyen, Changer de batterie, Changer ses batteries. " Mais, pour vous servir avec plus d'effet, je veux changer de batterie, couvrir le zèle que j'ai pour vous,

et feindre d'entrer dans les sentiments de votre père et de votre
belle-mère."—MOLIÈRE, *Le Malade
imaginaire* I, 8.

tail. To go off with one's tail between
one's legs, S'en aller la queue entre
les jambes (*fam.*), Partir l'oreille
basse (*fam.*).
The sting is in the tail, À la queue
gît le venin.
To turn tail, Tourner le dos [à ses
assaillants] (*fam.*), Tourner casaque (*fam.*), Montrer le dos (*fam.*)
ou, pop., le derrière.
See also HEAD, PULL, SHAKE, WAG.

tailor. *See* DEVIL.

taint. *See* SCABBY.

take, taking. He cannot take a joke,
Il n'entend pas raillerie *ou* plaisanterie, Il n'est pas commode
(*fam.*).
He has taken this insult to heart,
Cette injure lui tient au cœur.
He takes it all in, Il avale cela doux·
comme lait (*fam.*).
He took in the whole situation at a
glance, D'un coup d'œil, il em-
brassa tout l'horizon. *Cf.* To be
able . . . & To take in . . ., *below.*
I am [very much] taken with the
idea, with this place, L'idée, Ce
lieu, me plaît *ou* me sourit *ou*
m'enchante.
It might be taken for (*looks like*) a
boat, etc., On dirait une barque, etc.
One must take things as they come,
À la guerre comme à la guerre.
Cf. To take . . ., *below.*
Take that (*blow*) ! Attrape !
Taking everything into account *or*
consideration, Tout [bien] compté,
Tout compté, tout rabattu, Tout
bien compté et rabattu, De compte
fait, Tout compte fait, Tout bien
considéré.
Taking it all round *or* [Taking] one
with the other, L'un(e) portant
l'autre, Le fort portant le faible,
L'un(e) dans l'autre.

[Taking] one year with another (*on
an average between the years*),
Bon an, mal an. (*See note under*
WILLY-NILLY.)
To be able to take in the situation at a
glance, Avoir un coup d'œil
excellent.
To be taken in, Donner dans le
piège, Donner dedans (*pop.*).
To know how to take a joke, Entendre
[bien] la plaisanterie *ou* la raillerie.
To take after someone (*be like him*),
Tenir de quelqu'un : He takes after
his father, Il tient de son père.
To take in the situation, Se rendre
compte de la situation, Juger la
balle (*fam.*).
To take it in (*collect one's thoughts*),
Se reconnaître.
To take it upon oneself to do something, Prendre sur son compte
de faire quelque chose.
To take someone in, Tromper (*ou*
Mystifier) quelqu'un, Monter le
coup à quelqu'un (*fam.*), Faire
monter quelqu'un à l'échelle (*fam.*),
Mettre quelqu'un dedans (*pop.*).
To take someone's last farthing,
Sucer quelqu'un jusqu'au dernier
sou (*fam.*).
To take something into account *or*
into consideration, Prendre (*ou*
Mettre) (*ou* Faire entrer) quelque
chose en considération *ou* en ligne
de compte, Faire la part de quelque
chose, Tenir compte (*à quelqu'un*)
de quelque chose : God will take
into account our most trivial good
deeds, Dieu nous tiendra compte
de nos moindres actes de charité.
I take into consideration his good
will, Je lui tiens compte de sa
bonne volonté.
To take something into one's head
(*imagine it*), Se mettre quelque
chose dans la tête, Prendre quelque
chose sous son bonnet (*fam.*).
To take something upon oneself,
Prendre sur soi de faire quelque

chose, Prendre quelque chose sous son bonnet (*fam.*).

To take the cake *or* the bun *or* the biscuit, Remporter la palme, Avoir le pompon (*fam.*).

To take the step *or* the plunge, Franchir (*ou* Sauter) le pas *ou* le fossé, Passer (*ou* Franchir) le Rubicon, Faire le saut [périlleux] (*fam.*).

To take things as they come, Prendre le temps comme il vient.

To take to religion, Tomber dans la dévotion.

What do you take me for ? Vous ne m'avez pas (*ou* Tu ne m'as pas) regardé (*fam.*).

You can take it from me, Vous pouvez m'en croire, Puisque je vous le dis.

You take, He takes, the cake *or* the bun *or* the biscuit, À vous, À lui, le pompon (*fam.*).

take. *See also* ABODE, ADVANTAGE, ADVICE, ALL, ATTITUDE, BACK, BADLY, BAIT, BREAD, BREATH, BREEKS, CARE, CHANGE, CLEVER, CLEVEREST, COURAGE, COURSE, CUDGEL, CUE, DEUCE, DEVIL, DUCK, EASY, EFFECT, EXCEPTION, EYE, FANCY, FLESH, FRENCH, FRIGHTEN, GAUNTLET, GIFT, GIVE, GLOOMY, GLOVE, GOD, GOSPEL, HAND, HEEL, HINT, HORN, HORSE, INCH, INTEREST, LAMB, LAW, LEAD, LEAF, LEAVE, LOAD, LONG, LYING (*under* LIE), MEASURE, NO, NOTICE, PEG, PENCE, PILLOW, POT, PRECEDENCE, PRECEDENT, PRIDE, QUARREL, QUIETLY, RIDE, RISE, ROOT, ROSY, ROUGH, SAIL, SERIOUSLY, SIDE, SIGN, STAND, STOCK, STORM, STRIDE, SWORD, TASK, THOUGHT, TIME, TOILS, TOW, TRUST, TURN, UNACCOUNTABLE, UNAWARES, VIEW, WARNING, WILL, WIND, WING, WORD. **taking.** *See also* COURSE, SERIOUS, SHAPE, SITTING.

tale. I have heard that (*idle*) tale before, Je connais des paroles sur cet air-là.

See also FAIRY, LONG, TELL, TELLING, TRAVELLER.

talent. *See* HIDE.

talk, talking. He talks nineteen to the dozen *or* He would talk a donkey's (*or* a horse's) hind leg off, Il est bavard comme une pie, Il jase au plus dru, Il jase comme une pie [borgne], Il en mouille (*pop.*).

It is all (*idle*) talk, Ce ne sont que des on-dit, Ce n'est qu'un racontar (*fam.*).

Now you're talking [sense], Voilà parler raison, C'est parler raison, cela, C'est parler, cela (*fam.*), Voilà qui est (*ou* qui s'appelle) parler (*fam.*).

People talk of nothing but that, Il n'est bruit que de cela.

Talking is one thing, doing another, Autre chose est de parler, autre chose d'agir.

That is a strange way to talk, Vous tenez là un étrange langage.

To be the talk of the neighbourhood, of the town (*of persons*), Être le sujet des propos populaires, Être la fable du quartier, de la ville.

To be the talk of the town (*of news*), Courir les rues.

To do all the talking, Faire tous les frais de la conversation (*fam.*).

To do the talking (*act as spokesman*), Porter la parole.

To get [oneself] talked about, Faire parler de soi.

To give someone a good talking to, Tancer quelqu'un vertement (*fam.*), Donner un savon à quelqu'un (*pop.*).

To talk [about] business *or* To talk shop, Parler affaires, Parler boutique (*fam.*).

To talk [about] dress, Causer (*ou* Parler) [de] chiffons (*fam.*).

To talk about the weather *or* of nothing in particular, Parler (*ou* Causer) de la pluie et du beau temps, S'entretenir de

choses indifférentes. " Le beau temps et la pluie, et le froid et le chaud, Sont des fonds qu'avec elle on épuise bientôt."—MOLIÈRE, *Le Misanthrope* II, 5.
To talk at random *or* wildly, Parler à tort et à travers, Parler en l'air (*fam.*).
To talk for talking's sake, Parler pour parler (*fam.*).
To talk in one's sleep, Rêver tout haut.
To talk in plain French, Parler [en bon] français, Parler chrétien (*pop.*) (*obsolescent*). " Eh ! que m'importe donc, dit l'âne, à qui je sois ? Sauvez-vous, et me laissez paître. Notre ennemi, c'est notre maître : Je vous le dis en bon françois."— LA FONTAINE, *Fables* VI, 8.—*Le Vieillard et l'Âne.* " Le sot en bon françois, Puisque je puis le dire, et qu'enfin je le dois."—MOLIÈRE, *L'Étourdi* I, 8. " Madelon. Vite, venez nous tendre ici dedans le conseiller des grâces. *Marotte.* Par ma foi, je ne sais quelle bête c'est là : il faut parler chrétien si vous voulez que je vous entende."— MOLIÈRE, *Les Précieuses ridicules* 7. " A quoy dist Epistemon : ' Parlez vous christian, mon amy, ou langaige patelinoys ? ' "—RABELAIS II, 9, *Pantagruel.* (*Note.*—patelinoys = like that of Patelin, a writer of farces.) " Adoncques s'escria espovantablement, sonnant entre les dens quelques mots barbares et d'estrange termination ; de mode que Panurge dist à Epistemon : ' Par la vertus Dieu, je tremble ; je croy que je suys charmé ; elle ne parle poinct Christian '."—RABELAIS III, 17, *Pantagruel.*
To talk of one thing and another *or* of cabbages and kings, Parler (*ou* Causer) de choses et d'autres.
To talk someone round *or* over, Amener quelqu'un à changer d'avis.

To talk through one's hat (*slang*) *or*, slang, through the back of one's neck, Dire des choses étranges, incroyables, Dire des choses de l'autre monde (*fam.*), Raisonner comme une pantoufle (*fam.*).
To talk to deaf ears *or* to a brick wall, Parler à un sourd, Parler à un mur *ou* aux rochers (*tous fam.*).
To talk to oneself, Se parler à soi-même, Monologuer, Parler à sa personne *ou*, *fam.*, à son bonnet.
You might as well talk to a brick wall, Autant vaudrait parler à un sourd (*fam.*).
talk. *See also* ANGEL, BIG, BOOK, DEVIL, DUTCH, EASY, GREEK, HEAR, HEROIC, PRIVATE. **talking.** *See also* KNOW 3, 7, MIND.
talker. Talkers are no good doers, Les grands diseurs ne sont pas les grands faiseurs.
tall. A tall lanky individual, Une personne dont la taille est haute et grêle, Une grande perche (*fam.*). *See also* TELL.
taller. *See* GROW, HEAD.
tamely. *See* SUBMIT.
tangent. You are flying (*or* going) off at a tangent, Vous passez du coq à l'âne (*fam.*), Cela vient comme des cheveux sur la soupe (*fam.*).
tangle. *See* SKEIN.
Tantalus. The punishment of Tantalus (*condemned to stand up to his chin in water that receded whenever he stooped to drink—hence* to tantalize), Le supplice de Tantale.
tape. I've got him, her, taped, J'ai pris sa mesure. *See also* RED.
tapis. This matter is on the tapis (*under consideration*), Cette affaire est sur le tapis *ou* sur le bureau.
Tapley. *See* MARK TAPLEY.
tar. That is spoiling the ship for a ha'p'orth of tar, C'est une économie de bouts de chandelle.

They are both tarred with the same brush, On peut les mettre dans le même panier (*fam.*), Ce sont gens de même farine (*fam.*), Les deux font la paire (*fam.*)., Les deux se valent (*ironiquement*).

tare. *See* SEPARATE.

Tarter. To catch a Tartar, Trouver plus fort que soi.

task. To take someone severely to task, Faire une rude réprimande (*ou, fam.*, une sortie) à quelqu'un.

To take someone to task for having done something, Prendre quelqu'un à partie pour avoir fait quelque chose.

To take someone to task for his negligence, Reprocher à quelqu'un (*ou* Réprimander quelqu'un pour) (*ou, fam.*, Faire la guerre à quelqu'un sur) sa négligence.

See also ALLOT, EQUAL.

taste. There is no accounting for tastes *or* Everyone to his taste *or* Tastes differ, Des goûts et des couleurs il ne faut [pas] discuter, [À] chacun son goût, Chacun prend son plaisir où il le trouve.

See also GOOD 31, PLEASANT.

tat. *See* TIT.

tax. To tax one's memory, Faire appel à ses souvenirs.

See also CERTAIN.

teach. I'll teach him how to behave, Je lui apprendrai [bien] à vivre.

That will (*or* That'll) teach you, Cela vous apprendra.

teach. *See also* EGG. **teaching.** *See* EGG.

teacup. *See* STORM.

team. Team spirit, Esprit de corps.

tear. To shed (*or* To weep) bitter tears, Verser des larmes amères, Pleurer à chaudes larmes. " Pantagruel, ce propos finy, resta en silence et profonde contemplation. Peu de temps après, nous veismes les larmes decouller de ses œilz grosses comme œufz de Austruche."— RABELAIS IV, 28, *Pantagruel.*

To tear each other's hair (*in fighting—of women*), Se prendre aux cheveux, Se crêper le chignon (*fam.*).

See also BORE, LAUGHTER, PIECE, RAG, VALE.

teaser. A regular teaser, Un casse-tête chinois (*fam.*).

tediousness. The tediousness of life (*disgust with life*), L'ennui de vivre.

teeth. *See under* TOOTH.

tell, telling. A tale never loses in the telling, On fait toujours le loup plus gros qu'il n'est.

Anyone will tell you that, Le premier venu vous dira cela.

Blood (*or* Breed) will tell, Bon sang ne peut mentir.

Don't let me have to tell you that again, Tenez-vous cela pour dit.

Don't tell me [that] *or* [A pretty tale] you're telling me *or* [Go and] tell that to the [horse] marines, Allez conter cela ailleurs, À d'autres (*fam.*), Vous m'en baillez d'une belle (*fam.*), Vous me la baillez (*ou* donnez) belle *ou* la baillez bonne (*fam.*).

I can tell you ! Je vous en réponds !, C'est moi qui vous le dis !

I can tell you a thing or two about that, Je puis vous en dire des nouvelles (*fam.*).

I cannot tell you how pleased I am, Je ne saurais vous dire combien je suis content.

I tell you that man is the worst rascal living, Je vous donne cet homme-là pour le plus grand fourbe. " Mascarille est un fourbe, et fourbe fourbissime, Sur qui ne peuvent rien la crainte et le remords, Et qui pour ses desseins d'étranges ressorts."—MOLIÈRE, *L'Étourdi* II, 5. " Après ce rare exploit, je veux que l'on apprête À me peindre en héros, un laurier sur la tête, Et qu'au bas du portrait on mette en lettres d'or : *Vivat Mascarillus four-bum imperator !* " — MOLIÈRE, *L'Étourdi* II, 11.

I told you so, Je vous l'avais [bien] dit.

Nobody can tell, Personne n'en sait rien.

Not to be able to tell one from the other *or* from t'other *or* to tell them apart, Ne pouvoir [pas] les distinguer l'un(e) de l'autre, À s'y tromper, À se tromper : One can't tell her from her sister, Elle ressemble à sa sœur à s'y (*ou* à se) tromper.

Not to wait to be told [twice], Ne pas se le faire dire [deux fois] : He didn't wait to be told twice, Il ne se le fit pas dire deux fois.

Some fine (*incredible*) tales he told me, Il m'a dit des choses extraordinaires, Il m'en a dit de bonnes (*fam.*).

Tell me another (*taradiddle*), Va-t'en voir s'ils viennent (*fam.*).

Tell me if you can, Je vous le demande.

That tells its own tale, Cela parle de soi[-même], Cela parle tout seul, Cela se passe de commentaire.

These wounds tell their own story, Ces blessures parlent d'elles-mêmes *ou* en disent long.

To tell (*fig.*) (*take effect*), Porter [coup].

To tell some fine tales *or* some tall stories *or* To tell cock-and-bull stories, En [ra]conter de belles (*fam.*), En raconter (*fam.*), Dire des choses de l'autre monde (*fam.*), Faire des coq-à-l'âne, Dire des contes bleus (*fam.*). *Quotation under* FAIRY.

To tell someone off (*slang*), Régler à quelqu'un son compte (*pop.*), Ramasser quelqu'un (*pop.*).

To tell someone something in the strictest confidence, Confier à quelqu'un quelque chose sous le sceau du secret *ou* sous le sceau de la confession.

To tell tales [out of school], Faire des rapports, Rapporter.

You never can tell, Il ne faut jurer de rien.

Who can tell ? Qui sait ?

tell. *See also* ABOUT, ALL, BELIEVE, BIRD, DEAD, FACE, FORTUNE, GOOD 13, GRIEVANCE, LONG, SECRET, THINK, TIME, TRAVELLER, TRUTH, WORD.

temper. God tempers the wind to the shorn lamb, À brebis tondue Dieu mesure le vent.

He is a man who rarely loses his temper, but when he does . . ., C'est un mouton enragé (*fam.*).

To lose one's temper, Sortir de son caractère, Prendre la chèvre (*fam.*).

" D'un mari sur ce point j'approuve le souci ; Mais c'est prendre la chèvre un peu bien vite aussi." MOLIÈRE, *Sganarelle* 12.

See also EVEN-TEMPERED, UNEVEN.

tempt. To tempt fortune, Tenter (*ou* Brusquer) la fortune *ou* l'aventure.

ten. [It's] ten to one he won't come, Il y a [beaucoup *ou* gros *ou* tout] à parier qu'il ne viendra pas.

tender. This meat is [as] tender as a chicken, Cette viande est tendre comme [la] rosée.

tenderest. *See* TOUCH.

tent. To pitch one's tent (*take up one's abode*), Planter sa tente.

To sulk in one's tent (*fig.*) (*like Achilles* — HOMER'S *Iliad*), Se retirer sous sa tente (*fam.*).

tenterhook. To be on tenterhooks (*in suspense*), Être sur des charbons [ardents] (*fam.*) *ou*, *fam.*, sur le gril, Être au supplice.

To keep someone on tenterhooks, Faire mourir quelqu'un à petit feu.

terminological. Terminological inexactitudes, Des licences poétiques.

terms. *See* BAD, BEST, EQUAL, FAMILIAR, GLOWING, GOOD 52, MUTUAL, NODDING, SPEAK, WRITE.

terror. To be in mortal terror, Mourir de peur, Avoir une peur bleue (*fam.*), Suer la peur (*fam.*). *See also* HOLY.

testimony. On the testimony of someone, Sur la foi de quelqu'un.

tether. *See* END.

Thames. He won't set the Thames on fire, Il n'a pas inventé la poudre (*fam.*).

thank, thanks. How can I thank you? Comment vous dire merci? There is no occasion to thank me *or* No thanks are due to me, Il n'y a pas de quoi me remercier. To have to thank someone for something, Devoir quelque chose à quelqu'un, Être redevable à quelqu'un de quelque chose, Devoir une belle chandelle à quelqu'un pour quelque chose : I have to thank him for all my misfortunes, Je lui dois tous mes maux. He has to thank me for getting him out of this awkward situation, Il me doit une belle chandelle pour l'avoir tiré de ce mauvais pas.

thank. *See also* EXCUSE, MUCH, STAR.

thankful. *See* MERCY, MUCH.

that. So much for that ! *or* That's that ! Et voilà !, Na !, Un point, c'est tout (*tous fam.*). *See also* ALL, AMOUNT, COME 6.

then. The then state of affairs, L'état des affaires à ce moment-là. *See also* WATER.

theory. A spinner of theories, Un faiseur d'almanachs. To spin theories, Faire (*ou* Composer) des almanachs.

there. He's all there, Il n'est pas manchot (*fam.*). He's not quite all there *or* He isn't all there, Il est un peu toqué (*fam.*). So there (*nothing doing*), [Je suis votre, son] serviteur ; (*of woman*) Je suis votre, sa, servante, Je vous baise la main (*tous fam.*). There now, if he isn't angry, if it isn't raining, Ne voilà-t-il pas qu'il se fâche, qu'il pleut (*fam.*). What business had he to be there [at all]? *or* What was he doing there? Pourquoi se trouvait-il là ?, Qu'allait-il faire dans cette galère? (*fam.*). " Que diable allait-il faire dans cette galère? "— MOLIÈRE, *Les Fourberies de Scapin* II, 11. *See also* HERE, STAY.

thew. To be all thew and sinew, Être tout nerfs et tout muscles.

thick. In the thick of the fight, Au plus fort du combat *ou* de la mêlée. That's a bit thick (*slang*), Ça, c'est un peu raide (*fam.*). They are [as] thick as thieves, Ils s'entendent comme larrons en foire, Ils sont comme les deux doigts de la main, Ce sont deux, trois, etc., têtes dans un même bonnet *ou* sous le même bonnet (*fam.*). To be thick-skinned (*fig.*), N'avoir pas l'épiderme sensible. *See also* FRIEND, GO 10, LAY.

thicken. The plot thickens, L'intrigue se noue, L'affaire se corse (*fam.*).

thief. Opportunity makes the thief, L'occasion fait le larron. Set a thief to catch a thief, À corsaire, corsaire et demi, À Normand, Normand et demi, À trompeur, trompeur et demi, À voleur, voleur et demi. " Tous les gens lui criaient, pour déguiser la chose : ' Petit, petit, petit ! ' mais loin de s'y fier, Le Normand et demi laissait les gens crier."—LA FONTAINE, *Fables* VIII, 21.—*Le Faucon et le Chapon*. (*Note.*—Le Normand et demi = The thrice-wily one.) This gaming house is a [regular] den of thieves, Cette maison de jeu est une vraie caverne (*fam.*), C'est un bois que cette maison de jeu (*fam.*). " Je fuz destroussé des brigans par une grande forest."—RABELAIS II, 32, *Pantagruel*.

You have fallen among thieves, Vous êtes tombé dans un repaire de brigands *ou*, *fam.*, dans une vraie forêt de Bondy. (*Note.* — The forest of Bondy, in the department of the Seine (now broken up into estates), formerly a dense forest, regarded in popular tradition as a lair of thieves.)

See also HONOUR, SHOUT, THICK, TIME.

thigh. *See* HIP.

thin. It is the thin end of the wedge, C'est un pied de pris, C'est le premier pas.
To be [as] thin as a rake *or* as a stick *or* as a lath, Être maigre comme un échalas (*fam.*) *ou*, *fam.*, comme un hareng saur *ou*, *pop.*, comme un clou, Être une vraie planche (*fam.*).
To be thin-skinned (*fig.*), Avoir l'épiderme sensible.

See also AIR, GO 10, SKATING.

thing. It's not the thing (*to say or do*), Cela est peu conforme aux bonnes règles, Ce n'est pas canonique (*fam.*).

See also ANY, BE, COME 3, EASY, FACE, FINE, GOOD 29, 33, 34, HUM, HUMMING, KNOW 25, LOOK 18, ONE, ORDER, PAST, RIGHT, SEE, TAKE, TELL, TURN, UNPLEASANT, UP, WARMING, WELL, WORSE.

think, thinking. (*For* THOUGHT, *verb and noun, see below*). Give me time to think it over, Laissez-moi y songer à tête reposée.
He isn't thinking of what he is saying, Il ne pense pas à ce qu'il dit, Îl a l'esprit ailleurs, Il a l'esprit aux talons (*fam.*).
I'll give you something to think about (= *a threat*), Vous aurez (*ou* Vous entendrez) de mes nouvelles.
I think so. I think not, Je pense que oui. Je pense que non.
I should think so, Je [le] crois bien.
Now that I come to think of it, Maintenant que j'y songe.

On (*or* After) thinking it over, À la réflexion, Réflexion faite.
One can't think of everything, On ne s'avise jamais de tout, On ne pense jamais à tout [ce qu'il y a à faire].
Think before you speak, Il faut tourner sept fois sa langue dans sa bouche avant de parler.
Think it over, Réfléchissez-y.
To make someone think twice *or* To set someone thinking, Donner à réfléchir à quelqu'un.
To tell someone what one thinks of him, her, Dire à quelqu'un son fait. (*Note* that quelqu'un used absolutely, as here, takes no feminine termination ; but : Quelqu'une de vos amies, [Some] one of your [lady] friends.)
To think aloud, Penser tout haut.
To think twice about it, Y regarder à deux fois.
Unless we think better of it, Sauf meilleur avis.
Without thinking, Inconsidérément, À la volée. " Mon-si-eur, dans ces ma-ti-è-res-là, il faut pro-cé-der a-vec cir-con-spec-ti-on, et ne ri-en fai-re, com-me on dit, à la vo-lé-e, d'au-tant que les fau-tes qu'on y peut fai-re sont, se-lon no-tre maî-tre Hip-po-cra-te, d'u-ne dan-ge - reu - se con - sé - quen - ce." — MOLIÈRE, *L'Amour médecin* II, 5.
You think so ? Vous trouvez ?
You would (*or* One might) think he was mad, On dirait [d']un fou.

think. *See also* BEER, CLEVER, DISCRETION, EVIL, FIT, FURIOUSLY, GREAT, MUCH, NOISE, ONLY, RETORT.

thinking. *See also* BRING, WISHFUL.

thinking-cap. To put on one's thinking-cap, Aviser à ce qu'on doit faire.

thirst. To have a perpetual thirst, Avoir toujours soif, Avoir la pépie (*fam.*).

thorn. It is a thorn in one's flesh *or* in one's side, C'est une épine au pied.

No rose without a thorn, [Il n'est] point de rose[s] sans épines, Toute (*ou* Chaque) médaille a son revers.

To be (*or* To sit) on thorns, Être sur des épines (*fam.*), Être au supplice.

thorough. *See* WETTING.

thorough-going. *See* TOADY.

thorough-paced. A thorough-paced scoundrel, Un mauvais garnement, Un homme de sac et de corde (*fam.*).

thought. After much thought, . . ., Après mûre réflexion, . . ., Tout bien réfléchi, . . .

His one thought is his pleasures, is himself, Il ne songe qu'à ses plaisirs, qu'à lui-même.

I didn't give it another (*or* a second) thought, Je n'y ai pas repensé.

I thought so *or* as much, Je le pensais bien.

On second thoughts, À la réflexion, Réflexion faite.

Second thoughts are best, On fait toujours bien d'y regarder à deux fois.

The mere thought [of it] is enough to frighten one, Rien que d'y penser on en est effrayé.

The thought didn't occur to (*or* didn't strike) me, L'idée ne m'en était pas venue.

To give someone food for thought, Donner à réfléchir à quelqu'un, Fournir à quelqu'un matière à réflexion.

To take no thought for the morrow (*Matthew* vi, 34), Ne pas songer au (*ou* N'etre point en souci pour le) lendemain, Vivre au jour le jour.

See also COLLECT, DEEP, ELSEWHERE, FALL, HAPPY, HIGHLY, KEEP, MUCH, PENNY, PERISH, READ, SWIFT, UPPERMOST, WANDER, WANDERING, WHIRL, WISH.

thousand. He is a man (*or* is one) in a thousand, C'est un homme entre mille *ou* un homme comme il y en a peu.

See also CHANCE, PITY.

thrash, thrashing. This matter has been well thrashed out, Cette affaire a été bien ballottée *ou* a passé par l'alambic.

To thrash a matter out, Mûrir (*ou* Ventiler) une question.

To give someone a good thrashing, Brosser quelqu'un (*fam.*), Donner sur le casaquin à quelqu'un (*fam.*).

thrashing. *See also* CAREFUL.

thread. The thread of life (*or* The fatal thread) of our destinies, of our days (*fig. & poetic*), Le fil (*ou* La trame) de la vie, de nos destinées, de nos jours : The Fatal Sister (*or* Atropos) has cut the thread of his days, La Parque a tranché (*ou* a coupé) le fil de ses jours. *Quotations under* SHEARS.

To thread one's way through the crowd, Se glisser (*ou* Se faufiler) à travers la foule.

See also ARIADNE, BREAK, HANG, SILVER.

threadbare. That argument is worn threadbare, Cet argument est usé [jusqu'à la corde] (*fam.*).

threat. Threats are not always carried out, Toutes les fois qu'il tonne, le tonnerre (= *thunderbolt*) ne tombe pas.

threaten. To threaten the welkin (*said of seas, mountains, trees, lofty structures*) (*poetic*), Menacer le ciel *ou* les cieux.

three. *See* TWO.

thrice. A thrice-blessed house, Une maison de bénédiction.

He is a thrice-wily one, C'est un Normand et demi.

throat. *See* CAST-IRON, JUMP, LUMP.

through. I'm through, do not count on me, Je vous tire ma révérence, ne comptez pas sur moi (*fam.*).

To know a man through and through, Savoir un homme par cœur.

throughout. Throughout the world, Par toute la terre, Aux deux bouts de la terre.

throw. He threw himself into it (*a dangerous undertaking*) headlong, Il s'y est jeté la tête la première (*fam.*) *ou, fam.*, s'y est jeté tête baissée.

To throw in one's hand *or* one's cards (*fig.*) *or* To throw up the sponge, Quitter (*ou* Abandonner) la partie *ou, fam.*, le dé, Y renoncer, S'avouer vaincu.

To throw oneself at someone['s head] (*fig.*), Se jeter à la tête de quelqu'un (*fam.*).

To throw oneself [heart (*or* body) and soul] into an enterprise, Se donner corps et âme à (*ou* Se jeter à corps perdu dans) (*ou, fam.*, Donner à plein collier dans) une entreprise.

To throw someone out neck and crop, Mettre quelqu'un dehors par les deux épaules (*fam.*).

To throw something up (*leave it unfinished*), Abandonner quelque chose, Laisser quelque chose en plan (*pop.*).

See also BLAME, BOUQUET, CERBERUS, COWL, DOUBT, DUST, GAUNTLET, GLASS, HANDKERCHIEF, HELVE, INNUENDO, LIGHT, LION, MONEY, MUD, NOSEGAY, REIN, SCENT, SHADE, SPRAT, STONE, TEETH (*under* TOOTH), WATER, WEIGHT, WIND, WORD.

thrust. To have a thrust at someone (*fig.*), Porter (*ou* Pousser) une botte à quelqu'un (*fam.*).

To thrust oneself forward, Se pousser dans le monde, Se mettre en scène, Se faire valoir, Jouer des coudes (*fam.*) *ou, fam.*, des pieds *ou, fam.*, des mains.

See also HOME, NOSE, PARTING.

thumb. To be under someone's thumb, Être sous la férule (*ou* sous la verge) (*ou* sous la coupe) de quelqu'un (*tous fam.*).

To keep someone under one's thumb, Tenir quelqu'un en tutelle.

See also BITE, FINGER, TWIDDLE.

thunder. To steal someone's thunder, Anticiper sur les moyens de (*ou, fam.*, Couper l'herbe sous le pied à) quelqu'un.

To thunder against something of no consequence, Grêler sur le persil. " Un petit Diable (lequel encores ne sçavoit ne tonner ne gresler, fors seulement le persil et les choux)."— RABELAIS IV, 45, *Pantagruel*. (*Note.* —ne tonner = ni tonner. Tonner sur les choux = To break a butterfly on the wheel. fors = except.)

thunder-clap. This was a thunder-clap for him, Ce fut un coup de foudre (*ou* un coup de tonnerre) pour lui.

thunderstorm. *See* DUCK.

thus. *See* EVER.

tick. To tick someone off (*slang*), Dire à quelqu'un son fait sans douceur, Ramasser quelqu'un (*pop.*).

tickle. I am tickled to death at the idea, Je meurs de rire à cette idée.

tide. A turn of the tide (*fig.*), Un revirement de la fortune.

The tide of events, Le cours des événements.

See also SWIM, TIME.

tie. To have one's hands tied (*fig.*), Avoir les mains liées.

tiger. To have a tiger's heart (*be very cruel*), Avoir un cœur de tigre.

tight. To be in a tight corner, Être dans une mauvaise passe *ou* dans un mauvais pas.

To get tight (*drunk*), S'enivrer, Prendre une cuite (*pop.*).

To keep a tight hand (*or* a tight hold) (*or* a tight rein) on someone, Tenir quelqu'un de près *ou* de court, Tenir quelqu'un la bride haute (*fam.*) *ou, fam.*, la bride courte.

To sit tight (*fig.*), Attendre de pied ferme, Ne pas vouloir marcher, Avoir les pieds nickelés (*pop.*).

tighten. *See* PURSE-STRINGS.

tile. *See* LOOSE.

tilt. To have a tilt at someone, Porter (*ou* Pousser) une botte à quelqu'un (*fam.*). *See also* WINDMILL.

time. At various times, À différentes reprises.

Before time was, Avant [tous] les temps, Avant le temps.

For the time being, Pour le moment, Pour le quart d'heure.

From time immemorial *or* Time out of mind, De temps immémorial.

He is behind the times, Il n'est pas de son temps *ou* de son époque, Il retarde [sur son temps], Il n'est pas à la page (*fam.*).

I have told you so times out of number *or* a hundred times, Je vous l'ai dit maintes et maintes fois *ou* vingt fois *ou* cent [et cent] fois *ou* mille [et mille] fois.

In course (*or* process) of time *or* As time goes on, Dans la suite, Par succession de (*ou* Avec le) temps, À la longue.

It will take you all your time to do it, Vous aurez fort à faire pour le faire.

My time is, is not, my own, Je suis assujetti, Je ne suis pas sujet, à l'heure *ou* au coup de marteau *ou* au coup de cloche *ou* au coup de sonnette.

[Old] Father Time, Le Temps.

The lightest weight tires in time, Au long aller, petit fardeau pèse.

Time and tide wait for no man, La marée n'attend personne.

Time enough when that comes, Alors comme alors.

Time is money, Le temps est (*ou* Le temps, c'est) de l'argent.

Time is precious *or* Time presses (*therefore hasten*), Le temps est précieux, Les moments sont précieux.

Time wasted is lost for ever *or* Procrastination is the thief of time, Le temps perdu ne se retrouve jamais.

Time will show, Qui vivra verra.

To be (*or* To keep) abreast of (*or* To move with) the times, Être de son temps, Être à la hauteur du siècle *ou* des idées (*ou* des connaissances) actuelles, Marcher de pair avec son époque, Être dans le mouvement (*fam.*), Être (*ou* Se maintenir) à la page (*fam.*).

To do time, Faire (*ou*, *fam.*, Manger) (*ou*, *fam.*, Tâter) de la prison.

To mark time (*lit. & fig.*), Marquer le pas.

See also BAD, BREATHE, CAPABLE, CHANGE, CONSUMER, COUNT, DEAD, EARLIEST, EVERYTHING, FILL, FIND, FIRST, FLY, FLYING, FORELOCK, FULNESS, GO 34, GOOD 5, 12, 21, 23, 42, 61, HARD, HIGH, LESS, LITTLE, MAKE, NICK, OFF, PIPING, RACE, ROUGH, SEE, SERVE, SPARE, STITCH, STRAIGHTEN, THINK, TO-MORROW, TRIFLE, TRYSTING, TURN, TWO, UNLUCKY, WARM, WASTE, WHILE.

timid. To be [as] timid as a hare, Être peureux comme un lièvre.

" Un lièvre en son gîte songeait, (Car que faire en un gîte, à moins que l'on ne songe ?) Dans un profond ennui ce lièvre se plongeait : Cet animal est triste, et la crainte le ronge. ' Les gens de naturel peureux Sont, disait-il, bien malheureux ! Ils ne sauroient manger morceau qui leur profite : Jamais un plaisir pur ; toujours assauts divers. Voilà comme je vis : cette crainte maudite M'empêche de dormir sinon les yeux ouverts. Corrigez-vous, dira quelque sage cervelle. Eh ! la peur se corrige-t-elle ? Je crois même qu'en bonne foi Les hommes

ont peur comme moi.' "—LA FON-
TAINE, *Fables* II, 14, *Le Lièvre et les
Grenouilles.*

tin. A tin god, Un grand homme en
baudruche.
See also TRUMPET.

tinder. To burn like tinder, Prendre
feu comme de l'amadou.

tingle. Your ears must have been
tingling (*we were talking about you*),
Les oreilles ont dû vous corner
(*fam.*).

tinker. *See* CARE, IF, WORTH.

tiny. *See* LITTLE.

tip. To have a word, a name, on the
tip of one's tongue, Avoir un mot,
un nom, sur le bout de la langue
ou sur le bord des lèvres.
See also WINK.

tire. I am tired out *or* I am too tired to
stand *or* I am dog-tired, Les
jambes me rentrent dans le corps,
J'ai les jambes rompues, Je` n'ai
plus de jambes (*tous fam.*).
To be born tired, Être paresseux
comme une couleuvre.
To make someone tired (*with importunities*), Fatiguer quelqu'un [à
force d'importunités], Rompre la
cervelle à quelqu'un.
See also SICK, TIME.

tit. [It is] tit for tat, C'est un prêté
pour un rendu, À bon chat, bon rat.
To give someone tit for tat, Rendre
la pareille (*ou, fam.*, le change)
à quelqu'un, Ne pas demeurer en
reste avec quelqu'un.

titbit. A titbit, Un morceau friand.
See also KEEP.

toad-eater, toady. He's a thorough-
going toad-eater *or* a proper toady,
C'est un bon chien couchant.
To toady to someone, Faire le chien
couchant auprès de quelqu'un.

toast. *See* WARM.

to-day. *See* HERE, PUT, TO-MORROW.

toe. To turn up one's toes (*die*)
(*slang*), Casser sa pipe (*pop.*),
Tourner de l'œil (*pop.*).

See also TREAD.

together. These two things do not
go together (*there is no connexion
between them*), Ces deux choses
ne riment pas ensemble.
They are always together, C'est
Saint Roch et son chien. (*See note
under* DAVID.)
To put two and two together, Rap-
procher les différents indices.
See also HEAD, PULLING, SHARE,
STAND.

toil. To toil and moil, Faire de
grands efforts, Suer sang et eau,
Suer d'ahan (*pop.*).

toils. He is taken in the (*or* in our)
toils, La bête est dans nos filets
(*fam.*).
To be caught in one's own toils,
Être pris dans ses propres lacets.
" Et, par ce moyen, demeuroit
empestré comme la souris empeigée,
ou un Milan prins au lasset."—
RABELAIS II, 3, *Pantagruel.* (*Note.*
—empestré = empêtré. empeigée
= empiégée. prins = pris.)
To catch someone in one's toils,
Prendre quelqu'un dans ses rets.

toilsome. It is a toilsome trade, C'est
un métier de chien.

Tom. Tom, Dick and Harry, Le tiers
et le quart (*fam.*).

tomboy. She's a tomboy, C'est un
garçon manqué (*fam.*).

to-morrow. Time enough for business
to-morrow *or* To-morrow is another
day, À demain les affaires
[sérieuses], Demain il fera jour.
To-morrow is the fool's to-day *or*
To-morrow never comes, Il ne
faut pas remettre la partie au
lendemain.
See also COME 33, HERE, MORROW, PUT.

ton. To have tons of money, Avoir
un argent fou, Avoir des écus,
Avoir des monceaux d'or (*fam.*).
Tons (*a very large number*), Des mille
et des cents (*fam.*).

tone. *See* CHANGE.

tongs. *See* GO 33.

tongue. He, She, has a smooth tongue, Il, Elle, a la langue dorée, C'est une langue dorée.

The tongue is sharper than any sword, Un coup de langue est pire qu'un coup de lance.

To have a glib (*or* a ready) tongue, Avoir la langue bien pendue *ou* bien affilée (*fam.*), Avoir la langue déliée (*fam.*), Avoir du bagou (*fam.*), Avoir une [fameuse] platine (*pop.*).

To have a sharp (*or* a caustic) (*or* a stinging) tongue, Avoir une langue acérée, Avoir le bec bien affilé (*fam.*).

To have something always on one's tongue, Avoir quelque chose toujours à la bouche.

To speak with one's tongue in one's cheek, Dire le contraire de ce qu'on veut faire entendre, Parler ironiquement.

See also CIVIL, FIND, HOLD, LICK, SLIP, TIP, UNBRIDLE, WAGGING.

too. *See* BIG, CAREFUL, COME 7, COOK, FINE, GLAD, GOING 19, GOOD 27, 33, 34, LATE, LOOK 18, MUCH, ONE, ONLY, PRECAUTION, STRONG, TROUBLE, WIDE, WORD.

tool. An ill (*or* A bad) workman quarrels (*or* finds fault) with (*or* blames) his tools, À méchant ouvrier point de bon outil, Un mauvais ouvrier n'a jamais de bons outils.

To be a [mere] tool in someone's hands, Être l'âme damnée de quelqu'un.

tooth, toothful, teeth. In the teeth of the opposition of, *e.g.*, certain members, Malgré l'opposition de, *p. ex.*, certains membres.

That's not enough for his hollow tooth *or* That's only a toothful [for him to eat] (*meal is wholly insufficient*), Il n'y en a pas pour sa dent creuse.

To fling (*or* To cast) (*or* To throw) something in someone's teeth (*fig.*), Jeter (*ou* Plaquer) à quelqu'un quelque chose au nez, Jeter quelque chose à la tête (*ou* à la figure) de quelqu'un (*tous fam.*). " C'est un étrange fait du soin que vous prenez À me venir toujours jeter mon âge au nez."—MOLIÈRE, *L'École des maris* I, 1.

To have a fine set of teeth, Avoir de belles dents, Avoir la bouche bien meublée (*fam.*).

tooth. *See also* EYE, GO 33, 43, SWEET.

teeth. *See also* ARM, BIT, ESCAPE, FEED, HANG, SHOW.

top. [If you want something done,] go to the man at the top, Il vaut mieux s'adresser à Dieu qu'à ses saints.

One on top of the other (*in close succession*), L'un après l'autre, Coup sur coup.

To be at the top[most rung] of the ladder *or* at the top of the tree, Être au dernier degré de l'échelle.

To be top dog (*slang*), Avoir le dessus.

To get to the top of the tree *or* of the ladder, Arriver aux plus hauts emplois, Parvenir au plus haut degré.

See also BILL, COME 23, GO 31, SHOUT, SLEEP.

topic. An evergreen topic, Une question toujours à l'ordre du jour.

This question is the topic of the hour, Cette question est au premier plan de l'actualité.

torrent. *See* ABUSE, COMING 9, RAINING.

toss. To toss up for a thing, Jouer une chose à pile ou face.

See also WINDMILL.

toss-up. It's a toss-up (*mere chance*), C'est une affaire où le hasard aura beaucoup d'influence, C'est un coup de dé[s] (*fam.*).

touch. To be slightly (*or* a bit) touched [in the head], Être un peu fou,

Avoir un grain [de folie dans la tête], Avoir la tête fêlée (*fam.*), Avoir un coup de marteau (*fam.*).

To touch someone on his sore spot *or* on the raw, Prendre quelqu'un sur son endroit sensible, Piquer quelqu'un au vif.

To touch someone on the tenderest spot, on the right spot, Chatouiller quelqu'un à l'endroit le plus sensible, au bon endroit.

To touch up a piece of work (*fig.*), Repasser la lime sur un ouvrage.

See also BARGE-POLE, FINISHING, MASTER, PITCH, WOOD.

touch-and-go. It was touch-and-go whether he got past, whether he upset, whether he recovered, Il a manqué [de] passer, [de] verser, [de] mourir.

touchstone. The touchstone (*fig.*), La pierre de touche. " L'impromptu est justement la pierre de touche de l'esprit."—MOLIÈRE, *Les Précieuses ridicules* 10.

touchy. He is very touchy on that point, Il n'entend pas raillerie là-dessus.

tough. He is a tough customer (*physically or morally*), C'est un dur à cuire (*fam.*), C'est un rude jouteur (*fam.*).
It is a tough proposition, C'est là une rude besogne.
To have a tough customer (*powerful opponent*) to deal with, Avoir affaire à forte partie.
See also NUT.

tow. To be taken in tow by someone (*fig.*), Se mettre à la remorque de (*ou* Se laisser mener par) quelqu'un.

tower. *See* STRENGTH.

towering. *See* RAGE.

town. To be in town (*in the city, not at home*), Être en ville.
To be in town (*not in the country*), Être à la ville.
See also RED, TALK.

toy. To toy with an idea, Caresser une idée.

trace. *See* KICK.

track. *See* BEATEN, RIGHT, WRONG.

tractable. To make someone tractable, Rendre quelqu'un souple comme un gant.

trade. Everyone to his trade, [À] chacun son métier, Quand chacun fait son métier, les vaches sont bien gardées.
He follows his father's trade, Il exerce la profession de son père, C'est un enfant de la balle (*pop.*).
See also JACK, SWEEP, TRICK.

tramp. To tramp the streets, Aller (*ou* Courir) par les rues, Battre le pavé (*fam.*).

trap. To be caught like a rat in a trap, Être pris comme dans un blé (*fam.*).
To fall headlong into the trap (*fig.*), Donner complètement dans le piège, Y donner tête baissée (*fam.*).
To fall (*or* To walk) into the trap, Donner (*ou* Tomber) dans le piège *ou*, *fam.*, le panneau *ou*, *fam.*, la nasse, Se laisser prendre au piège *ou*, *fam.*, à l'hameçon, Se mettre (*ou* Se jeter) dans la souricière (*fam.*).
To lay a trap for someone, Tendre un piège (*ou*, *fam.*, un panneau) à quelqu'un, Semer un piège sous les pas de quelqu'un.

trash. To be trash (*as a novel*), Être plein de futilités, Être au-dessous de tout.

travail. *See* BRING.

traveller. Travellers can lie with impunity *or* Travellers tell fine tales, À beau mentir qui vient de loin.
See also RED.

treacherous. *See* DEAL.

tread. To tread [as] on eggs (*gingerly*), Marcher sur des épines *ou* sur des charbons ardents *ou*, *fam.*, sur des œufs.
To tread in someone's [foot]steps, Marcher sur les pas (*ou* sur les

traces) (*ou* sur les foulées) de quelqu'un, Emboîter le pas à quelqu'un.

To tread on someone's toes *or* corns (*fig*.), Marcher sur le pied à quelqu'un (*fam*.).

See also HEEL, RUSHING, WALK, WORSHIP. **treading.** *See* DANGEROUS.

treat. To treat someone with scant courtesy *or* in an off-hand manner, Traiter quelqu'un avec peu de considération *ou* cavalièrement *ou*, *fam*., par-dessous [la] jambe.

See also CHILD, EQUAL, HIGH, STORE.

tree. To be up a [gum] tree *or* To be treed, Se trouver dans une impasse, Être à quia.

See also BARKING, TOP, WOOD.

tremble. To be all of a tremble *or* To tremble in every limb, Trembler depuis les pieds jusqu'à la tête, Trembler de tous ses membres. " Et encores me frisonne et tremble le cœur dedans sa capsule."— RABELAIS IV, 27, *Pantagruel*.

tremble. *See also* LEAF. **trembling.** *See* FEAR.

trencherman. He is a good trencherman, C'est un beau mangeur *ou*, *fam*., une belle fourchette.

trial. A trial shot (*fig*.), Un coup d'essai.

triangle. The eternal triangle, La vie à trois.

tribe. He came with all his tribe (*numerous family*, *set or number of persons*), Il est venu avec toute sa smalah (*fam*.).

trick. A fine trick he played on him, Il lui en a donné d'une [bonne] (*fam*.).

Gently does it *or* does the trick, Plus fait douceur que violence, Tout par amour, rien par force, On ne prend pas les mouches avec du vinaigre, On prend plus de mouches avec du miel qu'avec du vinaigre. " Patience et longueur de temps

Font plus que force ni que rage."— LA FONTAINE, *Fables* II, 11.—*Le Lion et le Rat*. " Enseignement qu'engin mieulx vault que force."— RABELAIS II, 26, *Pantagruel*. (*Note*. —Enseignement, etc. = A lesson (*or* Which shows) that contrivance.)

He is up to his [old] tricks again, Il refait des siennes (*fam*.).

He is up to his tricks, Il fait des siennes (*fam*.).

I know a trick worth two of that, J'en sais [bien] d'autres (*fam*.). " Puis dist : ' J'en sçay bien d'aultres '." — RABELAIS II, 27, *Pantagruel*.

That'll do the trick, Cela fera l'affaire.

That trick is played out, Cette ruse est usée [jusqu'à la corde] (*fam*.).

The tricks of fortune, Le[s] jeu[x] de la fortune.

The tricks of the trade, Les trucs du métier (*fam*.).

To be up to all sorts of tricks, Faire les cent coups (*fam*.).

To discover the trick (*how to do it*), Trouver le joint (*fam*.).

To have more than one trick up one's sleeve *or* To have other tricks in one's locker, Avoir plus d'un tour dans son [bis]sac *ou* dans sa gibecière. " Le renard au chat dit enfin : ' Tu prétends être fort habile ; En sais-tu tant que moi ? J'ai cent ruses au sac.—Non, dit l'autre : je n'ai qu'un tour dans mon bissac, Mais je soutiens qu'il en vaut mille.' "—LA FONTAINE, *Fables* IX, 14.—*Le Chat et le Renard*.

To play a dirty trick on someone *or* To play someone a nasty trick, Jouer à quelqu'un un mauvais tour *ou* une pièce cruelle.

To play someone one of one's tricks, Jouer un tour [de sa façon *ou* de son métier] à quelqu'un, Donner (*ou* Servir) à quelqu'un un plat de sa façon *ou* de son métier (*tous fam*.).

To trick someone out of a thing,
Enlever (*ou*, *fam.*, Souffler) à quelqu'un une chose.

You are up to your tricks, Vous
faites des vôtres (*fam.*), Tu fais
des tiennes (*fam.*).

See also SEE, STAGE, WHOLE.

trifle. Never trifle with love, On ne
badine pas avec l'amour.

To dispute, To argue, over a mere
trifle, over mere trifles, Disputer,
Raisonner, sur une pointe d'aiguille,
sur des pointes d'aiguille.

To trifle one's time away, Perdre
son temps, Enfiler des perles,
S'amuser à la moutarde.

To within a trifle, À peu de chose
près.

See also HOLD.

trifling. *See* OFFENCE.

triumph. *See* DOWNFALL, SHOUT.

trivet. *See* RIGHT.

trooper. *See* SWEAR.

trouble, troubling. A landowner is
never free from trouble, Qui terre
a guerre a. " D'avantaige, j'en ay
perdu beaucoup en proces. — Et
quelz proces as tu peu avoir ? disois
je, tu ne as ny terre, ny maison."—
RABELAIS II, 17, *Pantagruel.*
(*Note.*—proces = procès = law-
suits. ny = ni.)

He has given himself a lot of trouble
for nothing, Il a fait des démarches
inutiles, Il a fait une belle campagne (*fam. et par ironie*).

[Here is] more trouble, Voilà un
nouvel embarras, Voilà bien une
autre histoire (*fam.*).

Nothing is too much trouble to him,
Il n'épargne rien, Rien ne lui coûte.

There will be trouble *or* There's
trouble brewing, Il y aura des
ennuis *ou* des difficultés *ou*, *pop.*,
de la casse.

To be bent on making trouble (*to suit
one's own ends*), Ne demander que
plaies et bosses.

To be out of all one's troubles (*be*

dead), Être à bout de ses peines,
Être guéri du mal de dents (*pop.*).

To have had one's trouble for nothing,
En être pour sa peine.

To meet trouble half-way *or* To go to
meet one's troubles *or* To ask
(*or* To˙ be asking *or* looking) for
trouble, Aller au-devant du mal,
Donner des verges pour se faire
fouetter.

What is the (*or* your) trouble (*or*
What are you troubling your
head about) now ? De quoi
vous inquiétez-vous (*ou* De quoi
vous plaignez-vous) maintenant ?,
Qu'est-ce qu'il y a encore de cassé ?
(*pop.*).

trouble. *See also* A.D., FISH, LEAST,
OIL, PRESENT, PUPPY, SCENT, SPARE,
WASTE.

trounce, trouncing. To give someone
a good trouncing *or* To trounce
someone (*lit. & fig.*), Frapper
quelqu'un d'une punition sévère,
Saler quelqu'un [de la belle manière]
(*fam.*).

trousers. *See* WEAR.

trowel. *See* LAY.

truant. To play truant, Faire l'école
buissonnière (*fam.*).

true. A true blue, Un vrai des vrais,
Un pur.

As true as true [can be], Vrai de vrai,
Aussi vrai que deux et deux font
quatre (*fam.*).

He is [as] true as a die, Il est d'une
probité à toute épreuve.

How true to life! Comme c'est vécu!

To be [as] true as steel, Être d'une
fidélité à toute épreuve.

To be true to one's principles, Être
ferme dans ses principes *ou*, *fam.*,
dans ses arçons *ou*, *fam.*, sur ses
étriers.

Your conjectures are coming (*or*
proving) true, Vos conjectures se
réalisent.

See also COLOUR, GOOD 10, 27, HOLD,
JEST, LIGHT, ONLY, PERSPECTIVE, RING.

truer. A truer word was never spoken, On n'a jamais dit si vrai.

trump. To turn up trumps, Réussir mieux que l'on n'espérait.

trumped-up. A trumped-up quarrel, Une querelle d'Allemand.

trumpet. To blow one's own trumpet *or* one's little tin trumpet, Chanter ses propres louanges.

To publish something with a flourish of trumpets *or* To trumpet something abroad, Annoncer quelque chose à grand fracas, Publier quelque chose à son de trompe (*fam.*).

rust. I can hardly (*or* scarcely) trust my [own] eyes, my [own] ears, J'en crois à peine mes yeux, mes oreilles.

I [will] take what you say on trust, Je vous en croirai sur parole.

Not to trust one's [own] eyes, one's [own] ears, Ne pas en croire ses yeux, ses oreilles.

To trust to luck, Se [con]fier au hasard, Jeter la plume au vent.

See also SIGHT.

trusty. *See* BLADE.

truth. It is not always wise to speak the truth *or* Not all truths are proper to be told, Toutes les vérités ne sont pas bonnes à dire.

Nothing hurts like the truth, Il n'y a que la vérité qui offense.

Speak the truth and shame the devil, La vérité avant tout, " Rien n'est beau que le vrai, le vrai seul est aimable."—BOILEAU, *Épitre 9.*

There is [some] truth in what he says, Il y a du vrai dans ce qu'il dit, Il est dans le vrai.

To bring the truth home to someone, Faire briller la vérité aux yeux de quelqu'un.

To tell someone a few (*or* some) plain (*or* home) truths, Dire à quelqu'un ses vérités *ou* de grosses vérités *ou* des vérités fort dures, Ramasser quelqu'un (*pop.*).

Truth lies hid at the bottom of a well, La Vérité se cache au fond d'un puits. " Nous confererons de tes doubtes ensemble, et en chercherons la resolution jusques au fond du puitz inespuisable auquel disoit Heraclite estre la verité cachée."—RABELAIS II, 18, *Pantagruel.*

Truth will out, Le temps découvre la vérité, Tôt ou tard la vérité se fait jour.

To tell the truth, . . . *or* Truth to tell, . . ., À vrai dire, . . ., Disons-le, . . ., À ne point mentir, . . .

To warrant the truth of a thing, Être (*ou* Se porter) caution d'une chose.

See also DAWN, ELICIT, GET 27, GOSPEL, KEEP, STRANGER, UNVARNISHED, WAKE.

try, trying. Let him try, Qu'il s'en avise, Qu'il y vienne.

Life is very trying, C'est [une] grande pitié (*ou* C'est grand-pitié) que de nous. " De sorte que l'homme soit né pour la peine, comme l'étincelle pour voler en haut." (*Job* v, 7), " Man is born unto trouble, as the sparks fly upward." (*Job* v, 7). " Est-il un peuple sur la terre, Qui dans la paix ou dans la guerre Ait jamais vu des jours heureux ? Nous pleurons ainsi que nos pères, Et nous transmettons nos misères A nos déplorables neveux."—VOLTAIRE, *Odes, Sur le passé et le présent.* (*Note.*—neveux = descendants.)

To try conclusions with someone, Se mesurer avec (*ou* Lutter contre) quelqu'un.

To try one's luck, Tenter (*ou* Brusquer) l'aventure *ou* la fortune.

To try one's strength against someone, Se mesurer avec quelqu'un.

To try to be witty *or* funny, Faire de (*ou* Courir après) l'esprit.

To try to remember, Faire appel à ses souvenirs.

To try[, try, try] again, S'y remettre, Y remordre (*fam.*).

try. *See also* BEST, CONTROL, DO, ESCAPE, FALL, GRACEFUL, MEANS, PATIENCE, PICK, SQUARE, TACK, TWO, WELCOME. **trying.** *See also* TWO.

trysting. Trysting time *or* The hour of trysting (*of lovers*), L'heure du berger.

tucker. *See* BIB.

tuck-in. To have a good tuck-in, Se traiter bien, Se régaler.

tug. To feel a tug at one's heart-strings, Avoir un serrement de cœur. *See also* GREEK.

tumble. Do you tumble [to it]? Comprenez-vous ?, Y êtes-vous ?

tumbling. *See* STAIRS.

tune. *See* CHANGE, DANCE, FIDDLE, PIPER, SING.

turkey-cock. *See* RED, SWELL.

turn. As it turned out, . . ., Comme il arriva, . . .

As soon as something turns up, Dès que l'occasion s'en présentera.

At every turn, À tout propos, À tout bout de champ (*fam.*).

Everything turns on that, Tout tourne (*ou* roule) sur cela *ou* là-dessus.

Give me time to turn round, Laissez-moi le temps de me retourner.

I don't know how it will turn out, Je ne sais pas quelle en sera l'issue.

" Grippeminaud luy dist : ' Seigneur, je ne sçay quelle yssue sera de ceste entreprinse.''—RABELAIS I, 47, *Gargantua*. (*Note that* entreprinse (= entreprise) *kept the* n *of* entreprendre.)

It gave me such (*or* quite) a turn, [Tout] mon sang n'a fait qu'un tour (*fam.*).

It has turned his, her, brain (*made him, her, a lunatic*), La tête lui a tourné.

It has turned his, her, head (*excited him, her, beyond self-control*), La tête lui a tourné.

It is your turn now (*fig.*), C'est votre tour, À vous la balle (*fam.*) *ou*, *fam.*, le dé.

It would make him turn in his grave, Cela le ferait se dresser (*ou* le ferait frémir) dans sa tombe.

Not to turn up, Fausser compagnie à quelqu'un : He didn't turn up, Il m'a faussé compagnie.

Things will turn out all right, Cela s'arrangera, Cela se tassera (*fam.*).

This news gave me [quite] a turn, Cette nouvelle m'a donné (*ou* m'a porté) un [rude] coup *ou*, *fam.*, m'a donné un [violent] soubresaut.

To be one's turn to speak, Avoir la parole, Entrer en jeu.

To bring (*or* To pull) someone up with a round turn, Rappeler quelqu'un à son devoir, Rembarrer quelqu'un, Remettre quelqu'un au pas (*fam.*).

To turn a blind eye *or* To turn one's eyes away (*not to wish to see*), Avoir les yeux bouchés, Se boucher ses yeux, Fermer les yeux.

To turn a plan over in one's mind, Tourner et retourner un projet dans son esprit, Ruminer un plan.

To turn one's attention to something, Diriger son attention vers (*ou* Porter son attention sur) quelque chose.

To turn one's face with every wind *or* To turn like a weathercock, Tourner à tous vents (*fam.*), Tourner [à tous les vents] comme une girouette (*fam.*).

To turn out badly *or* To take a bad turn, Tourner mal, Prendre une mauvaise tournure *ou* allure.

To turn out well *or* To take a good turn, Tourner bien, Prendre une bonne tournure *ou* allure.

To turn people away (*from theatre, etc.*), Refuser du monde.

To turn someone out, Mettre quelqu'un dehors.

To turn something to account, Tirer parti de quelque chose.

Turn and turn about, À tour de rôle, [À] chacun son tour.

You can imagine it gives him quite a turn to see . . ., Ne pensez-vous pas qu'il a bien mal au cœur de voir . . .?

You will speak in your turn, Vous parlerez à votre tour [de parole].

turn. See also CHEEK, COAT, CORNER, DAY, DEAF, DUCK, FINGER, GOOD 35, 65, GREEN, HALFPENNY, HAND, HEEL, JOB, KNOW 13, 18, LEAF, NOSE, RED, SCALE, SERIOUS, SICK, STAR, STEP, STREET, TABLE, TAIL, TIDE, TOE, TRUMP, UPSIDE, WHEEL, WHITE, WORM. **turning.** See HAIR.

tussle. To have a tussle with someone, (*lit.*) En venir aux mains avec quelqu'un ; (*fig.*) Avoir avec quelqu'un une prise de bec.

twice. See GIVE, ONCE, PENNY, TELL, THINK, WANT.

twiddle. To twiddle one's fingers *or* one's thumbs (*be idle*), Perdre le temps à ne rien faire *ou* à niaiser, Se tourner les pouces (*fam.*), S'amuser à la moutarde (*fam.*), Gober des mouches (*fam.*).

twig. You do not twig, Vous n'y êtes pas.

See also HOP.

twilight. The twilight of the gods (*Norse Mythology*), Le crépuscule des dieux.

twist. To twist a passage, the truth, the law, Donner une entorse à un passage, à la vérité, à la loi.

See also FINGER.

two. It's no use (*or* no good) trying to do two things at once, Il ne faut pas poursuivre deux affaires (*ou* courir deux lièvres) à la fois, Qui court deux lièvres n'en prend aucun.

One cannot be in two places at the same time, On ne peut pas être à deux endroits à la fois, On ne peut être à la fois au four et au moulin.

One cannot do two things at once, On ne peut pas s'occuper de deux choses à la fois, On ne peut être à la fois au four et au moulin.

There are no two opinions about it, Il n'y a pas deux voix là-dessus.

To try to do two things at once, Poursuivre deux affaires (*ou* Courir deux lièvres) à la fois.

Two's company, three's none, Deux s'amusent, trois s'embêtent.

See also BIRD, BITE, CARE, COME 33, CROSS, EVIL, HEAD, KNOW 25, MIND, ONE, PAIR, PEA, PEG, PIN, PLAY, QUARREL, SHAKE, SIDE, STOOL, TELL, TOGETHER, TRICK, WRONG.

two-edged. It is a two-edged sword (*fig.*), C'est une arme à deux tranchants.

twopence. See PENNY.

U

ugly. An ugly duckling, Un [génie] méconnu. (*Note.*—The Ugly Duckling, in Hans Andersen's fairy tale, Le vilain petit Canard.)

To be [as] ugly as sin, Être laid comme le péché *ou* comme les sept péchés capitaux *ou* comme un singe *ou* comme un crapaud *ou* comme une chenille *ou* comme un pou (*tous fam.*), Être laid à faire peur.

" Vous sçavez que es Cingesses semblent leurs petits Cinges plus beaulx que chose du monde."— RABELAIS IV, 32, *Pantagruel*. (*Note.* es = aux.)

See also LOOK 16.

ulterior. An ulterior motive, Une arrière-pensée, Une pensée de derrière la tête.

'un. See DEEP, GOOD 37.

unaccountable. To take (*or* To conceive) an unaccountable dislike to (*or* for) someone, Se prévenir défavorablement contre quelqu'un, Prendre quelqu'un en grippe.

unaccustomed. *See* SOCIETY.

unadorned. Beauty unadorned, La beauté sans parure.

unawares. To take someone unawares (*as by a question*), Prendre quelqu'un au dépourvu *ou* au pied levé.

unbend. He never unbends, Son caractère ne se déraidit jamais, Il est toujours en scène.

unblushingly. *See* LIE.

unborn. As yet unborn, Encore à naître.

See also INNOCENT.

unbridle. An unbridled tongue, Une langue débridée, Une langue sans retenue.

unburden. To unburden oneself *or* one's heart, S'ouvrir, Décharger son cœur, Se déboutonner (*fam.*).

uncertain. The fortunes of war are uncertain (*lit. & fig.*), La guerre est pleine de vicissitudes.

uncle. *See* DUTCH.

uncomfortable. I feel uncomfortable about it, Je m'en inquiète.

uncommonly. *See* LOOK 9.

unconditionally. To surrender unconditionally, Se rendre à discrétion.

unconstitutional. An unconstitutional change of government, Un coup d'État.

uncontrollable. Uncontrollable laughter, Le fou rire.

under. *See* DOWN.

underhand. He is a man who is underhand in his dealings, C'est un homme en dessous.

There is something underhand in this business, Il y a dans cette affaire un dessous [de cartes] (*fam.*).

To act in an underhand way, Agir en dessous, Prendre des chemins de traverse (*fam.*).

To be underhand in one's dealings, Être en dessous.

understand. *See* CLEARLY, EASY.

understanding. To come to an understanding with someone, S'entendre avec quelqu'un.

underworld. The underworld, Les bas-fonds de la société.

undo, undone. Nothing must be left undone, Il ne faut rien négliger (to . . . = pour . . .).

To cease doing mischief does not undo the harm one has done, Débander l'arc ne guérit pas la plaie.

See also DO.

undoing. To be the cause (*or* the means) of one's own undoing, Se faire [un] tort à soi-même, S'enferrer de soi-même (*fam.*), Se mettre le doigt dans l'œil (*pop.*).

uneasiness. *See* ROOM.

uneasy. His mind is very uneasy, Son cerveau travaille, Son imagination est en campagne (*fam.*).

To be very uneasy, Être très inquiet, Avoir la puce à l'oreille (*fam.*).

" Durant vostre docte discours, cette Pusse que j'ay en l'aureille m'a plus chatouillé que ne fit oncques."—RABELAIS III, 31, *Pantagruel*. (*Note.*—oncques = jamais.)

Uneasy lies the head that wears a crown, Plus on est élevé, plus on a de soucis. "Les maux par les grandeurs ne sont pas adoucis, Plus on est élevé, plus on a de soucis."—N. J. L. GILBERT. " Souvent même un grand roi s'étonne, Entouré de sujets soumis, Que tout l'éclat de sa couronne Jamais en secret ne lui donne Ce bonheur qu'elle avait promis."—VOLTAIRE, *Stances, À Son Altesse Royale la Princesse de Suède Ulrique de Prusse.* " ' Être heureux comme un roi,' dit le peuple hébété. Hélas ! pour le bonheur que fait la majesté ? En vain sur ses grandeurs un monarque s'appuie ; Il gémit quelquefois,

et bien souvent s'ennuie."—VOL-
TAIRE, *Petits Poèmes, Discours en
vers sur l'Homme* 1. " Hélas !
grandeur veut dire solitude."—
THÉOPHILE GAUTIER, *Le Roi soli-
taire.*

uneven. He is a man of uneven temper,
C'est un homme d'humeur [inégale].
To hold the scales (*of justice*) uneven,
Tenir la balance inégale, Changer
de poids et de mesure. *Quotations
under* LAW.

unfavourably. To look unfavourably
on a thing, Regarder une chose d'un
mauvais œil.

unforgivable. An unforgivable act,
Un cas pendable. *Quotation under*
HANGING.

unfriendly. To view a person with an
unfriendly eye, Regarder (*ou* Voir)
une personne d'un mauvais œil.

unheard. To condemn, To pass
judgment on, someone unheard,
Condamner, Juger, quelqu'un sans
connaissance de cause *ou, fam.*, sur
l'étiquette [du sac].

unhinge. His mind is unhinged, Il
déraisonne, Sa raison (*ou* Sa tête)
(*ou* Il) déménage (*fam.*).

unhonoured. *See* DIE.

union, unite. Union is strength *or*
United we stand, divided we fall,
L'union fait la force.
To present a united front, Faire un
front unique.

universal. *See* FAVOURITE.

unjustly. *See* JUSTLY.

unkindest. *See* CUT.

unlicked. An unlicked cub (*unmannerly
fellow*), Un ours mal léché (*fam.*).
" Comme un Ours naissant n'a
pieds, ne mains, peau, poil, ne
teste : ce n'est qu'une piece de
chair, rude et informe. L'ourse, à
force de leicher, la mect en perfection des membres."—RABELAIS,
Pantagruel III, 42. (*Note.*—ne
teste = ni tête. mect = met.)
" Le sofa sur lequel Hassan était

couché Était dans son espèce une
admirable chose, Il était de peau
d'ours,—mais d'un ours bien léché :
Moelleux comme une chatte, et
frais comme une rose."—ALFRED
DE MUSSET, *Namouna* I, 1.

unlucky. He is unlucky in everything,
Il y a un sort sur tout ce qu'il
fait.
To be unlucky, (*of person at gaming,
and otherwise, e.g., at not finding
someone at home*) Jouer de malheur ; (*of things*) Porter malheur,
e.g., The figure 13 is considered to
be unlucky, Le chiffre 13 passe pour
porter malheur.
You're, He's, going to be unlucky this
time (*it's not for you, for him*), Ce
n'est pas pour vous, pour lui, que
la chose est préparée *ou, fam.*, que
le four chauffe.
You're unlucky this time, C'est bien
malheureux pour vous.
See also BORN.

unmercifully. *See* BEAT.

unnoticed. That remark did not pass
unnoticed, Cela n'est pas tombé
dans l'oreille d'un sourd.
See also SLIP.

unpleasant. Unpleasant things are
often salutary, Ce qui est amer à
la bouche est doux au cœur.
See also BLOW, NECESSITY.

unprepared. To catch someone unprepared, Prendre quelqu'un de court
ou au pied levé.

unquestioning. *See* FAITH.

unreservedly. To speak unreservedly,
Parler à cœur ouvert.

unruly. To behave in an unruly
manner, Faire le mauvais garçon.

unseeing. *See* STARE.

unsettled. To be very unsettled (*uncertain what is going to happen to
one*), Être dans une situation très
incertaine, Être comme l'oiseau sur
la branche (*fam.*).

unsheathe. To unsheathe the sword,
Tirer l'épée du fourreau.

unsubstantial. Unsubstantial food (*lit.* & *fig.*), Viande creuse : [There are] some books [which] are [a] very unsubstantial food for the mind, Il y a des livres qui sont une viande bien creuse pour l'esprit.

unsung. *See* DIE.

untimely. *See* COME 26.

untoward. *See* SOMETHING.

untravelled. He is an untravelled man, Il n'a jamais voyagé *ou, fam.*, n'a jamais perdu de vue le clocher de son village. " Je vous ay de long temps congneu amateur de peregrinité, et desyrant tous jours veoir et tous jours apprendre. Nous verrons choses admirables, et m'en croyez."—RABELAIS III, 47. *Pantagruel.* (*Note.*—congneu = connu. peregrinité = travelling.)

unturned. *See* STONE.

unusual. *See* EXPENSE.

unvarnished. The unvarnished truth, La pure vérité, La vérité sans fard.

up. Hands up ! Haut les mains !

He, She, is not up [and about] before such time, Il, Elle, n'est pas sur pied (*ou* Il ne fait pas jour chez lui, chez elle,) avant telle heure.

It's all up, Tout est perdu *ou, pop.*, est frit.

It's all up with him, C'[en] est fait de lui (*fam.*), Son affaire est faite (*fam.*).

It's up to you to do such or such a thing, C'est à vous de faire telle ou telle chose.

Life has its ups and downs, Il n'y a qu'heur et malheur en ce monde. " Voyre, respondit le Potestat. Mais en ceste vie mortelle, rien n'est beat de toutes pars."— RABELAIS IV, 44, *Pantagruel.* (*Note.* —Potestat = podestat, an Italian magistrate. beat = blissful, happy. pars = parts.)

Pretty (*or* Fine) things he's been up to (*ironically*), Il en a fait de belles (*fam.*).

The ups and downs of fortune, of life, Les hauts et les bas de la fortune, de la vie.

To be (*or* To come) up against the law, Être aux prises avec la justice.

To be up against it, Avoir une mauvaise chance persistante, Avoir la guigne (*fam.*), Être dans la déveine (*fam.*).

To be up all night, Être sur pied toute la nuit.

To be up and doing, Se mettre à la besogne, Se secouer (*fam.*). *See also under* IMPATIENCE.

To be up to one's (*or* the) eyes (*or* the elbows) in work, Être profondément engagé dans des affaires, Avoir de la besogne [jusque] par-dessus les yeux (*fam.*), Être plongé jusqu'au cou dans le travail (*fam.*).

To be well [posted] up in a subject, Connaître un sujet à fond, Être ferré [à glace] (*fam.*) (*ou, fam.*, Être calé) sur un sujet.

What's he up to ? Qu'est qu'il fait ?, Qu'est-ce qu'il manigance ? (*fam.*).

What's up ? Que se passe-t-il ?, Qu'y a-t-il ?

See also ARM, CARPET, CONCERT, DATE, EYE, GAME, HILL, HILT, LOOK 30, MARK, MISCHIEF, MUCH, NUMBER, SNUFF, STRAIGHT, TREE, TRICK, WHAT.

up-hill. Up-hill work, Travail ardu *ou* rebutant.

upper. To get the upper hand, Prendre le dessus.

To get the upper hand again, Reprendre le dessus, Reprendre du poil de la bête (*fam.*).

To have the upper hand, Avoir le dessus *ou* l'avantage.

See also STIFF, STOR[E]Y.

uppermost. That is uppermost in my thoughts, Cela occupe la première place dans mes pensées.

uprooted. *See* FEEL.

upset. To be very much upset about something, Être fort attristé (*ou* Mener grand deuil) de quelque chose.

To look very much upset, Avoir la physionomie renversée.

To upset someone's programme for the day, Déranger à quelqu'un son emploi du temps, Gâter à quelqu'un sa journée.

See also APPLE.

upside. It is the world [turned] upside down, C'est le monde renversé, On n'a jamais rien vu de pareil.

upstanding. *See* FINE.

uptake. *See* QUICK, SLOW.

upward. *See* SPARK.

urge. To have a [great] urge to write, Avoir une envie immodérée (*ou, fam.,* une [grande] démangeaison) d'écrire.

use. It was all of no use, Rien n'y fit.

That is [of] no [earthly] use, Cela n'est d'aucune utilité.

Use is second nature, L'habitude est une autre (*ou* une seconde) nature.
" Le premier qui vit un chameau S'enfuit à cet objet nouveau ; Le second approcha ; le troisième osa faire Un licou pour le dromadaire. L'accoutumance ainsi nous rend tout familier : Ce qui nous paraissait terrible et singulier S'apprivoise avec notre vue Quand ce vient à la continue."—LA FONTAINE, *Fables* IV, 10.—*Le Chameau et les Bâtons flottants.*

What's the use ? À quoi bon ? : What's the use of worrying, of asking him ? À quoi bon se tourmenter, l'interroger ?

See also BAD, BIT, CAT'S-PAW, COME 7, DISCRETION, FLOWERY, MEANS, MILK, TWO.

useless. *See* SAY.

usual. To be going on as usual, Aller son train.

utmost. He did his utmost to oblige, Il s'est employé de tout son pouvoir pour rendre service, Il s'est mis en quatre (*fam.*).

That is the [very] utmost (*in price, in value*), C'est le plus haut prix, C'est [tout] le bout du monde (*fam.*).

To do one's utmost not to . . ., Faire un grand effort sur soi-même (*ou, fam.,* Se tenir à quatre) pour ne pas . . .

See also EASE.

utter. To utter a shrill protest, Protester avec aigreur, Pousser des cris de paon (*fam.*).

utterly. *See* MISERABLE, ROUT, WORTHLESS.

uttermost. *See* PAY.

V

vacant. *See* STARE.

vain. It is labour in vain, C'est de la peine perdue.

To feed on (*or* To indulge in) vain hopes, Se nourrir d'illusions, Se repaître de viandes creuses (*fam.*).

To labour in vain, Travailler inutilement, Perdre sa peine *ou, fam.,* son latin.

See also GOD, PEACE.

vale. This vale of tears (*life here below*), Cette vallée de larmes.

valour. *See* DISCRETION.

value. *See* HIGHLY, MONEY.

van. *See* LEAD.

variance. To have had a slight variance with someone, Être en délicatesse avec quelqu'un.

various. *See* TIME.

vault. *See* HEAVEN.

vaunt. To vaunt one's excellence, Faire valoir hautement (*ou, fam.,* Faire sonner bien haut) sa qualité.

veil. It is a thing over which a veil should be drawn, C'est une chose sur laquelle il faut jeter un voile *ou* tirer le rideau.

vein. To be in [the] vein (*in the mood to produce something good or great*), Être en veine.

velvet. To be on velvet (*in an advantageous position*), Jouer sur le velours (*fam.*).

See also GLOVE.

venerable. To have a venerable and serene appearance, Avoir la figure vénérable et l'air recueilli, Avoir l'air d'un bienheureux (*fam.*).

vengeance. With a vengeance, Pour de bon, Tout du long de l'aune, Que c'est une bénédiction (*fam.*). " C'est véritablement la tour de Babylone, Car chacun y babille, et tout le long de l'aune."—MOLIÈRE, *Le Tartuffe* I, 1. (*Note.*—C'est, etc., It is a perfect babel.)

See also SWEET.

vent. To give vent to one's anger, one's passions, Donner libre cours (*ou, fam.*, Lâcher la bride *ou, fam.*, la bonde) à sa colère, ses passions.

To give vent to one's indignation, Manifester son indignation, Jeter (*ou* Pousser) les hauts cris (*fam.*), Défiler son chapelet.

See also FREE, SPITE, SPLEEN.

venture. At a venture (*hit or miss*), Au petit bonheur.

Don't venture to do it, Ne vous y hasardez pas.

See also DRAW, NERVE, NOTHING.

verb., verbum. Verb. sap. *or* Verbum [sat] sapienti, À bon entendeur demi mot suffit, À bon entendeur salut, À bon entendeur peu de paroles, C'est un avis (*ou* un avertissement) au lecteur.

verge. To be on the verge of ruin, Être au bord (*ou* à deux doigts) de la ruine.

verse. See CHAPTER.

versed. To be well versed in a subject, Connaître un sujet à fond, Être ferré [à glace] (*fam.*) (*ou, fam.*, Être calé) sur un sujet.

very. He is the very man we want

(*the right man for the job*), C'est l'homme de la circonstance, Au bon joueur la balle, La balle [va] au joueur.

The very back (*as of a place*), Le fin fond.

The very best *or* choicest *or* pick, La fine fleur, La crème de la crème (*fam.*).

The very bottom (*as of the sea*), Le fin fond.

See also CATCH, CLEVER, COME 10, CUT, DEVIL, END, FIRST, GOOD 28, IMAGE, NEARLY, ORDINARY, OUTSIDE, PARTICULAR, REASON, SELECT, SHIRT, UNEASY, UNSETTLED, UTMOST, WELL, WRONG.

vex. I am vexed [with myself] for having done that, Je m'en veux d'avoir fait cela.

vexation. To suffer keen vexation, Éprouver un déplaisir extrême, Avoir le poignard dans le cœur.

vial. See POUR.

vice. See SINK, STEEP.

victim. He will be the victim [of the deception], Il sera la victime (*ou* la dupe) de la tromperie *ou, fam.*, le dindon [de la farce].

Victorian. A Victorian miss, Une fille élevée à l'ancienne mode, Une petite oie blanche.

victory. See SHOUT.

vie, vying. To vie with someone in politeness, in generosity, etc., Combattre (*ou* Faire assaut) de politesse, de générosité, etc., avec quelqu'un.

Vying with each other, À qui mieux mieux. *Quotation under* BOOTY.

view. A bird's-eye view (*of a country, a town, an edifice*), Une vue à vol d'oiseau. *Cf.* To take . . ., *below*.

To fall in with (*or* To meet) someone's views, Entrer dans les vues de (*ou* Se mettre d'accord avec) quelqu'un.

To have a full view, Être aux premières loges.

To keep something in view, Ne pas perdre quelque chose de vue.

To take a general view (*or* a bird's-eye view) of things, Juger les choses en gros *ou*, *fam.*, à vue de pays, Voir les choses de haut.

To take a right view [of things], Voir juste [dans les affaires].

See also ENCHANTMENT, FRIENDLY, GLOOMY, OBSTRUCT, ROSY, SHARE, UNFRIENDLY.

vigour, vim. Put some vigour (*or* vim) into it ! Mets-y du nerf ! (*pop.*), Mets-y-en ! (*pop.*).

To put some vigour (*or* vim) into it, N'y pas aller de main morte.

vigour. *See also* BEGIN. **vim.** *See also* FULL.

vinegar. *See* SOUR.

violence. To do violence to one's feelings, Se faire violence.

virtue. Virtue is its own reward, La vertu est à elle-même sa récompense.

See also NECESSITY.

visibly. Visibly, Visiblement, À vue d'œil. " Ainsi croissoit Pantagruel de jour en jour, et proufitoit à veue d'œil, dont son pere s'esjouyssoit par affection naturelle. Et luy feist faire, comme il estoit petit, une arbaleste pour s'esbattre aprés les oysillons."—RABELAIS II, 5, *Pantagruel.* (*Note.*—proufitoit = profitait = throve.)

visit. *See* FLYING.

voice, vox. The voice of the people is the voice of God *or* Vox populi, vox Dei, La voix du peuple est la voix de Dieu. " Le récit précédent suffit Pour montrer que le peuple est juge récusable. En quel sens est donc véritable Ce que j'ai lu dans certain lieu, Que sa voix est la voix de Dieu ? "—LA FONTAINE, *Fables* VIII, 26.—*Démocrite et les Abdéritains.*

voice. *See also* HEAR, MATTER, SHOUT, STENTORIAN, STILL.

void. To have an aching void (*be famished*), Avoir le ventre creux *ou* plat, Avoir l'estomac dans les talons (*tous fam.*). " Verd et bleu, dist frere Jan, il me desplaist grandement qu'encores est mon estomach à jeun."—RABELAIS IV, 49, *Pantagruel. See also quotations under* HUNGRY.

volcano. It is like sitting on a volcano (*highly dangerous*), C'est dormir sur un volcan.

volley. *See* ABUSE.

volume. *See* SPEAK.

voracious. He is [as] voracious as a vulture, Il mangerait le diable et ses cornes (*fam.*).

vox populi. *See under* VOICE.

vulnerable. The vulnerable spot (*fig.*), L'endroit vulnérable, Le défaut de la cuirasse (*fam.*), Le talon d'Achille (*fam.*).

vulture. *See* VORACIOUS.

vying. *See under* VIE.

W

wade. To wade in blood, Nager dans le sang.

To wade through a book, Venir péniblement à bout d'un (*ou* Peiner à lire un) livre.

wag, wagging. His, Her, tongue never ceases wagging, Il, Elle, ne fait que jaser, La langue lui va comme un claquet de moulin (*pop.*).

So wags the world, Ainsi va le monde.

The tail wags the dog, Le supérieur dépend de l'inférieur.

To set people's tongues wagging, Faire aller les langues.

wage. A wage slave, Un homme à gages.

See also WAR.

wagonload. *See* ARTFUL.

wait, waiting. Everything comes to him who waits, Tout vient à point (*ou* à temps) à qui sait (*ou* à qui peut) attendre.

Not to wait for any[thing] more (*any further bad treatment*), Ne pas attendre (*ou* demander) son reste (*fam.*).

That can wait, Il faut laisser couver cela (*fam.*).

To be kept waiting, Droguer, Se morfondre, Croquer le marmot, Compter les clous de la porte (*tous fam.*).

To keep someone waiting indefinitely (*for something he wants*), Faire attendre indéfiniment à quelqu'un une chose, Faire tirer la langue à quelqu'un (*fam.*).

To lose nothing by waiting, Ne rien perdre pour attendre.

To wait and see, Attendre et voir venir.

[We must] wait and see, Il faut voir venir les choses, Alors comme alors, Attendez voir !

wait. *See also* DOOMSDAY, EVEN, HAND, SHOE, TELL, TIME. **waiting.** *See also* PLAY.

wake. Infirmities follow in the wake of old age, Les infirmités sont la conséquence ordinaire (*ou* sont le cortège) de la vieillesse.

To follow in someone's wake, Marcher dans le sillage de quelqu'un.

To wake up to the truth, Ne plus rester indifférent à la vérité.

See also LARK, NOISE.

walk. To walk [as] on broken glass (*gingerly*), Marcher sur des épines *ou* sur des charbons ardents *ou*, *fam.*, sur des œufs.

To walk at a great pace *or*, *slang*, at a great lick *or*, *slang*, at a lick of a pace, Marcher fort vite *ou*, *fam.*, comme un Basque *ou*, *fam.*, comme un chat maigre.

To walk at a snail's pace, Marcher avec une excessive lenteur *ou*, *fam.*, à pas de tortue.

To walk on one's hands, Faire l'arbre fourchu.

To walk with giant strides, Marcher en faisant de grandes enjambées *ou*, *fam.*, à pas de géant.

To walk with measured tread, Marcher à pas comptés.

walk. *See also* BODY, COCK, RUN, TRAP.

walking. *See also* ENCYCLOPAEDIA.

wall. To go to the wall, Succomber.

See also BACK, EAR, RUN, TALK, WEAKEST, WRITING.

wallflower. To be a wallflower, Assister sans y prendre part, Faire tapisserie (*fam.*).

wallow. To wallow in money, Nager dans l'opulence, Jouir de grandes richesses.

walnut. Over the walnuts and the wine, Entre la poire et le fromage (*fam.*).

wander, wandering. He is a Wandering Jew (*never settles down*), C'est un Juif errant (*fam.*).

His wits are wandering, Son esprit court les champs.

My thoughts were wandering (*I was not attending*), Je n'étais pas à la conversation.

To let one's thoughts, one's imagination, wander, Laisser vaguer ses pensées, son imagination.

To wander from one's subject, S'éloigner de son sujet, Divaguer, Battre la campagne.

To wander [in one's mind], Divaguer, Déraisonner, Battre la campagne.

wander. *See also* WILDERNESS.

wanderer. He, She, is a wanderer from the fold, C'est une brebis égarée, C'est un(e) dévoyé(e).

wane. A beauty on the wane, Une beauté sur son déclin, Une beauté crépusculaire.

The wane of an empire, of life, Le déclin (*ou* Le crépuscule) d'un empire, de la vie.

To be on the wane (*as of fame*) (*poetic*), Être (*ou* Toucher) à son couchant.

want. For want of a nail, the shoe was lost, Pour un point (*ou* Faute d'un point), Martin perdit son âne.

He won't want much pressing *or* won't want to be asked twice, Il n'aura pas de peine à consentir, Il ne se fera pas prier, Il ne se fera pas tirer [par] la manche (*fam.*).

It wants some doing, Cela demande une grande application, Ce n'est pas [si] facile à faire.

To have to want (*do without*), Se voir obligé de se passer de quelque chose, Se brosser [le ventre] (*très fam.*).

To say to someone " Do you want it or don't you? ", Mettre à quelqu'un le marché en main.

Whom do you want? À qui en voulez-vous?

want. *See also* GET 41, JUST, KNOW 9, MORE, RUN, SOME, VERY, WASTE.

wanting. *See* BALANCE.

wantonness. To do something out of sheer wantonness, Faire quelque chose de gaieté de cœur (*fam.*).

war. A quarrelsome man is always in the wars, Chien hargneux a toujours l'oreille déchirée.

The war of the elements, Le combat (*ou* Le conflit) des éléments.

To be on the war-path, Être sur le sentier de la guerre, Être en campagne, Chercher noise.

To make war to the knife, Faire la guerre au couteau.

To wage war on a country, Faire la guerre à un pays. " Nous pouvons conclure de là Qu'il faut faire aux méchants guerre continuelle. La paix est fort bonne de soi ; J'en conviens : mais de quoi sert-elle Avec des ennemis sans foi?"— LA FONTAINE, *Fables* III, 13.—*Les Loups et les Brebis.*

You have been in the wars (*have had a rough handling*), Vous avez été bien (*ou* On vous a fort) malmené [au combat].

See also ENGAGE, FAIR, FALL, GREEK, UNCERTAIN.

wares. *See* PUSH.

warfare. *See* ENGAGE.

warm, warming. That will warm the cockles of your heart, Voilà qui vous réchauffera.

Things are warming up, L'action devient vive, Ça chauffe (*fam.*).

To be as warm as toast, Se tenir le corps bien chaud.

To give someone a warm time [of it], Donner bien du tracas à quelqu'un, Faire danser quelqu'un (*fam.*), En faire voir de grises à quelqu'un (*pop.*).

To have a warm at the fire, Prendre l'air (*ou* un air) du feu.

To have a warm time [of it], Éprouver de grandes contrariétés, En voir de grises (*pop.*).

To warm a serpent (*or* a snake) in one's bosom, Réchauffer un serpent dans son sein. " Ésope conte qu'un manant, Charitable autant que peu sage, Un jour d'hiver se promenant À l'entour de son héritage Aperçut un serpent sur la neige étendu, Transi, gelé, perclus, immobile, rendu, N'ayant pas à vivre un quart d'heure. Le villageois le prend, l'emporte en sa demeure, Et, sans considérer quel sera le loyer D'une action de ce mérite, Il l'étend le long du foyer, Le réchauffe, le ressuscite.... Il est bon d'être charitable : Mais envers qui ? C'est là le point."— LA FONTAINE, *Fables* VI, 13.— *Le Villageois et le Serpent.* " Petit serpent que j'ai réchauffé dans mon sein, Et qui, dès qu'il se sent, par une humeur ingrate, Cherche à faire du mal à celui qui le flatte ! "—MOLIÈRE, *L'École des*

femmes V, 6. (*Note.*—se sent = regains consciousness. celui, etc. = him from whom he has received a kindness.)
To warm someone's ears for him, Frotter les oreilles à quelqu'un (*fam.*).
To warm [up] (*to one's subject or work*), S'animer, Se piquer au jeu (*fam.*), Être piqué au jeu (*fam.*).
warm. See also PRAISE, WELCOME.
warn, warning. I give you fair (*or* due) warning *or* Take this as a warning *or* You have been warned, Tenez-vous pour averti, Tenez-vous bien, vous voilà prévenu.
Let this be a warning to you, C'est un avis (*ou* un avertissement) au lecteur, À bon entendeur demi-mot suffit, À bon entendeur salut, À bon entendeur peu de paroles.
To sound a warning note to someone, Crier casse-cou à quelqu'un.
Without [a word of] warning, Sans crier gare.
warning. See also RED.
warrant. Nothing can warrant such insolence, Rien ne saurait justifier une telle insolence.
See also TRUTH.
wash. I wash my hands of it (*fig.*), Je m'en lave les mains (*fam.*).
That won't wash, Cela ne passe pas *ou* ne prend pas.
You can wash that out, Ne comptez plus là-dessus, Rayez cela de vos tablettes (*fam.*).
wash. See also LINEN. **washing.** See BLACKAMOOR.
waste, wasting. He has wasted his time and trouble on it, Il y a perdu son temps et sa peine, Il y a perdu son latin (*fam.*).
It is all wasted effort, Ce sont des efforts inutiles, Ce sont balles perdues (*fam.*).
To waste one's breath, Parler pour rien.
Waste not, want not, Au bout de l'aune faut le drap.

Wilful waste makes woeful want, Les folles dépenses refroidissent la cuisine.
You are wasting your breath (*I am not listening to what you are saying*), C'est comme si vous chantiez (*fam.*).
waste. *See also* POWDER, SUPERABUNDANCE, TIME.
waste-paper. That is only fit for the waste-paper basket (*of a writing*), Cela n'est bon qu'à mettre au rebut *ou*, *fam.*, qu'à faire des papillotes.
watch. To be on the watch, Être au guet *ou* aux aguets *ou* à l'affût, Faire sentinelle.
To watch someone's every step *or* move (*fig.*), Compter tous les pas de quelqu'un (*fam.*).
To watch [the course of] events, Suivre les événements.
To watch the mouthfuls (*how much someone is eating*), Compter les morceaux (*fam.*).
To watch the (*or* one's) opportunity to do something, Se tenir prêt à saisir (*ou* Guetter) l'occasion de faire quelque chose.
See also CAT, PENNY.
watchful. *See* EYE.
water, watering. He spends money like water, L'argent lui fond entre les mains *ou* lui coule entre les doigts, Il dépense de l'argent comme s'il en pleuvait (*pop.*).
His, Her, mouth is watering, L'eau lui vient à la bouche (*fam.*), Il, Elle, s'en lèche les doigts (*fam.*).
Much water will flow under London Bridge (*much may happen*) between now and then, Il passera bien de l'eau sous le pont d'ici là (*fam*).
Not to hold water (*fig.*) (*as an argument*), Ne pas [se] tenir debout (*fam.*).
To cast one's bread upon the waters, Jeter son pain sur la face des eaux. " Jette ton pain sur la face des

eaux, car avec le temps tu le retrouveras (for thou shalt find it after many days)." (*L'Ecclésiaste* xi, 1.)
To keep one's head above water (*lit.* & *fig.*), Se maintenir sur l'eau.
To make a hole in the water (*drown oneself*), Boire à la grande tasse (*pop.*).
To make someone's mouth water, Faire venir à quelqu'un l'eau à la bouche (*fam.*). " Et ce disoit faisant sonner ses gettons, comme si ce feussent escutz au soleil. ' Voulés vous une piece de veloux violet cramoysi, tainct en grene, une piece de satin broché, ou bien cramoysi ? Voulez vous chaisnes, doreures, templettes, bagues ? Il ne fault que dire ouy. Jusques à cinquante mille ducatz, ce ne m'est rien.' Par la vertu desquelles parolles il luy faisoit venir l'eau à la bouche."—RABELAIS II, 21, *Pantagruel.* (*Note.*—faisant sonner ses gettons (jetons) = rattling his counters. escuts = écus.—An écu au soleil was a " crown " piece of money with a small representation of the sun above a representation of the king's crown. tainct en grene = teint en graine = dyed cochineal red. templettes = temple bandeaux.)
To throw cold water on someone's plans, Jeter une douche [d'eau] froide sur les projets de quelqu'un (*fam.*).
To water one's bread with tears, Arroser son pain de larmes.
water. *See also* DUCK, FISH, GO 10, HORSE, HOT, LETHE, LOW, OIL, POURING, STILL.
watery. To find a watery grave, Boire à la grande tasse (*pop.*).
wave. *See* OCEAN.
wax. He, She, can be moulded like wax, C'est une cire molle. " Comme un morceau de cire entre mes mains elle est, Et je lui puis

donner la forme qui me plaît."— MOLIÈRE, *L'École des femmes* III, 3.
To mould someone like wax, Manier quelqu'un comme de la cire.
See also SOFT.
way. An argument that cuts both ways, Un argument à deux tranchants.
By the way, À propos, [Cela] soit dit en passant.
If, When, the opportunity comes my, your, his, way, Si, Quand, l'occasion s'en présentera *ou* s'en trouvera.
In a roundabout way (*fig.*), De façon indirecte, Par ricochet.
It cuts both ways, C'est une arme à deux tranchants.
On the way (*as I, we, went along*), En chemin, Chemin faisant.
There are more ways than one out of the wood *or* There are more ways than one of killing a cat, Divers moyens conduisent à la même fin, Tous chemins vont à Rome, Tout chemin mène à Rome.
There is a way of doing it (*of being diplomatic*), Il y a la manière.
To be (*or* To stand) in somebody's way, Être dans (*ou* sur) le chemin de quelqu'un, Être un obstacle à quelqu'un.
To be in the way (*presence is resented*), Être de trop (*fam.*).
To find a way to do something, Trouver un moyen de faire quelque chose.
To give way (*fail to resist*), Lâcher pied.
To go one's own way *or* To have one's [own] way, Faire (*ou* Agir) à sa guise, Tailler et rogner à son gré *ou* comme on veut (*fam.*), N'en faire qu'à sa tête.
To go one's way, Aller [toujours] son chemin, Aller son petit train (*fam.*), Aller son petit bonhomme de chemin (*fam.*).
To go out of one's way (*to do something*), Se déranger, Se donner au

diable : The thing is easy ; it is
not necessary to go out of one's
way to do it, La chose est aisée ;
il n'est pas nécessaire de se donner
au diable pour la faire.

To go out of one's way to oblige
someone, Se déranger pour faire
l'agréable auprès de quelqu'un.

To go the longest way round *or* To
go a roundabout way, Prendre le
chemin le plus long *ou* le chemin
de l'école *ou* le chemin des écoliers.

" Je vy un d'iceux, lequel estoit
apprehendé de la justice, pource
qu'il avait prins injustement, malgré
Pallas, le chemin de l'escole, c'estoit
le plus long."—RABELAIS V, 26,
Pantagruel. (*Note*.—vy, etc. = vis
un de ceux-ci. prins = pris.)

To make one's way [in the world],
Faire son chemin, Parvenir.

To see no way out of it, Ne savoir
de quel côté se tourner.

To see one's way to do something,
Se croire en mesure (*ou* à même)
de faire quelque chose.

To stand in the way of something
(*as a scheme*), Mettre obstacle (*ou*
S'opposer) à quelque chose.

You can't have it both ways, On ne
peut pas avoir le drap et l'argent.

You let me have my way and I will let
you have yours, Passez-moi la
rhubarbe (*ou* la casse), je vous
passerai le séné.

See also ADAPT, BAD, BATTLE, BEST,
BRING, BROAD, DICKENS, FACE, FLESH,
GO 20, 34, GOOD 8, INCH, INDIRECT,
JUDGE, JUMP, KNOW 18, 30, LEAD,
LION, LITTLE, LONG, LUCK, MAKE,
MEND, NARROW, OTHER, PARTING,
PAVE, PENNY, RED, RIGHT, ROSE,
RUB, SAY, SHOW, STRAW, SUCCEED,
THREAD, WEAKEST, WILL, WIND,
WORM, WRONG.

weak. It's the weak against the strong,
C'est le pot de terre contre le pot
de fer. " Le pot de fer proposa Au
pot de terre un voyage. Celui-ci

s'en excusa, Disant qu'il ferait que
sage De garder le coin du feu :
Car il lui fallait si peu, Si peu que
la moindre chose De son débris
serait cause : Il n'en reviendrait
morceau. ' Pour vous, dit-il, dont
la peau Est plus dure que la mienne,
Je ne vois rien qui vous tienne.' . . .
Le pot de terre en souffre ; il
n'eut pas fait cent pas Que par son
compagnon il fut mis en éclats."—
LA FONTAINE, *Fables* V, 2.—*Le Pot
de terre et le Pot de fer*.
See also WILLING.

weakest. [It is the way of the world,]
the weakest goes to the wall, [C'est
la coutume de Lorris,] les battus
paient l'amende. (*Note*.—Lorris,
a town in the department of Loiret,
was noted, in ancient times, for its
harsh laws.)

weakness. To give way (*or* To yield)
to some human weakness, Payer le
tribut à la faiblesse humaine.

weal. The common weal, La chose
publique.

weapon. *See* FALL.

wear, wearing. Better wear out than
rust out, Mieux vaut se tuer à
travailler que d'user sa vie dans
l'oisiveté. *Quotation under* WHILE.

The mind is wearing out the body,
La lame (*ou* L'épée) use le fourreau.

To have worn one's fingers to the bone
(*fig.*), Avoir les bras fatigués
par l'excès de travail, Avoir les
bras rompus (*fam.*).

To wear oneself out (*or* oneself to
a shadow) with unnecessary
exertion, with worry, with useless
regrets, with screaming, S'épuiser
en efforts superflus, en soucis, en
regrets inutiles, à [force de] crier.

To wear oneself out with work *or*
To wear one's fingers to the bone,
Se fatiguer au travail, S'épuiser (*ou*
Se tuer) à force de travail[ler],
Se fouler la rate (*fam.*).

To wear the breeches *or* the trousers (*of wife*), Porter la culotte (*fam.*). "La poule ne doit point chanter devant le coq ... Et nous voyons que d'un homme on se gausse Quand sa femme, chez lui, porte le haut-de-chausse." — MOLIÈRE, *Les Femmes savantes* V, 3. (*Note.*— haut-de-chausse = breeches, trunk hose.)

wear. See also CAP, MOTLEY, SLEEVE, SMILE, THREADBARE, UNEASY.

weather. To weather the storm (*fig.*), Tenir tête à l'orage. *See also* DUCK, TALK.

weathercock. He is a weathercock, C'est une girouette (*fam.*) *ou*, *fam.*, un arlequin. *See also* TURN.

weather-eye. To keep one's weather-eye open, Veiller au grain (*fam.*), Ouvrir l'œil et le bon (*fam.*).

wed. To be wedded to one's own opinion, Abonder dans son sens, S'opiniâtrer dans son opinion. "Chascun abonde en son sens, mesmement en choses foraines, externes et indifferentes."— RABELAIS III, 7, *Pantagruel*.

wedge. *See* THIN.

weed. Ill weeds grow apace, Mauvaise herbe croît toujours. "Vous voyez qu'elle est grande ; mais mauvaise herbe croît toujours."— MOLIÈRE, *L'Avare* III, 10. "Mauvaise graine est tôt venue." LA FONTAINE, *Fables* I, 8.—*L'Hirondelle et les petits Oiseaux*.

week. *See* COME 33.

weep. He owns nothing but his eyes to weep from, Il ne lui reste (*ou* On ne lui a laissé) que les yeux pour pleurer.

I could have wept when I heard that, J'eus peine à retenir mes larmes lorsque j'entendis cela.

To weep for joy, Pleurer de joie. *See also* TEAR.

weigh. *See* BALANCE.

weighing. That is weighing on his mind, Cela lui pèse sur le cœur.

weight. To carry no weight (*as an objection*), N'être d'aucun poids, Ne pas peser une once.

To carry weight, (*as an argument*) Avoir du poids ; (*be held in high esteem—of person*) Être fort considéré, Tenir le haut bout.

To pull one's, your, weight (*be no shirker*), Y mettre du sien, du tien, Être franc du collier.

To throw one's weight about, Faire valoir son autorité, son crédit, etc., Faire claquer son fouet (*fam.*), Faire du volume (*fam.*). *See also* GO 38, GOLD, TIME.

welcome. He is [as] welcome as a dog on a racecourse *or* as a Derby dog *or* as snow in harvest, Il vient là comme un chien dans un jeu de quilles (*fam.*).

To be [as] welcome as the flowers in May, Arriver (*ou* Venir) bien à propos *ou*, *fam.*, comme marée en carême.

To be sure of a warm welcome in a house, at someone's house, Avoir toujours son couvert mis dans une maison, chez quelqu'un.

To give someone a cold (*or* a poor) welcome, Faire à quelqu'un un froid (*ou* un mauvais) accueil, Faire froide (*ou* triste) mine à quelqu'un, Recevoir quelqu'un comme un chien [dans un jeu de quilles] (*fam.*).

To give someone a hearty welcome, Faire à quelqu'un un accueil empressé, Faire fête à quelqu'un.

To make someone welcome, Faire [bon] accueil (*ou* bon visage) à quelqu'un.

To outstay one's welcome at someone's house, Demeurer trop longtemps (*ou* S'éterniser) chez quelqu'un.

(*You are*) Welcome ! Soyez le bienvenu ! (*To a woman*) Soyez la

bienvenue ! (*Plural*) Soyez les bien-
venus ! Soyez les bienvenues !
" Donnez moy que je boyve à
toute la compagnie. Vous soyez les
tresbien venuz."—RABELAIS III, 35,
Pantagruel.
You are welcome to try, Vous êtes
libre (*ou* Libre à vous) d'essayer.

welfare. The public welfare, Le bien
public.

welkin. The welkin (*poetic*), La
voûte du ciel *ou* des cieux, La
voûte céleste, La calotte des cieux,
Les célestes lambris.
See also RING, STARRY, THREATEN.

well, well-. A well-built man, Un
homme bien bâti *ou* solidement
charpenté.
A well set up young man, girl, Un
garçon bien planté, Une fille bien
plantée.
All's well that ends well, Tout est
bien qui finit bien.
He is a well-informed man, C'est
un homme calé, Il a des clartés de
tout.
Let (*or* Leave) well alone, Le mieux
est l'ennemi du bien. *Cf.* To let ...,
below.
That is all [very] well and good, but
..., Tout cela est bel et bon, mais
... (*fam.*).
To be going on well (*of a patient*),
Faire des progrès satisfaisants,
Aller bien.
To be well-behaved, Avoir de la
conduite.
To be well-bred, Être de bonne
compagnie.
To be well-off *or* well-to-do, Être
dans l'aisance, Être bien renté
(*fam.*), Avoir le sac (*fam.*), Être
au sac (*fam.*), Avoir de quoi
(*pop.*).
To do oneself well, Se traiter bien,
Se régaler.
To do things well (*treat guests
sumptuously, or the like*), Faire bien
les choses.

To do well with something (*do good
business*), Faire de bonnes affaires
avec (*ou, fam.*, Faire ses choux
gras de) quelque chose. *Quotation
under* GOOD 57.
To let (*or* To leave) well alone,
Rester (*ou* Demeurer) sur la bonne
bouche.
To live well, Vivre largement, Faire
ses quatre repas.
To wish someone well, Vouloir
du bien à quelqu'un. " La nation
des belettes, Non plus que celle
des chats, Ne veut aucun bien aux
rats, Et sans les portes étrètes De
leurs habitations, L'animal à longue
échine En ferait, je m'imagine, De
grandes destructions."—LA FON-
TAINE, *Fables* IV, 6.—*Le combat
des Rats et des Belettes.* (*Note.*—
étrètes, *under the influence of
étrécir,* = étroites.)
Well and good, À la bonne heure.
Well, I declare (*or* Well, I never) if he
isn't angry, if it isn't raining, Ne
voilà-t-il pas qu'il se fâche, qu'il
pleut (*fam.*).
You are well out of it (*a bad business*),
Vous en êtes quitte à bon marché
ou à bon compte.
See also AUGUR, BEGIN, DEVIL, GET
31, 32, 40, IMAGINE, JOB, LOOK 16,
32, ONLY, PITCHER, TALK, TRUTH,
TURN, VERSED.

welter. To welter in blood, Nager
dans le sang.

west. To go west (*die*) (*slang*),
Lâcher la perche *ou* la rampe,
Passer le pas, Casser sa pipe (*tous
pop.*).

wet, wetting. I got wet through *or*
got a thorough wetting, J'ai été
bien mouillé par la pluie, J'ai été
bien arrosé (*fam.*).
To wet one's whistle, S'arroser la
gorge, S'humecter le gosier, Se
rincer la dalle (*tous fam.*).

wet. *See also* LONG, SKIN.

whale. *See* SPRAT.

what. What a question ! [Voilà une] belle demande ! (*fam.*), Belle question ! (*fam.*). " *Monsieur Jourdain*. Croyez-vous que l'habit m'aille bien ? *Le maître tailleur*. Belle demande ! Je défie un peintre, avec son pinceau, de vous faire rien de plus juste."—MOLIÈRE, *Le Bourgeois gentilhomme* II, 8. " Vrayement, dist Pantagruel, voylà une belle et joyeuse demande."— RABELAIS IV, 64, *Pantagruel*.

What is the matter (*or* What is up) with you ? *or* What has put you out ? Qu'est-ce qui vous prend ?, Qu'est-ce que vous avez ?, Sur quelle herbe avez-vous marché ? (*fam.*), Quelle mouche vous pique *ou* vous a piqué ? (*fam.*).

See also ABOUT, GET 41, GOOD 69, HOPE, KNOW 3, 6–8, 14–17, 27, 33, 34, LOOK 21, MAKE, ONE, SAY, UP, USE, WORTH.

whatever. *See* HAPPEN, LIKE, NOTHING.

wheat. *See* SEPARATE.

wheel. A turn of fortune's wheel, Un revirement de la fortune.

The wheel of fortune (*poetic*), La roue de [la] fortune.

There are wheels within wheels, Les rouages de cette affaire sont bien compliqués.

See also BUTTERFLY, FIFTH, FLY, GREASE, SHOULDER, SPOKE.

where. *See* BEFORE, COME 18, 36, 37, KNOW 34, 38, SNOW, WILL, WRONG.

wherefore. *See* KNOW 32.

whet. To whet someone's appetite for a thing (*fig.*), Mettre quelqu'un en goût d'une chose.

which. *See* KNOW 18.

while. To while away the hours in idle luxury, S'endormir dans de molles délices *ou* dans les délices de Capoue (an allusion to Hannibal's stay at Capua after the battle of Cannæ, during which time his army went soft). " S'occuper, c'est savoir jouir : L'oisiveté pèse et tourmente.

L'âme est un feu qu'il faut nourrir, Et qui s'éteint s'il ne s'augmente." —VOLTAIRE, *Stances, À Son Altesse Royale la Princesse de Suède Ulrique de Prusse*.

To while away the time, Faire passer (*ou* Tromper) (*ou* Tuer) le temps.

See also LIFE, ONCE, WORTH.

whip. To have the whip hand, Avoir le dessus.

whirl. His, Her, brain (*or* head) is (*or* thoughts are) in a whirl, Son esprit (*ou* Sa tête) travaille, Sa tête est un chaos, Il, Elle, a l'esprit (*ou* la tête) à l'envers.

whirlwind. *See* SOW.

whisper. To whisper soft nothings to a woman, En conter (*ou* Conter fleurette[s] *ou* des fleurettes) (*ou* Murmurer de doux riens) à une femme. " Vous pensiez bien trouver quelque jeune coquette, Friande de l'intrigue, et tendre à la fleurette ? Vous voyez de quel air on reçoit vos joyaux ? Croyez-moi, c'est tirer votre poudre aux moineaux. Elle est sage, elle m'aime, et votre amour l'outrage. Prenez visée ailleurs, et troussez-moi bagage." — MOLIÈRE, *L'École des maris* II, 9. (*Note*.—C'est tirer, etc. = You are wasting your powder and shot. Prenez, etc. = Take aim elsewhere, and pack off.)

See also EAR.

whistle. To let someone whistle for his money, Payer quelqu'un en monnaie de singe (*fam.*). " Et les paya en monnoie de Cinge." RABELAIS IV, 2, *Pantagruel*.

You may whistle for it, Attendez-vous-y (*ironiquement*), Tu peux souffler dessus (*pop.*), Tu peux te taper, t'en auras pas (*pop.*).

See also WET.

white. A white lie, Un mensonge pieux *ou* officieux.

To be [as] white as a sheet, Être pâle comme un linge.

To be [as] white as milk, as snow, Être blanc comme [du] lait, comme [de la] neige.

To turn up the whites of one's eyes, Faire des yeux de carpe pâmée (*fam.*).

See also BLACKAMOOR, BLEED, FEATHER, GILL, SET.

whited. Whited sepulchres, Des sépulcres blanchis (*Matthieu* xxiii, 27).

whole. The whole lot *or* The whole bag (*or* box) of tricks *or* The whole boiling *or* The whole caboodle (*slang*), Le diable et son train (*fam.*), Tout le fourbi (*pop.*), Tout le tremblement (*pop.*), Tout le bazar (*pop.*).

[Up]on the whole, À tout prendre, En somme, Somme toute.

See also DAY, HOG, SKIN, SLEEP.

whom. *See* KNOW 13, LOOKING 35.

why. *See* KNOW 32, REASON.

wide. Don't open your mouth too wide (*don't ask for too much*), Il ne faut pas exiger plus qu'on ne peut faire, Il faut tondre les brebis et non pas les écorcher.

To be wide of the mark (*out of one's reckoning*), Être loin de compte.

To open one's eyes wide (*in astonishment*), Ouvrir de grands yeux.

See also BERTH, BROKE (*under* BREAK), SOUND.

wider. To open one's mouth wider (*claim more*), Hausser d'un ton (*fam.*).

wield. To wield one's language (*or* one's words) well, Manier bien la parole.

wife. *See* ALL, BOSOM, LOOK 26.

wild. To drive someone wild, Mettre quelqu'un en fureur *ou*, *fam.*, aux champs.

To go on a wild-goose chase, Courir après une sotte aventure, En être pour ses pas.

To go wild (*with some emotion*),

Bondir sous le coup, Sauter aux nues (*fam.*) *ou*, *fam.*, au plafond.

To sow one's wild oats, Faire ses farces, Jeter sa gourme.

See also DRAG, SHOT. **wilds.** *See* LIVE.

wilderness. To preach in the wilderness, Prêcher (*ou* Parler) dans le désert.

To wander in the wilderness (*fig.*), Disparaître de la scène du monde.

wildfire. To spread like wildfire, Se répandre comme une traînée de poudre.

wildly. *See* TALK.

wilful. *See* WASTE.

will, willing. An order of things dependent on someone's sweet will, Un régime du bon plaisir.

I'll, We'll, take the will for the deed, L'intention est réputée pour le fait.

The spirit is willing, but the flesh is weak (*Matthew* xxvi, 41), L'esprit est prompt, mais la chair est faible.

To have a will of one's own, Ne vouloir faire que sa volonté, Être volontaire, Avoir sa petite tête à soi (*fam.*).

Where there's a will there's a way, Vouloir, c'est pouvoir, Celui qui veut, celui-là peut, Qui veut la fin veut les moyens.

will. *See also* GOOD 59, ILL, IRON, WILLY-NILLY, WOMAN. **willing.** *See also* OBLIGE.

will-o'-the-wisp. He is like a will-o'-the-wisp, he runs away when you want him, C'est le chien de Jean de Nivelle, il s'enfuit quand on l'appelle. (*Note.*—Jean de Nivelle disappeared when his father wanted him. In consequence, his father treated him like a dog and disinherited him.)

willy-nilly. Willy-nilly *or* Will I, he, we, you, they, nill I, etc., Bon gré, mal gré. (*Note.*—Anciently *mal*, besides being an adverb, was also an adjective [La male peste vous étouffe, A plague on you]. It is still used in Bon gré, mal gré and in Bon an, mal an.)

wily. He's a wily one, C'est un fin Normand *ou*, *fam*., une fine (*ou* une maligne) bête.

See also THRICE.

win. One cannot expect to win every time, N'est pas marchand qui toujours gagne.

To win someone [round *or* over], Gagner quelqu'un [à sa cause].

See also ALL, CANTER, DOWN, FAINT, LAUREL, SHOUT, SLOW, SPUR. **winning.** *See* CARD.

wind, windmill. To fight (*or* To tilt at) windmills, Se battre contre des moulins à vent.

To have (*or* To get) the wind up (*slang*), Avoir la colique (*très fam*.) *ou*, *pop*., la trouille.

To see which way the wind is blowing *or* To find out how the wind blows *or* lies (*fig*.), Regarder (*ou* Voir) de quel côté vient le vent, Donner un coup de sonde, Prendre le vent (*fam*.) *ou*, *fam*., l'air du bureau, Lancer un ballon d'essai (*fam*.).

To take the wind out of someone's sails, Anticiper sur les moyens de (*ou*, *fam*., Couper l'herbe sous le pied à) quelqu'un.

To throw propriety to the winds *or* To toss one's cap over the windmills, Braver les bienséances, Jeter son bonnet par-dessus les moulins. " Voilà ce que disait Hassan pour sa défense. Bien entendu qu'alors tout se passait en France, Du temps que sur l'oreille il avait ce bonnet Qui fit à son départ une si belle danse Par-dessus les moulins."—ALFRED DE MUSSET, *Namouna* I, 43.

wind. *See also* BLOW, BLOWING, CLOSE, GET 42, ILL, RAISE, REED, SOMETHING, SOW, STRAW, TEMPER, TURN.

window. To amuse oneself looking (*idly*) out of the window, S'amuser à regarder dehors, Regarder de quel côté vient le vent (*fam*.).

See also HEAVEN, POVERTY.

window-dressing. It's nothing but window-dressing (*all sham*), C'est de la frime (*fam*.).

windy. *See* LAW.

wine. *See* BUSH, WALNUT.

wing. To take someone under one's wing, Prendre quelqu'un sous son aile *ou* sous sa tutelle.

See also ANGEL, CLIP, FEAR, SINGE.

wink. Not to have slept a wink all night *or* Not to have had a wink of sleep all night, N'avoir pas fermé l'œil (*ou* les yeux) de [toute] la nuit.

To have forty winks, Faire un petit somme.

To tip someone the wink, Faire [de] l'œil à quelqu'un (*fam*.).

To wink at a fault, an abuse, Fermer les yeux sur une faute, un abus.

winking. *See* EASY.

winter. *See* CLOTHING.

wipe. To wipe the floor with someone, Battre quelqu'un à plate couture (*fam*.).

wire-pulling. Wire-pulling (*in the lobby*), Des intrigues de couloirs.

wisdom. To speak words of wisdom, Dire ce qu'il y a de mieux à dire (*ou* ce qui convient le mieux) en la circonstance, Parler d'or (*fam*.).

wise. To be wise after the event, Devenir sage à ses dépens.

See also IGNORANCE, LEARN, TRUTH, WORD.

wiser. To be none (*or* not a penny) the wiser [than before], N'en savoir pas plus qu'avant, N'y voir pas plus clair [qu'auparavant].

See also SADDER.

wisest. *See* COUNSELLOR.

wish, wishful. If wishes were horses, beggars would ride, Avec des si, on mettrait Paris dans une bouteille.

The wish is father to the thought *or* That is wishful thinking, C'est le désir qui fait naître la pensée.

To wish someone a merry Christmas, a happy New Year, many happy returns of the day, Souhaiter à quelqu'un un joyeux Noël, la (*ou* une) bonne année, un heureux anniversaire.

wish. *See also* GET 2, GOOD 22, 53, MILE, WELL.

wistfully. To look wistfully at something, Couver quelque chose des yeux.

wit. To have a pretty (*or* a dainty) wit, Avoir du trait.

To have (*or* To keep) one's wits about one, Garder sa présence d'esprit, Avoir l'œil ouvert.

To have the devil's own wit, Avoir de l'esprit comme un démon (*fam.*) *ou*, *fam.*, un esprit de tous les diables.

To engage in a skirmish (*or* a battle) (*or* an encounter) of wits, Jouer au plus fin.

To live by one's wits, Vivre d'industrie *ou* d'expédients.

To set oneself up for a wit, Trancher du bel esprit.

To vie in wit (*or* To engage in a skirmish *or* a battle *or* an encounter of wit) with each other, Se donner la réplique, Se renvoyer la balle (*fam.*).

To vie in wit (*or* To engage in a skirmish *or* a battle *or* an encounter of wit) with someone, Faire assaut d'esprit avec quelqu'un.

See also ATTIC, BREVITY, CORUSCATE, COTERIE, END, FRIGHTEN, NIMBLE, SPARKLE, WANDERING.

withering. To cast a withering glance on someone, Faire à quelqu'un des yeux de basilic (*fam.*).

witness. To call heaven to witness one's good faith, Attester le ciel de sa bonne foi.

without. *See* DO, GLOVE, GUILE, REDEEMING, THINKING.

witty. To be extremely witty, Avoir beaucoup d'esprit, Avoir de l'esprit

jusqu'au bout des doigts (*fam.*) *ou*, *fam.*, jusqu'au bout des ongles.

See also TRY.

woe-begone. To have a woe-begone look, Avoir une figure d'enterrement (*fam.*).

woeful. *See* WASTE.

wolf. A wolf in sheep's clothing, Un loup en habits de brebis (*Matthieu* vii, 15), Un innocent fourré de malice.

To cry wolf [too often], Crier au loup.

To have (*or* To hold) the wolf by the ears, Tenir le loup par les oreilles.

To keep the wolf from the door, Se mettre à l'abri du besoin [de nourriture].

See also EAT, HUNGRY.

woman. Look for the woman *or* There's a woman in the case, " Cherchez la femme."—DUMAS PÈRE, *Mohicans de Paris* vol. ii, chap. 16. " Deux coqs vivaient en paix : une poule survint, Et voilà la guerre allumée."—LA FONTAINE, *Fables* VII, 13.—*Les deux Coqs.*

What woman wills, God wills, Ce que femme veut, Dieu le veut.

wonder, wondering. A nine-days' wonder, Une merveille d'un jour.

For a wonder, Par miracle.

I wonder why he got angry, Je me demande (*ou*, *fam.*, Demandez-moi) pourquoi il s'est mis en colère.

I shouldn't wonder (*if it were so*), Je le croirais volontiers.

To set someone wondering, Donner à penser à (*ou* Intriguer) quelqu'un.

To work wonders, Faire des prodiges.

wonder. *See also* SMALL, PROMISE.

wonderful. *See* FEARFUL.

wood. Don't halloo (*or* shout) till you are out of the wood, Il ne faut pas se moquer des chiens qu'on ne soit hors du village, Il ne faut pas chanter victoire avant le temps.

He is not yet out of the wood (*at the end of his troubles*), Il n'est pas au bout [de ses peines].

Touch wood ! Touchez du bois !

You can't see the wood for the trees, Les arbres empêchent de voir la forêt, Les maisons empêchent de voir la ville (*on se perd dans les détails*). *See also* WAY.

wool. To pull wool over someone's eyes (*fig.*), Jeter de la poudre aux yeux de quelqu'un (*fam.*). *See also* CRY.

wool-gathering. To be wool-gathering, Être plongé dans des rêveries, Se perdre dans les nuages, Avoir l'esprit ailleurs, Avoir l'esprit aux talons (*fam.*).

word. A word [is enough] to the wise, À bon entendeur demi-mot suffit, À bon entendeur salut, À bon entendeur peu de paroles, C'est un avis (*ou* un avertissement) au lecteur.

He hasn't a word to throw at a dog, Il ne daigne pas vous parler (*ou* vous jeter un mot) en passant, C'est un homme rébarbatif.

He is a man of his word, Il est homme de parole.

He is too silly for words, Il est d'une bêtise extrême *ou*, *fam.*, d'une bêtise amère. *Cf.* It is too silly . . ., *below.*

His word is [as good as] his bond, Il est esclave de sa parole, Sa parole vaut sa signature *ou* vaut l'argent.

I am not to be put off with words, Je ne me paie pas de chansons (*fam.*).

I have a word to say to him, J'ai quatre (*ou* deux) mots à lui dire.

I take your word for it, Je vous crois sur parole, Je m'en rapporte à votre témoignage.

I will make him eat (*or* swallow) his words, Je lui ferai [bien] ravaler ses paroles, Je lui ferai rentrer ses paroles dans la gorge *ou* dans le ventre (*tous fam.*).

In a word, En un mot [comme en cent *ou* comme en mille], Pour tout dire.

It is too distressing for words, Est-il rien de plus affligeant ?, On ne saurait exprimer comme cela est affligeant.

It is too funny for words, C'est vraiment trop drôle. *Cf.* To look . . ., *below.*

It is too silly for words, Rien de si bête que ce qu'on, qu'il, vient de dire, que ce qu'on, qu'il, a fait.

Mum['s the word] *or* Not a word, mind, Bouche close, Bouche cousue, Motus.

No words can describe (*or* Words cannot tell) his fury *or* His fury was more than words can tell, On ne saurait décrire sa fureur

Not to say a word, Ne dire mot, Ne pas piper (*pop.*).

Take (*or* I give you) my word for it, Croyez-m'en, Je vous en réponds.

The contract says so in so many words, Le contrat porte cela en termes exprès.

To content oneself with fine words, Se payer de mots *ou* de paroles.

To have words with someone, Avoir une altercation (*ou, pop.*, des raisons) avec quelqu'un.

To keep one's word *or* To be as good as one's word, N'avoir qu'une (*ou* Tenir [sa]) parole.

To look too funny for words (*of person*), Être à peindre (*fam.*).

To put in a [good] word for someone, Dire un mot en faveur de quelqu'un.

To put in one's word, Dire (*ou* Placer) son mot.

To put words into someone's mouth, Faire parler quelqu'un.

To take someone at his word, Prendre quelqu'un au mot.

To take the words out of someone's mouth, Anticiper sur ce que quelqu'un va dire *ou* sur ce qui doit suivre.

Words passed between them, Il y eut
un échange d'injures.

Words ran high [between them],
La querelle s'échauffa.

See also ACTION, AMOUNT, BELIEVE,
BREAK, BUTTER, CROSS, DRINK, EDGE-
WAYS, ENGAGE, FAIR, FEW, HARD,
IMPOSSIBLE, JEST, LAW, RAP, TRUER,
WARNING, WISDOM.

wording. *See* CRITICIZE.

wordy. *See* ENGAGE.

work. All work and no play makes
Jack a dull boy, La corde ne peut
être toujours tendue. *Quotations
under* RELAXATION.

He is a man of all work, C'est un
homme à tout faire.

It's all in the day's work, Cela fait
partie de ma, de sa, routine, C'est
l'ordinaire de mon, de son, existence.

That is some of his (*bad*) work, Voilà
de ses chefs-d'œuvre (*par ironie*).

The forces at work, Les forces en jeu.

To be work-shy *or* To shirk one's
share of work *or* To dislike work,
Aimer la besogne faite, Bouder à la
besogne, Avoir un poil dans la
main (*pop.*).

To have worked one's fingers to the
bone, Avoir les bras fatigués
par l'excès de travail, Avoir les
bras rompus (*fam.*).

To work like a galley-slave *or* like
a nigger *or* like a black *or* like a
horse, Travailler comme un galérien
ou comme un forçat *ou, fam.*, comme
un nègre *ou, fam.*, comme un
cheval *ou, fam.*, comme un mer-
cenaire *ou, fam.*, comme quatre.

To work on someone's feelings *or* To
work someone up, Monter [la
tête à] quelqu'un (*fam.*) : When he
is worked up *or* When his blood is
[worked] up, Quand la tête lui
est montée.

See also CUT, DEATH, DIRTY, GLUTTON,
GO 13, HAND, HARD, NO, PURPOSE,
RIGHT, SET, SHORT, STROKE, UP,
WONDER, WRONG.

workman. *See* TOOL.

world. How in [all] the world could
he have done it ? Comment diable
a-t-il pu le faire ?

I would not do that for [all] the world
or for worlds *or* for all the money in
the world, Je ne ferais pas cela
pour tout l'or du monde, Je ne
ferais cela pour rien au monde.

London, Paris, is a world of its own,
Londres, Paris, est un monde.

See also ALL, BEGIN, BEST, BROKE
(*under* BREAK), CLEAR, DEAD, FANCY,
FULL, GO 44, 47, 57, KNOCK, KNOW
29, 35, LONG, OBLIVIOUS, PREPARE,
SMALL, SOMEWHERE, WAG, WAY,
WEAKEST.

worldly. *See* ALL.

worm. Even a worm will turn, La
patience a ses limites, Un agneau
peut devenir enragé, Craignez la
colère de la colombe, Il n'y a si
petit chat qui n'égratigne.

He is a worm, C'est un ver de terre.

The worm of conscience (*remorse*), Le
ver rongeur [de la conscience].

To worm one's way into someone's
favour, S'insinuer dans les bonnes
grâces de quelqu'un.

To worm secrets out of someone,
Arracher des secrets (*ou, fam.*,
Tirer les vers du nez) à quelqu'un.

See also EARLY.

worry. Don't worry [your head]
about my affairs, Soyez en repos
sur mes affaires.

He worries too much about his health,
Il s'écoute trop, Il écoute trop son
mal.

That's nothing much to worry about,
Il n'y a pas de quoi se pendre.

worry. *See also* LEAST. **worrying.**
See GOOD 69, USE.

worse. A man slightly the worse for
drink, Un homme légèrement pris de
boisson, Un homme éméché (*fam.*).

There are worse things than losing
money, Plaie d'argent n'est pas
mortelle.

To be worse off, Être plus mal en point.

To make matters worse, Pour comble [de malheur], Pour surcroît de maux, Pour renfort de potage (*fam.*).

See also BAD, BARK, BETTER, CURE, EVER, GO 17, 40, LUCK, PENNY, REMEDY, SEE.

worship. He worships the ground she treads on, Il ne l'aime pas, il l'adore.

To worship the golden calf, Adorer le veau d'or. " Saluez ces pénates d'argile : Jamais le ciel ne fut aux humains si facile Que quand Jupiter même était de simple bois ; Depuis qu'on l'a fait d'or, il est sourd à nos voix."—LA FONTAINE, *Philémon et Baucis.*

worst. If the worst comes to the worst, Au pis aller.

The worst [part] is done *or* is over, Le plus fort est fait.

To get the worst of it *or* To be worsted, Avoir le dessous, Succomber.

See also PREPARE, TELL.

worth. For what it is worth, Vaille que vaille.

It isn't worth [while] mentioning, Cela est sans importance, Ce n'est qu'une bagatelle, Il n'y a pas là de quoi fouetter un chat (*fam.*).

That is not worth a hang *or* a damn *or* a tinker's dam[n] *or* a scrap, Cela ne vaut rien, Cela ne vaut pas un clou (*fam.*) ou, fam., pas le diable.

To make it worth someone's while, Faire à quelqu'un de grands avantages, Faire un pont d'or à quelqu'un.

See also BIRD, CANDLE, GO 33, GOLD, KEEPING, MONEY, MUCH, PENNY, POWDER, PROVING, PURCHASE, SALT, TRICK.

worthless. To be utterly worthless (*as a book*), Être sans aucune valeur, Être au-dessous de tout.

worthy. The labourer is worthy of his hire, " L'ouvrier est digne de son salaire "(*Luc* x, 7), Toute peine mérite salaire, Qui sert à l'autel doit vivre de l'autel, Le prêtre vit de l'autel, Il faut que le prêtre vive de l'autel.

wound. To wound someone's feelings deeply, Blesser quelqu'un au cœur.

See also LICK.

wrath. *See* POUR.

wreck. To wreck someone's plans, Faire échouer les plans de quelqu'un.

See also BOLD, GOOD 67.

wretched. A wretched life, Une chienne de vie.

To look wretched, Avoir l'air malheureux.

See also HOLE.

wring. I wrung some money out of him, Je lui ai tiré de l'argent, Je lui ai arraché une dent (*fam.*).

That wrings the heart, Cela serre le cœur.

Writ. *See* HOLY.

write, writing. It is the writing on the wall (*Daniel* v, 24–28), C'est un avertissement [du ciel].

To write off-hand (*without premeditation*), Écrire au courant de la plume.

To write to someone in strong terms *or* To write someone a snorter (*slang*), Écrire à quelqu'un une lettre à cheval (*fam.*), Écrire de la bonne encre à quelqu'un (*fam.*).

What I have written I have written (*John* xix, 22) (*I will not alter it*), Ce que j'ai écrit, je l'ai écrit (*Jean* xix, 22), Mon siège est fait. (*Note.*— J'en suis fâché, mais mon siège est fait = I am sorry, but my account of the siege (*of Rhodes*) is written, was the reply of the Abbé de Vertot to a correspondent who had sent him some further interesting particulars about it.)

What is written is written (*cannot be altered*), Ce qui est écrit est écrit.

write. *See also* ITCHING, NOTHING, STROKE. **writing.** *See also* SET.

wrong. It is very wrong of you to say so, Vous avez grand tort de parler comme vous faites.

That is where you are wrong, C'est ce qui vous trompe.

To be on the wrong track *or* tack *or* To go the wrong way to work *or* To go the wrong way about it *or* To set about it the wrong way *or* To start at the wrong end, Faire fausse route, S'y prendre mal, Brider son cheval par la queue, Écorcher l'anguille par la queue.

To go the wrong way to work on a thing, S'y prendre à contresens dans une affaire, Prendre une affaire du mauvais biais (*fam.*).

To have hold of the wrong end of the stick, Prendre l'affaire à contresens.

To put someone in the wrong, Mettre quelqu'un dans son tort.

Two wrongs do not make a right, Deux noirs ne font pas un blanc.

See also BACK, BARKING, BED, BOOT, BOX, CONSTRUCTION, FAR, LOSER, PIG, RUB, SHOP, STOR[E]Y, STRIKE.

wrong-headed. He, She, is a wrong-headed (*perverse*, *unruly*) person, C'est une mauvaise tête, Il, Elle, a la tête forte.

wrongly. *See* RIGHTLY.

wry. To pull a wry face, Faire une vilaine moue (*fam.*), Faire la grimace (at someone, at a proposal, à quelqu'un, à une proposition) (*fam.*).

Y

yard. *See* FEW, LONG.

yawn. To yawn one's head off, Faire de grands bâillements, Bâiller à se décrocher (*ou* à se démonter) la mâchoire (*fam.*).

year. It's [donkey's] years since I saw you, Il y a une éternité que je ne vous ai vu.

Year in year out, D'un bout de l'année à l'autre.

See also CHRISTMAS, DISCRETION, FULL, GOOD 11, SNOW, TAKING, WISH.

yes. Yes, indeed *or* Yes, I, he, etc., did, Si fait.

yes-man. To be a yes-man, Opiner du bonnet (*fam.*).

yester-year. *See* SNOW.

yet. *See* UNBORN.

yield. *See* PALM.

yore. In days of yore, Au temps jadis, Du temps où Berthe filait. *See note under* GOOD 24.

you. *See* POOR.

young. He, She, is young, he, she, will get over it (*bad illness or evil habit*), La jeunesse revient de loin.

Not to be as young as one was, Commencer à n'être plus jeune, N'avoir plus ses jambes de quinze ans (*fam.*).

One cannot remain young for ever, On ne peut pas être et avoir été.

We are only young once, La jeunesse passe bien vite.

Young blood will have its course, Il faut que jeunesse se passe. *Quotation under* YOUTH.

See also BRING, GOOD 41, HURRY, OLD.

younger. That doesn't make us out any younger (*said when a long past event is narrated*), Cela ne nous rajeunit pas.

youth. If youth but knew, could age but do, Si jeunesse savait, si vieillesse pouvait. " Au crépuscule de mes jours Rejoignez, s'il se peut, l'aurore. . . . Qui n'a pas l'esprit de son âge De son âge a tout le malheur. Laissons à la belle jeunesse Ses folâtres emportements : Nous ne vivons que deux moments ; Qu'il en soit un pour la sagesse."— VOLTAIRE, *Stances, À Madame du Châtelet*.

Youth is half the battle, Il n'est rien de tel que d'être jeune.

Youth will have its fling, Il faut que jeunesse se passe. *Quotation under* If youth, etc., *above.*

See also BLUSH, FLUSH, FOUNTAIN, PUPPY.

youthful. *See* INDISCRETION.

yum-yum. Yum-yum ! (*it's nice*), C'est du nanan (*fam.*).